2023 — 시험에 나오는 것만 공부한다!

정보처리기능사 필기

SUMMARY

IT 수험서 분야
누적판매 1위
베스트셀러

2023 시나공

1권
핵심요약

핵심요약과 기출문제 위주로
구성한 초단기 합격 전략집

sinagong.gilbut.co.kr

길벗알앤디 지음

길벗

수험생을 위한 시나공 서비스

1등만이 드릴 수 있는 1등 혜택!

서비스 1

무엇이든 물어보세요! 수험생 지원센터

시나공 홈페이지에서는 최신기출문제와 해설, 시험대비자료, 선배들의 합격 수기와 합격 전략, 책 내용에 대한 문의 및 관련 자료 등 IT 자격증 시험을 위한 모든 정보를 제공합니다.

공부하다 답답하거나 궁금한 내용이 있으면, 시나공 홈페이지 '묻고 답하기' 게시판에 질문을 올리세요. 길벗알앤디의 전문가들이 빠짐없이 답변해 드립니다.

서비스 2

합격 보장 이메일 서비스

시나공 홈페이지 → 프리미엄 존 → 시험대비자료 코너에서 시험 준비에 꼭 필요한 학습 자료를 내려받을 수 있습니다. 정기 시험 1주일 전 자료가 등록되면 안내 메일을 보내드립니다.

최신기출문제 3회분& 최종 모의고사 1회분

IT자격증 시험은 같은 시험이라도 조금씩 출제경향이 달라집니다. 최근에 출제된 기출문제 3회분을 통해 현장 감각을 키우고 최종 모의고사로 확실하게 공부를 마무리하세요.

서비스 3

이해 쏙! 시간 절약! 시나공 토막강의

혼자 공부하다가 어려운 부분이 나와도 고민하지 마세요!
책 속의 QR코드를 스마트폰으로 찍기만 하면 언제든지 저자의
속 시원한 해설을 들을 수 있습니다.
방법1. 스마트폰으로 QR코드를 스캔하세요.
방법2. 시나공 홈페이지의 [동영상 강좌] → [토막강의(무료)]에서 강의번호를 입력하세요.
방법3. 유튜브 검색 창에 "시나공"+강의번호를 입력하세요.

서비스 4

불합격 방지용 안전장치 기억상자

틀린 문제만 모아 오답 노트를 만들고 싶다고요?

틀린 문제는 틀리지 않을 때까지 반복하고, 맞혔던 문제는 안전하게 머릿속에 담아 시험장에 가지고 갈 수 있는 확실한 방법을 제공합니다. 지금 당장 QR코드를 스캔해 보세요.

※ 안드로이드 폰은 [Play 스토어]에서 '기억상자' 앱을 설치해도 됩니다.
※ 자세한 기억상자 인증 및 사용법은 2권의 표지를 참고하세요.

수험생의 마음으로 만든 책! 시나공 시리즈

2023 시나공

SUMMARY

시험에 나오는 것만 공부한다!

정보처리기능사
필기

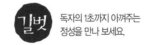

길벗

독자의 1초까지 아껴주는
정성을 만나 보세요.

지은이 **길벗알앤디** 강윤석, 김용갑, 김우경, 김종일, 김선길

IT 서적을 기획하고 집필하는 출판 기획 전문 집단으로, 2003년부터 길벗출판사의 IT 수험서인 〈시험에 나오는 것만 공부한다!〉 시리즈를 기획부터 집필 및 편집까지 총괄하고 있다.

30여 년간 자격증 취득에 관한 교육, 연구, 집필에 몰두해 온 강윤석 실장을 중심으로 IT 자격증 시험의 분야별 전문가들이 모여 국내 IT 수험서의 수준을 한 단계 높이기 위한 다양한 연구와 집필 활동에 전념하고 있다.

정보처리기능사 필기 │ 시나공 시리즈 **20**

초판 발행 2022년 10월 17일

발행인 · 이종원
발행처 · (주)도서출판 길벗
출판사 등록일 · 1990년 12월 24일
주소 · 서울시 마포구 월드컵로 10길 56(서교동)
주문 전화 · 02)332-0931 팩스 · 02)323-0586
홈페이지 · www.gilbut.co.kr 이메일 · gilbut@gilbut.co.kr

기획 및 책임 편집 · 강윤석(kys@gilbut.co.kr), 김미정(kongkong@gilbut.co.kr), 임은정, 정혜린(sunriin@gilbut.co.kr)
디자인 · 강은경, 윤석남 제작 · 이준호, 손일순, 이진혁 마케팅 · 김학흥, 박민주
영업관리 · 김명자 독자지원 · 윤정아, 최희창

편집진행 및 교정 · 길벗알앤디(강윤석 · 김용갑 · 김우경 · 김종일 · 김선길) 일러스트 · 윤석남
전산편집 · 예다움 CTP 출력 및 인쇄 · 금강인쇄 제본 · 금강제본

ISBN 979-11-407-0170-4 13000
(길벗 도서번호 030877)

가격 17,000원

독자의 1초까지 아껴주는 길벗출판사

(주)도서출판 길벗 │ IT교육서, IT단행본, 경제경영서, 어학&실용서, 인문교양서, 자녀교육서 www.gilbut.co.kr
길벗스쿨 │ 국어학습, 수학학습, 어린이교양, 주니어 어학학습, 학습단행본 www.gilbutschool.co.kr

인스타그램 · @study_with_sinagong

시험 날짜는 다가오는데 공부할 시간이 없다면?

시나공
Summary 시리즈

머리말

시나공 Summary 시리즈는 공부할 시간이 부족한 학생, 최대한 빨리 공부해서 빨리 합격하고 싶은 수험생을 위해 핵심요약과 기출문제 위주로 구성한 초단기 합격 전략집입니다.

• 핵심요약 & 기출문제

합격에 꼭 필요한 핵심 개념 115개를 관련된 모든 기출문제와 함께 수록했습니다. 자세한 해설은 기본이죠!

• 기출유형 & 전문가의 조언 15회

기출문제라고 다 같은 기출문제가 아닙니다. 개념과 함께 더 공부해야 할 문제, 문제와 지문을 외워야 할 문제, 답만 기억하고 넘어갈 문제들을 전문가가 콕 짚어서 꼼꼼하게 알려줍니다.

시나공 Summary 시리즈는 아래와 같은 방식으로 읽으면 더욱 효과적입니다.

핵심 요약

① 핵심요약을 전체적으로 가볍게 읽으세요.
② 핵심요약과 관련된 기출문제가 나오면 핵심요약을 보면서 기출문제를 풀어 보세요.
③ 핵심요약을 정독하면서 외울 건 외우고, 이해할 건 이해하고 넘어 가세요.

기출 문제

④ 실제 시험을 치르는 것처럼 기출문제를 풀어 보세요.
⑤ 틀린 문제는 꼭 체크해서, 나중에 다시 풀어 보세요.

정리

⑥ 시험이 임박하면 핵심요약의 기출문제를 처음부터 다시 풀어 보세요.
⑦ 기출문제에서 체크해 두었던 틀린 문제만 다시 풀어 보세요.

목차

한국산업인력공단은 2012년 이후 기출문제를 공개하지 않습니다. '기출유형&전문가의 조언'에 수록된 문제들은 시험을 치른 학생들의 기억을 토대로 복원한 문제와 2011년 이전 기출문제 중에서 출제 빈도가 높은 문제들을 과목별 출제 비율에 맞게 재구성한 문제입니다.

※ 교재가 출간된 이후 시행된 기출문제와 최신 출제 경향을 반영한 모의고사는 E-Mail 서비스를 통해 제공됩니다. E-Mail 서비스를 위한 회원 가입 및 구입 도서 등록 절차는 7쪽을 참고하세요!

준비운동

서비스 하나 — 시나공 홈페이지 — 시험 정보 제공!

IT 자격증 시험, 혼자 공부하기 막막하다고요? 시나공 홈페이지에서 대한민국 최대, 50만 회원들과 함께 공부하세요.

지금 sinagong.gilbut.co.kr에 접속하세요!

시나공 홈페이지에서는 최신기출문제와 해설, 시험대비 자료, 선배들의 합격 수기와 합격 전략, 책 내용에 대한 문의 및 관련 자료 등 IT 자격증 시험을 위한 모든 정보를 제공합니다.

서비스 둘 — 수험생 지원센터 — 무엇이든 물어보세요!

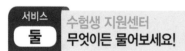

공부하다 답답하거나 궁금한 내용이 있으면, 시나공 홈페이지 '묻고 답하기' 게시판에 질문을 올리세요. 길벗알앤디의 전문가들이 빠짐없이 답변해 드립니다.

서비스 셋 — 합격 보장 — 이메일 서비스

시나공 홈페이지 회원으로 가입하면, '시나공 홈페이지 → 프리미엄 존 →시험대비자료' 코너에서 시험 준비에 꼭 필요한 학습 자료를 내려받을 수 있습니다. 자료는 정기시험 1주 전에 등록한 후 안내 메일을 보내드립니다.

- **최신기출유형 3회분**

  최근에 출제된 기출유형 3회분을 제공합니다. 최신기출유형으로 현장 감각을 키우세요.

- **최종 모의고사 1회분**

  IT 자격증 시험은 같은 시험이라도 조금씩 출제경향이 달라집니다. 최신 출제경향을 반영해, 저자가 공들여 출제한 최종 모의고사로 확실하게 공부를 마무리하세요.

  ※ '합격 보장' 이메일 안내 서비스는 시나공 홈페이지 회원 중 구입 도서를 등록한 분께 발송됩니다.

서비스 넷 — 실기 시험 대비 — 온라인 특강 서비스

(주)도서출판 길벗에서는 실기 시험 준비를 위한 온라인 특강을 제공하고 있습니다. 다음과 같은 방법으로 이용하세요.

실기 특강 온라인 강좌는 이렇게 이용하세요!

1. 시나공 홈페이지(sinagong.gilbut.co.kr)에 접속하여 로그인 하세요!(비회원 회원 가입)
2. 상단 메뉴 중 [동영상 강좌] → [실기특강(무료)]을 클릭하세요!
3. 실기 특강 목록에서 원하는 강좌를 클릭하여 시청하세요.
※ '실기특강' 서비스는 시나공 홈페이지 회원 중 구입 도서를 등록한 분께 제공됩니다.

시나공 시리즈는 단순한 책 한 권이 아닙니다. 여러분이 시나공 시리즈 책 한 권을 구입한 순간, Q&A 서비스부터 핵심요약집과 최신기출문제 등 각종 학습 자료까지 IT 자격증 최고 전문가들이 제공하는 온라인&오프라인 합격 보장 교육 프로그램이 함께합니다.

2023년 한 번에 합격을 위한 특별 서비스 2개 더

하나 불합격 방지용 안전장치
기억상자

틀린 문제만 모아 오답 노트를 만들고 싶다고요?

까먹기 전에 다시 한 번 복습하고 싶다고요? 틀린 문제는 틀리지 않을 때 까지 반복하고, 맞혔던 문제는 안전하게 머릿속에 담아 시험장에 가지고 갈 수 있는 확실한 방법을 제공합니다. 여러분은 단지 기억상자 프로그램에서 묻는 질문에 대답만 하세요. 공부한 내용이 시험장에서 생생하게 기억나는 놀라운 경험을 하실 수 있습니다.

지금 당장 QR 코드를 스캔하거나 www.membox.co.kr에 접속해 보세요.
※ 안드로이드 폰은 [Play 스토어]에서 '기억상자' 앱을 설치해도 됩니다.

둘 최종점검
기출문제 CBT

시험 전 현장 감각을 키우고 싶다고요?

주기적으로 새롭게 추가되는 최신 기출문제들을 시간과 장소에 관계없이 스마트 폰으로 편리하게 풀어볼 수 있습니다. 자세한 해설은 덤입니다.

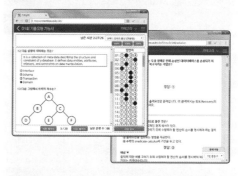

지금 당장 QR 코드를 스캔하거나 www.membox.co.kr에 접속해 보세요.
※ 안드로이드 폰은 [Play 스토어]에서 '기억상자' 앱을 설치해도 됩니다.

이메일 서비스를 받기 위한 회원 가입 및 구입 교재 등록 방법

1. 시나공 홈페이지(sinagong.gilbut.co.kr)에 접속하여 우측 상단의 〈회원가입〉을 클릭하고 〈이메일 주소로 회원가입〉을 클릭합니다.
※ 회원가입은 소셜 계정으로도 가입할 수 있습니다.
2. 회원 정보를 입력한 후 〈이메일 인증〉을 클릭합니다.
3. 회원 가입 시 입력한 이메일 계정으로 인증 메일이 발송됩니다. 수신한 인증 메일을 열어 이메일 계정을 인증하세요.
4. 시나공 홈페이지에서 로그인한 다음 상단 메뉴의 〈프리미엄 존〉을 클릭한 후 〈구매 도서 인증〉을 클릭합니다.
5. '도서 선택하기'의 검색 난에 **정보처리기능사**를 입력한 후 🔍(검색)을 클릭합니다.
6. 도서 목록에서 구입한 도서를 선택한 후 〈1개의 선택한 도서 저장〉을 클릭합니다.
7. '구매 도서 인증'의 ISBN 부가기호 난에 교재 뒷표지 바코드 오른쪽 위에 있는 숫자 5자리를 입력한 후 〈등록〉을 클릭합니다.

※ 이미 회원 가입이 되어 있는 경우 로그인하여 4번 이후 과정을 실행하세요.

핵심요약 & 기출문제 구성 미리보기

합격에 꼭 필요한 내용만 공부한다!!

핵심요약 & 기출문제

합격에 꼭 필요한 핵심 개념 115개를 관련된 모든 기출문제와 함께 수록했습니다.
자세한 해설은 기본이죠!

핵심

시험에 꼭 나오는 내용만 엄선하여 문제가 출제될 수 있는 최소 단위로 정리해 두었습니다. 꼼꼼히 읽어서 이해할 건 이해하고 외울 것은 외우세요.

토막 강의

혼자 공부하다가 어려운 부분이 나와도 고민하지 말고 QR코드를 이용하세요!
방법1 스마트폰으로 QR코드를 스캔하세요.
방법2 시나공 홈페이지의 [동영상 강좌] → [토막강의(무료)]에서 QR코드 번호를 입력하세요.
방법3 유튜브 검색 창에 "시나공"+QR 코드 번호를 입력하세요.
예 시나공040122

기출문제

'핵심'과 관련되어 출제된 모든 문제를 단답형 또는 O, × 등 공간 절약형으로 변형하여 수록하였습니다. 이 문제만 모두 이해하면 합격에 대한 확신이 섭니다.

출제 연도

해당 문제가 출제된 년, 월을 나타냅니다. 횟수가 많을수록 자주 나오는, 기본에 충실한 문제겠죠?

해설

명쾌한 해설로 여러분의 궁금증을 속 시원히 해결해 드립니다. 틀린 문제는 왜 틀렸는지 확실히 이해하고 넘어가세요.

핵심 핵심요약 & 기출문제

1과목 전자계산기 일반

핵심 001 컴퓨터의 특징

21.1, 19.상시, 15.상시, 14.상시, 12.상시, 09.7, 09.2, 06.10, 05.7, ...

대용량성	많은 양의 데이터를 처리 및 보관
범용성	컴퓨터를 여러 가지 용도로 사용
호환성	하나의 하드웨어나 소프트웨어를 컴퓨터의 기종에 관계없이 여러 컴퓨터에서 사용 가능
정확성	사용자의 요구 기능을 충족시키는 정도
신뢰성	주어진 환경에서 고장 없이 담당 기능을 원활하게 수행하는 정도

1. 컴퓨터의 특징 중 ( )은 프로그램이 컴퓨터의 기종에 관계없이 수행될 수 있는 성질을 의미한다.
21.1, 19.상시, 15.상시, 14.상시, 12.상시, 09.7, 09.2, 06.10, 05.7, 04.10

2. 컴퓨터의 특징 중 ( )은 컴퓨터 시스템이 주어진 환경에서 담당 기능을 원활하게 수행할 수 있는 능력의 척도를 나타낸다. 21.1, 02.7)

> **해설 1.** 제어장치에서 명령어의 실행 단계는 '인출(Fetch) 단계 → 간접(Indirect) 단계 → 실행(Execute) 단계 → 인터럽트(Interrupt) 단계' 순입니다.
> **2.** ⓒ CISC는 RISC에 비해 많은 수의 레지스터를 사용합니다.
> ⓑ 단일 사이클로 명령어를 실행하는 것은 RISC입니다.
> ⓕ CISC는 RISC에 비해 처리 속도가 느립니다.

불합격 방지용 안전장치 기억상자

틀린 문제만 모아 오답 노트를 만들고 싶다고요? 까먹기 전에 다시 한 번 복습하고 싶다고요? 지금 당장 QR 코드를 스캔해 보세요.

21.10, 21.4, 21.1, 20.10, 20.6, 20.4, 20.2, 19.상시, 18.상시, 17.상시, 16.상시, 15.상시, 14.상시, 13.상시, ...

핵심 002 중앙처리장치(CPU)

중앙처리장치는 사람의 두뇌와 같이 컴퓨터 시스템에 부착된 모든 장치의 동작을 제어하고 명령을 실행하는 장치로, 제어장치, 연산장치, 레지스터로 구성된다.

제어장치
- 컴퓨터에 있는 모든 장치들의 동작을 지시하고 제어하는 장치이다.
- 제어장치는 프로그램 카운터(PC), 명령어 레지스터(IR), 부호기(제어신호 발생기), 명령어 해독기, 번지 해독기 등으로 구성되어 있다.
- 명령어의 실행은 인출(Fetch) 단계, 간접(Indirect) 단계, 실행(Execute) 단계, 인터럽트(Interrupt) 단계를 거친다.

> **잠깐만요 인출(Fetch) 단계**
> 주기억장치로부터 명령어를 읽어 들여 해석하는 단계

- 제어장치의 명령 실행 순서
  ❶ 프로그램 카운터에 저장된 주소(값)를 번지 레지스터에 옮긴다.
  ❷ 명령어를 주기억장치로부터 인출한다.
  ❸ 프로그램 카운터를 증가시킨다.
  ❹ 명령 코드를 명령 레지스터로 옮긴다.
  ❺ 명령 레지스터의 내용을 해독하여 실행한다.

연산장치
- 제어장치의 명령에 따라 실제로 연산을 수행하는 장치이다.
- 연산장치는 가산기, 감산기, 누산기(AC, Accumulator), 보수기, 데이터 레지스터, 오버플로우 검출기, 시프트 레지스터 등으로 구성되어 있다.

> **잠깐만요 연산 수행을 나타내는 단위**
> • LIPS : 초당 1개의 연산 수행
> • KIPS : 초당 1,000개의 연산 수행
> • MIPS : 초당 1,000,000개의 연산 수행

마이크로프로세서
제어장치, 연산장치, 레지스터가 하나의 대규모 집적회로 칩(IC)에 내장된 장치로, 개인용 컴퓨터(PC)에서 중앙

16 핵심요약 & 기출문제

정답 001 1. 호환성 2. 신뢰성

기출문제에도 등급이 있다!!
기출문제 & 전문가의 조언

기출문제 & 전문가의 조언
구성 미리보기

기출문제라고 다 같은 기출문제가 아닙니다. 개념과 함께 더 공부해야 할 문제, 문제와 지문을 외워야 할 문제, 답만 기억하고 넘어갈 문제들을 전문가가 꼼꼼하게 알려줍니다.

01회 기출문제 & 전문가의 조언

1. 기억장치 고유의 번지로서 0, 1, 2, 3과 같이 16진수로 약속하여 순서대로 정해놓은 번지, 즉 기억장치 중의 기억장소를 직접 숫자로 지정하는 주소로서 기계어 정보가 기억되어 있는 것은?
① 메모리주소
② 베이스주소
③ 상대주소
④ 절대주소

전문가의 조언 문제에 제시된 내용은 절대주소에 대한 설명입니다. 문제와 보기가 동일하게 자주 출제되는 문제입니다. **핵심 024**를 참고하여 절대주소와 상대주소를 구분할 수 있도록 각각의 의미를 정리하세요.

2. 1비트(bit) 기억장치로 가장 적합한 것은?
① 레지스터
② 베이스 주소
③ 계전기
④ 플립플롭

전문가의 조언 1비트(bit) 기억장치는 플립플롭입니다. 플립플롭들의 개별적인 특징을 묻는 문제가 자주 출제됩니다. 플립플롭의 개념과 함께 **핵심 012**를 참고하여 주요 플립플롭의 특징을 파악해 두세요.

3. 동시에 여러 개의 입 · 출력장치를 제어할 수 있는 채널 (Channel)은?
① Multiplexer
② Duplex
③ Register
④ Selector

전문가의 조언 동시에 여러 개의 입 · 출력장치를 제어할 수 있는 채널 (Channel)은 Multiplexer Channel(다중 채널)입니다. 채널의 개념과 채널의 종류 및 각각의 특징을 묻는 문제가 자주 출제되니 **핵심 025**를 참고하고 정리하고 넘어가세요.

4. 2진수 0110을 그레이 코드로 변환하면?
① 0010
② 0111
③ 0101
④ 1110

전문가의 조언 2진수를 그레이 코드로 변환하는 방법은 '그'자를 생각하면 쉽습니다.
❶ 첫 번째 그레이 비트는 2진수 비트를 그대로 내려씁니다.
❷ 두 번째 그레이 비트부터는 변경할 2진수의 해당 번째 비트와 그 왼쪽의 비트를 XOR 연산하여 씁니다.

0 ⊕ 1 ⊕ 1 ⊕ 0
↓   ↓   ↓   ↓
0   1   0   1

핵심 018을 참고하여 그레이 코드를 2진수로 변환하는 방법도 알아두세요.

5. 다음 그림의 연산 결과는?

① 1010
② 1110
③ 1101
④ 1001

전문가의 조언 그림의 연산 결과는 1010입니다. AND 연산은 입력값이 모두 1일 때만 1이 출력되는 것으로, 특정 비트의 삭제에 이용된다는 것을 반드시 기억하세요.
```
 1110
AND 1010
 1010
```

6. 클럭 펄스(Clock Pulse)에 의해서 기억 내용을 한 자리씩 이동하는 레지스터는?
① 시프트 레지스터
② 누산기 레지스터
③ B 레지스터
④ D 레지스터

전문가의 조언 시프트(Shift)는 '이동하다, 옮기다'라는 뜻으로 시프트 레지스터는 저장된 값을 왼쪽 또는 오른쪽으로 1비씩 자리를 이동시킬 때 사용하는 레지스터입니다. 레지스터의 기능을 묻는 문제가 자주 출제되고 있습니다. **핵심 003**을 참고하여 주요 레지스터들의 기능을 정리해 두세요.

최신기출유형 15회
실제 시험을 치르는 기분으로 혼자 풀어보고 정답을 확인하세요. 기출문제를 풀어보고 전문가의 조언을 읽어 보면 무엇을 공부해야 할지 탁! 감이 잡힙니다.

한국산업인력공단은 2012년 이후 기출문제를 공개하지 않습니다. '최신기출유형'에 수록된 문제들은 시험을 치른 학생들의 기억을 토대로 복원한 문제와 2011년 이전 기출문제 중에서 출제 빈도가 높은 문제들을 과목별 출제 비율에 맞게 재구성한 문제입니다.

핵심 번호
해당 문제와 관련하여 더 공부할 내용이 있는 핵심의 번호입니다. 이미 공부해서 잘 알고 있는 내용이라면 다시 볼 필요는 없겠죠.

전문가의 조언
기출문제만 이해해도 합격할 수 있도록, 왜 답이 되는지 명쾌하게 결론을 내려주고 새로운 문제 유형에 대비할 수 있도록 친절한 학습 방법을 제시합니다.

정답
기출문제에 대한 답을 바로 표시해서 초단기 합격 전략으로 공부하는 수험생의 편의를 최대한 배려했습니다.

---

4   기출유형 & 전문가의 조언

정답 1. ④ 2. ④ 3. ① 4. ③ 5. ① 6. ①

구성 미리보기 **9**

필기 시험

1 응시 자격 조건

2 필기 원서 접수

3 필기시험

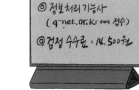

◎ 정보처리기능사
(q-net. or. kr 에서 접수)
◎ 검정 수수료 : 14,500원

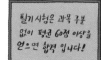

필기 시험은 과목 구분
없이 평균 60점 이상을
얻으면 합격 입니다!

정보처리기능사
시험은 남녀노소
누구나 응시할 수
있습니다!

필기시험은
인터넷 접수만
가능합니다!

여러분~
부정 행위는
꿈도 꾸지마시고~
시험시 ~작전!

집중

★ 자격증 신청및 수령 ★

신청방법
⇓
인터넷 신청만 가능!

수령 방법
⇓
등기 우편으로만 수령가능!

※ 신청할 때 준비할 것은~
▶ 인터넷 신청 : 접수 수수료 3,100원, 등기 우편 수수료 3,010원

4 합격여부 확인

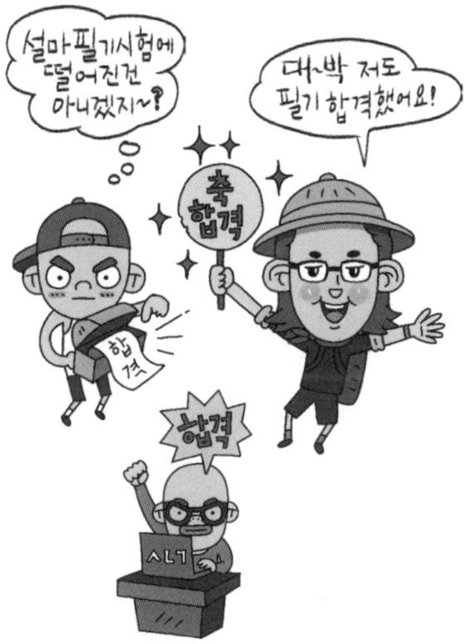

실기 시험

1 실기원서 접수

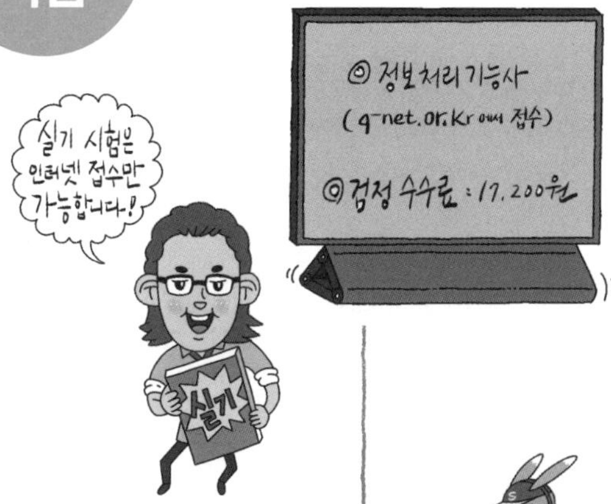

2 실기 시험

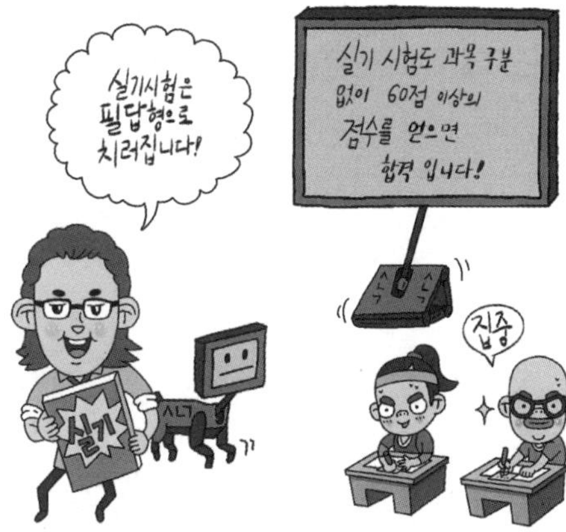

3 합격여부 확인

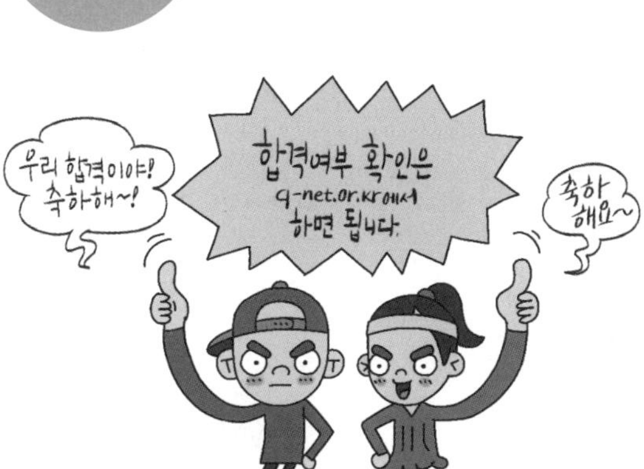

최종 합격

정보처리기능사 시험은 인터넷을 통해서만 접수할 수 있습니다.

❶ 한국산업인력공단 상시 시험 인터넷 원서 접수 사이트(q-net. or.kr)에 접속합니다.

❷ 회원가입을 해야만 인터넷으로 접수할 수 있습니다. 오른쪽 상단 메뉴 중 〈회원가입〉을 클릭하면 해당 가입자 연령 범위를 선택할 수 있는 회원 선택 창이 나타납니다.

❸ 회원 선택 창에서 연령을 선택하고 〈선택 완료〉를 클릭하면 약관 동의 단계가 진행됩니다.

❹ 회원가입 약관 창에서 약관에 체크하고 〈약관동의〉를 클릭하면 실명 확인 단계가 진행됩니다. 실명이 확인되면, 인적사항 입력 창이 열립니다. 인적사항 입력 창에서는 아이디, 비밀번호, 전화번호, 주소 등을 입력하고 수험표와 자격증에 사용할 사진을 등록합니다. 입력 항목 중 빨간색 * 표시가 있는 항목은 반드시 입력해야 합니다.

※ 알림서비스를 〈예〉로 선택하면 응시한 시험의 합격여부 및 과목별 득점 내역을 핸드폰 메시지로 무료 전송해주므로 편리합니다.

사진 스캔할 때 주의사항
• 사진 크기는 3×4cm(규격 : 90×120 픽셀)이 적당합니다.
• 사진은 6개월 이내에 촬영한 컬러 사진으로 하세요.
• 사진의 흰색 테두리 부분은 빼고 이미지 영역만 스캔하세요.
• 등록 가능한 파일 형식은 JPG이고 크기는 200KB 이하입니다.
※ 등록한 사진은 한국산업인력공단에서 시행하는 모든 시험에 사용할 수 있으므로 잘 나온 사진으로 올리는 것이 좋습니다.

❺ 회원가입 화면에서 필수 항목을 모두 입력하고 〈작성완료〉를 클릭하면 가입이 완료됨과 동시에 자동으로 로그인됩니다.

❻ 화면 왼쪽 상단의 〈원서접수〉를 클릭하면 현재 접수 가능한 응시 시험이 나타납니다.

❼ 응시할 시험의 〈접수하기〉를 클릭하면 나타나는 응시 종목 선택 창에서 응시 종목을 선택하고 〈다음〉을 클릭합니다.

❽ 선택 가능한 응시 유형이 표시되면 알맞은 응시 유형을 선택하고 〈다음〉을 클릭합니다.

❾ 장애 여부를 선택하고 〈다음〉을 클릭합니다.

❿ 시험 장소 선택 과정이 진행됩니다. 시험 장소 선택 화면이 나타나면 시험 장소를 조회하여 표시된 장소 중 원하는 장소를 선택한 후 〈접수하기〉를 클릭합니다.

⓫ 수검 비용 결제 과정이 진행됩니다. 화면에 표시된 접수종목, 시험장소와 일시, 검정수수료를 확인한 후 〈결제하기〉를 클릭합니다.

⓬ 〈신용카드〉, 〈계좌이체〉, 〈가상계좌〉 중에서 원하는 결제 방법을 선택하여 결제를 진행합니다.

⓭ 결제를 정상적으로 마친 후 〈수험표출력하기〉를 클릭하면 나의 접수내역 창으로 이동합니다.

⓮ 나의 접수내역 창에서 〈수험표출력〉을 클릭하여 수험표를 출력합니다. 수험표는 시험 볼 때 꼭 필요하므로 반드시 인쇄하여 보관해야 합니다. 아울러 정확한 시험 날짜 및 장소를 확인하세요.

※ 자세한 사항은 www.q-net.or.kr에 접속하여 화면 상단의 [이용안내]를 클릭한 후 왼쪽 메뉴의 [큐넷 체험하기]를 클릭하세요.

Q 자격증 취득 시 독학사 취득을 위한 학점이 인정된다고 하던데, 학점 인정 현황은 어떻게 되나요?

A

종 목	학 점
정보처리기사	20
정보처리산업기사	16
사무자동화산업기사	16
컴퓨터활용능력 1급	14
컴퓨터활용능력 2급	6
워드프로세서	4

※ 자세한 내용은 평생교육진흥원 학점은행 홈 페이지(https://cb.or.kr)를 참고하세요.

Q 정보처리기능사 필기 시험 응시 수수료와 실기 시험 응시 수수료는 얼마인가요?

A 필기는 14,500원이고, 실기는 17,200원입니다.

Q 필기 시험에 합격한 후 실기 시험에 여러번 응시할 수 있다고 하던데 몇 번이나 응시할 수 있나요?

A 필기 시험에 합격한 후 실기 시험 응시 횟수에 관계 없이 필기 시험 합격자 발표일로부터 2년 동안 실기 시험에 응시할 수 있습니다.

Q 수검표를 분실한 경우에는 어떻게 해야 하나요?

A 한국산업인력공단 상시시험 원서접수 및 자격증 발급 사이트(q-net.or.kr)에 접속하여 수검표를 재출력하면 됩니다.

Q 정보처리기능사 실기 시험 일자를 변경할 수 있나요?

A 실기 시험 일정은 원칙적으로 변경할 수 없습니다.

정보처리기능사 시험, 이것이 궁금하다!

Q 실기 시험을 접수한 지역이 아닌 다른 지역으로 장소가 변경될 수도 있나요?

A 접수인원이 소수이거나 관할접수지역 내 시설, 장비가 없어 시험장 임차가 어려운 경우에는 타 지역으로도 이동하여 시행할 수 있습니다.

Q 실기 시험 시 신분증을 지참하지 않으면 어떻게 되나요?

A 신분증을 지참하지 않으면 시험에 응시할 수 없으니 반드시 신분증을 지참하세요.

Q 필기 시험 시 입실 시간이 지난 후 시험장에 도착할 경우 시험 응시가 가능한가요?

A 입실 시간 미준수 시 시험에 응시할 수 없습니다. 반드시 시험 시간 30분 전에 입실해야 합니다.

Q 필기 시험 시 챙겨야 할 준비물에는 어떤 것들이 있나요?

A 필기 시험은 CBT로 진행되므로, 수검표, 신분증(주민등록증, 운전면허증 등)만 지참하면 됩니다.

Q 정보처리기능사 필기 시험은 총 몇 과목이고 어떤 과목들이 있나요?

A 정보처리기능사 필기는 총 4과목입니다. 시험 과목은 전자계산기 일반, 패키지 활용, PC 운영체제, 정보 통신 일반입니다.

Q 정보처리기능사 필기 시험에 합격하려면 몇 점 이상 취득해야 하나요?

A 전체 평균 60점 이상 되어야 합격입니다.

Q 자격증 분실 시 재발급을 받으려면 어떻게 해야 하는지, 또 준비물은 어떤 것들이 있는지요?

A 인터넷(q-net.or.kr)으로 신청하면 됩니다. 별도의 준비물은 필요하지 않으나, 발급 시와 마찬가지로 접수 수수료와 등기 우편 수수료가 필요합니다.

핵심요약 & 기출문제

틀린 문제만 모아 오답 노트를 만들고
까먹기 전에 다시 한 번 복습하고
싶다고요?

지금 당장 QR 코드를 스캔하거나 www.membox.co.kr에 접속해 보세요.

1과목   전자계산기 일반

22.6, 21.1, 18.상시, 15.상시, 14.상시, 12.상시, 09.7, 08.2, 06.10, 05.7, 04.4, 02.7

핵심 001   컴퓨터의 특징

대용량성	많은 양의 데이터를 처리 및 보관
범용성	컴퓨터를 여러 가지 용도로 사용
호환성	하나의 하드웨어나 소프트웨어를 컴퓨터의 기종에 관계없이 여러 컴퓨터에서 사용 가능
정확성	사용자의 요구 기능을 충족시키는 정도
신뢰성	주어진 환경에서 고장 없이 담당 기능을 원활하게 수행하는 정도

1. 컴퓨터의 특징 중 (　　　)은 프로그램이 컴퓨터의 기종에 관계없이 수행될 수 있는 성질을 의미한다.

(22.6, 21.1, 18.상시, 15.상시, 14.상시, 12.상시, 09.7, 08.2, 06.10, 05.7, 04.4)

2. 컴퓨터의 특징 중 (　　　)은 컴퓨터 시스템이 주어진 환경에서 담당 기능을 원활하게 수행할 수 있는 능력의 척도를 나타낸다.

(21.1, 02.7)

불합격 방지용 안전장치 기억상자

틀린 문제만 모아 오답 노트를 만들고 싶다고요? 까먹기 전에 다시 한 번 복습하고 싶다고요? 지금 당장 QR 코드를 스캔해 보세요.

22.9, 22.6, 22.3, 22.1, 21.10, 21.4, 21.1, 20.10, 20.6, 20.4, 20.2, 19.상시, 18.상시, 17.상시 …

핵심 002   중앙처리장치(CPU)

중앙처리장치는 사람의 두뇌와 같이 컴퓨터 시스템에 부착된 모든 장치의 동작을 제어하고 명령을 실행하는 장치로, 제어장치, 연산장치, 레지스터로 구성된다.

제어장치

- 컴퓨터에 있는 모든 장치들의 동작을 지시하고 제어하는 장치이다.
- 제어장치는 프로그램 카운터(PC), 명령어 레지스터(IR), 부호기(제어신호 발생기), 명령어 해독기, 번지

해독기 등으로 구성되어 있다.

- 명령어의 실행은 인출(Fetch) 단계, 간접(Indirect) 단계, 실행(Execute) 단계, 인터럽트(Interrupt) 단계를 거친다.

> 잠깐만요 ❶ 인출(Fetch) 단계
> 주기억장치로부터 명령어를 읽어 들여 해석하는 단계

- 제어장치의 명령 실행 순서
  ❶ 프로그램 카운터에 저장된 주소(값)를 번지 레지스터에 옮긴다.
  ❷ 명령어를 주기억장치로부터 인출한다.
  ❸ 프로그램 카운터를 증가시킨다.
  ❹ 명령 코드를 명령 레지스터로 옮긴다.
  ❺ 명령 레지스터의 내용을 해독하여 실행한다.

연산장치

- 제어장치의 명령에 따라 실제로 연산을 수행하는 장치이다.
- 연산장치는 가산기, 감산기, 누산기(AC; Accumulator), 보수기, 데이터 레지스터, 오버플로우 검출기, 시프트 레지스터 등으로 구성되어 있다.

> 잠깐만요 ❶ 연산 수행을 나타내는 단위
> • LIPS : 초당 1개의 연산 수행
> • KIPS : 초당 1,000개의 연산 수행
> • MIPS : 초당 1,000,000개의 연산 수행

마이크로프로세서

제어장치, 연산장치, 레지스터가 하나의 대규모 집적회로 칩(IC)에 내장된 장치로, 개인용 컴퓨터(PC)에서 중앙처리장치로 사용되며, 클럭 주파수와 내부 버스의 폭으로 성능을 평가한다.

- 마이크로프로세서는 설계 방식에 따라 RISC와 CISC로 구분된다.
- RISC 방식은 명령어의 종류가 적어 전력 소비가 적고, 속도가 빠르지만 복잡한 연산을 수행하기 위해 명령어들을 반복·조합해서 사용해야 하므로 레지스터를 많이 필요로 하고, 프로그램도 복잡하다.
- CISC 방식은 명령어의 종류가 많아 전력 소비가 많고 명령어 설계가 어려워 고가이지만 레지스터를 적게 사용하므로 프로그램이 간단하다.

정답 001 1. 호환성 2. 신뢰성

- 다음은 RISC와 CISC의 차이점이다.

구분	RISC	CISC
명령어	적음	많음
명령어의 길이	고정	가변
실행 사이클	단일	다중
주소 지정	간단	복잡
레지스터	많음	적음
전력 소모	적음	많음
처리 속도	빠름	느림
프로그래밍	복잡함	간단함
용도	서버, 워크스테이션	개인용 컴퓨터(PC)

1. 컴퓨터의 중앙처리장치(CPU)는 ( ), ( ), ( )로 구성된다. (22.9, 21.10, 16.상시, 10.1, 02.7, 02.4, 00.8, 00.3)

2. 컴퓨터 시스템의 중앙처리장치를 구성하는 하나의 회로로서 산술 및 논리 연산을 수행하는 장치는 ( )이다. (22.1, 17.상시, 16.상시, 15.상시, 13.상시, 11.4, 10.10, 09.7, 07.1, 02.7)

3. 감산기, 보수기, 누산기, 가산기 등으로 구성된 장치는 ( )이다. (22.6, 22.3, 21.10, 20.6, 20.4, 20.2, 19.상시, 18.상시, …)

4. 명령 레지스터(Instruction Register), 부호기, 번지 해독기, 제어 계수기 등으로 구성된 장치는 ( )이다. (22.3, 21.4, 20.10, 14.상시, 12.상시, 08.3, 06.1, 03.7)

5. 다음의 명령어 인출 절차를 올바른 순서로 나열하시오.
( ) → ( ) → ( ) → ( ) (22.9, 22.1, 21.10, 15.상시, …)

ⓐ 프로그램 카운터를 증가시킨다.
ⓑ 명령어를 주기억장치로부터 인출한다.
ⓒ 명령 코드를 명령 레지스터로 옮긴다.
ⓓ 프로그램 카운터의 값을 번지 레지스터에 옮긴다.

6. 다음 중 마이크로프로세서의 기능이 아닌 것을 고르시오. ( ) (22.3, 13.1, 11.9, 10.3)

ⓐ 기억 능력 ⓑ 메모리 관리
ⓒ 산술 및 논리 연산 ⓓ 제어 기능

7. ( )는 컴퓨터 시스템에서 명령어들을 실행하기 위해 CPU에서 이루어지는 동작 단계의 하나로서, 기억장치로부터 명령어를 읽어 들이는 단계이다. (18.상시, 16.상시, 15.상시, 14.상시, …)

8. 정보처리 속도 단위 중 초당 100만 개의 연산 수행을 의미하는 단위는 ( )이다. (20.4, 19.상시, 17.상시, 15.상시, 13.상시, 11.7, …)

9. 중앙처리장치(CPU)에 해당하는 부분을 하나의 대규모 집적 회로의 칩에 내장시켜 기능을 수행하게 하는 장치는 ( )이다. (22.9, 22.1, 20.6, 18.상시, 17.상시, 14.상시, 13.1, 11.4, 10.1, 08.10)

10. 마이크로프로세서는 ( ), ( ), ( )로 구성되어 있다. (20.4, 20.2, 17.상시, 11.10, 05.10, 04.4, 02.10)

11. CISC(Complex Instruction Set Computer)의 특징으로 틀린 것을 모두 고르시오. ( ) (22.9, 22.1, 21.10, 20.2, 17.상시, …)

ⓐ 복잡하고 기능이 많은 명령어로 구성된다.
ⓑ 다양한 크기의 명령어를 사용한다.
ⓒ 많은 수의 레지스터를 사용한다.
ⓓ 마이크로 코드 설계가 어렵다.
ⓔ 단일 사이클로 명령어를 실행한다.
ⓕ RISC에 비해 빠른 처리 속도를 제공한다.

해설 **6.** 메모리 관리 기능은 마이크로프로세서의 기능이 아닙니다. 마이크로프로세서의 기능에는 제어기능, 연산기능, 기억기능이 있습니다.

11. ⓒ CISC는 RISC에 비해 적은 수의 레지스터를 사용합니다.
ⓔ 단일 사이클로 명령어를 실행하는 것은 RISC입니다.
ⓕ CISC는 RISC에 비해 처리 속도가 느립니다.

22.9, 22.1, 21.10, 21.6, 21.1, 20.6, 20.4, 19.상시, 18.상시, 17.상시, 16.상시, 15.상시, 14.상시, 13.상시, …

핵심 **003** 레지스터

- CPU 내부에서 처리할 명령어나 연산의 중간 결과값 등을 일시적으로 기억하는 임시 기억 장소이다.
- 연산에 사용되는 데이터 및 연산의 중간 결과를 레지스터에 저장하는 이유는 연산 속도를 향상시키기 위해서다.
- 레지스터는 메모리 중에서 속도가 가장 빠르다.
- 레지스터에 새로운 데이터가 전송되면 기존에 있던 내용은 지워지고 새로운 내용만 기억된다.

프로그램 카운터, 프로그램 계수기(PC; Program Counter)	다음 번에 실행할 명령어의 번지를 기억하는 레지스터
명령 레지스터(IR; Instruction Register)	실행중인 명령의 내용을 기억하는 레지스터
누산기 (AC; Accumulator)	연산된 결과를 일시적으로 저장하는 레지스터로 연산의 중심이 됨
• 상태 레지스터 (Status Register), • PSW(Program Status Word Register) • 플래그 레지스터 (Flag Register)	• CPU에서 명령이 실행되는 순서를 제어하거나 특정 프로그램에 관련된 컴퓨터 시스템의 상태를 나타내고 유지하기 위한 제어 워드로서 실행중인 CPU의 상황을 PSW라고 함 • 오버플로, 언더플로, 자리올림, 인터럽트 등의 PSW를 저장하고 있는 레지스터 • 제어장치와 연산장치의 실행 순서를 제어하기 위해 사용되는 레지스터
메모리 주소 레지스터 (MAR; Memory Address Register)	기억장치를 출입하는 데이터의 번지를 기억하는 레지스터
메모리 버퍼 레지스터 (MBR; Memory Buffer Register)	• 기억장치를 출입하는 데이터가 잠시 기억되는 레지스터 • 입·출력장치의 동작 속도와 전자계산기 내부의 동작 속도를 맞추는 데 사용되는 레지스터 • 버퍼 레지스터라고도 함
인덱스 레지스터 (Index Register)	주소의 변경, 서브루틴 연결 및 프로그램에서의 반복 연산의 횟수를 세는 레지스터
데이터 레지스터 (Data Register)	연산에 사용될 데이터를 기억하는 레지스터
시프트 레지스터 (Shift Register)	클럭 펄스(Clock Pulse)에 의해 기억되는 내용을 왼쪽 또는 오른쪽으로 1비트씩 자리를 이동시키는 레지스터

1. (   )는 산술 연산 또는 논리 연산의 결과를 일시적으로 기억하는 레지스터이다. <small>(22.9, 22.1, 17.상시, 13.상시, 12.상시, …)</small>

2. (   )는 다음에 수행할 명령어의 번지를 기억하는 레지스터이다. <small>(19.상시, 17.상시, 16.상시, 15.상시, 14.상시, 13.상시, 12.상시, 11.7, …)</small>

3. (   )는 중앙처리장치의 제어 부분에 의해 해독되어 현재 실행중인 명령어를 기억하는 레지스터이다.
<small>(22.9, 22.1, 21.6, 21.1, 20.6, 20.4, 17.상시, 15.상시, 14.상시, 13.상시, 12.상시, 11.4, …)</small>

4. (   )는 CPU에서 명령이 실행되는 순서를 제어하거나 특정 프로그램에 관련된 컴퓨터 시스템의 상태를 나타내고 유지하기 위한 제어 워드로서, 실행중인 CPU의 상황을 나타낸다.
<small>(19.상시, 18.상시, 17.상시, 15.상시, 13.상시, 12.상시, 11.2, 09.7, 09.1, 07.9, 07.1, 06.4, …)</small>

5. (   )는 입·출력장치의 동작 속도와 전자계산기 내부의 동작 속도를 맞추는 데 사용되는 레지스터이다.
<small>(18.상시 15.상시, 14.상시, 13.상시, 12.상시, 09.9, 08.3, 08.1, 07.7, 06.7, 06.4, …)</small>

6. (   )는 클럭 펄스(Clock Pulse)에 의해서 기억 내용을 한 자리씩 이동하는 레지스터이다. <small>(17.상시, 14.상시, 12.상시, 11.4, …)</small>

7. 연산의 중심이 되는 레지스터는 (   )이다.
<small>(16.상시, 14.상시, 12.상시, 10.3, 08.3, 06.1, 03.7)</small>

8. 플래그 레지스터는 제어논리장치(CLU)와 산술논리연산장치(ALU)의 실행 순서를 제어하기 위해 사용하는 레지스터이다.
(○, ×) <small>(17.상시, 16.상시, 14.상시, 12.상시, 11.7, 10.10, 08.7, 06.4)</small>

9. 레지스터에 새로운 데이터를 전송하면 먼저 있던 내용은 다른 곳으로 전송되고 새로운 내용만 기억된다. (○, ×)
<small>(21.10, 20.6, 18.상시, 15.상시, 14.상시, 13.상시, 12.상시, 09.1, 08.2, 07.9, 06.1, 05.7, …)</small>

10. 연산에 사용되는 데이터 및 연산의 중간 결과를 레지스터에 저장하는 주된 이유는 (   )를 향상시키기 위함이다.
<small>(21.6, 20.4, 19.상시, 18.상시, 14.상시, 13.상시, 08.7, 07.4, 05.4, 03.7, 03.1, 01.1)</small>

11. (   )는 연산 결과에 따라 자리올림이나 오버플로가 발생했는지의 여부와 외부로부터의 인터럽트 신호까지 나타내는 레지스터이다. <small>(19.상시, 11.2)</small>

> **해설** **9.** 레지스터에 새로운 내용이 전송되면 기존에 있던 내용은 지워지고 새로운 내용만 저장됩니다.

<small>21.6, 14.상시, 12.상시, 08.7, 06.7, 06.4, 04.4, 04.2, 03.7</small>

핵심 004 기본적인 논리함수

AND

• 입력 정보의 값이 모두 1일 때만 결과가 1이 된다.
• 입력되는 값이 A, B라면 A AND B 또는 A · B로 표현한다.

OR

• 입력 정보의 값 중 1개라도 1이면 결과가 1이 된다.
• 입력되는 값이 A, B라면 A OR B 또는 A+B로 표현한다.

NOT

• 입력되는 정보의 반대 값이 출력되며 입력되는 값이 항상 1개이다.

정답 003 **1.** 누산기 **2.** 프로그램 카운터 **3.** 명령 레지스터 **4.** PSW **5.** 메모리 버퍼 레지스터 또는 버퍼 레지스터 **6.** 시프트 레지스터 **7.** 누산기 **8.** ○ **9.** × **10.** 연산 속도 **11.** 상태 레지스터

- 입력되는 값이 A라면, NOT A 또는 A′ 또는 $\overline{A}$로 표현한다.

---

1. 2개의 조건을 동시에 만족해야 출력하는 논리연산자는 ( )이다. *(21.6, 12.상시, 06.7, 04.2, 03.7)*

2. ( ) 회로는 입력 단자와 출력 단자가 반대가 되는, 즉 0이면 1, 1이면 0이 되는 회로이다. *(14.상시, 08.7, 04.4)*

22.3, 21.6, 21.4, 21.1, 20.10, 20.6, 17.상시, 15.상시, 14.상시, 13.상시 …

040122

핵심 005 불 대수의 기본 공식

- 멱등법칙 : $A + A = A$, $A \cdot A = A$
- 보수법칙 : $A + \overline{A} = 1$, $A \cdot \overline{A} = 0$
- 항등법칙 : $A + 0 = A$, $A + 1 = 1$, $A \cdot 0 = 0$, $A \cdot 1 = A$
- 드모르강 법칙 : $\overline{A + B} = \overline{A} \cdot \overline{B}$, $\overline{A \cdot B} = \overline{A} + \overline{B}$
- 교환법칙 : $A + B = B + A$, $A \cdot B = B \cdot A$
- 결합법칙 : $A + (B + C) = (A + B) + C$,
  $A \cdot (B \cdot C) = (A \cdot B) \cdot C$
- 분배법칙 : $A \cdot (B + C) = A \cdot B + A \cdot C$,
  $A + B \cdot C = (A + B) \cdot (A + C)$

---

1. 불(Boolean) 대수의 정리로 옳지 않은 것을 모두 고르시오.
( ) *(22.3, 21.1, 20.6, 17.상시, 15.상시, 14.상시, 13.상시, 12.상시, 11.10, …)*

ⓐ $A + A = 1$	ⓑ $A \cdot A = A$
ⓒ $A + \overline{A} = 1$	ⓓ $A \cdot \overline{A} = 0$
ⓔ $A + 0 = A$	ⓕ $A + 1 = A$
ⓖ $A \cdot 0 = 0$	ⓗ $A \cdot 1 = A$

2. 드모르강(De Morgan)의 정리에 의해 $\overline{AB}$를 변환시키시오.
( ) *(21.6, 20.10, 13.상시, 07.4, 03.1, 99.7, 99.3)*

3. 다음은 불 대수(Boolean Algebra)의 기본법칙 중 ( )법칙에 대한 내용이다. *(15.상시, 13.상시, 09.7, 07.4)*

$$A + (B + C) = (A + B) + C$$

해설 **1.** ⓐ $A + A = A$, ⓕ $A + 1 = 1$입니다.

22.6, 20.6, 19.상시, 18.상시, 17.상시, 16.상시, 15.상시, 14.상시, 13.상시, …

040123

핵심 006 논리식의 간소화

불 대수의 기본 공식을 이용해 간소화한다.
❶ 합의 곱 표현을 곱의 합 표현으로 변환한다.
❷ 공통 인수를 뽑아 묶는다.
❸ 멱등법칙, 보수법칙, 항등법칙 등의 기본 공식 형태로 유도하여 줄여 나간다.

예제 다음 불 함수를 간략화하시오.

- $A + A \cdot B = A \cdot (1 + B) = A \cdot 1 = A$
- $A(A+B) = A \cdot A + A \cdot B = A + A \cdot B = A \cdot (1 + B)$
  $= A \cdot 1 = A$
- $A + \overline{A} \cdot B = (A + \overline{A})(A + B) = 1 \cdot (A + B) = A + B$
- $A (\overline{A} + B) = A \cdot \overline{A} + A \cdot B = 0 + A \cdot B = A \cdot B$

---

1. $(A+1) \cdot (B+1)+C$를 간략화 하시오. ( ) *(22.6, 18.상시, 17.상시, 15.상시, 11.7, 09.1)*

2. $A \cdot (A \cdot B+C)$를 간략화 하시오. ( ) *(19.상시, 18.상시, 16.상시, 15.상시, 13.상시, 10.10, 09.7, 09.3, 07.1, 05.1)*

3. $Y = A + \overline{A} \cdot B$를 간략화 하시오. ( ) *(16.상시, 14.상시, 10.7, 08.10)*

4. $(\overline{A}+B) \cdot (A+\overline{B})$를 간략화 하시오. ( ) *(19.상시, 08.3)*

5. 불(Boolean) 대수 $A+\overline{A} \cdot B+\overline{A} \cdot \overline{B}$의 결과값은 ( )이다. (단, A=0, B=1이다.) *(20.6)*

해설 **1.** $(A + 1) \cdot (B + 1) + C \leftarrow A + 1 = 1$
$= 1 \cdot 1 + C \leftarrow A \cdot A = A$
$= 1 + C \leftarrow A + 1 = 1$
$= 1$

2. $A \cdot (A \cdot B + C) = A \cdot A \cdot B + A \cdot C \leftarrow A \cdot A = A$
$= A \cdot B + A \cdot C$
$= A \cdot (B + C)$

3. $Y = A + \overline{A} \cdot B$
$= (A + \overline{A}) \cdot (A + B) \leftarrow A + \overline{A} = 1$
$= 1 \cdot (A + B) \leftarrow 1 \cdot A = A$
$= A + B$

4. $(\overline{A}+B)(A+\overline{B})$
$= \overline{A}A + \overline{A}\overline{B} + BA + B\overline{B}$
$= 0 + \overline{A}\overline{B} + AB + 0 \leftarrow BA = AB, \overline{A}A = 0$
$= AB + \overline{A}\overline{B}$

정답 004 1. AND 2. NOT 005 1. ⓐ, ⓕ 2. $\overline{A} + \overline{B}$ 3. 결합
006 1. 1 2. $A \cdot (B + C)$ 3. $A + B$ 4. $AB + \overline{A}\overline{B}$ 5. 1

1과목 전자계산기 일반 19

5. $A + \overline{A} \cdot B + \overline{A} \cdot \overline{B}$
   ❶   ❷   ❸
- ❶ $A = 0$
- ❷ $\overline{A} \cdot B = \overline{0} \cdot 1 = 1 \cdot 1 = 1$
- ❸ $\overline{A} \cdot \overline{B} = \overline{0} \cdot \overline{1} = 1 \cdot 0 = 0$
- ∴ ❶ + ❷ + ❸ $= 0 + 1 + 0 = 1$

핵심 007 논리 게이트

게이트	기 호	의 미	진리표	논리식
AND	A⊐B—Y	입력 신호가 모두 1일 때 1 출력	A B Y / 0 0 0 / 0 1 0 / 1 0 0 / 1 1 1	$Y = A \cdot B$ $Y = AB$
OR	A⊐B—Y	입력 신호 중 1개만 1이어도 1 출력	A B Y / 0 0 0 / 0 1 1 / 1 0 1 / 1 1 1	$Y = A + B$
NOT, 인버터	A—▷∘—Y	입력된 정보를 반대로 변환하여 출력	A Y / 0 1 / 1 0	$Y = A'$ $Y = \overline{A}$
BUFFER	A—▷—Y	입력된 정보를 그대로 출력	A Y / 0 0 / 1 1	$Y = A$
NAND	A⊐B—Y	NOT + AND, 즉 AND의 부정	A B Y / 0 0 1 / 0 1 1 / 1 0 1 / 1 1 0	$Y = \overline{A \cdot B}$ $Y = \overline{AB}$
NOR	A⊐B—Y	NOT + OR 즉 OR의 부정	A B Y / 0 0 1 / 0 1 0 / 1 0 0 / 1 1 0	$Y = \overline{A + B}$
XOR	A⊐B—Y	입력되는 값이 모두 같으면 0, 1개라도 다르면 1 출력	A B Y / 0 0 0 / 0 1 1 / 1 0 1 / 1 1 0	$Y = A \oplus B$ $Y = \overline{A}B + A\overline{B}$
XNOR	A⊐B—Y	NOT + XOR 즉 XOR의 부정	A B Y / 0 0 1 / 0 1 0 / 1 0 0 / 1 1 1	$Y = A \odot B$ $Y = \overline{A \oplus B}$

잠깐만요 ❶ AND와 OR 회로

AND 회로(X = A · B)	OR 회로(X = A + B)
2개의 입력 스위치가 ON (A=1, B=1)이 될때에만 불이 켜짐	둘 중 1개 이상의 입력 스위치가 ON이 되면 불이 켜짐
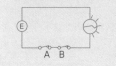	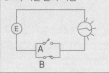

1. 다음 진리표와 같이 연산이 행해지는 게이트(Gate)는?

(   )   (21.6, 18.상시, 15.상시, 14.상시, 09.9, 09.3, 08.7, 04.4, 03.7, 00.8, 99.7)

입력		출력
X1	X2	Y
0	0	0
1	0	0
0	1	0
1	1	1

2. 진리표가 다음과 같은 논리 회로는? (   )

(21.10, 21.4, 20.10, 16.상시, 15.상시, 14.상시, 13.상시, 12.상시, 10.10, 09.1, 08.2, …)

입력 A	입력 B	출력 F
0	0	1
0	1	1
1	0	1
1	1	0

3. 아래의 도형과 관련 있는 것은 (   )이다.

(21.1, 20.6, 14.상시, 13.상시, 08.10, 07.7, 05.7, 02.4)

4. 배타적 논리합(XOR) 게이트를 그리시오. (   )

(21.6, 21.1, 14.상시, 12.상시, 08.10, 06.7, 05.7, 02.4)

5. 다음 회로(Circuit)에서 결과가 1(불이 켜진 상태)이 되기 위해 A와 B가 가져야 하는 값은?   (17.상시, 15.상시, 14.상시, 13.상시, …)

- A = (   )   • B = (   )

6. 다음의 기호에 맞는 불(Boolean) 대수식은 X = ( ) 또는
X = ( )이다. (16.상시, 13.상시, 10.1, 07.9, 05.4, 04.4, 00.8, 99.7)

> **해설** **1.** 입력값이 모두 1일 때만 1을 출력하는 것으로 보아 AND 게이트임을 알 수 있습니다.
>
> **2.** AND의 부정이므 NAND 게이트임을 알 수 있습니다.
>
> **3.** 보기의 게이트는 입력된 값을 그대로 출력하는 버퍼(ㅡ▷ㅡ)에 동그라미(ㅡ▷○ㅡ)가 붙은 것으로 입력된 값을 반대로 변환하여 출력하는 인버터(Inverter, NOT)입니다.
>
> **5.** 두 개의 스위치가 직렬로 연결되어 있을 때는 두 개의 스위치가 모두 ON(1)이 되어야 불이 켜지고, 병렬로 연결되어 있을 때는 둘 중 하나의 스위치가 ON이 되면 불이 켜집니다.
>
> **6.** 논리회로를 논리식으로 표현하면 X = $\overline{AB}$이고, 간략화 하면 X = $\overline{A}$ + $\overline{B}$가 됩니다.

22.9, 22.6, 22.3, 21.6, 21.1, 20.4, 20.2, 19.상시, 18.상시, 17.상시 …

핵심 008 논리회로의 이해

예제 1 다음 논리회로를 논리식으로 표현하시오.

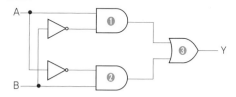

각각의 논리 게이트를 분리하여 논리식으로 표현한 후 1개의 논리식으로 합쳐 나갑니다.
• ❶ = A · $\overline{B}$
• ❷ = $\overline{A}$ · B
• ❸ = ❶ + ❷ = A · $\overline{B}$ + $\overline{A}$ · B = A ⊕ B
그러므로 위의 논리회로는 아래와 같은 XOR 회로로 간략하게 표현할 수 있습니다.

예제 2 A = 1, B = 0 입력 시 출력 X의 값은?

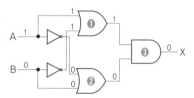

이런 문제는 위 그림과 같이 입력되는 값을 게이트 순서대로 대입한 후 출력을 구해서 계산해도 되고, 다음과 같이 게이트별로 분리해서 계산해도 됩니다.
• ❶ = A + $\overline{B}$ = 1 + $\overline{0}$ = 1 + 1 = 1
• ❷ = $\overline{A}$ + B = $\overline{1}$ + 0 = 0 + 0 = 0
• ❸ = ❶ · ❷ = 1 · 0 = 0
∴ X = 0

1. 다음의 논리회로에서 A의 값이 1010, B의 값이 1110일 때 출력 Y의 값은? ( ) (19.상시, 17.상시, 16.상시, 13.상시, 11.7, 10.3, 07.7, …)

2. 다음의 논리회로에서 A = 1, B = 1일 때, 출력 C의 값은? ( ) (15.상시, 13.상시, 12.상시, 09.3, 07.4, 06.10, 05.10, 05.1, 03.7)

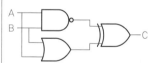

3. 다음의 논리회로에서 입력 A, B, C에 대한 출력 Y의 값을 논리식으로 표현하시오. ( ) (22.6, 22.3, 18.상시, 17.상시, 15.상시 …)

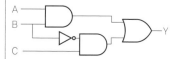

4. 다음의 논리회로에서 출력 f의 값은? ( ) (17.상시, 14.상시, 12.상시, 11.4, 08.3, 06.7, 04.10, 03.7, 02.1, 01.1, 00.3)

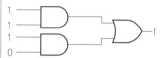

5. 다음의 논리회로도에서 입력 A, B에 대한 출력 Y의 값을 논리식으로 표현하시오. ( ) (21.6, 21.1, 20.2)

6. 다음의 논리회로에서 입력 A, B, C에 대한 출력 X의 값을 논리식으로 표현하시오. (　　　　　) (20.4)

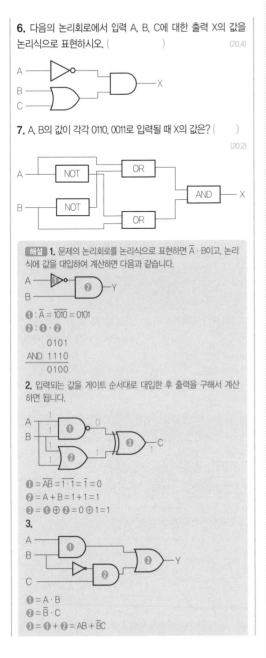

7. A, B의 값이 각각 0110, 0011로 입력될 때 X의 값은? (　　　) (20.2)

해설 **1.** 문제의 논리회로를 논리식으로 표현하면 $\overline{A} \cdot B$이고, 논리식에 값을 대입하여 계산하면 다음과 같습니다.

❶ : $\overline{A} = \overline{1010} = 0101$
❷ : **❶** · **❷**

```
      0101
AND  1110
    ─────
      0100
```

2. 입력되는 값을 게이트 순서대로 대입한 후 출력을 구해서 계산하면 됩니다.

❶ = $\overline{AB} = \overline{1 \cdot 1} = \overline{1} = 0$
❷ = A + B = 1 + 1 = 1
❸ = **❶** ⊕ **❷** = 0 ⊕ 1 = 1

3.

❶ = A · B
❷ = $\overline{B} \cdot C$
❸ = **❶** + **❷** = $AB + \overline{B}C$

4.

5.

❶ = A + B
❷ = **❶** + B
　 = A + B + B
　 = A + B ← B + B = B

6.

• **❶** = $\overline{A}$
• **❷** = B+C
• **❸** = **❶** · **❷** = $\overline{A} \cdot (B+C)$

7.

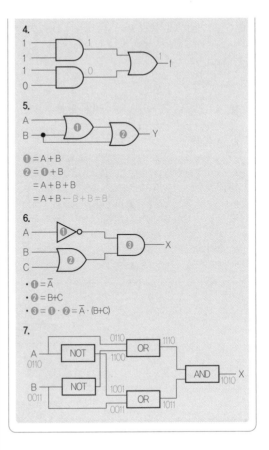

22.9, 22.6, 22.1, 21.10, 21.4, 20.10, 20.6, 20.2, 18.상시, 17.상시, 16.상시, …   040126

핵심 **009** 반가산기(HA; Half Adder)

• 반가산기는 1Bit짜리 2진수 2개를 덧셈한 합(S)과 자리올림수(C)를 구하는 회로이다.

• 진리표

A	B	S	C
0	0	0	0
0	1	1	0
1	0	1	0
1	1	0	1

• 논리식 : C = A · B, S = $\overline{A} \cdot B + A \cdot \overline{B}$ = A⊕B

논리회로

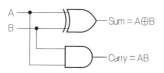

A
B
Sum = A⊕B
Carry = AB

---

1. 다음과 같은 논리식으로 구성되는 회로는? (　　　　)

(22.9, 22.6, 22.1, 18.상시, 17.상시, 13.상시, 11.7, 07.4, 05.1, 03.1, 02.4)

$S = \overline{A} \times B + A \times \overline{B}$
$C = A \times B$
(단 S는 합(Sum), C는 자리올림(Carry)을 나타낸다.)

2. 다음에 표시된 진리표가 나타내는 회로는? (단, 입력은 A, B이고 출력은 S(Sum)와 C(Carry)이다.)

(　　　　)

(15.상시, 13.상시, 09.7, 07.7, 05.7, 03.3)

A	B	S	C
0	0	0	0
0	1	1	0
1	0	1	0
1	1	0	1

3. 다음은 무슨 회로인가? (　　　　)

(21.4, 20.10, 20.6, 16.상시, 14.상시, 12.상시, 10.7, 08.2, 06.10, 04.10, 02.7)

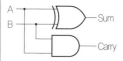

A
B
Sum
Carry

4. 반가산기의 논리회로도에서 자리올림이 발생하는 회로는 (　　　　)이다. (21.10, 20.2, 17.상시, 14.상시, 12.상시, 11.10, 08.3, 06.1, 04.7)

5. 두 비트 A와 B를 더해 합(S)과 자리올림수(C)를 구하는 반가산기에서 자리올림수를 구하는 논리식은 C = (　　　　)이다.

(14.상시, 13.상시, 08.10, 07.9, 01.10)

6. 반가산기에서 두 개의 입력 비트가 모두 1일 때 합(Sum)은 (　　　　)이다. (18.상시, 15.상시, 09.1, 05.4, 01.4)

> **해설 6.** 반가산기에서 합이 발생하는 XOR 회로는 입력되는 두 값이 서로 다를 때 1이 출력되고, 입력되는 값이 같을 때는 0이 출력됩니다.

21.1, 18.상시, 17.상시, 15.상시, 13.상시, 12.상시, 11.7, 09.3, 09.1, 07.1, …

040127

핵심 **010** 전가산기(FA; Full Adder)

- 전가산기는 뒷자리에서 올라온 자리올림수(C_i)를 포함하여 1Bit 크기의 2진수 3자리를 더하여 합(S_i)과 자리올림수(C_{i+1})를 구하는 회로이다.
- 전가산기는 2개의 반가산기(HA)와 1개의 OR 게이트로 구성된다.
- 전가산기는 3개의 입력선과 2개의 출력선을 갖는다.

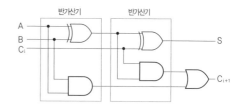

반가산기　　반가산기
A
B
C_i
S
C_{i+1}

1. 전가산기(Full Adder)는 2개의 (　　　　)와 1개의 (　　　　)로 구성된다. (21.1, 18.상시, 17.상시, 15.상시, 13.상시, 12.상시, …)

2. 전가산기(Full adder)는 (　　)개의 입력과 (　　)개의 출력을 갖는다. (15.상시, 09.1, 01.4, 99.7)

> **해설 2.** 전가산기는 합계를 구할 2개의 입력선과 전 단계에서 올라온 자리올림선을 합쳐 3개의 입력선을 갖고, 합과 자리올림을 출력하므로 2개의 출력선을 갖습니다.

22.6, 22.3, 21.10, 21.6, 21.4, 20.10, 19.상시, 18.상시, 17.상시, 16.상시, …

040128

핵심 **011** 기타 조합논리회로

디코더 (Decoder)	• n개의 입력선으로 입력된 값을 2^n개의 출력선으로 번역하는 회로로, 주로 AND 게이트로 구성됨 • 2진 코드를 다른 코드로 바꿀 때 사용함
인코더(Encoder)	• 인코더는 디코더의 반대 기능을 함 • 2^n개의 입력선으로 입력된 값을 n개의 출력선으로 코드화해서 출력하는 회로 • 특정 값을 여러 자리인 2진수로 변환하거나 특정 장치로부터 보내오는 신호를 여러 개의 2진 신호로 바꾸어 변환시키는 장치 • 특정한 장치에서 사용되는 정보를 다른 곳으로 전송하기 위하여 일정한 규칙에 따라 암호로 변환하는 장치

| 멀티플렉서(MUX;
Multiplexer) | 2^n의 입력선 중 1개를 선택하여 그 선으로부터 입력되는 값을 1개의 출력선으로 출력시키는 회로 |
| 디멀티플렉서
(DeMUX;
DeMultiplexer) | 1개의 입력선으로 들어오는 정보를 2^n개의 출력선 중 1개를 선택하여 출력하는 회로 |

1. (　　　　)는 n비트의 2진 코드 입력에 의해 최대 2^n개의 출력이 나오는 회로로, 2진 코드를 다른 부호로 바꾸고자 할 때 사용하는 회로이다.　　　　　　　　　　(16.상시, 10.7)

2. (　　　　)는 특정 값을 여러 자리인 2진수로 변환하거나 특정 장치로부터 보내오는 신호를 여러 개의 2진 신호로 변환시키는 장치이다.　(21.6, 17.상시, 13.상시, 11.2, 07.7, 04.2, 99.7)

3. (　　　　)는 여러 개의 입력정보(2^n) 중에서 하나를 선택하여 한 곳으로 출력시키는 회로이다.　(21.4, 20.10, 19.상시, 16.상시, …)

4. (　　　　)는 1개의 입력선으로 들어오는 정보를 2^n개의 출력선 중 1개를 선택하여 출력하는 회로이다.　(22.6, 22.3, 21.10, …)

22.9, 22.3, 22.1, 21.6, 21.4, 21.1, 20.10, 20.2, 19.상시, 18.상시, 17.상시, …

040132

핵심 012 **플립플롭(FF; Flip-Flop)**

- 플립플롭은 전원이 공급되고 있는 한, 상태의 변화를 위한 신호가 발생할 때까지 현재의 상태를 그대로 유지하는 논리회로이다.
- 플립플롭 1개가 1Bit를 저장할 수 있다.
- 기본적인 플립플롭은 2개의 NAND 또는 NOR 게이트를 이용하여 구성한다.

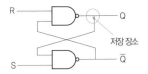

- 플립플롭의 종류 : RS-FF, D-FF, JK-FF, T-FF

RS 플립플롭(Reset-Set FF)

플립플롭의 기본으로, S와 R선의 입력을 조절하여 임의의 Bit 값을 그대로 유지시키거나 무조건 0 또는 1의 값을 기억시키기 위해서 사용되는 플립플롭이다.

S R	$Q_{(t+1)}$	상태	암기
0　0	$Q_{(t)}$	상태 변화 없음	**무**(상태 변화 없음)
0　1	0	Reset	**공**(항상 0)
1　0	1	Set	**일**(항상 1)
1　1	동작 안 됨	동작 안 됨	**불**(불가)

JK 플립플롭

- RS FF에서 S=R=1일 때 동작되지 않는 결점을 보완한 플립플롭이다.
- 다른 모든 플립플롭의 기능을 대용할 수 있으므로 응용 범위가 넓고 집적회로화 되어 가장 널리 사용된다.

J K	$Q_{(t+1)}$	상태	암기
0　0	$Q_{(t)}$	상태 변화 없음	**무**(상태 변화 없음)
0　1	0	Reset	**공**(항상 0)
1　0	1	set	**일**(항상 1)
1　1	$\overline{Q_{(t)}}$	반전	**보**(보수)

T 플립플롭

- JK FF의 두 입력선을 묶어서 1개의 입력선으로 구성한 플립플롭이다.
- T=0인 경우는 변화가 없고, T=1인 경우에 현재의 상태를 토글(Toggle)시킨다. 즉 원 상태와 보수 상태의 2가지 상태로만 서로 전환된다.
- 누를 때마다 ON, OFF가 교차되는 스위치를 만들고자 할 때 사용된다.

T	$Q_{(t+1)}$	상태
0	$Q_{(t)}$	상태 변화 없음
1	$\overline{Q_{(t)}}$	반전

1. (　　　　)은 1비트(Bit)를 기억할 수 있는 기억의 최소 단위로, 클록이 있는 순서회로에 기억된 기억 소자이다.

(22.9, 19.상시, 18.상시, 16.상시, 15.상시, 13.상시, 10.7, 09.1, 07.1, 04.7)

2. R Flip-Flop은 Flip-Flop의 한 종류이다. (○ , ×)

(21.1, 20.6, 14.상시, 13.상시, 08.2, 07.10, 07.4, 05.7, 05.4, 00.10)

　정답 011 **1.** 디코더(Decoder)　**2.** 인코더(Encoder)　**3.** 멀티플렉서(Multiplexer)　**4.** 디멀티플렉서(DeMultiplexer)
012 **1.** 플립플롭(Flip-Flop)　**2.** ×

3. RS Flip—Flop 회로의 동작에서 R = (   ), S = (   )을 입력하면 출력은 불능 상태가 된다. (21.6, 18.상시, 15.상시, 12.상시, …)

4. (   )은 다른 모든 플립플롭의 기능을 대용할 수 있으므로 응용 범위가 넓고 집적회로화 되어 가장 널리 사용되는 플립플롭이다. (14.상시, 08.7, 04.10, 03.10, 99.3)

5. (   )은 누를 때마다 ON, OFF가 교차되는 스위치를 만들고자 할 때 사용되는 플립플롭이다.
(22.3, 19.상시, 16.상시, 12.상시, 10.1, 06.7, 04.2, 02.1)

6. (   )은 토글 또는 보수 플립플롭으로, JK 플립플롭의 J와 K를 묶어서 입력이 구성되며, 입력이 0일 경우에는 상태가 불변이고, 입력이 1인 경우에는 보수가 출력된다.
(22.9, 22.1, 20.10, 16.상시, 10.7, 02.10, 01.1)

7. JK 플립플롭에서 J = (   ), K = (   )이 입력되면 보수가 출력된다. (19.상시, 17.상시, 16.상시, 14.상시, 13.상시, 11.7, 10.10, 08.10, …)

8. JK 플립플롭에서 J = (   ), K = (   )이 입력되면 출력에는 아무런 변화가 없다. (15.상시, 13.상시, 09.3, 07.7, 02.7)

9. RS Flip—Flop에서 CP=1이고, S=0, R=0이면 출력 Q의 상태는 (   )이다. (21.4, 20.10, 20.2)

> **해설** **2.** R 플립플롭이란 것은 없습니다.
> **9.** 클럭 펄스(CP, Clock Pulse)가 발생하고 S와 R선에 각각 0과 0이 입력되면 플립플롭에 기억되어 있던 원래의 상태 Q는 변하지 않고 그대로 유지됩니다.

20.1, 17.상시, 14.상시, 11.4, 08.10, 08.3, 05.4, 05.1, 04.4, 03.7, 03.3, 03.1, 02.10, 02.7, 02.1, 01.4, …

핵심 013 자료 구성의 단위

비트(Bit)	• 자료(정보) 표현의 최소 단위 • 2가지 상태(0과 1)를 표시하는 2진수 1자리
니블(Nibble)	• 4개의 비트(Bit)가 모여 1개의 니블(Nibble)을 구성함 • 4비트로 구성되며 16진수 1자리를 표현하기에 직합함
바이트(Byte)	• 문자를 표현하는 최소 단위로, 8개의 비트(Bit)가 모여 1Byte를 구성함 • 1Byte는 256(2^8)가지의 정보를 표현할 수 있음 • 주소 지정의 단위로 사용됨

워드(Word)	• CPU가 한 번에 처리할 수 있는 명령 단위 • 반워드(Half Word) : 2Byte • 풀워드(Full Word) : 4Byte • 더블워드(Double Word) : 8Byte
필드(Field)	• 파일 구성의 최소 단위 • 의미 있는 정보를 표현하는 최소 단위
레코드(Record)	• 하나 이상의 관련된 필드가 모여서 구성됨 • 컴퓨터 내부의 자료 처리 단위로서, 일반적으로 레코드는 논리 레코드(Logical Record)를 의미함
블록(Block)	• 1개 이상의 논리 레코드가 모여서 구성됨 • 각종 저장매체와의 입 · 출력 단위이며 물리 레코드(Physical Record)라고 함
파일(File)	• 프로그램 구성의 기본 단위로, 여러 레코드가 모여서 구성됨
데이터베이스(Database)	• 여러 개의 관련된 파일(File)의 집합 • 관계형, 계층형, 망형 데이터베이스가 있음

1. 8개의 bit로 표현 가능한 정보의 최대 가지 수는 (   )이다. (17.상시, 14.상시, 11.4, 08.3, 05.4, 05.1, 03.1, 02.10, 00.3)

2. 다음의 데이터베이스 용어들을 데이터의 크기가 작은 것에서부터 큰 순서대로 나열하시오. (04.4, 03.7, 03.3, 02.10, 02.7, 02.1, 01.4)

(→   →   →   )

ⓐ 데이터   ⓑ 레코드
ⓒ 필드   ⓓ 파일

3. 주기억장치에서 자료 표현의 최소 단위는 (   )이다.
(20.4, 14.상시, 08.10, 04.4, 02.10)

> **해설** **1.** 8Bit면 2^8, 즉 256가지의 정보를 표현할 수 있습니다.
> **2.** 데이터란 단위는 없습니다. 워드 이하의 단위, 즉 비트, 니블, 바이트, 워드는 사람이 인식할 수 있는 단위가 아니라 컴퓨터 내부에서 사용하는 단위로서 그냥 데이터라고 표현한 것입니다. 필드부터가 사람이 인식할 수 있는 논리적인 단위가 됩니다.
> **3.** 자료 표현의 최소 단위라고 해서 비트(Bit)가 아닙니다. 주기억장치에서는 자료의 형태가 주소이므로, 주소 지정 단위인 바이트가 정답입니다.

040133

핵심 014 진법 변환

10진수를 2진수, 8진수, 16진수로 변환

- 정수 부분 : 10진수의 값을 변환할 진수로 나누어 더 이상 나눠지지 않을 때까지 나누고, 몫을 제외한 나머지를 역순으로 표시함
- 소수 부분 : 10진수의 값에 변환할 진수를 곱한 후 결과의 정수 부분만을 차례대로 표기하되, 소수 부분이 0 또는 반복되는 수가 나올 때까지 곱하기를 반복함

예제 1 $(47.625)_{10}$를 2진수, 8진수, 16진수로 변환하기

- 정수 부분

2진수	8진수	16진수
2 ⎸47 2 ⎸23 … 1 2 ⎸11 … 1 2 ⎸5 … 1 2 ⎸2 … 1 1 … 0	8 ⎸47 5 … 7	16 ⎸47 2 … 15(F)
$(47)_{10} = (101111)_2$	$(47)_{10} = (57)_8$	$(47)_{10} = (2F)_{16}$

- 소수 부분

2진수	8진수	16진수
0.625 → 0.25 → 0.5 × 2 × 2 × 2 1.250 0.50 1.0	0.625 × 8 5.000	0.625 × 16 10(A).000
$(0.625)_{10} = (0.101)_2$	$(0.625)_{10} = (0.5)_8$	$(0.625)_{10} = (0.A)_{16}$
$(47.625)_{10} \rightarrow (101111.101)_2$	$(47.625)_{10} \rightarrow (57.5)_8$	$(47.625)_{10} \rightarrow (2F.A)_{16}$

2진수, 8진수, 16진수를 10진수로 변환

정수 부분과 소수 부분을 나누어서 변환하려는 각 진수의 자릿값과 자리의 지수승을 곱한 결과값을 모두 더하여 계산한다.

예제 2 $(101111.101)_2$을 10진수로 변환하기

$$(1 \quad 0 \quad 1 \quad 1 \quad 1 \quad 1 \quad . \quad 1 \quad 0 \quad 1)_2$$
$$\times \quad \times \quad \times \quad \times \quad \times \quad \times \quad \quad \times \quad \times \quad \times$$
$$2^5 \quad 2^4 \quad 2^3 \quad 2^2 \quad 2^1 \quad 2^0 \quad . \quad 2^{-1} \quad 2^{-2} \quad 2^{-3}$$
$$= 32 + 0 + 8 + 4 + 2 + 1 \quad . \quad 0.5 + 0 + 0.125 = 47.625$$

예제 3 $(57.5)_8$를 10진수로 변환하기

$$(5 \quad 7 \quad . \quad 5)_8$$
$$\times \quad \times \quad \quad \times$$
$$8^1 \quad 8^0 \quad . \quad 8^{-1}$$
$$= 40 + 7 \quad . \quad 0.625 = 47.625$$

예제 4 $(2F.A)_{16}$를 10진수로 변환하기

$$(2 \quad F \quad . \quad A)_{16}$$
$$\times \quad \times \quad \quad \times$$
$$16^1 \quad 16^0 \quad . \quad 16^{-1}$$
$$= 32 + 15 \quad . \quad 0.625 = 47.625$$

2진수, 8진수, 16진수 상호 변환

- 2진수를 8진수로 : 정수 부분은 소수점을 기준으로 왼쪽 방향으로 3자리씩, 소수 부분은 소수점을 기준으로 오른쪽 방향으로 3자리씩 묶어서 변환함
- 2진수를 16진수로 : 정수 부분은 소수점을 기준으로 왼쪽 방향으로 4자리씩, 소수 부분은 소수점을 기준으로 오른쪽 방향으로 4자리씩 묶어서 변환함
- 8진수, 16진수를 2진수로 : 8진수 1비트는 2진수 3비트로, 16진수 1비트는 2진수 4비트로 풀어서 변환함

예제 5 2진수를 8진수로 변환   2진수를 16진수로 변환

111001011.101010   11001011.10101000

7 1 3 . 5 2   12(C) 11(B) . 10(A) 8

자릿수를 맞추기 위해 0으로 채워짐

$(111001011.10101)_2 \rightarrow (713.52)_8$ $(11001011.10101)_2 \rightarrow (CB.A8)_{16}$

※ 소수 부분의 자릿수가 부족할 경우 0으로 부족한 부분을 채워서 자리(8진수 3자리, 16진수 4자리) 수를 맞춥니다.

예제 6 8진수 또는 16진수를 2진수로 변환하기

```
   7   1   3 .  5   2          12(C) 11(B) . 10(A)  8
 111 001 011 . 10101̶0̶      1100 1011 . 10101̶0̶0̶0̶
(713.52)₈ → (111001011.10101)₂   (CB.A8)₁₆ → (11001011.10101)₂
```

※ 2진수를 8진수(3개씩 묶기), 16진수(4개씩 묶기)로 변환한 방법의 반대 방법으로 8진수(3개씩 풀기), 16진수(4개씩 풀기)를 2진수로 변환할 수 있습니다.

8진수, 16진수 상호 변환

- 8진수를 16진수로 : 8진수를 2진수로 변환한 후 2진수를 16진수로 변환함
- 16진수를 8진수로 : 16진수를 2진수로 변환한 후 2진수를 8진수로 변환함

예제 7 8진수 670.325를 16진수로 변환하기

❶ 8진수를 우선 2진수로 변환합니다.
```
( 6   7   0 . 3   2   5 )₈
 110 111 000 . 011 010 101 )₂
```

❷ 2진수를 16진수로 변환합니다. 소수점을 기준으로 정수 부분은 왼쪽 방향으로, 소수 부분은 오른쪽 방향으로 4자리씩 묶어줍니다. 소수 이하 자릿수가 모자랄 경우 0으로 채워서 자리를 맞춥니다.
```
( 1  1011 1000 . 0110 1010 1̶0̶0̶0̶ )₂
( 1  11(B)  8  .  6   10(A)  8 )₁₆
```
∴ (670.325)₈ → (1B8.6A8)₁₆

예제 8 16진수 F3.9D를 8진수로 변환하기

❶ 16진수를 우선 2진수로 변환합니다.
```
( F    3  .  9    D )₁₆
 1111 0011 . 1001 1101 )₂
```

❷ 2진수를 8진수로 변환합니다. 소수점을 기준으로 정수 부분은 왼쪽 방향으로, 소수 부분은 오른쪽 방향으로 3자리씩 묶어줍니다. 소수 이하 자릿수가 모자랄 경우 0으로 채워서 자리를 맞춥니다.
```
( 11 110 011 . 100 111 01̶0̶ )₂
(  3   6   3  .  4   7   2 )₈
```
∴ (F3.9D)₁₆ → (363.472)₈

1. 10진수 14.625를 2진수로 변환하시오. (   )

(17.상시, 11.10, 05.7, 03.7, 02.7, 01.7)

2. 10진수 0.1875를 8진수로 변환하시오. (   )

(21.4, 03.3, 01.4)

---

3. 16진수 2C를 10진수로 변환하시오. (   )

(22.3, 20.10, 19.상시, 17.상시, 15.상시, 14.상시, 13.상시, 12.상시, 11.2, 09.3, 08.7, …)

4. (142)₈를 10진수로 변환하시오. (   )

(20.4, 18.상시, 12.상시, 06.10, 04.4)

5. 2진수 1101.101을 10진수로 변환하시오. (   )

(17.상시, 11.4, 05.4, 04.7, 02.10, 02.7)

6. 10진수 32를 2진수로 변환하시오. (   )

(22.9, 22.1, 19.3, 03.7)

7. 8진수 234를 16진수로 변환하시오. (   )

(21.1, 15.상시, 14.상시, 12.상시, 09.7, 08.3, 06.7, 05.1, 03.7)

해설 1.
- 정수 부분
```
2 | 14
2 | 7 … 0
2 | 3 … 1
    1 … 1
```
∴ 1110
- 소수 부분
```
 0.625  → 0.25  → 0.5
 ×   2    ×   2   × 2
 1.250    0.50    1.0
```
∴ 0.101
- 결과
1110 + 0.101 = 1110.101

2.
```
 0.1875  → 0.5
 ×    8    ×8
 1.5000    4.0
```
∴ $0.1875_{10} = 0.14_8$

3. $2C = 2 \times 16^1 + C(12) \times 16^0$
$= 32 + 12$
$= 44$

4. $142 = 1 \times 8^2 + 4 \times 8^1 + 2 \times 8^0$
$= 64 + 32 + 2$
$= 98$

5. $1101.101 = 1 \times 2^3 + 1 \times 2^2 + 0 \times 2^1 + 1 \times 2^0 + 1 \times 2^{-1} + 0 \times 2^{-2} + 1 \times 2^{-3}$
$= 8 + 4 + 0 + 1 + 0.5 + 0 + 0.125$
$= 13.625$

6.
```
2 | 32
2 | 16 … 0 ▲
2 |  8 … 0
2 |  4 … 0
2 |  2 … 0
     1 … 0
```
∴ 100000₍₂₎

7. ❶ 8진수 1자리를 2진수 3자리로 확장하여 2진수로 변경합니다.
```
( 2   3   4 )₈
 010 011 100 )₂
```

❷ 오른쪽에서 왼쪽 방향으로 2진수를 4자리씩 묶어 16진수 1자리로 표현합니다.
(0 1001 1100)₂
(0   9   12(C))₁₆

21.4, 20.10, 17.상시, 16.상시, 14.상시, 12.상시, 11.10, 11.2, 10.10, 08.7, …

040134

핵심 015 보수

- 컴퓨터가 기본적으로 수행하는 가산을 이용하여 뺄셈을 수행하기 위해 사용한다.
- 1의 보수 구하기 : 주어진 각 자릿값을 0일 때는 1로, 1일 때는 0으로 변환

  10101의 1의 보수 → 01010

  ※ 2진수를 1의 보수로 구하는 게이트는 NOT이다.

- 2의 보수 구하기
  - 방법 1 : 1의 보수를 구한 뒤 결과값에 1을 더함

    10101의 2의 보수
    01010 ← 1의 보수
    +   1
    ―――――――
    01011

  - 방법 2 : 소수점의 위치에서 왼쪽 방향으로 첫 번째 1이 나올때까지는 그냥 쓰고 나머지는 반대로 씀

    10101100의 2의 보수 → 01010100 ┐그대로
                                    └반대로 쓰습니다. 씁니다.

1. 2진수 10110을 1의 보수(1' complement)로 표현하시오.

(   )　(17.상시, 14.상시, 12.상시, 11.10, 08.7, 06.4, 03.10, 01.7, 99.7)

2. 2진수 101101을 2의 보수로 표현하시오. (   )

(20.10, 16.상시, 14.상시, 10.10, 08.2, 05.7, 03.1, 02.1, 01.7)

---

3. 십진수 −8을 2의 보수로 표현하시오. (   )

(21.4, 17.상시, 11.2, 03.3, 01.10)

> **해설** **1.** 1의 보수를 구할 때는 0은 1로, 1은 0으로 변환하면 됩니다.
> - 원래의 수 : 10110
> - 1의 보수 : 01001
>
> **2.** 2의 보수는 1의 보수를 구한 후 그 값에 1을 더해주면 됩니다.
>
> 101101
> 010010 ← 1의 보수
>   +1
> ――――――――
> 010011 ← 2의 보수
>
> **3.** 다음의 단계에 맞게 2의 보수로 변환합니다.
> ❶ −8을 2진수로 변환합니다.
>
> 1000
>
> ❷ 보기로 주어진 숫자 길이에 맞게 왼쪽에 0을 추가하여 비트 수를 채웁니다. 여기서는 8비트를 기준으로 하겠습니다.
>
> 00001000
>
> ❸ 1의 보수를 구합니다.
>
> 00001000
>   ↓
> 11110111
>
> ❹ 1의 보수에 1을 더해 2의 보수를 구합니다.
>
> 11110111
> +   1
> ――――――――
> 11111000

궁금해요
시나공 Q&A 베스트

Q −8을 2의 보수로 표현한 결과 값에 왜 −부호가 없죠? 그리고 변환된 2의 보수는 왜 8비트 인가요?

A 기능사의 범위를 살짝 벗어나는 말이긴 하지만 알려드릴게요. 보수는 음수를 표현하기 위해 개발한 것입니다. 즉 +8을 2의 보수법으로 표기하면 그냥 8에 대한 이진수 1000을 구한 다음 자리수를 맞추기 위해 0을 추가하여 000010000이 됩니다. 그리고 −8은 8에 대한 이진수를 구한 다음 다시 2의 보수를 구해야 합니다. 앞에서 확인한 것과 같이 결과는 11111000입니다. 이와 같이 하는 이유는 여러 가지가 있지만 그 중 하나는 컴퓨터에서 내부적으로 수치를 표현할 때 +나 − 기호를 사용하지 않고 0 또는 1을 사용해서 양수와 음수를 구분하기 때문입니다. 최상위 비트, 즉 맨 왼쪽의 비트가 0이면 양수, 1이면 음수가 되는 것입니다. 음수를 보수로 표현하면 반드시 맨 왼쪽의 비트에 1이 오게 됩니다. 그리고 2의 보수로 변환할 때 숫자 길이를 8비트로 맞춘 이유는 문제의 보기의 비트수에 맞춘 것입니다. 정보처리기능사 필기는 4개의 보기가 있는 객관식 문제로 출제됩니다. 해당 문제의 보기가 모두 8비트였기 때문입니다.

정답 015 **1.** 01001 **2.** 010011 **3.** 11111000

22.3, 21.10, 18.상시, 16.상시, 14.상시, 12.상시, 10.10, 08.7, 06.1, 04.2, 03.3, 00.10, 00.8

핵심 016 2진 연산

- 2진 정수 데이터의 표현에 사용된다.
- 표현할 수 있는 범위는 작지만 연산속도는 빠르다.
- 데이터 표현 시 첫 번째 비트를 부호 비트로 하여 양수는 0, 음수는 1로 표시한다.

표현 방식	−10	+10
부호화 절대치	• 양수 10을 2진수로 표현한 후 부호 비트만 1로 바꿈 • 0000 1010 → 1000 1010	
부호화 1의 보수 방식	• 양수 10을 2진수로 표현한 후 1의 보수를 구함 • 0000 1010 → 1111 0101	• 양수는 표현 방식이 모두 같음 • 2진수로 바꾸어 줌 0000 1010
부호화 2의 보수 방식	• 양수 10을 2진수로 표현한 후 2의 보수를 구함 • 0000 1010 → 1111 0110	

1. 8비트 컴퓨터에서 10진수 −13을 부호화 절대치 방식으로 표현하시오. ( ) *(21.10, 16.상시, 10.10, 00.10)*

2. 다음은 8Bit 컴퓨터에서 부호화 절대치 방식으로 수치 자료를 표현한 것이다. 기억된 값은? ( ) *(22.3, 18.상시, 14.상시, 12.상시, …)*

1	0	0	0	1	0	1	1

> **해설** **1.** ❶ 13을 2진수로 표현합니다.
>   1101
> ❷ 8비트 컴퓨터라고 했으니 왼쪽의 4비트에 0을 추가하여 비트 수를 채웁니다.
>   00001101
> ❸ 왼쪽 첫 번째 비트가 부호 비트인데, 이 부호 비트가 0이면 양수, 1이면 음수이므로 1로 변경합니다.
>   10001101
>
> **2.** • 부호화 절대치 방식의 왼쪽 첫 번째 비트는 부호 비트이므로, 부호 비트를 제외한 2진수를 10진수로 변환합니다.
> $000 1011 = 1 \times 2^3 + 0 \times 2^2 + 1 \times 2^1 + 1 \times 2^0 = 8 + 0 + 2 + 1 = 11$
> • 첫 번째 비트(부호 비트)가 1이면 음수, 0이면 양수이므로 −11이 됩니다.

22.6, 21.1, 20.2, 19.상시, 18.상시, 17.상시, 16.상시, 15.상시, 14.상시, 13.상시, 12.상시, 11.9, 11.7, 11.4, …

핵심 017 자료의 외부적 표현

BCD(2진화 10진 코드)	• 6Bit 코드로 1개의 문자를 2개의 Zone 비드와 4개의 Digit 비트로 표현함 • $2^6 = 64$가지의 문자를 표현할 수 있음
ASCII 코드	• 7Bit 코드로 1개의 문자를 3개의 Zone 비트와 4개의 Digit 비트로 표현함 • $2^7 = 128$가지의 문자를 표현할 수 있음 • 통신 제어용 및 마이크로 컴퓨터의 기본 코드로 사용함
EBCDIC(확장 2진화 10진 코드)	• 8Bit 코드로 1개의 문자를 4개의 Zone 비트와 4개의 Digit 비트로 표현함 • $2^8 = 256$가지의 문자를 표현할 수 있음 • 대형 기종의 컴퓨터에서 사용함

1. ( ) 코드는 8비트로 256문자를 나타내는 체계의 정보 코드이다. *(01.7, 99.10)*

2. EBCDIC 코드는 ( )개의 Zone bit를 갖는다. *(21.1, 20.2, 19.상시, 18.상시, 17.상시, 16.상시, 15.상시, 14.상시, 13.상시, 12.상시, …)*

3. ASCII 코드는 미국 표준협회에서 개발한 16비트 코드로 128가지의 문자를 표현한다. (O , X) *(22.6, 18.상시, 17.상시, 11.9)*

4. ASCII 코드는 3개의 Zone 비트를 가진 코드로, 통신 제어용으로 사용한다. (O , X) *(17.상시, 11.9)*

> **해설** **3.** ASCII 코드는 7비트 코드로 128가지의 문자를 표현할 수 있습니다.

22.9, 21.6, 20.4, 20.2, 18.상시, 16.상시, 15.상시, 13.상시, 12.상시, 10.1, 09.3, 07.9, 07.7, 07.4, 06.10, …

핵심 018 그레이 코드(Gray Code)

- BCD 코드의 인접하는 비트를 XOR 연산하여 만든 코드이다.
- 1Bit만 변화시켜 다음 수치로 증가시키기 때문에 하드웨어적인 오류가 적어 하드웨어 동작을 제어하기 적합하다.
- 연속되는 2개의 숫자를 표현한 코드에서 한 비트를 변경하면 새로운 코드가 되기 때문에 아날로그-디지털(A/D) 변환, 데이터 전송에 주로 사용한다.

2진수를 그레이 코드(Gray Code)로 변환하는 방법

❶ 첫 번째 그레이 비트(Gray Bit)는 2진수 비트를 그대로 내려쓴다.

❷ 두 번째 그레이 비트부터는 변경할 2진수의 해당 번째 비트와 그 왼쪽의 비트를 XOR 연산하여 쓴다.

예제 1 2진수 1011을 그레이 코드(Gray Code)로 변환하시오.

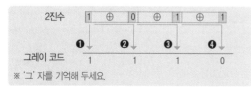

※ '그' 자를 기억해 두세요.

그레이 코드(Gray Code)를 2진수로 변환하는 방법

❶ 첫 번째 2진수 비트는 그레이 비트(Gray Bit)를 그대로 내려쓴다.

❷ 두 번째 2진수 비트부터는 왼쪽에 구해 놓은 2진수 비트와 변경할 그레이 코드의 해당 번째 비트를 XOR 연산하여 쓴다.

예제 2 그레이 코드(Gray Code) 1110을 2진수로 변환하시오.

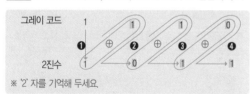

※ '2' 자를 기억해 두세요.

---

1. 연속되는 2개의 숫자를 표현한 코드에서 한 개의 비트를 변경하면 새로운 코드가 되기 때문에 아날로그-디지털 변환, 데이터 전송 등에 주로 사용되는 코드는 (　　　　)이다.

(21.6, 20.4, 18.상시, 16.상시, 10.1, 01.10)

2. 한 번에 1비트씩만 변화되기 때문에 기계적인 동작을 제어하기에 적합한 코드는 (　　　　)이다.

(18.상시, 16.상시, 10.1)

3. 2진수 0110을 그레이 코드(Gray Code)로 변환하시오.

(　　　) (22.9, 20.2, 18.상시, 15.상시, 13.상시, 12.상시, 09.3, 07.9, 07.7, …)

> 해설 **3.** 2진수를 그레이 코드로 변환하는 방법은 '그'자를 생각하면 쉽습니다.
> ❶ 첫 번째 그레이 비트는 2진수 비트를 그대로 내려씁니다.
> ❷ 두 번째 그레이 비트부터는 변경할 2진수의 해당 번째 비트와 그 왼쪽의 비트를 XOR 연산하여 씁니다.

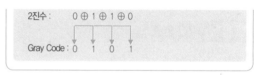

22.1, 21.4, 20.10, 20.6, 20.2, 16.상시, 10.7, 10.1, 05.1, 04.10, 03.10, 03.7, 03.1, 02.7

핵심 019 패리티 검사 코드 / 해밍 코드

패리티 검사 코드

- 코드의 오류를 검사하기 위해서 데이터 비트 외에 1Bit의 패리티 체크 비트를 추가하는 것으로 1Bit의 오류만 검출할 수 있다.
- 1의 개수에 따라 짝수(Even, 우수) 패리티와 홀수(Odd, 기수) 패리티 방법이 있다.

해밍 코드

- 오류를 스스로 검출하여 교정이 가능한 코드이다.
- 해밍 코드는 2Bit의 오류를 검출할 수 있고, 1Bit의 오류를 교정할 수 있다.
- 해밍 코드 중 1, 2, 4, 8, 16, …… 2^n 번째 비트는 오류 검출을 위한 패리티 비트이다.

---

1. (　　　　)는 에러를 검출하고 검출된 에러를 교정하기 위하여 사용되는 코드이다. (21.4, 20.10, 20.6, 20.2, 16.상시, 10.7, 05.1, …)

2. 패리티 검사(Parity Check)에 대한 설명으로 옳은 것을 고르시오. (　　　) (22.1, 16.상시, 10.1)

> ⓐ 기수 패리티 체크는 1bit의 수가 짝수가 되도록 한다.
> ⓑ 두 bit가 동시에 에러를 발생해도 검출이 가능하다.
> ⓒ 우수 패리티 체크는 1bit의 개수가 홀수가 되도록 한다.
> ⓓ 코드에 여분의 비트를 검사 비트로 첨가하여 착오를 검출하는 방법이다.

> 해설 **2.** ⓐ, ⓒ 1bit의 개수가 홀수면 기수 패리티 체크, 짝수면 우수 패리티 체크입니다.
> ⓑ 패리티 검사는 1의 개수가 홀수인지 짝수인지를 판별하는 것이기 때문에 짝수개의 비트에 오류가 발생하면 1의 개수에 대한 홀짝이 그대로 유지되므로 검출이 불가능합니다.

정답 **018** 1. 그레이 코드 2. 그레이 코드 3. 0101 **019** 1. 해밍 코드 2. ⓓ

22.6, 21.10, 21.6, 21.1, 20.10, 20.6, 20.4, 20.2, 19.상시, 18.상시, 17.상시, …

핵심 020 명령어의 구성

컴퓨터에서 실행되는 명령어는 크게 연산자가 표시되는 연산자(Operation Code)부와 연산의 수행에 필요한 자료의 정보가 표시되는 자료부(Operand)로 구성된다.

연산자(Operation Code)부	자료(Operand)부

연산자 (Operation Code)부	• 수행해야 할 동작에 맞는 연산자를 표시하며, 흔히 OP-Code라고 함 • 연산자부의 크기(비트 수)는 표현할 수 있는 명령의 종류를 나타내는 것으로, nBit일 때 최대 2^n개의 명령어를 사용할 수 있음 예 연산자부가 5Bit라면 최대 2^5=32개의 명령어(연산자)를 사용할 수 있음 • 명령어 형식, 동작코드, 데이터 종류 등을 표시함
자료(Operand)부	• 실제 데이터에 대한 정보를 표시하는 부분 • 주로 연산에 사용할 자료의 주소를 표시하므로 주소(Address)라고 부르기도 함 • 기억장소의 주소, 레지스터 번호, 사용할 데이터, 명령어 순서 등을 표시함

1. 명령어(Instruction)는 (   )와 (   )로 구성된다.
(20.2, 17.상시, 14.상시, 12.상시, 11.2, 08.10, 06.10, 05.7, 04.4, 99.10)

2. 명령어 형식(Instruction Format)에서 첫 번째 바이트에 기억되는 것은 (   )이다. (19.상시, 17.상시, 15.상시, 13.상시, 11.9, 09.7, …)

3. 명령어는 연산자 부분과 주소 부분으로 구성되는데 주소(Operand) 부분의 구성 요소에는 데이터 종류, 명령어 순서, 데이터의 주소자체, 데이터가 있는 주소를 구하는데 필요한 정보가 있다. (○, ×) (21.1, 20.6, 19.상시, 15.상시, 13.상시, 09.1, 07.9, 07.1, …)

4. 명령어의 구성이 연산자부(OP-Code)에 3Bit, 주소부에 5Bit로 되어 있을 때 이 명령어를 사용하는 컴퓨터는 최대 (   )가지의 동작이 가능하다. (22.6, 21.10, 20.10, 20.4, 19.상시, 18.상시, …)

5. 기계어의 Operand에는 주로 (   )가 들어 있다.
(20.4, 16.상시, 14.상시, 12.상시, 10.1, 08.3, 06.1, 05.1, 03.10, 02.10)

6. 명령어(Instruction)는 작업 수행 시간을 제공한다. (○, ×)
(19.상시, 16.상시, 10.7, 05.1, 03.1, 01.4, 01.1, 00.8)

> 해설 **3.** 데이터 종류는 연산자부에 표시되는 내용입니다.
> **4.** 컴퓨터의 최대 동작, 즉 사용 가능한 명령어의 개수를 묻는 문제입니다. 명령어의 개수는 연산자부의 비트수와 관련이 있습니다. 연산자부가 3비트이므로 2^3 = 8개의 명령어를 사용할 수 있습니다.

5. 자료(Operand)부에는 주소(Address)나 데이터(Data)가 저장되지만, 주로 저장되는 내용은 주소(Address)입니다.

6. 명령어(Instruction)는 명령어 형식, 명령어 순서, 데이터 주소 등은 제공하지만 작업 수행 시간은 제공하지 않습니다.

22.9, 22.3, 22.1, 21.10, 21.6, 21.4, 21.1, 20.10, 20.6, 20.4, 20.2, 19.상시, 18.상시, 16.상시, …

핵심 021 연산자(Operation Code)의 기능

연산자(Operation Code)의 기능에는 함수 연산, 자료 전달, 제어, 입·출력 기능이 있다.

함수 연산 기능	수치적인 산술 연산과 비수치적인 논리 연산이 있음 • 산술 연산 : ADD, SUB, MUL, DIV, 산술 Shift 등 • 논리 연산 : NOT, AND, OR, XOR, 논리적 Shift, Rotate, Complement, Clear 등
자료 전달 기능	CPU와 기억장치 사이에서 정보를 교환하는 기능
제어 기능	명령의 실행 순서를 변경시킬 때 사용
입·출력 기능	CPU와 I/O 장치, 또는 메모리와 I/O 장치 사이에서 자료를 전달하는 기능

> 잠깐만요 ❶ 피연산자의 수에 따른 연산자의 분류
> • 단항 연산자(Unary Operator) : NOT, Complement, Shift, Rotate, MOVE 등
> • 이항 연산자(Binary Operator) : 사칙연산, AND, OR, XOR, XNOR 등

1. 다음 보기에서 연산자의 기능을 모두 고르시오. (   )
(22.9, 22.1, 21.6, 20.10, 20.6, 20.4, 20.2, 18.상시, 16.상시, 14.상시, 13.상시, 12.상시, …)

ⓐ 주소 지정 기능	ⓑ 제어 기능
ⓒ 함수 연산 기능	ⓓ 입·출력 기능
ⓔ 데이터 검색 기능	ⓕ 전달 기능

2. 명령어(Instruction) 형식에서 첫 번째 바이트의 기능 4가지를 쓰시오. (,   ,   ,   )
(22.1, 15.상시, 13.상시, 09.7, 07.1, 05.10)

3. 논리적 연산의 종류에 해당되지 않는 것을 모두 고르시오.
(   ) (21.4, 21.1, 20.10, 16.상시, 14.상시, 10.10, 08.10, 05.4, 02.7, 02.4, …)

ⓐ AND	ⓑ OR
ⓒ ROTATE	ⓓ ADD
ⓔ MULTIPLY	ⓕ COMPLEMENT

4. 이항 연산을 모두 고르시오. (　　　　)

(22.9, 22.3, 22.1, 21.10, 21.6, 20.6, 20.4, 20.2, 19.상시, 18.상시, 16.상시, 15.상시, …)

ⓐ AND	ⓑ MOVE	ⓒ OR
ⓓ ADD	ⓔ ROTATE	ⓕ MULTIPLY
ⓖ SHIFT	ⓗ COMPLEMENT	

> **해설** **1.** ⓐ, ⓔ 연산자의 기능에는 제어 기능, 자료 전달 기능, 함수 연산 기능, 입·출력 기능이 있습니다.
>
> **2.** 명령어의 첫 번째 바이트에는 연산자가 기억되므로 연산자의 기능을 묻는 문제입니다.
>
> **3.** ADD는 더하기, MULTIPLY(MUL)는 곱하기를 의미하는 것으로 산술 연산에 포함됩니다.
>
> **4.** MOVE, ROTATE, SHIFT, COMPLEMENT는 단항 연산자입니다.

22.9, 22.6, 22.3, 22.1, 20.6, 20.4, 20.2, 19.상시, 18.상시, 17.상시 …

040147

핵심 022 연산

AND	• 특정 문자 또는 특정 비트를 삭제(Clear)시키는 연산으로 Masking 연산이라고도 함 • 삭제할 부분의 비트를 0과 AND시켜서 삭제하는 데, 대응시키는 0인 비트를 Mask Bit라고 함
OR	• 특정 문자를 삽입하거나 특정 비트에 1을 세트시키는 연산으로 Selective Set 연산이라고도 함 • 삽입하거나 세트시킬 비트에 삽입할 문자 코드 또는 1을 OR 연산시킴
XOR	• 2개의 데이터를 비교하거나, 특정 비트를 반전시킬 때 사용함 • 2개의 데이터를 XOR 연산하여 결과에 1Bit라도 1이 있으면 서로 다른 데이터임 • 반전시킬 때는 반전시킬 비트와 1을 XOR시킴
NOT	각 비트의 값을 반전시키는 연산으로 보수를 구할 때 사용함
논리 Shift	• 왼쪽 또는 오른쪽으로 1Bit씩 자리를 이동시키는 연산으로 데이터의 직렬 전송(Serial Transfer)에 사용함 • 삽입되는 자리는 무조건 0임
Rotate	• Shift에서 밀려 나가는 비트의 값을 반대편 값으로 입력하는 연산임 • 문자 위치를 변환할 때 사용함
MOVE	레지스터에 기억된 자료를 그대로 다른 레지스터로 옮길 때 사용함

---

1. (　　　) 연산은 특정 비트 또는 특정 문자를 삭제하기 위해 사용한다. (20.6, 20.4, 20.2, 19.상시, 15.상시, 14.상시, 13.상시, 12.상시, 09.7, …)

2. 다음과 같이 2개의 자료가 입력되었을 때, ALU에서 AND 연산이 이루어지면 출력값은? (　　　) (20.6, 14.상시, 12.상시, 08.7, …)

자료A 011011　자료B 101011

AND → ALU → ?

3. 다음 보기의 연산은? (　　　) (15.상시, 13.상시, 09.1, 07.9, 04.7)

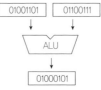

01001101　01100111 → ALU → 01000101

4. 8비트 짜리 레지스터 A와 B에 각각 11010101과 11110000이 들어 있다. 레지스터 A의 내용이 00100101로 바뀌었다면 두 레지스터 A, B 사이에 수행된 논리 연산은? (　　　　)

(22.9, 22.1, 17.상시, 13.상시, 11.4, 07.7, 05.10, 03.10)

5. 하나의 레지스터에 기억된 자료를 모두 다른 레지스터로 옮길 때 사용하는 논리 연산은 (　　　)이다.

(22.3, 15.상시, 13.상시, 09.3, 07.4, 05.10, 04.2)

> **해설** **2.**
> ```
>       A : 0 1 1 0 1 1
> AND B : 1 0 1 0 1 1
>         0 0 1 0 1 1
> ```
>
> **3.** 두 수의 값이 1일 때만 결과값에 1이 표시된 것으로 보아 AND 연산임을 알 수 있습니다.
> ```
>     0 1 0 0 1 1 0 1
> AND 0 1 1 0 0 1 1 1
>     0 1 0 0 0 1 0 1
> ```
>
> **4.** 두 수의 값이 서로 다를 때만 결과값이 1이 표시된 것으로 보아 XOR 연산임을 알 수 있습니다.
> ```
>     1 1 0 1 0 1 0 1
> XOR 1 1 1 1 0 0 0 0
>     0 0 1 0 0 1 0 1
> ```

정답 **021** 4. ⓐ, ⓒ, ⓓ, ⓕ **022** 1. AND 2. 001011 3. AND 연산 4. XOR 연산 5. MOVE

22.9, 22.3, 22.1, 21.10, 21.6, 21.4, 21.1, 20.10, 20.4, 20.2, 19.상시, 18.상시, 17.상시, 16.상시, 15.상시 …

핵심 023 명령어

3주소 명령어	• Operand부가 3개로 구성되는 명령어 형식 • 여러 개의 범용 레지스터(GPR)를 가신 컴퓨터에서 사용함 • 연산 후 입력 자료가 변하지 않고 보존됨 • 명령어 한 개의 길이가 길어짐
2주소 명령어	• Operand부가 2개로 구성되는 가장 일반적으로 사용되는 명령어 형식 • 여러 개의 범용 레지스터를 가진 컴퓨터에서 사용함 • 연산의 결과는 주로 Operand 1에 저장되므로 Operand 1에 있던 원래의 자료가 파괴됨
1주소 명령어	• Operand부가 한 개로 구성되어 있음 • AC(Accumulator, 누산기)를 이용하여 명령어를 처리함
0주소 명령어	• Operand부 없이 연산자(OP-Code)부만으로 구성됨 • 주소의 사용 없이 스택에 연산자와 피연산자를 넣었다 꺼내어 연산한 후 결과를 다시 스택에 넣으면서 연산하기 때문에 원래의 자료가 남지 않음

잠깐만요 ① 스택(Stack)
• 자료의 삽입·삭제 작업이 한쪽 방향에서만 가능할 수 있도록 할당된 메모리의 일부입니다.
• 가장 나중에 삽입된 자료를 가장 먼저 삭제하는 후입선출(LIFO; Last In First Out) 방식으로 자료를 처리합니다.
• 스택에 자료를 삽입하는 명령은 Push이고, 스택에서 자료를 삭제하는 명령은 Pop입니다.

1. 연산 후 입력 자료가 변하지 않고 보존되는 명령어 형식은 (　　　)이다.　(21.10, 21.4, 19.상시, 18.상시, 15.상시, 14.상시, 12.상시, …)

2. 하나의 명령어가 2개의 오퍼랜드를 가지고 있으며 처리할 데이터를 제1, 제2 오퍼랜드에 기억시키고 그 처리 결과를 제1 오퍼랜드에 기억시키므로 제1 오퍼랜드로 표시된 장소에 기억되어 있던 내용은 처리 후에 지워지게 되는 명령의 형식은 (　　　)이다.　(21.1, 20.2, 14.상시, 08.7, 04.10, 03.3, 01.10, 99.7)

3. 모든 데이터 처리가 누산기에 의해 이루어지며, 연산 결과가 누산기에 저장되는 형식은 (　　　)이다.　(12.상시, 06.10, 01.7)

4. 기억장치에 액세스할 필요 없이 스택을 이용하여 연산을 행하는 명령어의 형식은 (　　　)이다.
(22.9, 22.1, 16.상시, 13.상시, 12.상시, 10.3, 07.4, 06.1, 04.4)

5. 명령어 형식 중 주소 부분이 없이 연산자만 존재하는 형식은 (　　　)이다.　(20.4 20.2, 14.상시, 13.상시, 08.10, 07.4, 07.1, 05.7, …)

6. 0-주소 명령은 연산 시 자료 구조 중 (　　　)을 이용한다.　(22.3, 21.1, 20.10, 20.4, 17.상시, 15.상시, 14.상시, 12.상시, 11.4, 09.7, 08.2, …)

7. 스택 연산에서 데이터를 삽입하는 동작은 (　　　), 데이터를 삭제하는 동작은 (　　　)로 나타낸다.　(21.6, 17.상시, 16.상시, 11.7, …)

22.9, 22.6, 22.1, 21.10, 21.6, 21.1, 20.6, 19.상시, 18.상시, 17.상시, 16.상시, 15.상시, 14.상시, 13.상시 …

핵심 024 주소지정방식

접근 방식에 따른 분류

암시적 주소지정방식 (Implied Mode)	주소를 지정하는 필드가 없는 0번지 명령어에서 Stack의 Top 포인터가 가리키는 Operand를 암시하여 이용함
즉치(즉시)적 주소지정방식 (Immediate Mode)	• 명령어 자체에 오퍼랜드(실제 데이터)를 가지고 있는 방식 • 별도의 기억 장소를 액세스하지 않고 CPU에서 곧바로 자료를 이용할 수 있어서 실행 속도가 빠르다는 장점이 있음
직접 주소지정방식 (Direct Mode)	명령의 주소부(Operand)에 있는 값이 실제 데이터가 기억된 번지(Address)를 지정하는 방식
간접 주소지정방식 (Indirect Mode)	• 명령어의 주소부(Operand)가 지정하는 곳에 있는 값이 실제 데이터를 기억하는 또 다른 메모리의 번지를 지정하는 방식 • 최소한 주기억장치를 2회 이상 접근하여 데이터가 있는 기억장소에 도달함 • 메모리 참조 횟수가 2회 이상으로 가장 많이 필요함

계산에 의한 주소지정방식

• Operand부와 CPU의 특정 레지스터의 값이 더해져서 유효 주소를 계산하는 방식이다.
• 계산에 의한 주소지정방식은 대부분 주소의 일부분을 생략하는 약식주소이다.
• 사용하는 레지스터의 종류에 따라 상대, 베이스, 인덱스 주소지정방식으로 구분한다.

주소지정방식	설명
상대주소 (Relative Mode)	• 유효주소 : 명령어의 주소 부분 + PC • 명령어 자신의 기억장소를 기준으로 하여 데이터의 위치를 지정하는 방식
베이스 레지스터 (Base Register Mode)	• 유효주소 : 명령어의 주소 부분 + Base Register • 프로그램을 재배치(Relocation)할 때 이용함
인덱스 레지스터 (Index Register Mode)	• 명령어의 주소 부분 + Index Register • 주소지정에 2개의 레지스터를 사용하는 방식으로 순차적인 주소지정에 유리함

실제 기억공간 주소에 따른 구분

절대주소 (Absolute Address)	임의의 기억장소에 대한 실제 주소(유효주소)로 기억장치의 맨 처음부터 1Byte마다 0, 1, 2, 3, …의 순서로 16진수의 번호가 차례대로 지정됨
상대주소 (Relative Address)	기준주소를 기준으로 상대적으로 얼마만큼 떨어져 있는지 변위(Displacement; Offset)로 표현하는 주소로서, 상대주소는 절대주소로 변환해야만 실제 데이터에 접근할 수 있음

1. (　　　　) 주소지정방식은 명령의 오퍼랜드 부분에 실제 데이터가 기록되어 있어 메모리 참조를 하지 않고 데이터를 처리하는 방식으로, 수행 시간이 빠르지만 오퍼랜드 길이가 한정되어 실제 데이터의 길이에 제약을 받는다.

(21.6, 14.상시, 08.10, 08.3, 03.7, 02.7, 00.8)

2. (　　　　) 주소지정방식은 주소 부분에 있는 값이 실제 데이터가 있는 주소를 나타내며 단순한 변수 등을 액세스하는데 사용된다.

(21.1, 17.상시, 14.상시, 12.상시, 11.4, 08.2, 06.4, 04.7, 03.3)

3. (　　　　) 주소지정방식은 명령어 내의 오퍼랜드 부분의 주소가 실제 데이터의 주소를 가지고 있는 포인터의 주소를 나타내는 방식으로, 데이터 처리에 대한 유연성은 좋으나 주소 참조 횟수가 많다는 단점이 있다. (20.6, 13.상시, 12.상시, 07.9, 06.1, 05.10, 04.4, …)

4. (　　　　) 주소지정방식은 오퍼랜드(Operand) 자체가 연산 대상이 된다. (19.상시, 16.상시, 15.상시, 13.상시, 10.7, 09.1, 07.9, 03.7)

5. (　　　　) 주소지정방식은 2진수로 부여된 주소 값이 직접 기억장치의 피연산자가 위치한 곳을 지정한다.

(17.상시, 14.상시, 12.상시, 11.2, 08.7, 06.10)

6. (　　　　) 주소지정방식은 번지(Address)로 지정된 저장 위치(Storage Locations)의 내용이 실제 번지가 된다.

(18.상시, 16.상시, 13.상시, 10.10, 07.1, 05.4, 02.10, 99.7)

7. 주소지정방식 중 처리 속도가 가장 빠르며, 명령의 피연산자부에 피연산자의 주소가 있는 것이 아니라 피연산자의 값 그 자체를 포함하고 있는 것은 (　　　　) 주소지정방식이다.

(18.상시, 17.상시, 15.상시, 13.상시, 11.9, 09.9, 09.7, 09.3, 07.7, 05.7, 02.1)

8. (　　　　) 주소지정방식은 주소를 지정하는 필드가 없는 0번지 명령어에서 Stack의 Top 포인터가 가리키는 오퍼랜드를 암시하여 이용한다. (22.6, 19.상시, 11.9)

9. 주소 10에 20이라는 값이 저장되어 있고, 주소 20에는 40이라는 값이 저장되어 있다고 할 때, 간접 주소지정에 의해 10번지를 접근하면 실제 처리되는 값은 (　　　　)이다.

(18.상시, 15.상시, 13.상시, 09.3, 07.7, 05.10, 05.1)

10. (　　　　) 주소지정방식은 순차적인 주소지정 등에 유리하며, 주소지정에 2개의 레지스터가 사용된다.

(18.상시, 17.상시, 16.상시, 11.7, 10.3, 04.2)

11. 계산에 의한 주소지정방식은 (　　　　)주소 표현 방식에 해당한다. (22.6, 19.상시, 17.상시, 16.상시, 11.7, 11.4, 10.1)

12. 기억장치 고유의 번지로서 0, 1, 2, 3, …과 같이 16진수로 약속하여 순서대로 결정해 놓은 번지, 즉 기억장치 중의 기억장소를 직접 숫자로 지정하는 주소로서 기계어 정보가 기억되어 있는 번지는 (　　　　)이다. (16.상시, 15.상시, 14.상시, 13.상시, 12.상시, 10.7, …)

13. 기억장치 맨 처음 장소부터 1Byte마다 연속된 16진수의 번호를 부여하는 번지는 (　　　　)이다. (22.9, 22.1, 21.10, 19.상시, …)

14. (　　　　)는 기억장치에 접근 시킬 수 있는 주소의 일부분을 생략한 주소표현방식이다. (18.상시, 17.상시, 13.3, 11.7)

해설 6. 번지로 지정된 저장 위치의 내용이 실제 데이터라면 직접 주소지정방식이고, 실제 데이터가 저장된 번지라면 간접 주소지정방식입니다.

9. 간접 주소지정방식에서 실제 데이터를 찾으려면 지정한 주소로 이동한 후 해당 주소에 저장되어 있는 또 다른 주소로 한 번 더 이동해야 합니다. 마지막 이동한 주소에 있는 데이터가 실제 데이터가 됩니다.

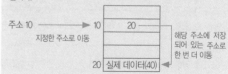

11. 약식주소는 주소의 일부분을 생략한 것으로, 계산에 의한 주소지정방식이 여기에 해당됩니다.

22.3, 21.1, 20.4, 20.2, 19.상시, 17.상시, 16.상시, 15.상시, 14.상시, 13.상시, 12.상시, 11.10, 10.10, 10.7, …

핵심 025 채널

- 채널(Channel)은 주변장치에 대한 제어 권한을 CPU로부터 넘겨받아 CPU 대신 입·출력을 관리한다.
- 주기억장치와 입·출력장치의 중간에 위치한다.
- 입·출력장치와 CPU의 속도차로 인한 단점을 해결한다.

정답 024 **1.** 즉시(Immediate) **2.** 직접(Direct) **3.** 간접(Indirect) **4.** 즉시(Immediate) **5.** 직접(Direct) **6.** 간접(Indirect) **7.** 즉시(Immediate) **8.** 암시적(Implied) **9.** 40 **10.** 인덱스(색인) **11.** 약식 **12.** 절대주소(Absolute Address) **13.** 절대주소(Absolute Address) **14.** 약식주소

- CPU의 제어장치로부터 입·출력 전송을 위한 명령어를 받으면 CPU와는 독립적으로 동작하여 입·출력을 완료한다.
- 주기억장치에 기억되어 있는 채널 프로그램의 수행과 자료의 선송을 위하여 주기억장치에 직접 접근한다.
- 채널의 종류

Selector Channel (선택 채널)	• 고속 입·출력장치(자기 디스크, 자기 테이프, 자기 드럼)와 입·출력하기 위해 사용함 • 특정한 한 개의 장치를 독점하여 입·출력함
Multiplexer Channel (다중 채널)	• 저속 입·출력장치(카드리더, 프린터를 제어하는 채널로, Byte Multiplexer Channel이라고도 함 • 동시에 여러 개의 입·출력장치를 제어함
Block Multiplexer Channel	• 고속 입·출력장치를 제어하는 채널 • 동시에 여러 개의 입·출력장치를 제어함

1. 입·출력장치와 중앙처리장치의 속도 차로 인한 단점을 해결하는 장치는 (   )이다. (22.3, 17.상시, 16.상시, 14.상시, …)

2. 입·출력장치와 주기억장치 사이에 위치하여 데이터 처리 속도의 차이를 줄이는데 도움이 되는 장치는 (   )이다.
(21.1, 20.2, 19.상시, 16.상시, 15.상시, 14.상시, 13.상시, 10.1, 09.9, 08.2, 07.7, …)

3. Duplex Channel, Multiplexer Channel, Register Channel, Selector Channel 중 동시에 여러 개의 입·출력장치를 제어할 수 있는 것은 (   )이다. (20.4, 15.상시, 14.상시, 13.상시, 12.상시, …)

4. 채널은 (   )에서 명령을 받는다.
(22.3, 16.상시, 13.상시, 10.10, 07.7, 05.1)

22.9, 22.1, 21.1, 19.상시, 18.상시, 17.상시, 16.상시, 14.상시, 12.상시, 11.4, 11.2, 10.10, 10.3, 10.1, …

핵심 026 DMA(직접 메모리 접근)/스풀링/버퍼링

DMA(직접 메모리 접근)

- DMA(Direct Memory Access)는 CPU의 참여 없이 입·출력장치와 메모리가 직접 데이터를 주고받는 것을 말한다.
- DMA 제어기는 작업이 끝나면 CPU에게 인터럽트 신호를 보내 작업이 종료됐음을 알린다.

- DMA 방식을 이용하면 CPU는 입·출력 작업에 참여하지 않고 다음 명령을 계속 처리하므로, 시스템의 전반적인 속도가 향상된다.

스풀링 / 버퍼링

- 스풀링(Spooling)은 프린터와 같은 저속의 입·출력장치와 고속의 CPU 간의 속도 차이를 해소하기 위한 방법이다.
- 버퍼링(Buffering)도 입·출력장치와 CPU 간의 속도 차이를 해결하기 위해 사용한다는 점에서 스풀링과 목적은 같지만 다음과 같은 점이 다르다.

구분	버퍼링	스풀링
저장 장치	주기억장치	보조기억장치
운영 방식	단일 작업	다중 작업
구현 방식	하드웨어	소프트웨어

1. (   )은 중앙처리장치와 같이 처리 속도가 빠른 장치와 프린터와 같이 처리 속도가 느린 장치들 간의 처리 속도 문제를 해결하기 위한 방법이다. (21.1, 17.상시, 11.4)

2. (   )는 CPU를 경유하지 않고 고속의 입출력장치와 기억장치가 직접 데이터를 주고받는 방식이다.
(19.상시, 18.상시, 17.상시, 16.상시, 11.2, 10.10, 10.3)

3. 스풀링과 버퍼링에 대한 설명 중 옳지 않은 것을 모두 고르시오. (   ) (22.9, 22.1, 18.상시, 17.상시, 16.상시, 14.상시, 12.상시, …)

ⓐ 스풀링은 저속의 입·출력장치와 고속의 CPU 간의 속도 차이를 해소하기 위한 방법이다.
ⓑ 버퍼링은 주기억장치의 일부를 버퍼로 사용한다.
ⓒ 버퍼링은 송신자와 수신자의 속도 차이를 해결하기 위하여 사용한다.
ⓓ 버퍼링은 서로 다른 여러 작업에 대한 입력과 출력 계산을 동시에 수행한다.
ⓔ 스풀링은 출력 시 출력할 데이터를 만날 때 마다 출력장치로 직접 보내는 방법이다.

해설 3. ⓓ 버퍼링은 한 번에 하나의 작업만 가능한 단일 작업으로 운영됩니다.
ⓔ 스풀링은 출력할 데이터를 만날 때 마다 출력장치로 직접 보내 인쇄하는 것이 아니라, 인쇄할 내용을 먼저 하드디스크(보조기억장치)에 저장하고 백그라운드 작업으로 CPU의 여유 시간에 틈틈이 인쇄하는 방식입니다.

핵심 027 인터럽트

- 인터럽트(Interrupt)는 프로그램을 실행하는 도중에 예기치 않은 상황이 발생할 경우, 현재 실행중인 작업을 즉시 중단하고 발생된 상황을 우선 처리한 후 실행 중이던 작업으로 복귀하여 계속 처리하는 것을 말한다. 일명 '끼어들기'라고도 한다.
- 인터럽트는 외부 인터럽트, 내부 인터럽트, 소프트웨어 인터럽트로 분류하는데, 외부나 내부 인터럽트는 CPU의 하드웨어에서의 신호에 의해 발생하고 소프트웨어 인터럽트는 명령어의 수행에 의해 발생한다.
- 동시에 하나 이상의 인터럽트가 발생하였을 때 먼저 서비스할 장치를 결정하는 인터럽트 우선순위 판별 방법에는 소프트웨어적인 방법으로 폴링, 하드웨어적인 방법으로 데이지 체인과 병렬 우선 처리 방식이 있다.
- 인터럽트가 발생하면 인터럽트를 처리하고 되돌아올 주소가 스택(Stack)에 저장된다.
- 하드웨어적인 인터럽트

정전 인터럽트	정전이 되거나 전원의 이상에 의해 발생
기계 착오 인터럽트	CPU의 기능적인 오류 동작에 의해 발생
외부(External) 인터럽트	입·출력장치, 타이밍장치, 오퍼레이터의 조작에 의해 발생
입·출력(I/O) 인터럽트	입·출력 조작의 종료 및 입·출력의 착오 등에 의해 발생

- 소프트웨어 인터럽트 : 프로그램 처리 중 명령의 요청에 의해 발생하는 것으로, 가장 대표적인 형태는 감시 프로그램을 호출하는 SVC(SuperVisor Call) 인터럽트가 있음

1. (   )는 작업 수행 중 예기치 못한 돌발적인 사태가 발생하여 잠시 작업 수행을 멈추고 상황에 맞는 처리를 한 후 다시 프로그램을 진행해 나가는 것을 의미한다. (21.1, 12.상시, 06.1, 05.4, …)

2. 다음은 무엇에 대한 설명인지 쓰시오. (   )

(20.2, 15.상시, 14.상시, 12.상시, 09.7, 08.2, 06.4, 00.10)

A hardware signal that suspends execution of a program and calls a special handler program. It breaks the normal flow of the program execution. After the handler program executed, the suspended program is resumed.

3. 인터럽트 발생 시 인터럽트를 처리하고 원래 수행하고 있었던 프로그램으로 되돌아가는데 사용되는 것은 (   )이다.

(21.10, 16.상시, 10.1)

4. 인터럽트의 종류가 아닌 것을 고르시오. (   )

(21.4, 20.10, 20.4, 13.상시, 12.상시, 07.7, 06.4, 03.7, 99.10)

ⓐ Supervisor Call Interrupt
ⓑ I/O Interrupt
ⓒ External Interrupt
ⓓ Virtual Machine Interrupt
ⓔ Function Interrupt

5. (   ) 인터럽트는 입/출력 조작의 종료 및 입/출력의 착오에 의해서 발생된다. (15.상시, 14.상시, 12.상시, 03.3, 02.4, 00.3)

6. 오퍼레이터(Operator)가 필요에 의해서 인터럽트(Interrupt) 키를 조작함으로써 인터럽트가 발생시켜 오퍼레이터가 필요한 수동작을 할 수 있다. 이처럼 외부로부터의 신호에 의하여 발생하는 인터럽트를 (   ) 인터럽트라고 한다.

(14.상시, 12.상시, 02.10, 00.10, 99.10)

7. 인터럽트 우선순위 판별 방법 중 (   )은 소프트웨어적으로 우선순위를 판별하는 방식을 말한다. (19.상시, 18.상시, …)

해설 **2.** 현재 실행중인 프로그램을 중단시키고 특별한 작업을 수행하도록 보내는 신호(signal that suspends execution of a program and calls a special handler program)는 인터럽트입니다.

3. 인터럽트 발생 시 스택(Stack)은 인터럽트를 처리하고 되돌아올 주소를 임시 보관합니다.

핵심 028 ROM(롬)

- 기억된 내용을 읽을 수만 있는 기억장치로서 일반적으로 쓰기는 불가능하다.
- 전원이 꺼져도 기억된 내용이 지워지지 않는 비휘발성 메모리이다.

정답 027 **1.** 인터럽트(Interrupt) **2.** 인터럽트(Interrupt) **3.** 스택(Stack) **4.** ⓓ, ⓔ **5.** 입·출력(I/O) **6.** 외부(External) **7.** 폴링

• 롬(ROM)의 종류와 특징

Mask ROM	제조 과정에서 미리 내용을 기억시킨 ROM으로, 사용자가 임의로 수정할 수 없음
PROM	특수 프로그램을 이용하여 한 번만 기록할 수 있으며, 이후엔 읽기만 가능한 ROM
EPROM	자외선을 이용하여 기록된 내용을 여러 번 수정하거나 새로운 내용을 기록할 수 있는 ROM
EEPROM	전기적인 방법을 이용하여 기록된 내용을 여러 번 수정하거나 새로운 내용을 기록할 수 있는 ROM

잠깐만요 ❶ 주기억장치
중앙처리장치(CPU)가 직접 접근하여 데이터를 처리할 수 있는 기억장치(Memory)로, 현재 수행되는 프로그램과 데이터를 저장하고 주소(Address)에 의해 저장된 위치를 구분합니다.

1. 주기억장치에서 기억장치의 지정은 (   )에 따라 행해진다. (17.상시, 15.상시, 11.2, 09.1, 02.7, 01.7)

2. ROM(Read Only Memory)은 데이터를 읽고 기록하는 것이 모두 가능하다. (○, ×) (05.10, 03.10, 03.1)

3. ROM은 전원이 차단되어도 기억된 내용이 소멸되지 않는다. (○, ×) (16.상시, 10.3, 05.4, 04.7)

4. 자외선을 이용하여 메모리를 지우고 Writer로 다시 프로그램을 입력할 수 있는 ROM의 종류는 (   )이다. (22.9, 22.6, 22.1, 20.6, 18.상시, 14.상시, 13.상시, 08.10, 07.1, 05.7)

해설 **2.** ROM(Read Only Memory)은 데이터를 읽는 것만 가능합니다.

22.9, 22.6, 22.3, 22.1, 21.10, 19.상시, 18.상시, 17.상시, 16.상시, 14.상시, 13.상시, 11.9, 11.7, 11.2, 10.1, …
핵심 029 기타 메모리

캐시 메모리 (Cache Memory)	• 중앙처리장치(CPU)와 주기억장치 사이에 위치하여 컴퓨터의 처리 속도를 향상시키는 역할을 함 • 캐시 메모리로는 접근 속도가 빠른 정적 램(SRAM)을 사용함
가상 메모리 (Virtual Memory)	보조기억장치(하드디스크)의 일부를 주기억장치처럼 사용하는 메모리 기법으로, 주기억장치보다 큰 프로그램을 불러와 실행해야 할 때 유용하게 사용됨
플래시 메모리 (Flash Memory)	• EEPROM의 일종으로 비휘발성 메모리 • MP3 플레이어, 개인용 정보단말기, 휴대전화, 디지털 카메라 등에 널리 사용됨

연관 메모리 (Associative Memory)	주소를 참조하여 데이터를 읽어오는 방식이 아니라 저장된 내용의 일부를 이용하여 기억장치에 접근하여 데이터를 읽어오는 기억장치
버퍼 메모리 (Buffer Memory)	• 두 개의 장치가 데이터를 주고받을 때 두 장치 간의 속도 차이를 해결하기 위해 중간에 데이터를 임시로 저장해 두는 공간으로, 키보드 버퍼, 프린터 버퍼 등이 있음 • 캐시 메모리도 일종의 버퍼임

1. (   )는 CPU와 주기억장치 사이에서 정보 교환을 위하여 주기억장치의 정보를 일시적으로 저장하는 고속 기억장치이다. (22.9, 22.3, 22.1, 21.10, 19.상시, 18.상시, 17.상시, 13.상시, 11.9, 11.2, 07.7, …)

2. (   )는 주기억장치의 용량을 실제보다 크게 활용할 수 있도록 하기 위하여 실제 자료를 보조기억장치에 두고 주기억장치에 있는 것과 같이 처리시킬 수 있는 기억장치이다. (19.상시, 14.상시, 08.7, 99.3)

3. Flash Memory, SRAM, DDR RAM, SDRAM 중 전원이 꺼져도 내용이 그대로 저장되는 메모리는 (   )이다. (16.상시, 10.1)

4. (   )는 주기억장치의 용량 제한으로 발생하는 문제를 해결하기 위해 사용된다. (22.6, 17.상시, 11.7)

22.3, 21.10, 21.6, 21.4, 20.10, 20.4, 20.2, 17.상시, 15.상시, 13.상시, 12.상시, 11.2, 09.9, 07.4, 06.1, …
핵심 030 보조기억장치 – 자기 테이프

• 자기 테이프에는 주소의 개념이 없고, 처음부터 차례대로 처리하는 순차처리(SASD; Sequential Access Storage Device)만 할 수 있는 대용량 저장 매체이다.

• 가격이 저렴하고 용량이 커서 자료의 백업용으로 많이 사용된다.

• 자기 테이프 관련 용어
  - EOT/BOT : 자기 테이프의 시작/끝 위치
  - BPI(Byte Per Inch) : 1인치에 기억할 수 있는 바이트 수, 기록 밀도라고 함
  - GAP : 레코드와 레코드 사이의 데이터를 기록할 수 없는 공간
  - IRG(Inter Record Gap) : 레코드와 레코드 사이의 갭

- IBG(Inter Block Gap) : 블록과 블록 사이의 갭
- Block : 한 개 이상의 논리 레코드의 집합으로 입 · 출력의 단위이며 물리 레코드라고도 함

블로킹

- 한 개 이상의 논리적 레코드를 묶어서 테이프에 기록하는 방식이다.

비블로킹(Unblocking)

| IRG | 논리 레코드 | IRG | 논리 레코드 | IRG | 논리 레코드 | IRG | 논리 레코드 | IRG |

블로킹(Blocking)

| IBG | 논리 레코드 | 논리 레코드 | 논리 레코드 | IBG | 논리 레코드 | 논리 레코드 | 논리 레코드 | IBG |

- 하나의 블록을 구성하는 논리 레코드의 개수를 블록화 인수(BF; Blocking Factor)라고 한다.
- 블로킹을 하면 블로킹을 하지 않았을 때에 비해 IRG의 수가 줄어들게 되므로 다음과 같은 장점이 있다.

  - 데이터의 처리 속도가 빨라진다.
  - 기억공간의 낭비가 줄어든다.
  - 입 · 출력 횟수가 감소한다.

---

1. 다음의 블록화 레코드에서 블록화 인수는 (   )이다.

(22.3, 21.10, 21.6, 20.4, 20.2, 15.상시, 13.상시, 12.상시, 09.9, 07.4, 06.1, 04.2, …)

| IBG | 논리 레코드 | 논리 레코드 | 논리 레코드 | IBG | 논리 레코드 | 논리 레코드 | 논리 레코드 | IBG |

2. 순차처리(Sequential Access)만 가능한 대표적인 보조기억장치는 (   )이다. (21.4, 20.10, 17.상시, 11.2, 02.4, 00.8)

3. (   )은 자기 테이프 장치에서 보다 많은 데이터를 저장하고, 처리 속도를 빠르게 하기 위해 사용된다. (22.3, 02.7, 02.1, 99.10)

> 해설 **1.** 블록화 인수는 하나의 블록을 구성하는, 즉 IBG와 IBG 사이의 논리 레코드의 개수를 말합니다.

핵심 **031** 보조기억장치 – 자기 디스크

- 자성 물질을 입힌 금속 원판을 여러 장 겹쳐서 만든 기억 매체로, 용량이 크고 접근 속도가 빠르다.
- 순차, 비순차(직접) 처리가 모두 가능한 DASD(Direct Access Storage Device) 방식으로 데이터를 처리한다.
- 구성 요소 : 읽기/쓰기 헤드(R/W Head), 디스크(Disk), 액세스 암(Access Arm)
- 자기 디스크 관련 용어
  - 트랙(Track) : 회전축(스핀들 모터)을 중심으로 데이터가 기록되는 동심원
  - 섹터(Sector) : 트랙을 일정하게 나눈 구간으로 정보 저장 단위의 기본 단위
  - 실린더(Cylinder) : 여러 장의 디스크 판에서 같은 위치에 있는 트랙의 모임
  - 클러스터(Cluster) : 여러 개의 섹터를 모은 것으로, 운영체제가 관리하는 파일 저장의 기본 단위
  - TPI(Tracks Per Inch) : 1인치(Inch)에 기록할 수 있는 트랙의 수로, 디스크의 기록 밀도 단위
  - Seek Time(탐색 시간) : 읽기/쓰기 헤드가 지정된 트랙(실린더)에 도달하는 데 걸리는 시간
  - Search Time(=Latency Time, 지연 시간) : 읽기/쓰기 헤드가 지정된 트랙(실린더)을 찾은 후 원판이 회전하여 원하는 섹터의 읽기/쓰기가 시작될 때까지의 시간
  - Transmission Time(전송 시간) : 읽은 데이터를 주기억장치로 보내는 데 걸리는 시간
  - Access Time(접근 시간) : 데이터를 읽고 쓰는 데 걸리는 시간의 합(Seek Time + Search Time + Transmission Time)

정답 030 **1.** 3 **2.** 자기 테이프(Magnetic Tape) **3.** 블로킹(Blocking)

1. ( )은 원판형의 자기 디스크 장치에서 하나의 원으로 구성된 기억 공간으로, 원판형을 따라 동심원으로 나눈 것이다. (21.6, 21.4, 20.10, 14.상시, 12.상시, 08.7, 06.1, 03.10, 02.7, 01.7)

2. ( )은 기억장치에서 데이터를 꺼내거나 주변기기에서 데이터를 얻는데 요하는 시간으로서 데이터를 요구하는 명령을 실행한 순간부터 데이터가 지정한 장소에 넣어지는 순간까지 소요되는 시간이다. (22.6, 21.4, 20.10, 05.1, 03.3, 99.10)

3. 자기 디스크(Magnetic Disk) 장치의 구성 요소에는 읽기/쓰기 헤드(R/W Head), 디스크(Disk), IRG(Inter Record Gap), 액세스 암(Access Arm)이 있다. (○ , ×) (03.1, 02.10, 01.1, 00.8, 00.10)

4. 4매로 이루어진 디스크팩에서 1면에 200개의 트랙을 사용할 수 있다고 할 때, 이 디스크 팩에서 사용 가능한 실린더는 모두 ( )개이다. (22.6, 18.상시, 14.상시, 08.3, 05.4, 00.3)

5. 디스크 팩이 6장으로 구성되었을 때 사용하여 기록할 수 있는 면수는 ( )개이다. (22.3, 21.10, 21.1, 17.상시, 14.상시, 13.상시, …)

> **해설** 3. IRG(Inter Record Gap)는 레코드와 레코드 사이의 갭으로, 자기 테이프의 구성 요소입니다.
>
> 4. 실린더는 여러 장의 디스크 판에서 같은 위치에 있는 트랙의 모임으로 실린더의 수는 1면의 트랙 수와 동일합니다.
>
> 5. 디스크는 양면에 기록할 수 있으므로 총 12(6×2)면을 사용할 수 있지만, 디스크 팩의 가장 윗면과 아랫면은 데이터를 기록할 수 없으므로 실질적으로 데이터를 기록할 수 있는 면수는 10(12-2)개입니다.

불합격 방지용 안전장치 기억상자

틀린 문제만 모아 오답 노트를 만들고 싶다고요? 까먹기 전에 다시 한 번 복습하고 싶다고요? 지금까지 공부한 내용을 안전하게 시험장까지 가져가는 완벽한 방법이 있습니다. 지금 당장 QR 코드를 스캔해 보세요.

www.membox.co.kr을 직접 입력해도 접속할 수 있습니다.

2과목 패키지 활용

21.10, 21.1, 20.4, 20.2, 18.상시, 17.상시, 16.상시, 15.상시, 14.상시, 13.상시, 12.상시, 11.7, 10.10, 10.1 …

핵심 032 데이터베이스

• 특정 조직의 기능을 수행하는 데 필요한 상호 관련된 데이터들의 모임이다.

• 데이터베이스의 장 · 단점

장 점	단 점
• 데이터의 중복성 최소화 • 데이터의 공유 • 데이터의 일관성 유지 • 데이터의 무결성 유지 • 데이터의 논리적 · 물리적 독립성 • 데이터 저장 공간의 절약 • 데이터 보안성 유지	• 전산화 비용 증가 • 데이터 유실 시 파일 회복이 어려움 • 시스템의 복잡화 • 처리 속도가 느림

• 데이터베이스의 설계 순서 : 요구 조건 분석 → 개념적 설계 → 논리적 설계 → 물리적 설계

• 데이터베이스 디자인 단계 순서 : 데이터베이스의 목적 정의 → 데이터베이스에서 필요한 테이블 정의 → 테이블에서 필요한 필드 정의 → 테이블 간의 관계 정의

1. 데이터베이스 설계 단계를 순서대로 나열하시오. (20.2, 18.상시, 17.상시, 16.상시, 15.상시, 14.상시, 13.상시, 11.7, 10.1, 09.3, 08.2, …)

( ) → ( ) → ( )

> ⓐ 논리적 설계
> ⓑ 개념적 설계
> ⓒ 물리적 설계

2. 데이터베이스 디자인 단계를 순서대로 나열하시오. (20.4, 17.상시, 16.상시, 15.상시, 14.상시, 13.상시, 12.상시, 05.1, 04.7, 04.2, 03.1, 02.7, …)

( ) → ( ) → ( ) → ( )

> ⓐ 데이터베이스에서 필요한 테이블을 정의
> ⓑ 테이블 간의 관계를 정의
> ⓒ 데이터베이스의 목적을 정의
> ⓓ 테이블에서 필요한 필드를 정의

3. 데이터베이스를 사용하는 경우의 장점이 아닌 것을 고르시오. ( ) (21.10, 18.상시, 16.상시, 13.상시, 10.10, 05.4, 05.1, 04.7, 03.3, …)

ⓐ 데이터 중복의 최대화
ⓑ 데이터의 무결성 유지
ⓒ 데이터의 공용 사용
ⓓ 데이터의 일관성 유지
ⓔ 데이터 보안성 보장

1. 데이터베이스 관리 시스템(DBMS)의 필수 기능 3가지는 ( ) 기능, ( ) 기능, ( ) 기능이다.
(21.10, 21.6, 21.1, 20.6, 20.4, 18.상시, 17.상시, 16.상시, 15.상시, 14.상시, 13.상시, …)

2. ( ) 기능은 데이터의 정확성과 보안성을 유지하기 위한 무결성, 보안 및 권한 검사, 병행 제어 등의 기능을 정의하는 DBMS의 필수 기능이다.
(17.상시, 11.4)

3. ( ) 기능은 데이터의 검색, 갱신, 삽입, 삭제 등을 체계적으로 처리하기 위해 데이터 접근 수단을 정의하는 DBMS의 필수 기능이다.
(18.상시)

4. 사용자와 데이터베이스 사이에 위치하여 데이터베이스를 관리하고, 사용자의 요구에 따라 정보를 생성해 주는 소프트웨어를 ( )라고 한다.
(22.3, 22.1, 09.7)

22.3, 22.1, 21.10, 21.6, 21.1, 20.6, 20.4, 18.상시, 17.상시, 16.상시, 15.상시, 14.상시, 13.상시, 12.상시, …

핵심 033 DBMS(데이터베이스 관리 시스템)

• DBMS(데이터베이스 관리 시스템)는 사용자와 데이터베이스 사이에 위치하여 데이터베이스를 관리하고, 사용자의 요구에 따라 정보를 생성해 주는 소프트웨어를 말한다.

• DBMS의 필수 기능

정의 기능	데이터베이스에 저장될 데이터의 타입과 구조에 대한 정의와 데이터를 이용하는 방식을 정의하는 기능
조작 기능	데이터의 검색, 갱신, 삽입, 삭제 등을 체계적으로 처리하기 위해 데이터 접근 수단을 정의하는 기능
제어 기능	데이터의 정확성과 보안성을 유지하기 위한 무결성, 보안 및 권한 검사, 병행 제어 등의 기능을 정의하는 기능

DBMS 운용 시 고려사항

• 다수 사용자의 이용에 따른 시스템의 보안기능을 확보한다.

• 다양한 장애에 대비한 백업 파일을 확보한다.

• 효율적 검색지원을 위하여 데이터 구조의 표준화를 적극 추진한다.

• 효율적 운영 및 성능 최적화를 위한 관련 전문가를 확보해야 한다.

22.9, 22.6, 22.3, 22.1, 21.10, 21.6, 20.10, 20.4, 20.2, 19.상시, 18.상시, 17.상시, 16.상시, 15.상시, …

핵심 034 스키마(외부, 개념, 내부)

• 스키마는 데이터베이스를 구성하는 개체, 속성, 관계 등 구조에 대한 정의와 이에 대한 제약 조건 등을 기술하는 것을 말한다.

• 스키마는 사용자의 관점에 따라 외부 스키마, 개념 스키마, 내부 스키마로 나뉜다.

외부 스키마 (External Schema)	일반 사용자나 응용 프로그래머의 관점에서 본 스키마
개념 스키마 (Conceptual Schema)	• 기관이나 조직체의 관점에서 본 스키마 • 데이터베이스 접근 권한, 보안 정책, 무결성 규칙에 대한 정의를 포함
내부 스키마 (Internal Schema)	시스템 프로그래머나 시스템 설계자의 관점에서 본 스키마

1. 데이터베이스 3단계 스키마(SCHEMA)의 종류는 (   ) 스키마, (   ) 스키마, (   ) 스키마이다.

(22.9, 22.6, 22.3, 22.1, 21.10, 21.6, 20.10, 20.4, 20.2, 19.상시, 18.상시, 17.상시, …)

2. (   )는 데이터베이스 구성요소들의 상호 관계를 논리적으로 정의한 것으로, 데이터의 구조와 제약조건에 대해 기술하는 것을 말한다.

(22.6, 14.상시, 12.상시, 08.7, 06.10, 06.1)

22.9, 22.3, 21.10, 21.6, 21.1, 20.6, 20.4, 19.상시, 18.상시, 17.상시 …

040102

핵심 036 관계형 데이터베이스의 구성 요소

〈학생〉 릴레이션

- 테이블
  - 데이터들을 행과 열로 표현한 것
  - 튜플(레코드)의 집합
  - 관계형 데이터베이스에서는 릴레이션(Relation)이라고 함
  - 릴레이션 스킴(Scheme, 스키마, 구조)은 일정 수의 속성(Attribute)의 집합으로 구성됨
  - 릴레이션 스킴은 시간에 따라 불변의 특성을 가지고, 릴레이션 인스턴스는 동적인 특성을 가짐
- 튜플(Tuple) : 테이블의 행을 구성하는 개체(레코드)
- 속성(Attribute)
  - 테이블의 열을 구성하는 항목(Field)
  - 데이터베이스를 구성하는 가장 작은 단위
  - 개체의 성질이나 특성을 기술함
- 도메인(Domain) : 하나의 속성(Attribute)에서 취할 수 있는 값의 범위(예 성별의 도메인은 '남', '여'임)
- 차수(Degree) : 속성의 개수
- 기수(Cardinality) : 튜플의 개수

21.10, 21.6, 21.4, 20.4, 19.상시, 18.상시, 17.상시, 15.상시, 14.상시, 12.상시, 11.4, 09.9, 09.7, 08.10, …

핵심 035 데이터베이스 사용자

데이터베이스 관리자 (DBA; Database Administrator)	• 데이터베이스 시스템을 관리하고 운영에 관한 모든 것을 책임지는 사람이나 그룹 • 데이터베이스의 스키마 정의 · 생성 · 삭제, 데이터 사전의 유지 관리 및 보안 조치, 저장 구조와 접근방법 선정, 시스템의 성능 분석 및 감시, 무결성 제약 조건 및 데이터 액세스 권한 지정, 시스템 문서화의 표준 지정, 복구 절차와 무결성 유지를 위한 대책 수립 등을 수행함
응용 프로그래머	일반 호스트 언어로 작성된 프로그램에 데이터 조작어(DML)를 삽입하여 만든 응용 프로그램을 통해서 데이터베이스에 접근하는 사람
일반 사용자 (End User)	질의어를 사용하여 데이터베이스에 접근하는 사용자들

1. 데이터베이스 시스템의 전체적인 관리 및 운영을 책임지는 사람은 (   )이다. (17.상시, 15.상시, 11.4, 09.7, 05.1, 03.7)

2. 데이터베이스 관리자(DBA)의 임무와 거리가 먼 것을 모두 고르시오. (   ) (21.10, 21.6, 21.4, 20.4, 19.상시, 18.상시, …)

ⓐ 시스템 문서화에 표준을 정하여 시행
ⓑ DBMS의 성능 향상을 위한 데이터의 저장구조 및 접근방법의 결정
ⓒ 복구절차와 무결성 유지를 위한 대책 수립
ⓓ 응용 프로그램의 설계 및 개발
ⓔ 일반 사용자의 고급 질의문을 저급 DML 명령어로 변환

해설 2. ⓓ 응용 프로그램의 설계 및 개발은 응용 프로그래머의 역할입니다.
ⓔ 일반 사용자의 고급 질의문을 저급 DML로 변환하는 것은 질의어 처리기(Query Processor)의 기능입니다.

잠깐만요 ❶ 관계
두 개의 테이블에 속하는 원소들을 서로 연관시키기 위하여 하나의 쌍으로 연결하는 방법을 관계라 합니다.

1. 하나의 속성에 표현할 수 있는 값의 범위를 (   )이라 한다. (22.9, 22.3, 21.10, 21.6, 21.1, 20.6, 20.4, 19.상시, 17.상시, 16.상시 …)

2. (   )는 관계형 데이터베이스에서 속성(Attribute)의 수를 의미한다. (19.상시, 18.상시, 16.상시, 10.10, 07.9, 07.7, 05.10)

3. ( )은 데이터베이스의 기본 구성 요소로 특정 항목에 대한 데이터의 집합이며, 행과 열로 구성되어 있다.

(12.상시, 06.7, 02.10, 00.8, 99.7)

4. 다음 설명과 가장 가까운 개념을 쓰시오. ( ) (06.1)

- 데이터의 가장 작은 논리적 단위
- 어떤 데이터 객체의 구성 원소
- 객체의 성질이나 상태를 기술

5. 데이터베이스 관련 용어에 대한 설명으로 옳지 않은 것을 고르시오. ( ) (14.상시, 12.상시, 02.10, 00.8)

- ⓐ 일관된 주제를 가진 데이터의 집합을 테이블이라 한다.
- ⓑ 사원 테이블에서 사원번호, 사원이름, 봉급과 같은 것을 속성이라 한다.
- ⓒ 한 개의 테이블 내에서 단 한 개의 데이터를 찾아낼 수 있는 속성을 레코드라 한다.
- ⓓ 두 개의 테이블에 속하는 원소들을 서로 연관시키기 위하여 하나의 쌍으로 연결하는 방법을 관계라 한다.

> **해설** **5.** ⓒ 한 개의 테이블 내에서 단 한 개의 데이터를 찾아낼 수 있는 속성은 기본키입니다.

22.6, 22.3, 22.1, .6, 20.4, 18.상시, 17.상시, 15.상시, 12.상시, 11.7, 09.9, 09.1, 06.4, 03.10, 01.10, …

핵심 037 키의 개념 및 종류

키는 데이터베이스에서 조건에 만족하는 레코드를 찾거나 순서대로 정렬할 때 기준이 되는 속성(Attribute)을 말한다.

후보키 (Candidate Key)	• 테이블을 구성하는 속성들 중에서 튜플을 유일하게 식별하기 위해 사용하는 속성들의 부분집합, 즉 기본키로 사용할 수 있는 속성들을 말함 • 후보키는 테이블에 있는 모든 레코드에 대해서 다음과 같은 성질을 만족해야 함 – 유일성(Unique) : 하나의 키로 하나의 레코드만을 유일하게 식별할 수 있어야 함 – 최소성(Minimality) : 모든 레코드들을 유일하게 식별하는 데 꼭 필요한 속성으로만 구성되어야 함
기본키 (Primary Key)	• 후보키 중에서 선택한 주키 • 한 릴레이션에서 특정 레코드를 유일하게 구별할 수 있는 속성 • Null 값으로 둘 수 없음 • 기본키로 정의된 필드(속성)에는 동일한 값이 중복되어 저장될 수 없음
외래키 (Foreign Key)	관계를 맺고 있는 테이블 R1, R2에서 테이블 R1이 참조하고 있는 테이블 R2의 기본키와 같은 R1 테이블의 속성을 외래키라고 함
대체키 (Alternate Key)	후보키 중 기본키를 제외한 나머지 속성을 말함

> **잠깐만요 ❶ 널(Null)**
> 데이터베이스에서 널(Null)이란 아직 알려지지 않았거나 모르는 값으로서, 해당 없음 등의 이유로 정보부재를 나타내기 위해 사용하는, 이론적으로 아무것도 없는 값을 의미합니다.

1. 테이블에서 각 레코드를 식별할 수 있는 유일한 값을 갖는 필드는 ( )이다. (22.6, 22.1, 21.6, 20.4, 15.상시, 12.상시, 09.9, 09.1, …)

2. ( )은 데이터베이스에서 정보 부재를 명시적으로 표시하기 위해 사용하는 특수한 데이터 값을 의미한다.

(22.3, 20.4, 18.상시, 17.상시, 15.상시, 11.7, 09.9)

3. 기본키는 필요에 따라 없어도 사용 가능하며, 중복될 수 있다. (○ , ×) (12.상시, 00.10)

4. 다음 중 테이블에서 기본키로 사용하기에 가장 부적당한 항목을 고르시오. ( ) (21.6, 18.상시, 12.상시, 99.7)

- ⓐ 학번
- ⓑ 계좌 번호
- ⓒ 제품 가격
- ⓓ 주민등록번호

> **해설** **3.** 기본키는 특정 레코드를 유일하게 구별할 수 있는 속성으로 절대 중복될 수 없습니다.
> **4.** ⓒ 기본키로 정의된 속성에는 동일한 값이 중복으로 저장될 수 없습니다. 중복 데이터가 발생할 가능성이 있는 '제품 가격'은 기본키로 사용하기에 적당하지 않습니다.

정답 036 **3.** 테이블(Table) **4.** 속성(Attribute) **5.** ⓒ
037 **1.** 기본키(Primary Key) **2.** 널(Null) **3.** × **4.** ⓒ

21.6, 21.1, 17.상시, 15.상시, 14.상시, 13.상시, 05.7, 03.1, 02.4, 01.10, 01.7, 00.8, 00.3, 99.10, 99.7, 99.3

핵심 038 액세스의 기본

- 액세스는 데이터베이스(Database)를 구축하고, 데이터를 분류, 관리, 검색할 수 있으며 다양한 형태로 인쇄할 수 있는 데이터베이스 프로그램(DBMS)이다.
- 프로그래밍 언어를 모르는 사용자라도 각종 마법사와 제공된 기능을 이용하여 쉽게 데이터베이스를 구축하고, 관리할 수 있다.
- 액세스 프로그램의 기본 데이터 파일의 확장자는 액세스 2003 이전 버전은 *.mdb, 액세스 2007 이후 버전은 *.accdb이다.
- 액세스의 개체

테이블 (Table)	• 데이터를 저장하고 관리하는 것으로, 데이터베이스에서 가장 기본이 되는 개체임 • 서로 다른 종류의 데이터로 저장된 필드를 가진 레코드로 구성되어 있음
쿼리 (Query)	• 하나 이상의 테이블로부터 일정한 기준에 따라 데이터를 선택 및 추출하는 방법을 제공함 • 관련된 여러 테이블을 연결하여 새로운 결과를 추출할 때도 유용하게 사용됨 • 데이터베이스 내에 저장되어 있는 데이터를 관리하는 명령어들의 집합임
폼 (Form)	• 테이블이나 쿼리 데이터의 입·출력 화면을 작성하는 개체임 • 그래픽 화면을 사용한 입·출력 틀임
보고서 (Report)	• 검색한 자료나 분석 자료의 출력물을 작성하는 개체임 • 많은 데이터를 분류·요약할 수 있으며 자료의 통계·분석을 위한 다양한 기능을 제공함
매크로 (Macro)	• 반복적이고, 단순한 작업을 자동화하는 개체임 • 사용 빈도가 높거나 중요한 기능을 미리 매크로로 정의하여 사용함
모듈 (Module)	• 복잡한 작업을 위해 VBA(Visual Basic for Applications)로 실제 프로그램을 작성하는 개체임 • 매크로에 비해 복잡한 작업을 처리하기 위해 프로그램을 직접 작성하는 것

1. ( )은 윈도용 PC 데이터베이스에서 그래픽 화면을 사용한 입·출력 틀이다. (21.6, 21.1, 17.상시, 15.상시, 14.상시, 13.상시, 05.7, …)

2. ( )는 반복되거나 복잡한 단계를 수행하는 작업을 자동화시켜 일괄적으로 처리하는 방법을 제공한다. (15.상시, 03.1)

3. ( )는 윈도우용 PC 데이터베이스 내에 저장되어 있는 데이터를 관리하는 명령어들의 집합이다. (14.상시, 99.3.)

4. 데이터베이스와 관련된 용어 설명으로 옳지 않은 것을 고르시오. ( ) (15.상시, 03.1)

> ⓐ 테이블(Table) : 서로 다른 종류의 데이터로 저장된 필드를 가진 레코드로 구성된다.
> ⓑ 질의(Query) : 하나 이상의 테이블로부터 일정한 기준에 따라 데이터를 선택 및 추출하는 방법을 제공한다.
> ⓒ 관계(Relation) : 각 개체들의 속성 값이 유일한 값을 가지는 경우로서 내림차순 또는 오름차순으로 설정할 수 있다.
> ⓓ 매크로(Macro) : 반복되거나 복잡한 단계를 수행하는 작업을 자동화시켜 일괄적으로 처리하는 방법을 제공한다.

5. 질의(Query)에서는 테이블이나 질의의 추가 또는 조건식의 지정, 필드의 추가, 삭제 등을 지정할 수 없다. (O, ×) (14.상시, 99.3)

> 해설 **4.** ⓒ 관계를 설정하는 것은 테이블에 데이터를 저장할 때 잘못된 데이터의 입력을 사전에 방지하고, 여러 테이블에 저장된 정보를 연결하여 사용할 수 있도록 하기 위해서입니다.
> **5.** 질의(Query)에서는 테이블이나 질의의 추가 또는 조건식의 지정, 필드의 추가, 삭제 등을 지정할 수 있습니다.

22.9, 22.6, 22.3, 22.1, 21.10, 21.6, 21.4, 21.1, 20.10, 20.6, 20.2, 19.상시, 18.상시, 17.상시, 16.상시, …

핵심 039 SQL의 분류

- SQL은 사용 용도에 따라 DDL(데이터 정의어), DML(데이터 조작어), DCL(데이터 제어어)로 구분된다.
- DDL(데이터 정의어)
  - SCHEMA, DOMAIN, TABLE, VIEW, INDEX를 정의하거나 변경 또는 삭제할 때 사용하는 언어이다.
  - 데이터베이스 관리자나 데이터베이스 설계자가 사용한다.

명령어	기능
CREATE	Schema, Domain, Table, View, Index를 정의함
ALTER	Table에 대한 정의를 변경하는 데 사용함

DROP	• Schema, Domain, Table, View, Index를 삭제함 • 옵션 – CASCADE 옵션 : 삭제할 요소를 참조하는 다른 모든 개체를 함께 삭제함 – RESTRICT : 삭제할 요소를 다른 개체가 참조중일때는 삭제를 취소함

• DML(데이터 조작어)
  – 데이터베이스 사용자가 응용 프로그램이나 질의어를 통하여 저장된 데이터를 실질적으로 처리하는 데 사용하는 언어이다.
  – 데이터베이스 사용자와 데이터베이스 관리 시스템 간의 인터페이스를 제공한다.

명령어	기능
SELECT	• 테이블에서 조건에 맞는 튜플을 검색함 • 형식 : SELECT ~ FROM ~ WHERE
INSERT	• 테이블에 새로운 튜플을 삽입함 • 형식 : INSERT INTO ~ VALUE
DELETE	• 테이블에서 조건에 맞는 튜플을 삭제함 • 형식 : DELETE ~ FROM ~ WHERE
UPDATE	• 테이블에서 조건에 맞는 튜플의 내용을 변경함 • 형식 : UPDATE ~ SET ~ WHERE

• DCL(데이터 제어어)
  – 데이터의 보안, 무결성, 데이터 회복, 병행 수행 제어 등을 정의하는 데 사용하는 언어이다.
  – 데이터베이스 관리자가 데이터 관리를 목적으로 사용한다.

명령어	기능
COMMIT	명령에 의해 수행된 결과를 실제 물리적 디스크로 저장하고, 데이터베이스 조작 작업이 정상적으로 완료되었음을 관리자에게 알려줌
ROLLBACK	데이터베이스 조작 작업이 비정상적으로 종료되었을 때 원래의 상태로 복구함
GRANT	데이터베이스 사용자에게 사용 권한을 부여함
REVOKE	데이터베이스 사용자의 사용 권한을 취소함

잠깐만요 ❶ 뷰(VIEW)
• 하나 이상의 기본 테이블로부터 유도되어 만들어진 가상 테이블입니다. 즉 기본 테이블은 데이터가 실제로 저장되지만, 이 가상 테이블은 물리적으로 구현되지는 않습니다.
• 필요한 데이터만 정의해서 처리할 수 있기 때문에 관리가 용이하고 명령문이 간단해집니다.
• 액세스에서는 쿼리를 View처럼 사용합니다.

※ 다음 설명에 알맞은 SQL 명령어 또는 옵션을 고르시오. (1~9번)

ⓐ DROP	ⓑ INSERT	ⓒ ALTER
ⓓ SELECT	ⓔ CREATE	ⓕ COMMIT
ⓖ UPDATE	ⓗ GRANT	ⓘ CASCADE
ⓙ RESTRICT		

1. 데이터베이스에서 테이블 구조를 변경하는데 사용하는 SQL 명령어는 ( )이다. (22.3, 21.10, 21.4, 21.1, 20.10, 18.상시, 16.상시, …)

2. 데이터베이스에서 생성된 테이블을 삭제할 때 사용하는 SQL 명령어는 ( )이다. (22.9, 21.10, 20.6, 20.2, 19.상시, 18.상시, …)

3. 데이터베이스에서 테이블 구조를 정의할 때 사용하는 명령어는 ( )이다. (22.6, 16.상시, 10.2, 05.7)

4. SQL 명령어 중 DML에 해당하는 것을 모두 고르시오. ( ) (22.9, 21.10, 19.상시, 18.상시, 17.상시, 16.상시, 15.상시, 14.상시, 11.9, 10.7, 09.7, …)

5. SQL 명령어 중 DDL에 해당하는 것을 모두 고르시오. ( ) (22.1, 21.6, 20.10, 20.2, 18.상시, 17.상시, 15.상시, 14.상시, 13.4, 13.2, 13.1, 11.4, …)

6. 데이터베이스 제어어(DCL) 중 사용자에게 조작에 대한 권한을 부여하는 명령어는 ( )이다. (18.상시, 17.상시, 11.7, 05.10)

7. ( )는 SQL에서 변경된 내용을 데이터베이스에 저장할 때 사용되는 처리문이다. (12.상시, 06.1, 04.10)

8. 삭제할 요소가 다른 곳에서 참조하고 있으면 삭제를 취소하는 옵션은 ( )이다. (22.6, 16.상시, 14.상시, 13.상시, 12.상시, …)

9. 삭제할 요소를 참조하는 다른 모든 개체를 함께 삭제하는 옵션은 ( )이다. (22.3, 18.상시, 17.상시, 15.상시, 14.상시, 11.4, …)

10. 다음은 무엇에 대한 설명인지 쓰시오. ( ) (22.9, 19.상시, 18.상시, 17.상시, 16.상시, 14.상시, 13.상시, 11.7, 10.3, 08.10, 08.7, …)

• 기본 테이블로부터 유도되어 만들어지며 독자적으로 존재하지 못하는 가상 테이블이다.
• 필요한 데이터만 정의해서 처리할 수 있기 때문에 관리가 용이하고 명령문이 간단해진다.

22.9, 22.1, 21.10, 21.4, 21.1, 20.4, 20.2, 19.상시, 18.상시, 17.상시, 16.상시, 15.상시, 14.상시, 13.상시, …

핵심 040 SELECT문

• 기본 구문

> SELECT [DISTINCT] 필드이름
> FROM 테이블이름
> [WHERE 조건식];

• SQL문에서는 대·소문자를 구분하지 않으며, 마지막에 ';'을 입력해 SQL문의 끝임을 알린다.

• DISTINCT : SELECT문에 'DISTINCT'를 입력하면 검색의 결과가 중복되는 레코드는 검색 시 한 번만 표시함

• 필드이름 : 테이블의 모든 필드를 검색할 경우에는 필드이름 대신 '*'를 입력하고, 특정 필드들만 검색할 경우 필드와 필드는 쉼표(,)로 구분하여 표시함

• WHERE 조건식 : 조건을 입력하여 특정 조건에 맞는 레코드만 검색할 때 사용함

• 조건 연산자

비교 연산자	=, 〈, 〉, 〉=, 〈, 〈=
논리 연산자	NOT, AND, OR
LIKE	대표 문자를 이용해 지정된 속성의 값이 문자 패턴과 일치하는 튜플만 검색함
IN	필드의 값이 IN 연산자의 수로 지정된 값과 같은 레코드만 검색하며, OR 연산을 수행한 결과와 같음

1. SQL에서 데이터 검색을 할 경우 검색된 결과값의 중복 레코드를 제거하기 위해 사용되는 옵션은 (   )이다.

(22.9, 21.10, 20.2, 19.상시, 15.상시, 12.상시, 13.4, 11.7, 10.7, 09.9, 08.7, 06.10, 05.7, …)

2. (   )은 SQL에서 조건문을 기술할 수 있는 구문이다.

(21.4, 17.상시, 05.4, 05.1)

3. 액세스로 만든 "주소록.mdb"에서 "부산시", "청주시", "대구시"에 사는 사람만 검색하고 싶다. WHERE절에 이어질 다음의 추출 조건 입력 형식의 [ ] 안에 들어갈 적합한 연산자를 쓰시오. (   )

(12.상시, 00.8)

> [   ] (*부산시*, *청주시*, *대구시*)

4. 학생 테이블에서 전체 레코드의 모든 필드를 검색하는 SQL문을 적으시오. (22.1, 17.상시, 16.상시, 15.상시, 14.상시, 12.상시, 11.7, 11.4, …)

(   )

5. 상품 테이블에서 단가가 50000 이상인 자료의 상품명, 단가, 수량을 검색하는 SQL문을 적으시오. (18.상시, 13.상시, 07.1, …)

(   )

6. STUDENT 테이블에서 DEPT 속성이 컴퓨터인 자료의 열 전체를 검색하는 SQL문을 쓰시오. (17.상시, 05.10)

(   )

7. 'SELECT SUM(수량) FROM PURCHASE WHERE ITEM = "사과";'의 의미를 쓰시오. (단, PURCHASE는 구매 테이블, ITEM은 품명이다.) (16.상시, 10.3)

(   )

8. '200, 100, 150, 250' 중 다음의 WHERE 조건문에 의해 검색되지 않는 판매수량은 (   )이다. (20.4)

> WHERE 판매수량 〉= 100 AND 판매수량 〈= 200

해설 3. IN 연산자는 인수로 지정된 값과 같은 레코드만 검색합니다. *는 모든 문자를 대표하는 대표 문자로 '*부산시*'는 '부산시'를 포함하는 모든 데이터를 검색하게 됩니다.

4. SQL 구문은 절별로 분리해서 이해하면 쉽습니다.
• SELECT * : 모든 필드를 검색합니다.
• FROM 학생 : 학생 테이블에서 검색합니다.
• WHERE절이 없는 것은 조건이 없다는 것으로 모든 레코드를 검색합니다.

5. • 상품명, 단가, 수량을 검색하려면 'SELECT 상품명, 단가, 수량'
• 상품 테이블에서 검색하려면 'FROM 상품'
• 단가가 50000 이상인 자료만 검색하려면 'WHERE 단가 〉= 50000'
∴ 합치면 다음과 같습니다.

> SELECT 상품명, 단가, 수량
> FROM 상품
> WHERE 단가 〉= 50000;

6. SQL 구문은 절별로 분리해서 이해하면 쉽습니다.
• SELECT * : 모든 필드를 검색합니다.
• FROM STUDENT : STUDENT 테이블에서 검색합니다.
• WHERE DEPT = "컴퓨터"; : DEPT 속성이 컴퓨터인 자료를 검색합니다.

7. SQL 구문은 절별로 분리해서 이해하면 쉽습니다.
• SELECT SUM(수량) : 수량의 합계를 구합니다.
• FROM PURCHASE : 구매(PURCHASE) 테이블에서 검색합니다.
• WHERE ITEM = "사과"; : 사과를 검색합니다.

8. WHERE 판매수량 〉= 100 AND 판매수량 〈= 200 : '판매수량'이 100 이상이고, 200 이하인 레코드만 검색합니다.

정답 040 **1.** DISTINCT **2.** WHERE **3.** IN **4.** SELECT * FROM 학생; **5.** SELECT 상품명, 단가, 수량 FROM 상품 WHERE 단가 〉= 50000; **6.** SELECT * FROM STUDENT WHERE DEPT = "컴퓨터"; **7.** 구매 테이블에 있는 사과, 즉 주문한 사과의 전체 수량을 구한다. **8.** 250

핵심 **041** 정렬

SELECT [DISTINCT] 필드이름
FROM 테이블이름
[WHERE 조건식]
[ORDER BY 필드이름 정렬방식, …];

- ORDER BY문 : 특정 필드를 기준으로 레코드를 정렬하여 검색할 때 사용함
- 정렬 방식 : 'ASC'와 DESC'가 있으며, 'ASC'는 오름차순, 'DESC'는 내림차순을 의미함. 정렬 방식을 지정하지 않으면(생략하면) 기본적으로 오름차순(ASC) 정렬이 수행됨

1. SQL의 SELECT문에서 특정열의 값을 기준으로 정렬할 때 사용하는 절은 ( )이다. (22.9, 22.3, 21.10, 21.4, 20.10, 20.2, …)

2. 제품명과 단가로 이루어진 제품 테이블에서 단가에 대한 내림차순으로 검색하는 SQL문을 쓰시오. (19.상시, 18.상시, 17.상시, …)
( )

3. 상품(상품명, 단가, 수량) 테이블에 대하여 필드명 단가(1차 정렬키)는 오름차순, 필드명 수량(2차 정렬키)은 내림차순으로 검색하는 SQL문을 쓰시오. (20.6, 16.상시, 13.상시, 10.10, 10.1, 04.4, 03.3)
( )

> 해설 **2.** SQL 구문은 절별로 분리해서 이해하면 쉽습니다.
> - **SELECT 제품명, 단가** : 제품명, 단가 필드를 검색합니다.
> - **FROM 제품** : 제품 테이블에서 검색합니다.
> - **ORDER BY 단가 DESC** : 단가 순으로 내림차순 정렬하여 표시합니다.
>
> **3.** SQL 구문은 절별로 분리해서 이해하면 쉽습니다.
> - **SELECT 상품명, 단가, 수량** : 상품명, 단가, 수량 필드를 검색합니다.
> - **FROM 상품** : 상품 테이블에서 검색합니다.
> - **ORDER BY 단가 ASC, 수량 DESC** : 단가 순으로 오름차순 정렬하여 표시하되, 단가가 같으면 수량 순으로 내림차순 정렬하여 표시합니다.

핵심 **042** 그룹 지정

SELECT [DISTINCT] 필드이름
FROM 테이블이름
[WHERE 조건식]
[GROUP BY 필드이름]
[HAVING 그룹조건식];

- GROUP BY절 : 특정 필드를 기준으로 그룹화하여 검색할 때 사용함
- HAVING절 : 그룹에 대한 조건을 지정할 때 사용함
- 일반적으로 GROUP BY는 SUM, AVG, COUNT 같은 그룹 함수와 함께 사용된다.
- 그룹 함수의 종류

COUNT(속성명)	그룹별 튜플 수를 구하는 함수
MAX(속성명)	그룹별 최대값을 구하는 함수
MIN(속성명)	그룹별 최소값을 구하는 함수
SUM(속성명)	그룹별 합계를 구하는 함수
AVG(속성명)	그룹별 평균을 구하는 함수

1. 다음 지문은 SQL의 기본 검색문 형식이다. 열 이름, 조건, 테이블, 그룹을 들어갈 자리에 알맞게 나열하시오.
(21.1, 13.상시, 12.상시, 06.1)

ⓐ : ( )   ⓑ : ( )
ⓒ : ( )   ⓓ : ( )

SELECT (ⓐ) FROM (ⓑ) WHERE (ⓒ) GROUP BY (ⓓ)

2. SQL문 'SELECT COUNT(*) FROM 영업부;'에서 COUNT(*)의 기능을 쓰시오. (14.상시, 02.7)
( )

핵심 **043** INSERT, DELETE, UPDATE문

삽입문(INSERT INTO ~)

INSERT INTO 테이블명(속성명1, 속성명2, …)
VALUES (데이터1, 데이터2, …);

- 기본 테이블에 새로운 튜플을 삽입할 때 사용한다.
- 대응하는 속성과 데이터는 개수와 데이터 형식이 일치해야 한다.
- 기본 테이블의 모든 속성을 사용할 때는 속성명을 생략할 수 있다.
- SELECT문을 사용하여 다른 테이블의 검색 결과를 삽입할 수 있다.

삭제문(DELETE FROM ~)

```
DELETE
FROM 테이블명
WHERE 조건;
```

- 기본 테이블에 있는 튜플(레코드)들 중에서 특정 튜플(레코드)을 삭제시킬 때 사용한다.
- 모든 튜플을 삭제할 때는 WHERE절을 생략한다.
- 모든 튜플을 삭제하더라도 테이블 구조는 남아 있기 때문에 디스크에서 테이블을 완전히 제거하는 DROP과는 다르다.

갱신문(UPDATE ~ SET ~)

```
UPDATE 테이블명
SET 속성명 = 데이터[, 속성명=데이터]
WHERE 조건;
```

기본 테이블에 있는 튜플들 중에서 특정 튜플의 내용을 변경시킬 때 사용한다.

1. 다음 보기에서 SQL문의 형식으로 옳지 않은 것을 모두 고르시오. (   ) (21.10, 21.4, 21.1, 20.10, 20.2, 17.상시, 16.상시, …)

ⓐ SELECT ~ FROM ~ WHERE
ⓑ DELETE ~ FROM ~ WHERE
ⓒ INSERT ~ INTO ~ WHERE
ⓓ UPDATE ~ SET ~ WHERE
ⓔ UPDATE ~ FROM ~ WHERE

2. 인사 테이블에서 사번이 999인 사원을 삭제하는 SQL 명령문을 적으시오. (22.6, 22.1, 17.상시, 15.상시, 13.상시, 12.상시, 11.9, 09.3, …)
(   )

3. 하나의 테이블에 한 행의 데이터를 등록하는 방법으로 옳은 것을 고르시오. (   ) (17.상시, 15.상시, 05.1, 03.7, 03.1)

ⓐ INSERT INTO 고객 (계좌번호, 이름, 금액) VALUES(111, 홍길동, 5000) ;
ⓑ SELECT * FROM 고객 ;
ⓒ UPDATE 고객 SET 금액 = 10000 WHERE 이름 = 홍길동 ;
ⓓ CREATE TABLE 고객 (계좌번호 NUMBER (3, 0), 이름 VARCHAR2 (8), 금액 NUMBER (5, 0)) ;

4. 다음 SQL문의 괄호 안에 들어갈 알맞은 명령어를 쓰시오.
(   ) (18.상시, 13.상시, 07.4)

UPDATE 직원 (   ) 주소 = "종로" WHERE 성명 = "홍길동"

해설 **1.** ⓒ INSERT는 VALUES를 사용하여 'INSERT INTO ~ VALUES ~'와 같이 작성해야 합니다.
ⓔ UPDATE는 SET을 사용하여 'UPDATE ~ SET ~ WHERE ~'와 같이 작성해야 합니다.

3. ⓑ 고객 테이블의 모든 튜플을 검색합니다.
ⓒ • UPDATE 고객 : 고객 테이블을 업데이트 합니다.
• SET 금액 = 10000 : 금액을 10000으로 업데이트 합니다.
• WHERE 이름 = 홍길동 : 이름이 홍길동인 고객을 업데이트 합니다.
ⓓ • CREATE TABLE 고객 : 고객 테이블을 생성합니다.
• 계좌번호 NUMBER (3, 0) : '계좌번호' 속성은 소수점 없이 숫자 3자리로 NULL 값을 갖지 않습니다.
• 이름 VARCHAR2 (8) : '이름' 속성은 문자 8자로 NULL 값을 갖지 않습니다.
• 금액 NUMBER (5, 0) : '금액' 속성은 소수점 없이 숫자 5자리로 NULL 값을 갖지 않습니다.

22.6, 20.6, 19.상시, 18.상시, 17.상시, 16.상시, 15.상시, 14.상시, 13.상시, 12.상시, 11.4, 10.3, 10.1, …
핵심 044 스프레드시트의 기초

- 입력 데이터에 대한 수치 계산과 처리 기능, 문서 작성 기능, 그래프 작성 기능, 데이터 관리 업무 등을 효율적으로 수행할 수 있도록 지원하는 응용 프로그램이다.
- 수치 계산과 관련된 업무에서 계산의 어려움과 비효율성을 개선하여 전표의 작성, 처리, 관리를 쉽게 할 수 있도록 한 것이다.
- 엑셀의 확장자는 엑셀 2003 이전 버전은 *.xls, 엑셀 2007 이후 버전은 *.xlsx입니다.

- 종류 : 엑셀(Excel), 훈민시트, 로터스(Lotus) 1-2-3, 쿼트로프로(Quattro pro) 등
- 기능

기능	설 명
문서 작성	입력된 데이터에 다양한 서식을 적용하여 문서 편집기를 사용한 것과 같이 문서를 작성함
수치 계산	수식과 함수를 이용하여 데이터 계산을 쉽게 처리함
차트 작성	입력한 데이터를 토대로 다양한 모양의 차트를 작성함
데이터 관리	다양한 데이터를 검색, 정렬, 추출하는 데이터 관리 기능을 제공함
매크로	반복적이거나 복잡한 단계를 수행하는 대량의 작업을 일괄적으로 자동 처리함

1. 입력 데이터에 대한 수치 계산과 처리 기능, 문서 작성 기능, 그래프 작성 기능, 데이터 관리 업무 등을 효율적으로 수행할 수 있도록 지원하는 응용 프로그램은 (　　　　　)이다.

(22.6, 19.상시, 18.상시, 14.상시, 12.상시, 08.3, 08.1, 06.1, 05.7, 05.4, 03.1, 02.7, …)

2. 스프레드시트의 활용 영역으로 거리가 먼 것을 모두 고르시오. (　　　　　)

(20.6, 17.상시, 16.상시, 15.상시, 13.상시, 12.상시, 11.4, 10.3, 10.1, …)

ⓐ 성적증명서와 같은 성적관리 분야
ⓑ 가계부와 같은 개인자료관리 분야
ⓒ 슬라이드쇼와 같은 DEMO(Demonstration) 분야
ⓓ 대차대조표와 같은 회계분야
ⓔ 전자 출판

3. 다음 보기에서 윈도우용 스프레드시트 작업에 대한 설명으로 옳지 않은 것을 고르시오. (　　　) (12.상시, 00.8)

ⓐ 새로운 워크시트를 만들어 작업할 수 있다.
ⓑ 한 개의 워크시트 작업만 가능하다.
ⓒ 기존에 만들어진 워크시트를 불러서 작업할 수 있다.
ⓓ 미리 만들어 놓은 스프레드시트 파일을 불러서 작업한 후, 다른 이름으로 저장할 수 있다.

해설 **2.** ⓒ 슬라이드 쇼는 프리젠테이션의 활용 영역입니다.
ⓔ 전자출판은 컴퓨터와 전자출판용 소프트웨어를 활용한 작업 영역입니다.
3. ⓑ 하나의 통합 문서에 여러 개의 워크시트를 만들어 작업이 가능합니다.

핵심 045 워크시트의 구성

- 데이터 작업이 이루어지는 기본 문서로, 행과 열이 교차되면서 만들어지는 셀로 구성되어 있다.
- 셀(Cell) : 행과 열이 교차되면서 만들어지는 사각형으로, 데이터가 입력되는 기본 단위
- 셀 포인터(Cell Pointer) : 작업이 이루어지는 셀을 나타내며, 현재 셀 포인터가 위치한 셀을 활성 셀(Active Cell)이라고 함
- 행 머리글 : 행의 맨 왼쪽에 숫자로 표시되어 있는 부분
- 열 머리글 : 열의 맨 위쪽에 알파벳으로 표시되어 있는 부분
- 시트 탭 : 통합 문서에 포함되어 있는 시트의 이름을 표시하는 부분으로, 시트 탭을 클릭하여 작업할 시트를 선택함

잠깐만요 🔔 셀의 범위 지정

연속된 셀 범위 지정	서로 떨어진 셀 범위 지정
범위로 지정할 첫 번째 셀을 클릭한 후, Shift를 누른 상태에서 범위로 지정할 마지막 셀을 클릭	첫 번째 셀 범위를 지정한 후, 두 번째 셀 범위부터는 Ctrl을 누른 상태에서 원하는 셀을 클릭하거나 드래그

1. 윈도우용 스프레드시트에서 데이터 편집 작업을 수행하는 곳은 (　　　　)이다. (13.상시, 99.3)

2. (　　　)은 스프레드시트에서 행과 열이 교차하면서 만들어지는 사각형으로, 데이터가 입력되는 기본 단위이다.

(22.6, 22.1, 21.10, 18.상시, 17.상시, 16.상시, 15.상시, 14.상시, 13.상시, 12.상시, 11.7, …)

3. 엑셀 시트에서 연속되지 않은 셀을 선택할 때는 (　　　　) 을 누른 채 지정할 셀을 클릭 또는 드래그한다.

(20.6, 20.2, 14.상시, 13.상시, 12.상시, 02.4, 02.1, 01.7, 00.3, 00.1, 99.3, 99.1)

정답 **044** 1. 스프레드시트 2. ⓒ, ⓔ 3. ⓑ **045** 1. 워크시트 2. 셀(cell) 3. Ctrl

18.상시, 13.상시, 12.상시, 01.4, 01.1, 00.10, 00.8, 99.7

핵심 046 함수

- 함수는 약속된 값으로 정의된 인수를 사용하여 계산하는, 프로그램에 이미 정의된 수식을 말한다.
- 함수는 수식과 같이 등호(=), +, −로 시작해야 한다.

함수	설명
SUM(인수1, 인수2 …)	인수의 합계
AVERAGE(인수1, 인수2, …)	인수의 평균
MAX(인수1, 인수2 …)	인수 중 가장 큰 값
MIN(인수1, 인수2 …)	인수 중 가장 작은 값
COUNT(인수1, 인수2 …)	인수 중 숫자가 들어 있는 셀의 개수
MOD(인수1, 인수2)	인수1을 인수2로 나눈 나머지
LEFT(텍스트, 개수)	텍스트의 왼쪽부터 지정한 개수만큼 표시
MID(텍스트, 시작 위치, 개수)	텍스트의 시작 위치부터 지정한 개수만큼 표시
RIGHT(텍스트, 개수)	텍스트의 오른쪽부터 지정한 개수만큼 표시
NOW( )	현재 날짜와 시간을 표시
TODAY( )	현재 날짜를 표시
IF(조건, 인수1, 인수2)	조건을 비교하여 참이면 인수1, 거짓이면 인수2를 실행
AND(인수1, 인수2, …)	인수가 모두 참이면 참
OR(인수1, 인수2, …)	인수 중 하나라도 참이면 참

잠깐만요 ❶ 참조

- 참조는 수식에서 워크시트의 특정 셀이나 셀 범위의 데이터 또는 결과값을 사용하기 위해 주소를 지정하는 것을 말합니다.
- 수식에 사용된 셀의 값이 변경되면 변경된 셀을 참조하는 수식의 값도 자동으로 재계산됩니다.

참조 대상	참조 방법
[A1]부터 [A5]까지의 셀	A1:A5
[A1] 셀, [B1] 셀, [C1] 셀	A1, B1, C1
4행에 있는 모든 셀	4:4
C열에 있는 모든 셀	C:C
[A1]부터 [A5]까지의 셀과 [C1]부터 [C5]까지의 셀	A1:A5, C1:C5

- **상대 참조** : 셀의 위치에 따라 상대적으로 셀 주소가 변하는 형태로, 수식을 복사하면 셀 주소가 수식이 복사된 셀의 상대적 위치로 변경됨 🖋 A1, B1
- **절대 참조** : 특정 셀의 주소를 고정시킬 때 사용하는 형태로, 수식을 다른 셀로 복사해도 셀 주소는 변경되지 않음 🖋 A1, B1
- **혼합 참조** : 상대 참조와 절대 참조를 혼합하여 사용함 🖋 $A1, A$1, $B1, B$1

1. 엑셀에서 나눗셈의 나머지를 구하는 함수는 ( )이다.
(13.상시, 99.7)

2. 엑셀에서 C3셀부터 C10셀 범위 중의 최대값을 구하는 함수식을 쓰시오. ( )
(13.상시, 01.1)

3. 다음은 엑셀의 범위들이다. 보기 중 옳지 않은 것을 고르시오. ( )
(12.상시, 00.10, 99.7)

ⓐ AA11:AA22	ⓑ $AX1:$AY1
ⓒ BB$11:CC$22	ⓓ C10$:D20$

4. 엑셀에서 [A2] 셀이 [B2] 셀 보다 크면 [A2] 셀의 값을 출력하고, 그렇지 않으면 [B2] 셀의 값을 출력하는 함수식을 쓰시오. ( )
(13.상시, 01.4)

5. 엑셀에서 [D3], [E3] 셀의 값이 모두 50점 이상이고, [F3] 셀의 값이 60점 이상이면 [F3] 셀을 출력하고, 그렇지 않으면 "불합격"을 출력하는 함수식을 쓰시오.
( )
(13.상시, 01.1)

6. 엑셀 시트에서 [B2] 셀에 입력된 주민등록번호를 이용하여 성별을 출력하는 함수식을 쓰시오. (단, 주민등록번호 8번째 자릿값이 1이면 "남자", 2이면 "여자"이다.)
( )
(12.상시, 00.8)

7. 다음 그림의 [E2] 셀에 성명별 점수의 합계를 계산하는 함수식을 쓰시오. ( )
(18.상시)

	A	B	C	D	E
1	성명	홍길동	김철수	이영희	합계
2	점수	85	92	91	
3					

해설 **3.** 절대 참조 지정 시 사용하는 '$'는 행 번호나 열 번호 앞에 지정합니다. 그러므로 ⓓ는 C$10:D$20과 같이 지정해야 올바른 범위가 됩니다.

4. 이 문제는 ❶ [A2] 셀이 [B2] 셀 보다 크면 ❷ [A2] 셀의 값을 출력하고, 그렇지 않으면 ❸ [B2] 셀의 값을 출력하는 것으로 다음과 같은 논리식이 됩니다.
=IF([A2] 셀이 [B2] 셀 보다 크면, [A2] 셀, [B2] 셀)
          ❶   ❷   ❸

정답 046 **1.** MOD **2.** =MAX(C3:C10) **3.** ⓓ **4.** =IF(A2)B2, A2, B2) **5.** =IF(AND(D3)=50, E3)=50, F3)=60), F3, "불합격")
6. =IF(MID(B2, 8, 1)="1", "남자", "여자") **7.** =SUM(B2:D2)

❶ : A2>B2

❷ : A2

❸ : B2

∴ ❶, ❷, ❸에 수식을 대입하면 전체 수식은 다음과 같습니다.

=IF(A2>B2, A2, B2)

5. 이 문제는 **❶** [D3], [E3] 셀의 값이 모두 50점 이상이고, [F3] 셀의 값이 60점 이상이면, **❷** [F3] 셀을 출력하고, 그렇지 않으면 **❸** "불합격"을 출력하는 것으로 다음과 같은 논리식이 됩니다.

=IF([D3], [E3] 셀의 값이 모두 50점 이상이고, [F3] 셀의 값이 60점
                ❶
이상, [F3] 셀, "불합격")
     ❷   ❸

❶ : AND(D3>=50, E3>=50, F3>=60)

❷ : F3

❸ : "불합격"

∴ ❶, ❷, ❸에 수식을 대입하면 전체 수식은 다음과 같습니다.

=IF(AND(D3>=50, E3>=50, F3>=60), F3, "불합격")

6. 이 문제는 **❶** [B2] 셀에 입력된 주민등록번호 8번째 자릿값이 1이면 **❷** 남자, 2이면 **❸** 여자를 출력하는 것으로 다음과 같은 논리식이 됩니다.

=IF([B2] 셀에 입력된 주민등록번호 8번째 자릿값이 1, "남자", "여자")
                  ❶   ❷   ❸

❶ : MID(B2, 8, 1)="1"

❷ : "남자"

❸ : "여자"

∴ ❶, ❷, ❸에 수식을 대입하면 전체 수식은 다음과 같습니다.

=IF(MID(B2, 8, 1)="1", "남자", "여자")

22.9, 22.6, 22.3, 20.10, 20.6, 20.2, 19.상시, 18.상시, 17.상시, 16.상시, 15.상시, 14.상시, 13.상시, …

핵심 047 엑셀의 주요 기능

매크로	엑셀에서 사용되는 다양한 명령들을 일련의 순서대로 기록해 두었다가 필요할 때마다 해당 키나 도구를 이용하여 호출하면 기록해 둔 처리 과정이 수행되도록 하는 기능

차트	• 워크시트의 데이터를 막대나 선, 도형, 그림 등을 사용하여 시각적으로 표현한 것
	• 차트를 이용하면 데이터의 추세나 유형 등을 쉽고 직관적으로 이해할 수 있으며, 많은 양의 데이터를 간결하게 요약할 수 있음
	• 원본 데이터가 바뀌면 차트의 모양도 바뀜
	• 차트 종류
	  – 꺾은선형 차트 : 일정 기간 동안의 데이터 변화 추세를 확인하는 데 적합함
	  – 막대형 차트 : 각 항목 간의 값을 막대의 길이로 비교·분석하는 데 적합함
	  – 원형 차트 : 전체 항목의 합에 대한 각 항목의 비율을 나타내고, 항상 한 개의 데이터 계열만 가지고 있으므로 축이 없음

정렬	• 불규칙하게 입력된 데이터 목록을 특정 기준에 따라 재배열하는 기능 • 정렬 방식에는 오름차순과 내림차순이 있으며, 셀 값에 따라 정렬이 수행됨 • 영문자 대/소문자를 구분하여 정렬할 수 있는 기능을 제공하며, 오름차순으로 정렬하면 소문자가 우선순위를 갖음
부분합	• 많은 양의 데이터 목록을 그룹(필드)별로 분류하고, 각 그룹별로 계산을 수행하는 데이터 분석 도구임 • 부분합을 작성하려면 기준이 되는 필드를 반드시 오름차순이나 내림차순으로 정렬해야 함
피벗 테이블	• 많은 양의 데이터를 한눈에 쉽게 파악할 수 있도록 요약·분석하여 보여주는 도구임 • 원본 데이터 목록의 행이나 열의 위치를 변경하여 다양한 형태로 표시할 수 있음
필터	• 데이터 목록에서 설정된 조건에 맞는 데이터만을 추출하여 화면에 나타내는 기능 • 조건을 기술하는 방법에 따라 자동 필터로 고급 필터로 구분할 수 있음

※ 설명에 알맞은 엑셀 기능을 고르시오. (1~2번)

ⓐ 매크로   ⓑ 정렬
ⓒ 피벗 테이블   ⓓ 필터
ⓔ 부분합

1. 스프레드시트에서 반복 실행하여야 하는 동일 작업이나 복잡한 작업을 하나의 명령으로 정의하여 실행할 수 있는 기능은 ( )이다. (22.9, 22.6, 20.10, 20.2, 19.상시, 18.상시, 16.상시, 15.상시, …)

2. 스프레드시트에서 사용자가 설정한 특정 조건을 만족하는 자료만 검색, 추출하는 기능은 ( )이다.

(22.3, 18.상시, 17.상시, 15.상시, 14.상시, 13.상시, 11.7, 11.2, 10.7, 10.1, 08.7, 07.7, …)

3. 윈도우용 스프레드시트에서 단일 항목으로 된 설문조사 결과를 표시하는데 가장 적합한 차트는 ( )이다.

(12.상시, 00.10, 99.10)

4. 엑셀에서는 대/소문자를 구별하여 정렬할 수 없다. (○, ×)

(12.상시, 00.3)

5. 전체 판매량에 대한 지역별 판매량의 비율을 나타내는 데 가장 적당한 차트(그래프)는 ( )이다. (20.6)

해설 **4.** 엑셀에서는 정렬 시 영문자 대/소문자를 구분하여 정렬할 수 있습니다.

22.9, 22.3, 22.1, 21.10, 21.6, 21.4, 21.1, 20.10, 20.6, 20.4, 20.2, 19.상시, 18.상시, 17.상시, 16.상시, …

핵심 048 프레젠테이션의 기초

- 기업의 제품 소개나 연구 발표, 회의 내용 요약 등 각종 그림이나 도표, 그래프 등을 이용하여 많은 사람에게 효과적으로 의미를 전달할 때 사용되는 응용 프로그램이다.
- 강연회나 세미나, 연구 발표, 교육안 등을 상대방에게 보다 효과적으로 전달하고자 할 때 사용되는 프로그램이다.
- 파워포인트의 확장자는 파워포인트 2003 이전 버전은 *.ppt이고, 파워포인트 2007 이후 버전은 *.pptx이다.
- 종류 : 파워포인트, 프리랜스, 훈민 프레젠테이션 등
- 프레젠테이션의 구성 요소

슬라이드	• 프레젠테이션을 구성하는 내용을 하나의 화면 단위로 나타낸 것 • 각 페이지의 기본 단위
개체(Object)	한 화면을 구성하는 개개의 요소
시나리오	프레젠테이션의 흐름을 기획한 것
개요	시나리오에 의한 프레젠테이션의 실제 내용

잠깐만요 ❗

여러 슬라이드 보기 상태에서 슬라이드 선택하기
- 여러 개의 슬라이드를 연속적으로 선택하려면 첫 번째 슬라이드를 선택한 후 Shift를 누른 상태에서 마지막 슬라이드를 선택합니다.
- 서로 떨어져 있는 여러 슬라이드를 선택하려면 Ctrl을 누른 상태에서 슬라이드를 하나씩 선택합니다.

여러 도형 선택하기
- Shift를 누른 상태에서 도형을 하나씩 선택합니다.
- 선택할 도형이 포함되도록 마우스로 드래그하면 드래그한 범위 안의 도형들이 모두 선택됩니다.

1. 기업체의 발표회나 각종 회의 등에서 빔 프로젝트 등을 이용하여 제품에 대한 소개나 회의 내용을 요약 정리하여 청중에게 효과적으로 전달하기 위한 도구는 ( )이다.

(22.3, 22.1, 18.상시, 15.상시, 13.상시, 12.상시, 09.7, 09.3, 07.9, 07.7, 07.1, 06.4, …)

2. 다음 보기에서 프레젠테이션 프로그램을 사용하는 용도로 가장 거리가 먼 것을 고르시오. ( )

(21.6, 21.4, 20.10, 20.4, 18.상시, 16.상시, 15.상시, 14.상시, 13.상시, 10.1, 09.9, 09.7, …)

ⓐ 회사의 제품 선전용   ⓑ 통계자료 작성
ⓒ 신제품 설명회   ⓓ 강연회 준비
ⓔ 가계부 작성

※ 설명과 가장 가까운 프레젠테이션 관련 용어를 고르시오. (3~5번)

ⓐ 시나리오	ⓑ 슬라이드	ⓒ 개체

3. 프레젠테이션의 구성 요소 중 프레젠테이션을 구성하는 하나의 화면 단위이다. ( )   (22.9, 22.3, 21.10, 21.1, 20.4, 18.상시, …)

4. Windows용 프레젠테이션에서 프레젠테이션의 한 화면을 구성하는 개개의 요소들이다. ( )   (20.6, 20.2, 13.상시, 12.상시, …)

5. Windows용 프레젠테이션에서 프레젠테이션의 흐름을 기획한 것이다. ( )   (22.9, 22.1, 21.4, 20.10, 19.상시, 18.상시, 14.상시, …)

6. 파워포인트에서 한 개의 도형이 선택된 상태에서 다른 도형을 연속적으로 선택하려면 ( ) 키를 누르고 선택해야 한다.

(13.상시, 12.상시, 01.7, 00.8)

해설 **2.** ⓑ, ⓔ 통계자료 작성이나 가계부와 같이 수치 계산 관련 작업은 스프레드시트 프로그램을 이용하는 것이 효과적입니다.

불합격 방지용 안전장치 기억상자

틀린 문제만 모아 오답 노트를 만들고 싶다고요? 까먹기 전에 다시 한 번 복습하고 싶다고요? 지금까지 공부한 내용을 안전하게 시험장까지 가져가는 완벽한 방법이 있습니다. 지금 당장 QR 코드를 스캔해 보세요.

www.membox.co.kr을 직접 입력해도 접속할 수 있습니다.

22.9, 22.6, 22.3, 22.1, 21.6, 21.4, 21.1, 20.10, 20.6, 20.4, 20.2, 19.상시, 18.상시, 17.상시, 16.상시, …

핵심 049 운영체제의 개념

운영체제의 정의

- 운영체제(OS; Operating System)는 컴퓨터 하드웨어와 일반 컴퓨터 사용자 또는 컴퓨터에서 실행되는 응용 프로그램의 중간에 위치하여 사용자들이 보다 쉽고 간편하게 컴퓨터 시스템을 이용할 수 있도록 제어하는 시스템 소프트웨어의 일종이다.
- 컴퓨터에게는 효율적인 자원 관리를, 사용자에게는 편리한 사용을 제공한다.
- 운영체제의 특성에는 신뢰성, 편리성, 효율성, 용이성 등이 있다.

운영체제의 목적

- 처리 능력 향상
- 반환 시간 단축
- 사용 가능도 향상
- 신뢰도 향상

운영체제의 평가 기준

처리 능력 (Throughput)	일정 시간 내에 시스템이 처리하는 일의 양
반환 시간 (Turn Around Time)	시스템에 작업을 의뢰한 시간부터 처리가 완료될 때까지 걸린 시간
사용 가능도 (Availability)	시스템을 사용할 필요가 있을 때 즉시 사용 가능한 정도
신뢰도(Reliability)	시스템이 주어진 문제를 정확하게 해결하는 정도

운영체제의 기능

- 사용자와 컴퓨터 간의 인터페이스 제공
- 시스템의 효율적인 운영 및 관리
- 자원 스케줄링 및 주변장치 관리
- 사용자 간의 데이터 호환
- 각종 하드웨어와 네트워크 관리
- 데이터 공유 및 관리

- 초기 설정 기능 및 이식성 기능
- 시스템의 오류 검사 및 복구
- 운영체제의 종류

단일 작업 처리 시스템	DOS
다중 작업 처리 시스템	Windows, UNIX, LINUX, OS2

1. 컴퓨터 하드웨어와 사용자를 연결시켜 사용자가 컴퓨터 시스템에서 응용 프로그램을 수행할 수 있도록 도와주는 필수적인 소프트웨어는 ( )이다. (22.9, 22.6, 22.3, 22.1, 21.6, 21.1, …)

2. PASCAL은 운영체제의 한 종류이다. (○, ×)
(20.6, 17.상시, 16.상시, 15.상시, 13.상시, 12.상시, 07.4, 06.7, 05.7, 04.4, 03.3, 01.7)

3. 시스템의 성능을 극대화하기 위한 운영체제의 목적 4가지를 쓰시오. (, , ,)
(21.1, 20.4, 20.2, 19.상시, 18.상시, 17.상시, 15.상시, 14.상시, 13.상시, 12.상시, 07.4, …)

4. 운영체제의 성능 평가 항목 4가지를 쓰시오.
(, , ,)
(16.상시, 15.상시, 14.상시, 13.상시, 12.상시, 11.7, 11.2, 09.7, 09.3, 08.2, 07.9, 06.7, …)

5. 다음 보기에서 운영체제가 아닌 것을 모두 고르시오. ( )
(22.9, 22.6, 22.1, 21.6, 20.6, 18.4, 18.3, 07.4, 06.7, 05.7, 04.4, 03.3)

ⓐ 윈도우	ⓑ Cobol	ⓒ 리눅스
ⓓ 인텔	ⓔ 유닉스	ⓕ OS2

6. 컴퓨터 센터에 작업을 지시하고 나서부터 결과를 받을 때까지의 경과 시간을 의미하는 것은 ( )이다.
(21.6, 18.상시, 15.상시, 13.상시, 09.1, 07.9)

7. 운영체제는 사용자 간의 데이터 교환을 가능하게 한다. (○, ×)
(16.상시, 13.상시, 10.3, 00.8)

8. 다음 보기에서 운영체제의 기능과 거리가 먼 것을 고르시오. ( ) (20.6, 14.상시, 08.10, 05.10, 03.10)

ⓐ 초기 설정 기능
ⓑ 인터페이스 기능
ⓒ 이식성 기능
ⓓ 시스템 비보호 기능

9. 운영체제는 원시 프로그램을 기계어로 번역한다. (○, ×)
(16.상시, 13.상시, 10.3, 00.8)

10. 운영체제는 사용자 중심으로 시스템을 제어, 관리하지만 에러(Error) 처리는 지원하지 않는다. (○, ×)
(16.상시, 10.3)

정답 049 **1.** 운영체제(Operating System) **2.** × **3.** 반환(응답) 시간 단축, 처리 능력 증대, 신뢰도 향상, 사용 가능도 증대
4. 처리 능력(Throughput), 신뢰도(Reliability), 사용 가능도(Availability), 반환(응답) 시간(Turn Around Time)
5. ⓑ, ⓓ **6.** 반환 시간(Turn Around Time) **7.** ○ **8.** ⓓ **9.** × **10.** ×

11. 일반적으로 운영체제는 사용자가 컴퓨터를 제어하기 쉽게 할 수 있는 인터페이스를 제공한다. (○, ×)   (16.상시, 10.7, 99.10)

12. 하나의 컴퓨터 내의 모든 소프트웨어는 각각 자신의 운영체제를 따로 가지고 있어야 한다. (○, ×)   (22.3, 16.상시, 10.7, 99.10)

> [해설] **2.** PASCAL은 운영체제가 아니고 프로그래밍 언어의 한 종류입니다.
>
> **5.** COBOL은 프로그래밍 언어의 한 종류이고, 인텔은 CPU를 제조하는 회사의 이름입니다.
>
> **8.** ⓐ 운영체제의 기능에는 자원(시스템)을 보호하는 보호 기능이 포함되어 있습니다.
>
> **9.** 원시 프로그램을 기계어로 번역하는 것은 컴파일러, 어셈블러어와 같은 언어 번역 프로그램의 역할입니다.
>
> **10.** 운영체제는 시스템을 제어, 관리할 뿐만 아니라 에러 처리도 지원합니다.
>
> **12.** 모든 소프트웨어가 각각의 운영체제를 따로 가지고 있을 필요는 없습니다. 일반적으로 하나의 컴퓨터에는 하나의 운영체제를 설치하여 사용합니다.

불합격 방지용 안전장치 기억상자

틀린 문제만 모아 오답 노트를 만들고 싶다고요? 까먹기 전에 다시 한 번 복습하고 싶다고요? 지금까지 공부한 내용을 안전하게 시험장까지 가져가는 완벽한 방법이 있습니다. 지금 당장 QR 코드를 스캔해 보세요.

방법이 있지! QR을 스캔해 보게나~

지금까지 학습한 내용을 시험장까지 가져가고 싶습니다.

www.membox.co.kr을 직접 입력해도 접속할 수 있습니다.

핵심 050 운영체제의 구성

제어 프로그램(Control Program)

- 감시 프로그램(Supervisor Program) : 각종 프로그램의 실행과 시스템 전체의 작동 상태를 감시·감독하는 프로그램
- 작업 제어 프로그램(Job Control Program) : 어떤 업무를 처리하고 다른 업무로의 이행을 자동으로 수행하기 위한 준비 및 그 처리에 대한 완료를 담당하는 프로그램
- 자료 관리 프로그램(Data Management Program) : 주기억장치와 보조기억장치 사이의 자료 전송, 파일의 조작 및 처리, 입·출력 자료와 프로그램 간의 논리적 연결 등 시스템에서 취급하는 파일과 데이터를 표준적인 방법으로 처리할 수 있도록 관리하는 프로그램

처리 프로그램(Processing Program)

- 언어 번역 프로그램(Language Translate Program) : 원시 프로그램(Source Program)을 기계어 형태의 목적 프로그램(Object Program)으로 번역하는 프로그램
- 서비스 프로그램(Service Program) : 사용자의 편리를 위해 시스템 제공자가 미리 작성하여 사용자에게 제공해주는 것으로, 사용 빈도가 높은 프로그램
- 문제 프로그램(Problem Program) : 특정 업무 및 문제 해결을 위해 사용자가 작성한 프로그램

> **1.** 다음 프로그램을 제어 프로그램과 처리 프로그램으로 분류하시오.   (22.9, 22.6, 22.3, 22.1, 20.2, 19.상시, 17.상시, 15.상시, 14.상시, …)
>
> ⓐ 감시 프로그램(Supervisor Program)
> ⓑ 데이터 관리 프로그램(Data Management Program)
> ⓒ 문제 프로그램(Problem Program)
> ⓓ 작업 제어 프로그램(Job Control Program)
> ⓔ 서비스 프로그램(Service Program)
> ⓕ 언어 번역 프로그램(Language Translate Program)
>
> ① 제어 프로그램 : (   )
> ② 처리 프로그램 : (   )
>
> **2.** 사용자의 편의를 위해 사용 빈도가 높은 프로그램을 시스템 제공자가 미리 작성하여 사용자에게 제공해주는 처리 프로그램은 (   )이다.   (22.6, 13.상시, 12.상시, 07.7, 06.4)

핵심 051 언어 번역 프로그램

• 언어 번역 프로그램의 종류

어셈블러 (Assembler)	어셈블리어로 작성된 원시 프로그램을 기계어로 된 목적 프로그램으로 어셈블하는 언어 번역 프로그램
컴파일러 (Compiler)	• 고급 언어로 작성된 프로그램 전체를 목적 프로그램으로 번역한 후 링킹 작업을 통해 컴퓨터에서 실행 가능한 실행 프로그램을 생성함 • 컴파일러 언어 : FORTRAN, COBOL, PASCAL, C, C++, PL/1 등
인터프리터 (Interpreter)	• 고급 언어나 코드화된 중간 언어를 입력받아 목적 프로그램 생성 없이 직접 기계어를 생성, 실행해주는 프로그램 • 인터프리터 언어 : BASIC, SNOBOL, LISP, APL 등

• 언어 번역 과정

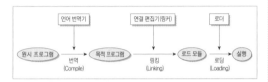

1. 로더는 언어 번역 프로그램의 한 종류이다. (○ , ×)

(14.상시, 13.상시, 12.상시, 08.3, 06.10, 04.7, 02.4, 01.7)

2. 고급 언어나 코드화된 중간 언어를 입력받아 목적 프로그램 생성 없이 직접 기계어를 생성, 실행해주는 프로그램은 ( )이다. (21.6, 20.4, 20.2, 15.상시, 14.상시, 13.상시, 12.상시, …)

3. 다음은 컴퓨터에서 프로그램 언어의 처리 과정을 나열한 것이다. 괄호 안에 알맞은 처리 과정을 쓰시오. (20.2, 16.상시, 10.1, …)

원시 프로그램 → 컴파일러 → 목적 프로그램 → (①)
→ 로드 모듈 → (②) → 실행

> 해설 **1.** 로더(Loader)는 언어 번역 프로그램이 아닙니다. 로더는 컴퓨터 내부로 정보를 들여오거나 로드 모듈을 보조기억장치로부터 주기억장치에 적재하는 시스템 프로그램의 한 종류입니다.

핵심 052 서비스 프로그램

링커(Linker), 연결 편집기(Linkage Editor)
언어 번역 프로그램이 생성한 목적 프로그램들과 라이브러리, 또 다른 실행 프로그램(로드 모듈) 등을 연결하여 실행 가능한 로드 모듈을 만드는 프로그램이다.

정렬/합병 프로그램(Sort/Merge Program)
데이터를 일정한 기준으로 정렬하거나 정렬된 두개 이상의 파일을 하나로 합치는 프로그램이다.

라이브러리안(Librarian)
프로그램의 라이브러리를 유지 · 관리하는 프로그램이다.

유틸리티 프로그램(Utility Program)
사용자의 편의를 도모하기 위한 프로그램으로 텍스트 에디터, 디버거 등이 있다.

로더(Loader, Module Loader)
• 컴퓨터 내부로 정보를 들여오거나 로드 모듈을 디스크 등의 보조기억장치로부터 주기억장치에 적재하는 프로그램이다.
• 로더의 기능
  – 할당(Allocation) : 실행 프로그램을 실행시키기 위해 기억장치 내에 옮겨놓을 공간을 확보하는 기능
  – 연결(Linking) : 부 프로그램 호출 시 그 부 프로그램이 할당된 기억 장소의 시작 주소를 호출한 부분에 등록하여 연결하는 기능
  – 재배치(Relocation) : 디스크 등의 보조기억장치에 저장된 프로그램이 사용하는 각 주소들을 할당된 기억 장소의 실제 주소로 배치(변환)시키는 기능
  – 적재(Loading) : 실행 프로그램을 할당된 기억 공간에 실제로 옮기는 기능

> 잠깐만요 ❶ **재배치 로더(Loader)**
> 로더의 기본 기능 4가지를 모두 수행하는 일반적인 기능의 로더를 의미합니다.

1. 로더의 기능 4가지는 ( ), ( ), ( ), ( )이다. (21.4, 16.상시, 15.상시, 14.상시, 13.상시, 10.3, 09.3, …)

2. 원시 프로그램을 읽어서 명령어를 해석하는 것은 재배치 로더의 역할이다. (○ , ×) (18.상시, 16.상시, 13.상시, 10.10, 06.1)

정답 051 **1.** × **2.** 인터프리터(Interpreter) **3.** ① – 링킹(Linking), ② – 로딩(Loading)
052 **1.** 할당(Allocation), 연결(Linking), 재배치(Relocation), 적재(Loading) **2.** ×

3. 로더는 프로그램의 수행 순서를 결정한다. (○, ×)

(21.1, 17.상시, 11.4, 03.7)

4. 로더는 재배치가 가능한 주소들을 할당된 기억장치에 맞게 변환한다. (○, ×)

(17.산시, 11.4, 03.7)

5. (   )는 디스크에 저장된 목적 프로그램을 읽어서 주기억장치에 올린 다음 수행시키는 역할을 담당한다.

(20.4, 14.상시, …)

6. (   ) 프로그램은 운영체제의 서비스 프로그램 중 사용자의 편의를 도모하기 위한 프로그램으로 텍스트 에디터, 디버거 등을 포함한다.

(17.상시, 11.4)

7. 로더의 기능 중 프로그램의 실행을 위해서 메모리 내에 기억 공간을 확보하는 작업은 (   )이다.

(12.상시, 00.8)

> 해설 **2.** 원시 프로그램을 읽어서 명령어를 해석하는 것은 언어 번역 프로그램의 역할입니다.
>
> **3.** 프로그램의 수행 순서는 프로그램 속에 들어 있는 명령 코드에 따라 결정됩니다.

22.9, 22.3, 21.4, 20.4, 19.상시, 18.상시, 17.상시, 16.상시, 15.상시, 14.상시, 13.상시, 12.상시, 11.9, …

핵심 **053** 운영체제의 운용 방식

일괄 처리 시스템(Batch Processing System)

초기의 컴퓨터 시스템에서 사용된 형태로, 일정량 또는 일정 기간 동안 데이터를 모아서 한꺼번에 처리하는 방식이다.

실시간 처리 시스템(Real Time Processing System)

- 데이터 발생 즉시, 또는 데이터 처리 요구가 있는 즉시 처리하여 결과를 산출하는 방식이다.
- 우주선 운행이나 레이더 추적기, 핵물리학 실험 및 데이터 수집, 전화 교환장치의 제어, 은행의 온라인 업무 등 시간에 제한을 두고 수행되어야 하는 작업에 사용된다.

시분할 시스템(Time Sharing System)

- 하나의 프로세서가 CPU를 독점하는 것을 방지하기 위해 각각 하나의 시간 슬롯을 할당하여 동작하도록 하는 시스템으로, 라운드 로빈(Round Robin) 방식이라고도 한다.
- 한 시스템을 여러 명의 사용자가 공유하여 동시에 작업을 수행한다.

다중 프로그래밍 시스템(Multi-Programming System)

하나의 CPU와 주기억장치를 이용해 여러 개의 프로그램을 동시에 처리하는 방식이다.

다중 처리 시스템(Multi-Processing System)

컴퓨터 한 대에 두 개 이상의 CPU를 설치하여 병렬 처리하는 것으로, 한 시스템에서 여러 개의 처리 과정을 동시에 수행하는 것이다.

운영체제 운용 기법의 발달 과정

일괄 처리 시스템 → 실시간 처리 시스템 → 다중 프로그래밍 → 다중 처리 시스템 → 시분할 시스템 → 분산 운영체제

※ 설명에 알맞은 운영체제의 운용 방식을 고르시오. (1~3번)

ⓐ 다중 처리 시스템(Multi-Processing System)
ⓑ 시분할 시스템(Time Sharing System)
ⓒ 다중 프로그래밍 시스템(Multi-Programming System)
ⓓ 분산 처리 시스템(Distributed Processing System)
ⓔ 일괄 처리 시스템(Batch Processing System)
ⓕ 실시간 처리 시스템(Real Time Processing System)

---

1. (   ) : 작업량이 일정한 수준이 될 때까지 모아 두었다가 한꺼번에 일시에 처리하는 방식이다.

(21.4, 20.4, 19.상시, 15.상시, …)

2. (   ) : 다중 처리 시스템에서 하나의 프로세서가 CPU를 독점하는 것을 방지하기 위하여 각각 하나의 시간 슬롯을 할당하여 동작하도록 하는 시스템이다.

(22.3, 20.4, 19.상시, 16.상시, 13.상시, …)

3. (   ) : 자료가 발생하는 즉시 필요한 처리를 하는 방식이다.

(22.9, 20.4, 16.상시, 13.상시, 10.10, 07.7, 01.1)

4. 다음 운영체제의 발전 단계를 올바르게 나열하시오.

(→   →   )

(18.상시, 17.상시, 11.9, 01.1, 99.7)

ⓐ 배치 처리
ⓑ 다중 프로그래밍
ⓒ 시분할 시스템

---

5. 업무 처리를 실시간 시스템으로 처리할 필요가 없는 것을 모두 고르시오. (   )

(17.상시, 16.상시, 14.상시, 11.4, 10.3, 08.4, …)

ⓐ 객관식 채점 업무
ⓑ 좌석 예약 업무
ⓒ 봉급 계산 업무
ⓓ 성적 처리 업무

ⓔ 적의 공중 공격에 대비하여 동시에 여러 지점을 감시하는 시스템

ⓕ 가솔린 정련에서 온도가 너무 높이 올라가는 경우 폭발을 방지하기 위해 조치를 취하는 시스템

ⓖ 고객명단 자료를 월 단위로 묶어 처리하는 시스템

ⓗ 교통 관리, 비행조정 등과 같은 외부 상태에 대한 신속한 제어를 목적으로 하는 시스템

> **해설** 5. ⓐ, ⓒ, ⓓ, ⓖ는 일정량 또는 일정 기간 동안 데이터를 모아서 한꺼번에 처리하는 일괄 처리 시스템에 적합한 업무입니다.

1. 컴퓨터 시스템 내부에서 실행중인 프로그램을 정의하는 용어는 ( )이다. (22.6, 21.4, 20.10, 17.상시, 15.상시, 14.상시, 13.상시, …)

2. 데이터 저장 공간은 다양하게 정의되는 운영체제의 프로세스의 정의 중 하나이다. (○, ×) (11.10)

※ **설명에 알맞은 프로세스 상태 관련 용어를 고르시오. (3~4번)**

| ⓐ 디스패치(Dispatch) | ⓑ 웨이크 업(Wake Up) |
| ⓒ 블록(Block) | ⓓ 준비(Ready) |

3. ( ) : 실행 상태의 프로세스가 종료되기 전에 입출력이나 기타 다른 작업을 필요로 할 경우 CPU를 반납하고 작업의 완료를 기다리기 위해 대기 상태로 전환한다. (18.상시, 17.상시, 13.상시, 11.7)

4. ( ) : 준비(Ready) 상태에 있는 프로세스들 중에서 우선순위가 가장 높은 프로세스를 선택하여 CPU를 할당(Running 상태)한다. (20.4, 20.2, 18.상시, 16.상시, 12.상시, 10.7, 10.3, 06.4, 04.7)

> **해설** 2. 데이터 저장 공간을 운영체제에서 프로세스로 정의하지는 않습니다. 운영체제에서는 보통 실행중인 프로그램, 프로그램을 실행하는 처리 단위, 프로세서가 할당되는 개체 등으로 프로세스를 정의합니다.

22.6, 21.4, 20.10, 20.4, 20.2, 18.상시, 17.상시, 16.상시, 15.상시, 14.상시, 13.상시, 12.상시, 11.9, 11.7, …

핵심 054 프로세스 관리

프로세스(Process)의 정의

- 프로세서(처리기, CPU)에 의해 처리되는 사용자 프로그램, 즉 실행중인 프로그램을 의미하며, 작업(Job) 또는 태스크(Task)라고도 한다.
- 실기억장치에 저장된 프로그램
- 프로세서가 할당되는 실체
- 운영체제가 관리하는 실행 단위

프로세스 주요 상태 및 관련 용어

- 준비(Ready) : 프로세스가 CPU를 할당받기 위해 기다리고 있는 상태로, 준비상태 큐에서 실행을 준비함
- 실행(Run) : 준비상태 큐에 있는 프로세스가 CPU를 할당받아 실행되는 상태
- 대기(Wait), 보류, 블록(Block) : 프로세스에 입·출력 처리가 필요하면 현재 실행중인 프로세스가 중단되고, 입·출력 처리가 완료될 때까지 대기하고 있는 상태
- 종료(Terminated, Exit) : 프로세서의 실행이 끝나고 프로세스 할당이 해제된 상태
- 디스패치(Dispatch) : 준비 상태에서 대기하고 있는 프로세스 중 우선순위가 가장 높은 프로세스가 CPU를 할당받아 실행 상태로 전이되는 과정
- Wake Up : 입·출력 작업이 완료되어 프로세스가 대기 상태에서 준비 상태로 전이되는 과정

22.9, 22.6, 22.3, 22.1, 21.10, 21.6, 21.4, 20.10, 20.4, 20.2, 19.상시, 17.상시, 16.상시, 15.상시, 13.상시, …

핵심 055 프로세스 스케줄링

- 스케줄링(Scheduling)은 프로세스가 생성되어 실행될 때 필요한 시스템의 여러 자원을 해당 프로세스에게 할당하는 작업을 의미하며, 이를 수행하는 것을 스케줄러(Scheduler)라고 한다.
- 비선점(Non-preemptive) 스케줄링 : 이미 할당된 CPU를 다른 프로세스가 강제로 빼앗아 사용할 수 없는 스케줄링 기법

| FCFS
= FIFO | • 준비상태 큐에 도착한 순서에 따라 차례로 CPU를 할당하는 기법
• 가장 먼저 CPU를 요청한 프로세스에게 가장 먼저 CPU를 할당하여 실행할 수 있음 |
| SJF | 준비상태 큐에서 기다리고 있는 프로세스들 중에서 실행 시간이 가장 짧은 프로세스에게 먼저 CPU를 할당하는 기법 |

HRN	• 실행 시간이 긴 프로세스에 불리한 SJF 기법을 보완하기 위한 것 • 대기 시간과 서비스(실행) 시간을 이용하는 기법
우선순위	준비상태 큐에서 기다리는 각 프로세스마다 우선순위를 부여하여 그 중 가장 높은 프로세스에게 먼저 CPU를 할당하는 기법

- 선점(Preemptive) 스케줄링 : 하나의 프로세스가 CPU를 할당받아 실행하고 있을 때 우선순위가 높은 다른 프로세스가 CPU를 강제로 빼앗아 사용할 수 있는 스케줄링 기법

SRT	현재 실행중인 프로세스의 남은 시간과 준비 상태 큐에 새로 도착한 프로세스의 실행 시간을 비교하여 가장 짧은 실행 시간을 요구하는 프로세스에게 CPU를 할당하는 기법
라운드 로빈 (Round Robin)	규정 시간 또는 시간 조각(Slice)을 미리 정의하여 CPU 스케줄러가 준비상태 큐에서 정의된 시간만큼 각 프로세스에 CPU를 제공하는 시분할 시스템에 적절한 스케줄링 기법
다단계 큐	프로세스를 특정 그룹으로 분류할 수 있을 경우 그룹에 따라 각기 다른 준비상태 큐를 사용하는 기법
다단계 피드백 큐	특정 그룹의 준비상태 큐에 들어간 프로세스가 다른 준비상태 큐로 이동할 수 없는 다단계 큐 기법을 준비상태 큐 사이를 이동할 수 있도록 개선한 기법

1. 운영체제의 구성 요소 중 프로세서를 생성, 실행, 중단, 소멸시키는 작업을 (①)이라고 하고, 이를 수행하는 것을 (②)라고 한다. (22.3, 22.1, 21.6, 20.10, 20.4, 17.상시, 16.상시, …)

※ 설명에 알맞은 프로세스 스케줄링 기법을 고르시오. (2~5번)

ⓐ SRT	ⓑ FIFO	ⓒ SJF
ⓓ RR	ⓔ HRN	

2. 규정 시간 또는 시간 조작(Slice)을 미리 정의하여 CPU 스케줄러가 준비 상태 큐에서 정의된 시간만큼 각 프로세스에 CPU를 제공하는 시분할 시스템에 적절한 방법은 ( )이다. (22.1, 21.4, 20.10, 20.2, 19.상시, 14.상시, 13.상시, 12.상시, 08.7, 06.10, 05.10, …)

3. 가장 먼저 CPU를 요청한 프로세스에게 가장 먼저 CPU를 할당하여 실행할 수 있게 하는 방법은 ( )이다. (17.상시, 15.상시, 13.상시, 12.상시, 11.4, 09.7, 07.4, 06.1, 04.10)

4. 비선점 스케줄링 : ( ) (22.9, 22.6, 22.1, 21.10, 17.상시)

5. 선점 스케줄링 : ( ) (21.6, 19.상시, 17.상시, 16.상시, …)

22.9, 22.6, 22.3, 22.1, 21.10, 21.6, 21.4, 21.1, 20.6, 20.2, 19.상시, 17.상시, 16.상시, 15.상시, 13.상시, …

핵심 056 교착상태(DeadLock)

- 다중 프로그래밍 상에서 2개의 프로세스가 실행중에 있을 때 각 프로세스는 자신이 필요한 자원을 가지고 실행하다가 서로 자신이 점유하고 있는 자원을 포기하지 않은 상태에서 다른 프로세스가 자원을 요구하여 두 프로세스 모두 실행을 할 수 없게 되는 현상을 의미한다.

- 교착상태 발생의 필요 충분 조건

상호 배제 (Mutual Exclusion)	한 번에 한개의 프로세스만이 공유 자원을 사용할 수 있어야 함
점유와 대기 (Hold and Wait)	최소한 하나의 자원을 점유하고 있으면서 다른 프로세스에 할당되어 사용되고 있는 자원을 추가로 점유하기 위해 대기하는 프로세스가 있어야 함
비선점 (Non-preemption)	다른 프로세스에 할당된 자원은 사용이 끝날 때까지 강제로 빼앗을 수 없어야 함
환형 대기, 순환 대기 (Circular Wait)	공유 자원과 공유 자원을 사용하기 위해 대기하는 프로세스들이 원형으로 구성되어 있어 자신에게 할당된 자원을 점유하면서 앞이나 뒤에 있는 프로세스의 자원을 요구해야 함

1. 다중 프로그래밍 시스템 내에서 서로 다른 프로세스가 일어날 수 없는 사건을 무한정 기다리고 있는 것을 ( )라고 한다. (22.9, 22.6, 22.3, 22.1, 21.4, 20.6, 19.상시, 17.상시, 16.상시, 15.상시, …)

2. 교착상태는 프로세스들이 자신의 자원을 내놓고 상대방의 자원을 요구하는 것이 순환을 이룰 때 발생한다. (○, ×) (21.10, 10.7)

3. 교착상태의 필수 조건 중 하나는 '선점(Preemption)'이다. (○, ×) (21.6, 21.4, 21.1, 20.2, 15.상시, 14.상시, 13.상시, 03.1, 02.1, 01.7)

> 해설 **2.** 교착상태는 자신에게 할당된 자원을 점유하면서 상대방의 자원을 요구하는 것이 순환을 이룰 때 발생하는 것이며, 이 조건을 환형 대기(순환 대기) 조건이라고 합니다.
> **3.** 교착상태의 발생 조건 중 하나는 선점(Preemption)이 아니라 비선점(Non-preemptive)입니다.

핵심 **057** 기억장치 – 교체 전략

* OPT(OPTimal replacement, 최적 교체) : 앞으로 가장 오랫동안 사용하지 않을 페이지를 교체하는 기법
* FIFO(First In First Out) : 각 페이지가 주기억장치에 적재될 때마다 그때의 시간을 기억시켜 가장 먼저 들어와서 가장 오래 있었던 페이지를 교체하는 기법
* LRU(Least Recently Used) : 계수기를 두어 가장 오랫동안 참조되지 않은 페이지를 교체하는 기법
* LFU(Least Frequently Used) : 사용 빈도가 가장 적은 페이지를 교체하는 기법
* MRU(Most Recently Used) : 사용 빈도가 가장 많은 페이지를 교체하는 기법
* NUR(Not Used Recently) : 최근에 사용하지 않은 페이지를 교체하는 기법

※ 설명에 알맞은 기억장치 교체 전략을 고르시오.

ⓐ FIFO	ⓑ LRU
ⓒ LFU	ⓓ MRU

1. ( ) : 계수기를 두어 가장 오랫동안 참조되지 않은 페이지를 교체 (21.4, 21.1, 20.10, 20.6, 20.2, 19.상시, 16.상시, 15.상시, 12.상시, …)

2. ( ) : 가장 처음에 기록된 페이지를 교체
(21.4, 21.1, 19.상시, 16.상시, 10.7)

3. ( ) : 사용 빈도가 가장 많은 페이지를 교체
(21.4, 21.1, 19.상시, 16.상시, 10.7)

4. ( ) : 사용 횟수가 가장 적은 페이지를 교체
(21.4, 21.1, 19.상시, 16.상시, 10.7)

핵심 **058** DOS의 부팅 과정

* 부팅(Booting, Bootstap)은 컴퓨터에 전원을 넣은 순간부터 DOS(시스템 프로그램)를 디스크로부터 주기억장치로 읽어 내어 컴퓨터를 이용할 수 있는 상태로 만들어주는 과정을 의미한다.
* 부팅에 반드시 필요한 시스템 파일에는 MS-DOS. SYS, IO.SYS, COMMAND.COM이 있다.
* 부팅 중 F8 을 눌러 'CONFIG.SYS' 파일과 'AUTO EXEC.BAT' 파일의 실행 여부를 선택할 수 있다.

부팅(Booting) 순서

컴퓨터에 전원 공급
ROM BIOS를 이용하여 주기억장치와 각 장치의 이상 유무 검사
IO.SYS 파일을 주기억장치에 적재
MSDOS.SYS 파일을 주기억장치에 적재
CONFIG.SYS 파일을 읽어 시스템 환경을 설정함
COMMAND.COM 파일 실행
AUTOEXEC.BAT 파일 실행
명령 프롬프트 표시

부팅의 종류

웜 부팅 (Warm Booting)	Ctrl + Alt + Delete 를 눌러 컴퓨터를 재부팅하는 소프트웨어적 부팅
콜드 부팅 (Cold Booting)	컴퓨터 본체의 전원 스위치를 눌러 켜거나 본체의 리셋(Reset) 단추를 눌러 재부팅하는 것

---

1. ( )은 시스템 프로그램을 디스크로부터 주기억장치로 읽어 내어 컴퓨터를 이용할 수 있는 상태로 만들어 주는 과정을 의미한다. (21.6, 20.10, 17.상시, 14.상시, 11.2, 08.7, 04.10, 03.7, …)

2. CONFIG.SYS는 도스(MS-DOS)의 시스템 부팅 시 반드시 필요한 파일이다. (O , X) (18.상시, 17.상시, 14.상시, 12.상시, 11.2, 08.10, …)

3. 도스(MS-DOS)에서 [Ctrl]+[Alt]+[Delete]를 눌러 재부팅하는 방법을 (   )이라고 한다. *(21.10, 21.1, 20.6, 19.상시, 18.상시, …)*

4. 도스(MS-DOS)에서 'config.sys' 파일과 'autoexec.bat' 파일의 수행을 사용자가 선택하여 실행하려고 하는 경우 사용하는 기능키는 (   )이다. *(16.상시, 15.상시, 13.상시, 10.10, 09.1, 03.1)*

5. 도스(MS-DOS)의 부팅은 도스 프로그램을 컴퓨터의 보조기억장치에 적재하여 컴퓨터의 역할을 수행하게 하는 것이다. (O , X) *(14.상시, 13.상시, 02.7, 01.7)*

6. 다음 도스(MS-DOS) 부팅 시 필요한 파일의 읽는 순서를 올바르게 나열하시오. (→   →   →   →   ) *(20.4, 16.상시, 10.3, 99.3)*

ⓐ MSDOS.SYS
ⓑ IO.SYS
ⓒ CONFIG.SYS
ⓓ AUTOEXET.BAT
ⓔ COMMAND.COM

> 해설 **2.** DOS가 부팅될 때 반드시 필요한 파일은 IO.SYS, MSDOS.SYS, COMMAND.COM입니다.
> **5.** 도스(MS-DOS)의 부팅은 도스 프로그램을 컴퓨터의 주기억장치에 적재하여 컴퓨터의 역할을 수행하게 하는 것입니다.

22.9, 21.4, 20.10, 20.06, 19.상시, 18.상시, 17.상시, 16.상시, 15.상시, 14.상시, 13.상시, 12.상시, 11.9, …

핵심 **059** DOS의 환경 설정 파일

- 도스(DOS)로 부팅될 때 자신에게 필요한 시스템 환경을 설정해 주는 파일로, 환경 설정 파일에는 CONFIG.SYS가 있다.
- 디스크의 동작 속도를 향상시켜 주는 버퍼/캐시를 설정할 수 있다.
- 키보드, 마우스, 기타 주변장치 활용 방법을 설정할 수 있다.
- COPY CON 명령으로 파일을 작성 및 수정할 수 있다.
- CONFIG.SYS 파일은 반드시 루트 디렉터리에 존재해야 실행된다.
- TYPE 명령으로 내용을 확인할 수 있다.

• 주요 환경 설정 명령어

명령어	기능
LASTDRIVE	드라이브의 최대 개수 지정
FILES	동시에 열 수 있는 파일의 수 지정
BREAK	프로그램 실행을 중지하는 [Ctrl]+[C]([Ctrl]+[Break])의 작동 여부 설정
PAUSE	CONFIG.SYS 파일의 실행을 일지 중지시킴
DEVICE	마우스, 스캐너와 같은 장치 사용 시 장치 드라이버 연결
BUFFERS	시스템이 사용 가능한 버퍼 수 지정
RAMDRIVE	램의 일부를 드라이브처럼 할당하여 고속 처리가 가능하도록 해줌
HIMEM	DOS가 연속 확장 메모리를 사용할 수 있도록 해줌
EMM386	연장 메모리(EMS)를 사용할 수 있도록 해줌

1. 다음 보기에서 도스(MS-DOS)의 환경 설정 파일(Config.sys)에 대한 설명으로 옳지 않은 것을 모두 고르시오. (   ) *(19.상시, 18.상시, 17.상시, 15.상시, 13.상시, 11.4, 09.1, 07.7, 05.10, 02.4, 01.1, 99.7)*

ⓐ 도스가 처음 부트할 때 자신에게 필요한 시스템 환경을 설정해 주는 파일이다.
ⓑ 일괄 처리 배치 파일로서 부팅 시에 정해진 처리 및 환경 설정을 수행한다.
ⓒ 키보드, 마우스, 기타 주변장치 활용 방법을 설정할 수 있다.
ⓓ 디스크의 동작 속도를 향상시켜 주는 버퍼/캐시를 설정할 수 있다.
ⓔ 어느 디렉터리에 존재하든지 상관없이 제 역할을 수행한다.
ⓕ TYPE 명령으로 내용을 확인할 수 있다.

2. 도스(MS-DOS)에서 사용할 수 있는 드라이브의 최대 수를 지정하는 명령어는 (   )이다. *(18.상시, 16.상시, 15.상시, 14.상시, …)*

3. 도스(MS-DOS)에서 [Ctrl]+[C]에 의한 작업 중지 명령을 위하여 사용하는 명령어는 (   )이다. *(22.9, 20.6, 13.상시, 07.1, …)*

4. 실행중인 프로그램이나 시스템을 중지시킬 수 있는 수행 중단 기능(Break on)을 설정할 수 있는 도스 파일은 (   )이다. *(17.상시, 11.9, 05.1)*

5. 도스(MS-DOS)의 시스템 파일 중 메모리 관리와 가장 거리가 먼 것을 고르시오. (   ) *(21.4, 20.10, 16.상시, 00.10, 99.7)*

ⓐ HBIOS.SYS   ⓑ EMM386.EXE
ⓒ RAMDRIVE.SYS   ⓓ HIMEM.SYS

해설	**1.** ⓑ 부팅 시 자동으로 실행되는 일괄 처리 배치 파일은 AUTOEXEC.BAT입니다. ⓔ 환경 설정 파일(CONFIG.SYS)은 반드시 루트 디렉터리에 있어야 실행됩니다. **5.** ⓓ HBIOS.SYS는 한글 입출력 프로그램 파일입니다.

22.9, 22.6, 22.1, 21.6, 21.4, 21.1, 20.4, 20.2, 19.상시, 18.상시, 17.상시, 16.상시, 15.상시, 14.상시, …

핵심 **060** DOS – 내부, 외부, 기본, 필터 명령어

내부 명령어

- 도스가 부팅될 때 COMMAND.COM이 실행됨과 동시에 주기억장치에 상주하는 명령어이다.
- 주기억장치에 상주하므로 언제든지 실행이 가능하다.
- 비교적 자주 사용되며 실행 과정이 간단하다.
- 경로(Path)와 관계없이 어떤 디렉터리에서도 실행이 가능하다.
- COMMAND.COM이 관리하는 명령어로 COMMAND.COM 파일이 주기억장치에 올려짐으로써 사용할 수 있다.
- 종류 : CLS, DIR, VER, COPY, DATE, TIME, MD, CD, RD, PROMPT, VOL, TYPE 등

외부 명령어

- 보조기억장치에 저장되어 있다가 사용자가 명령을 입력하면 주기억장치에 적재시킨 후 실행하는 명령어이다.
- 독립된 파일의 형태이며, DIR 명령으로 확인이 가능하다.
- 종류 : ATTRIB, FORMAT, CHKDSK, FDISK, LABEL, SCANDISK, DISKCOPY, XCOPY, DELTREE, SORT, SYS 등

기본 명령어

CLS	현재 화면에 표시된 내용을 지움
DATE	현재 시스템의 날짜를 확인하거나 변경함
TIME	현재 시스템의 시간을 확인하거나 변경함
VER	현재 사용중인 DOS의 버전을 표시함
PROMPT	DOS의 프롬프트를 여러 가지 형태로 변경
VOL	드라이브의 볼륨명과 일련번호를 표시함

필터 명령어

MORE	내용을 한 화면씩 출력함
FIND	하나 또는 여러 개의 파일에서 특정한 문자열을 검색함
SORT	내용을 정렬하여 화면이나 파일로 출력함

1. DOS 명령어를 내부 명령어와 외부 명령어로 분류하시오.

(21.6, 20.2, 18.상시, 17.상시, 16.상시, 15.상시, 14.상시, 13.상시, 12.상시, 11.7, 11.4, …)

ⓐ CHKDSK	ⓑ DELTREE	ⓒ COPY
ⓓ FORMAT	ⓔ CLS	ⓕ DISKCOPY
ⓖ DIR	ⓗ SORT	ⓘ XCOPY
ⓙ TYPE	ⓚ ATTRIB	ⓛ DATE

① 내부 명령어 : (   )

② 외부 명령어 : (   )

2. 외부 명령어에 대한 설명으로 옳지 않은 것을 모두 고르시오. (   )　(21.4, 21.1, 16.상시, 13.상시, 10.1, 07.1, 5.10, …)

- ⓐ 독립된 파일의 형태로 DIR 명령어로 확인이 가능하다.
- ⓑ COMMAND.COM이 주기억장치에 올려져 있음으로써 사용할 수 있다.
- ⓒ 주기억장치에 항상 올려져있는 명령어이다.
- ⓓ DIR은 외부 명령어의 하나이다.
- ⓔ 명령을 실행할 때 해당 파일을 읽어 주기억장치에 적재시켜 실행한다.

3. 내부 명령어에 대한 설명으로 옳지 않은 것을 모두 고르시오. (   )　(22.9, 22.1, 21.1, 15.상시, 14.상시, 09.7, 08.3, 01.10, 01.4, 00.8)

- ⓐ 부팅시 메모리에 상주하는 COMMAND.COM 속에 들어 있는 프로그램을 의미한다.
- ⓑ 프롬프트 상태에서 언제든지 사용 가능하다.
- ⓒ 디스크에 별도의 독립 파일로 존재한다.
- ⓓ 보조기억장치에 저장되어 있으므로 Load하여 사용한다.

정답 060 **1.** ① – ⓒ, ⓔ, ⓖ, ⓙ, ⓛ, ② – ⓐ, ⓑ, ⓓ, ⓕ, ⓗ, ⓘ, ⓚ **2.** ⓑ, ⓒ, ⓓ **3.** ⓒ, ⓓ, ⓕ

ⓔ DIR 명령어는 파일 목록과 파일에 대한 정보를 표시하는 내부 명령어이다.

ⓕ COMMAND.COM 파일이 없어도 사용할 수 있다.

ⓖ PATH와 관계없이 어떤 디렉터리에서도 실행이 가능하다.

4. 도스(MS-DOS)에서 별도의 실행 파일이 존재하지 않고 "COMMAND.COM"이 메모리에 상주하고 있을 경우 항상 사용할 수 있는 명령어는 ( )이다. (22.6, 15.상시, 13.상시, 09.9, …)

※ **설명에 알맞은 도스(MS-DOS) 명령어를 고르시오. (5~9번)**

ⓐ SORT	ⓑ CLS	ⓒ DATE
ⓓ FIND	ⓔ VER	ⓕ MORE

5. 도스(MS-DOS)에서 화면의 내용을 깨끗이 지워주는 역할을 하는 명령어는 ( )이다. (19.상시, 15.상시, 13.상시, 09.3, 07.9)

6. 도스(MS-DOS)의 필터(Filter) 명령어 중 하나 또는 여러 개의 파일에서 특정한 문자열을 검색하는 명령어는 ( ) 이다. (22.9, 18.상시, 17.상시, 14.상시, 12.상시, 11.7, 08.7, 06.10, 03.1)

7. 도스(MS-DOS)에서 시스템의 날짜를 변경하거나 확인할 수 있는 명령어는 ( )이다. (21.1, 14.상시, 12.상시, 08.7, 06.7, …)

8. 도스(MS-DOS)에서 현재 사용 중인 DOS의 버전을 화면에 표시할 때 사용하는 명령어는 ( )이다.
(20.4, 18.상시, 13.상시, 07.9, 03.3, 01.4, 99.10)

9. 도스(MS-DOS)에서 사용할 수 있는 필터(filter) 명령어는 ( ), ( ), ( )이다. (14.상시, 13.상시, 02.7, 01.7)

해설 2. ⓑ, ⓒ는 내부 명령어에 대한 설명이며, ⓓ DIR은 내부 명령어입니다.

3. ⓒ, ⓓ는 외부 명령어에 대한 설명입니다.
ⓕ 내부 명령어는 도스가 부팅될 때 COMMAND.COM이 실행됨과 동시에 주기억장치에 상주하는 명령어로, COMMAND.COM 파일이 없으면 사용할 수 없습니다.

핵심 061 DOS 명령어 - 디스크 관련 명령어

FORMAT	• 디스크에 데이터가 저장될 수 있도록 트랙과 섹터를 만드는 초기화 작업을 수행함 • FORMAT 명령의 옵션 – /S : 포맷한 후 시스템 파일을 복사하여 부팅 가능한 디스크로 만듦 – /Q : 이미 사용하던 디스크의 빠른 포맷 – /V[:이름] : 포맷한 후 디스크에 볼륨명 부여 – /F : 용량을 지정하여 포맷 – /4 : 고밀도 드라이브(1.2M)에서 360KB 형식으로 포맷
DISKCOPY	원본 디스크에 있는 내용을 모두 다른 디스크로 복사함
CHKDSK	디스크의 상태를 점검하고 결과를 표시함
SCANDISK	하드디스크의 상태를 검사하며, 하드디스크에 존재하는 미미한 오류를 수정할 수 있음
FDISK	하드디스크를 논리적으로 여러 개의 디스크로 나누어(파티션 설정), 각 볼륨이 서로 다른 드라이브 문자를 가진 별개의 드라이브로 동작하도록 설정함
DEFRAG	단편화되어 있는 파일의 저장 상태를 최적화하여 디스크의 작동 효율을 높임
SYS	도스의 시스템 파일을 디스크에 복사하는 것으로, 해당 디스크로 부팅이 가능함
DISKCOMP	동일한 디스크인지 서로 비교하며, DISKCOPY 명령으로 복사된 디스크가 정상적으로 복사되었는지 판별할 때 유용하게 사용함

※ **설명에 알맞은 도스(MS-DOS) 명령어를 고르시오. (1~6번)**

ⓐ DEFRAG	ⓑ CHKDSK
ⓒ SYS	ⓓ FDISK
ⓔ FORMAT	ⓕ SCANDISK

1. 하드디스크를 논리적으로 여러 개의 디스크로 나누어 각 볼륨이 서로 다른 드라이브 문자를 가진 별개의 드라이브로 동작하도록 하는데 사용되는 명령어는 ( )이다.
(22.3, 21.4, 19.상시, 18.상시, 17.상시, 15.상시, 14.상시, 13.상시, 12.상시, 11.9, 11.2, …)

2. 디스크의 상태를 점검하는 명령어는 ( )이다.
(22.3, 15.상시, 13.상시, 09.9, 07.4, 05.7, 03.3, 99.3)

3. 단편화되어 있는 파일의 저장 상태를 최적화하여 디스크의 작동 효율을 높이는 명령어는 ( )이다. (21.6, 18.상시, 16.상시, …)

4. 하드디스크에 존재하는 미미한 오류를 수정할 수 있는 명령어는 ( )이다. (16.상시, 15.상시, 10.7, 09.1, 02.7)

---

5. 시스템 파일을 목표 디스크에 복사하여 부팅이 가능한 디스크로 만드는 명령어는 (   )이다. (12.상시, 01.10)

6. 디스크에 데이터가 저장될 수 있도록 트랙과 섹터를 만드는 초기화 작업을 수행하는 명령어는 (   )이다. (18.상시, 16.상시, 13.상시, 10.1, 07.1)

7. 컴퓨터에 하드디스크를 새로 장착하고 부팅 가능한 하드디스크(C:)로 만들기 위한 도스(MS-DOS) 명령을 옵션과 함께 쓰시오. (   ) (22.6, 22.1, 17.상시, 15.상시, 14.상시, 11.9, 09.1, …)

22.9, 22.1, 21.4, 18.상시, 17.상시, 16.상시, 15.상시, 13.상시, 12.상시, 11.7, 10.10, 10.3, 10.1, 08.2, …

핵심 062 DOS 명령어 – 디렉터리 관련 명령어

MD(Make Directory)	새로운 디렉터리를 만드는 명령어로, 같은 디렉터리에 동일한 이름의 디렉터리를 생성할 수 없음
RD(Remove Directory)	• 디렉터리를 삭제함 • 삭제하려는 디렉터리 안에 다른 디렉터리나 파일이 없어야 삭제할 수 있음
CD(Change Directory)	다른 디렉터리로 이동함
DELTREE	디렉터리 안에 있는 파일과 디렉터리까지 모두 삭제함
XCOPY	• 특정한 디렉터리 내의 모든 파일 및 하위 디렉터리까지 복사가 가능함 • 숨김 파일과 시스템 파일은 복사되지 않음 • XCOPY 명령의 옵션 – /P : 각 파일을 복사할 때마다 취소할 수 있도록 확인 메시지를 표시함 – /A : 파일에 저장 속성이 설정된 파일만 복사함 – /S : 비어 있지 않은 디렉터리와 하위 디렉터리를 모두 복사함 – /D : 특정 날짜 이후 변경된 파일만 복사
PATH	• 실행 파일을 찾는 경로를 설정하거나 보여주는 데 사용됨 • 서로 다른 드라이브에 있는 파일도 PATH에 지정되면 검색이 가능함 • 찾고자 하는 파일이 현재의 디렉터리에 없을 때에만 PATH에서 지정한 경로를 검색함

※ 설명에 알맞은 도스(MS-DOS) 명령어를 고르시오. (1~5번)

ⓐ RD	ⓑ XCOPY	ⓒ CD
ⓓ DELTREE	ⓔ MD	

1. 지정된 디렉터리를 포함한 하위 디렉터리와 모든 파일들을 복사하는 외부 명령어는 (   )이다. (18.상시, 16.상시, 10.10, 10.3, …)

2. 새로운 서브 디렉터리를 만드는 명령어는 (   )이다. (22.9, 22.1, 18.상시, 16.상시, 14.상시, 13.상시, 12.상시, 13.4, 13.3, 13.2, 10.1, 08.2, …)

3. 디렉터리를 삭제하는 명령어는 (   )이다. (21.4, 15.상시, 03.7)

4. 디렉터리 내의 파일이나 하위 디렉터리가 있는 디렉터리를 삭제하는 명령어는 (   )이다. (15.상시, 99.7)

5. 특정 디렉터리로 이동하는 명령어는 (   )이다. (21.4, 17.상시, 12.상시, 11.7, 06.10, 04.4)

6. XCOPY 명령어에 대한 설명으로 옳지 않은 것을 모두 고르시오. (   ) (17.상시, 11.7, 01.10)

ⓐ XCOPY는 파일과 하위 디렉터리를 한꺼번에 복사해 준다.
ⓑ + 기호를 사용하는 파일 합치기 기능이 있다.
ⓒ XCOPY 명령에서 HIDDEN FILE은 복사되지 않는다.
ⓓ 'XCOPY /P'는 지정된 날짜 또는 그 이후에 생성되었거나 수정된 파일만 복사하는 것을 의미한다.
ⓔ 'XCOPY /A'는 파일의 저장 속성이 설정된 파일만 복사하는 것을 의미한다.

7. PATH 명령어는 검색 시 현재 프롬프트 위치에서 가장 가까운 디렉터리부터 검색하도록 설정한다. (○, ×) (13.상시, 01.1)

해설 6. ⓑ XCOPY 명령은 + 기호를 이용하여 파일을 합칠 수 없습니다. + 기호를 이용하여 파일을 합칠 수 있는 명령어는 COPY입니다.
ⓓ 'XCOPY /P'는 각 파일을 복사할 때마다 취소할 수 있도록 확인 메시지를 표시하는 것을 의미합니다.

7. PATH 명령어는 검색 시 현재 디렉터리를 먼저 검색한 후 경로에 지정된 디렉터리 순서대로 검색하도록 설정합니다.

정답 061 5. ⓒ 6. ⓔ 7. FORMAT C: /S 062 1. ⓑ 2. ⓔ 3. ⓐ 4. ⓓ 5. ⓒ 6. ⓑ, ⓓ 7. ×

22.3, 21.10, 21.4, 21.1, 20.10, 20.6, 19.상시, 18.상시, 17.상시, 16.상시, 15.상시, 14.상시, 13.상시, …

핵심 063 DOS 명령어 – 파일 관련 명령어

- DIR(DIRectory) : 디스크 내에 수록된 파일 및 디렉터리에 대한 정보를 표시함

옵션	기능
/P	목록을 한 화면 단위로 표시함
/W	한 줄에 5개씩 목록을 출력해주는 것으로, 화면에 가장 많은 파일을 표현할 수 있는 방식임
/O	지정한 정렬 방식으로 파일 목록을 표시하며 '/O–'로 지정하면 역순으로 표시함 • D(Date) : 날짜/시간순으로 정렬(빠른 순) • E(Extension) : 확장자순으로 정렬 • N(Name) : 파일의 이름순으로 정렬 • S(Size) : 파일의 크기(Byte)순으로 정렬(작은 것부터)
/S	하위 디렉터리의 정보까지 표시함
/A	기록 속성이 설정된 목록을 표시함
/H	숨겨진 파일 목록을 표시함

- COPY : 파일을 지정한 곳에 복사하거나 여러 개의 파일을 결합함
- DEL = ERASE : 파일을 삭제함
- UNDELETE : DEL이나 ERASE를 사용하여 삭제한 파일을 복원함
- TYPE : 아스키 코드로 작성된 파일, CONFIG.SYS 파일, 배치 파일, COPY CON 명령으로 작성한 파일 등의 내용을 화면에 출력함
- REN : 파일의 이름을 변경함
- ATTRIB : 파일의 속성을 표시, 해제, 지정함

옵션	기능
+	속성을 지정할 때 사용함
–	속성을 해제할 때 사용함
R	읽기 전용 속성
A	저장/백업 속성
S	시스템 파일 속성
H	숨김 파일 속성

- FC : 2개의 파일을 비교하여 그 차이를 나타내며, 파일 복사 후 정확히 복사되었는지 확인할 때 사용함

※ 설명에 알맞은 도스(MS-DOS) 명령어를 고르시오. (1~7번)

ⓐ UNDELETE	ⓑ DEL	ⓒ ATTRIB
ⓓ REN	ⓔ FC	ⓕ TYPE
ⓖ DIR		

1. 사용자가 잘못해서 파일을 삭제하였을 때, 복원하는 명령어는 ( )이다. <small>(21.10, 21.4, 21.1, 20.10, 20.6, 18.상시, 17.상시, 15.상시, …)</small>

2. 특정 파일의 감추기 속성, 읽기 속성을 지정할 수 있는 명령어는 ( )이다. <small>(15.상시, 13.상시, 12.상시, 09.3, 07.4, 06.1, 02.4)</small>

3. 아스키 코드로 작성된(텍스트) 파일의 내용을 출력하는 명령어는 ( )이다. <small>(18.상시, 17.상시, 11.4, 02.10)</small>

4. 두 개의 파일을 비교하여 그 차이를 나타내는 명령어는 ( )이다. <small>(19.상시, 14.상시, 12.상시, 08.10, 08.7, 06.10, 06.1, 04.10, 04.4)</small>

5. 디스크에 저장된 파일을 삭제하는 명령어는 ( )이다. <small>(18.상시, 17.상시, 13.상시, 11.4)</small>

6. 현재 사용 중이거나 지정한 디스크에 저장된 파일과 디렉터리 목록을 화면에 출력하는 명령어는 ( )이다. <small>(17.상시, 11.4)</small>

7. 파일의 이름을 바꾸어 주는 명령어는 ( )이다. <small>(18.상시, 15.상시, 09.7)</small>

※ 설명에 알맞은 ATTRIB 명령어의 옵션을 고르시오. (8~13번)

ⓐ +R	ⓑ +A	ⓒ +S
ⓓ +H	ⓔ –R	ⓕ –A
ⓖ –S	ⓗ –H	

8. ( ) : 읽기 전용 속성 지정 <small>(21.10, 18.상시, 17.상시, 14.상시, …)</small>

9. ( ) : 감추어진 파일 속성 해제 <small>(15.상시, 14.상시, 13.상시, …)</small>

10. ( ) : 시스템 파일 속성 지정 <small>(21.10, 18.상시, 17.상시)</small>

11. ( ) : 백업 파일 속성 지정 <small>(21.10, 18.상시, 17.상시, 14.상시)</small>

12. ( ) : 읽기 전용 속성 해제 <small>(17.상시, 14.상시, 12.상시, 11.2, …)</small>

13. ( ) : 숨겨진 파일 속성 지정 <small>(21.10, 18.상시, 17.상시)</small>

※ 설명에 알맞은 DIR 명령어의 옵션을 고르시오. (14~17번)

ⓐ /H	ⓑ /P	ⓒ /ON
ⓓ /W	ⓔ /S	

14. ( ) : 파일의 이름을 알파벳순으로 표시 <small>(16.상시, 13.상시, 10.1, 05.4, 03.10, 02.4, 00.10)</small>

15. ( ) : 하위 디렉터리의 정보까지 표시

(18.상시, 15.상시, 13.상시, 09.9, 07.9, 05.7, 03.3)

16. ( ) : 한 줄에 5개씩 파일 이름이나 디렉터리를 출력

(15.상시, 09.7, 05.10)

17. ( ) : 화면에 가장 많은 파일을 표현

(22.3, 15.상시, 12.상시, 09.1, 06.4)

18. 도스(MS–DOS)에서 COPY 명령어의 기능은 파일이 바르게 작성되었는지 확인하는 것이다. (○, ×) (14.상시, 02.1)

> **해설 14.** 파일 이름을 알파벳순으로 표시한다는 것은 파일 이름을 기준으로 정렬하여 표시한다는 것으로, 정렬을 위한 옵션 'O(Order)'와 파일 이름순으로 정렬하기 위한 'N(Name)' 옵션을 이용하여 'DIR/ON'으로 지정하면 됩니다.
>
> **18.** COPY는 파일을 지정한 곳에 복사하거나 통합하여 복사하는 명령어입니다.

22.9, 22.6, 22.3, 22.1, 21.10, 21.6, 21.4, 21.1, 20.10, 20.6, 19.상시, 18.상시, 17.상시, 16.상시, 15.상시, …

핵심 064 WINDOWS의 특징

그래픽 사용자 인터페이스(GUI) 사용	키보드로 명령어를 직접 입력하지 않고, 아이콘이나 메뉴를 마우스로 선택하여 모든 작업을 수행하는 사용자 작업 환경(GUI)을 사용함
선점형 멀티태스킹 (Preemptive Multi–Tasking)	운영체제가 각 작업의 CPU 이용 시간을 제어하여 응용 프로그램 실행중 문제가 발생하면 해당 프로그램을 강제로 종료시키고, 모든 시스템 자원을 반환하는 멀티태스킹 운영 방식
32비트 또는 64비트 데이터 처리	이전 버전과의 호환을 위해 부분적으로 16비트 데이터 처리를 하나 대부분 32비트나 64비트 데이터 처리를 하므로 더 많은 양의 데이터를 빠르게 처리할 수 있음
플러그 앤 플레이 (PnP; Plug & Play)	• 컴퓨터 시스템에 새로운 하드웨어를 장착하고 시스템을 가동시키면 자동으로 하드웨어를 인식하고 실행하는 기능 • 운영체제가 주변기기를 자동으로 인식하므로 시스템 환경을 사용자가 직접 설정할 필요가 없음
OLE(Object Linking and Embedding)	다른 여러 응용 프로그램에서 작성된 문자나 그림 등의 개체(Object)를 현재 작성중인 문서에 자유롭게 연결(Linking)하거나 삽입(Embedding)하여 편집할 수 있게 하는 기능
255자의 긴 파일 이름	• 파일 이름을 지정할 때 VFAT(Virtual File Allocation Table)를 이용하여 최대 255자까지 지정할 수 있음 • 파일 이름에 공백을 포함할 수 있으며, 한글은 127자까지 지정할 수 있음
향상된 네트워크 기능	Windows는 운영체제 자체에서 여러 가지 프로토콜을 지원하므로 네트워크 구축 및 통신에 관련된 여러 가지 작업을 쉽게 할 수 있음
DOS와 호환	Windows는 DOS와 호환이 가능하여 기존에 사용하던 대부분의 DOS 응용 프로그램을 Windows에서도 그대로 사용할 수 있음

> **잠깐만요 ❶ 파일 시스템**
> • 보조기억장치에 저장되는 파일에 대해 수정, 삭제, 추가, 검색 등의 작업을 체계적으로 할 수 있도록 지원하는 관리 시스템을 말합니다.
> • 파일 시스템에는 FAT(16), FAT32, NTFS가 있습니다.
> • FAT32는 FAT에서 파생된 것으로 FAT에 비해 클러스터 크기가 작으므로 하드디스크의 공간 낭비를 줄일 수 있습니다.
> • NTFS의 장점
>   – 성능, 보안, 안정성 면에서 뛰어난 고급 기능을 제공하며, 시스템 리소스를 최소화 할 수 있습니다.
>   – 파일 및 폴더에 대한 액세스 제어를 유지하고 '표준 사용자' 계정을 지원합니다.

1. Windows에서 새로운 하드웨어를 장착하고 시스템을 가동시키면 자동으로 하드웨어를 인식하고 실행하는 기능은 ( )이다. (22.9, 21.10, 21.1, 20.10, 20.6, 19.상시, 18.상시, 17.상시, …)

2. Windows 환경에서 여러 개의 프로그램을 동시에 작업하는 것을 ( )이라고 한다. (22.6, 22.1, 15.상시, 09.7, 04.2, 02.7, …)

3. Windows는 데이터를 한 번에 16비트 단위로 처리한다. (○, ×) (21.6, 21.4, 15.상시, 14.상시, 13.상시, 12.상시, 09.9, 08.7, 08.2, …)

4. Windows는 GUI(Graphic User Interface) 방식의 운영체제이다. (○, ×) (22.3, 20.10, 15.상시, 13.상시, 09.9, 07.7, 07.4, 04.4, 03.3, 00.3)

5. Windows에서 파일명의 길이는 최대 8자리까지 가능하다. (○, ×) (21.4, 15.상시, 14.상시, 13.상시, 12.상시, 09.3, 08.2, 06.7, 06.1, 04.10)

6. Windows 운영체제는 파일 시스템으로 NTFS만 지원한다. (○, ×) (22.9, 22.1)

> **해설 3.** Windows는 이전 버전과의 호환을 위해 부분적으로 16비트 데이터 처리를 하나 대부분 32비트나 64비트 데이터 처리를 합니다.

5. Windows에서 파일명의 길이는 최대 255자리까지 가능합니다.

6. Windows는 버전에 따라 FAT16, FAT32, NTFS 파일 시스템을 지원합니다.

1. Windows 부팅 시 `F8`을 입력하면 나타나는 멀티 부팅 메뉴가 아닌 것을 고르시오. ( ) (18.상시, 16.상시, 13.상시, 10.7)

> ⓐ 안전 모드(명령 프롬프트 사용)
> ⓑ 부팅 로깅 사용
> ⓒ Safe Mode Confirmation
> ⓓ 표준 모드로 Windows 시작

2. Windows의 부팅 메뉴 중 도스로 부팅하는 메뉴는 '안전 모드(명령 프롬프트 사용)'이다. (○, ×) (12.상시, 06.10, 04.4, 04.2, 02.1)

18.상시, 16.상시, 13.상시, 12.상시, 10.7, 06.10, 04.4, 04.2, 02.1

핵심 065 WINDOWS – 부팅 메뉴

안전 모드	• 컴퓨터가 비정상적으로 작동될 때 컴퓨터에 발생한 문제를 해결하기 위해 사용하는 방식 • 컴퓨터 작동에 필요한 최소한의 장치만을 설정하여 부팅하므로 네트워크 관련 작업이나 사운드 카드, 모뎀 등은 사용할 수 없음 • 화면 모드 : 800×600
안전 모드 (네트워킹 사용)	네트워크가 지원되는 안전 모드로 부팅하는 방식
안전 모드 (명령 프롬프트 사용)	안전 모드로 부팅하되, GUI 환경이 아닌 DOS 모드로 부팅함
부팅 로깅 사용	• 부팅 과정을 Ntbtlog.txt 파일에 기록하며 부팅하는 방식 • 문제가 있을 때 이 방법을 사용하여 부팅한 후 Ntbtlog.txt 파일을 열어 문제가 발생한 부분을 확인할 수 있음
저해상도 비디오 사용(640×480)	• 화면 모드를 640×480 해상도로 설정하여 부팅하는 방식 • 그래픽 카드 드라이버를 새로 설치한 후 Windows가 제대로 실행되지 않을 때 유용
마지막으로 성공한 구성(고급)	• 마지막으로 시스템이 문제없이 실행되고 종료되었을 때의 레지스트리 정보와 드라이버를 사용하여 부팅하는 방식 • 이 방식을 이용하면 마지막으로 부팅에 성공한 이후의 변경 사항은 모두 손실됨
디렉터리 서비스 복원 모드	• 디렉터리 컨트롤러에서만 사용 가능한 방식 • 디렉터리 서비스를 복원할 수 있도록 Active Directory를 실행하는 Windows 도메인 컨트롤러를 시작함
디버깅 모드	네트워크로 연결된 경우 컴퓨터 관리자에게 해당 컴퓨터의 디버그 정보를 보내면서 컴퓨터를 시작함
시스템 오류 시 자동 다시 시작 사용 안 함	시스템에 오류가 발생한 경우 시스템이 자동으로 다시 시작되지 않도록 지정함
표준 모드로 Windows 시작	한글 Windows의 기본 부팅 방식

17.상시, 13.상시, 11.2, 06.1, 04.7, 99.7

핵심 066 WINDOWS – 마우스 사용법

클릭Click)	• 마우스 왼쪽 단추를 한 번 누르는 동작 • 아이콘이나 메뉴, 창을 선택할 때 사용함
더블클릭 (Double Click)	• 마우스 왼쪽 단추를 빠르게 두 번 누르는 동작 • 창이나 폴더를 열거나 응용 프로그램을 실행할 때 사용함
드래그 앤 드롭 (Drag & Drop)	• 마우스 왼쪽 단추를 누른 채 끌다가(드래그) 놓는(드롭) 동작 • 파일, 폴더 등을 이동하거나 복사할 때 또는 창의 크기를 조절할 때 사용함 • 바로 가기 아이콘을 만들 때에도 드래그 앤 드롭을 이용함
오른쪽 단추 클릭	마우스 오른쪽 단추를 한 번 누르는 동작으로, 바로 가기 메뉴를 나타낼 때 사용함

1. Windows에서 선택된 아이콘을 다른 폴더로 이동 또는 복사하기 위하여 아이콘을 선택한 후 왼쪽 버튼을 누른 채 원하는 곳에 끌어다 놓은 후 마우스 버튼을 놓는 마우스 동작 방법을 ( )이라고 한다. (17.상시, 13.상시, 12.상시, 11.2, 06.4, 04.7)

2. Windows에서 마우스의 버튼을 한 번 누르는 동작을 ( )이라고 한다. (12.상시, 99.7)

3. Windows에서 메뉴를 통하여 이용할 수 있는 기능을 2개 이상의 키를 눌러서 실행시킬 수 있게 한 키의 조합을 드래그(Drag)라고 한다. (○, ×) (12.상시, 99.7)

정답 065 1. ⓒ 2. ○ 066 1. 드래그 앤 드롭(Drag & Drop) 2. 클릭(Click) 3. ×

		폴더나 파일을 휴지통을 거치지 않고 바로 삭제함
	Shift + Delete	폴더나 파일을 휴지통을 거치지 않고 바로 삭제함
Shift +	Shift + F10	바로 가기 메뉴를 표시함
	Shift + CD 삽입	Shift 를 누른 상태에서 CD를 삽입하면 CD의 자동 실행 기능이 작동하지 않음

1. Windows에서 현재 선택된 프로그램 창을 종료하는 바로 가기 키는 ( )+( )이다. (21.6, 21.4, 20.10, 20.6, 20.2, 15.상시, …)

2. Windows에서 클립보드에 현재 화면에서 활성 창을 복사하는 바로 가기 키는 ( )+( )이다. (17.상시, 13.상시, 11.2, 07.4, 05.10, 05.1, 03.10, 03.7)

3. Windows에서 여러 개의 응용 프로그램을 순서대로 전환할 때 사용하는 바로 가기 키는 ( )+( )이다. (22.9, 22.3, 22.1, 19.상시, 18.상시, 15.상시, 13.상시, 12.상시, 09.1, 06.1, 04.10, …)

4. Windows의 탐색기에서 마우스의 오른쪽 단추를 누르는 것과 같은 기능이 나타나게 하는 바로 가기 키는 ( )+( )이다. (15.상시, 14.상시, 12.상시, 09.7, 08.3, 06.10, 03.10, 02.7)

5. Windows에서 도스를 실행시켰더니 전체 화면 형태로서 도구들이 보이지 않아 불편하였다. 도스의 창 형태로 전환하려면 ( )+( )를 눌러야 한다. (13.상시, 07.4, 05.7, 04.2, 03.10, 99.7)

6. Windows에서는 CD-ROM Title을 드라이브에 넣으면 자동으로 실행되는 기능을 제공하는데, 이 기능을 멈추게 하려면 ( )를 누른 채 삽입한다. (12.상시, 06.10, 04.7, 03.1)

7. 창 조절 메뉴를 표시하는 바로 가기 키는 ( )+( )이다. (13.상시, 01.7)

8. 시작 메뉴를 표시하는 바로 가기 키는 ( )+( )이다. (13.상시, 01.7)

9. Windows에서 하나의 디렉터리 내의 모든 파일을 선택할 때 사용하는 바로 가기 키는 ( )+( )이다. (22.6, 17.상시, 11.4)

해설 **3.** 드래그(Drag)는 마우스의 버튼을 누른 상태로 마우스를 끌고 다니는 것을 의미합니다. 메뉴를 통하여 이용할 수 있는 기능을 2개 이상의 키를 눌러서 실행시킬 수 있게 한 키의 조합은 바로 가기 키(단축키)입니다.

22.9, 22.6, 22.3, 22.1, 21.10, 21.6, 21.4, 20.10, 20.6, 20.2, 19.상시, 18.상시, 17.상시, 16.상시, 15.상시, …

핵심 067 WINDOWS – 바로 가기 키(단축키)

바로 가기 키		기능
기능키	F1, F2, F3, F5	도움말 보기, 폴더/파일 이름 바꾸기, 찾기, 최신 정보로 고침
Alt +	Alt + →, ←	현재 실행중인 화면의 다음 화면이나 이전 화면으로 이동함
	Alt + Esc	현재 실행중인 프로그램들을 순서대로 전환함
	Alt + Tab	• 현재 실행중인 프로그램들의 목록을 화면 중앙에 나타냄 • Alt 를 누른 상태에서 Tab 을 이용하여 이동할 작업 창을 선택함
	Alt + Enter	• 선택된 항목의 등록 정보(속성)를 나타냄 • 도스 전체 화면과 창 형태를 번갈아가며 표시함
	Alt + Spacebar	현재 열려 있는 창의 제어 상자(창 조절 메뉴)를 표시함
	Alt + F4	• 실행중인 창(Window)이나 응용 프로그램을 종료함 • 실행중인 프로그램이 없으면 시스템을 종료함
	Alt + Print Screen	현재 작업중인 활성 창을 클립보드로 복사함
Print Screen	Print Screen	화면 전체를 클립보드로 복사함
Ctrl +	Ctrl + A	폴더 및 파일을 모두 선택함
	Ctrl + Esc	[시작] 단추를 클릭한 것처럼 [시작] 메뉴를 표시함
	Ctrl + Alt + Delete	• 한 번 누르기 : '프로그램 종료' 대화상자를 호출하여 문제가 있는 프로그램을 강제로 종료함 • 두 번 연속해서 누르기 : 시스템을 강제로 재부팅함

정답 067 **1.** Alt, F4 **2.** Alt, Print Screen **3.** Alt, Esc 또는 Alt, Tab **4.** Shift, F10 **5.** Alt, Enter **6.** Shift **7.** Alt, Spacebar **8.** Ctrl, Esc **9.** Ctrl, A

15.상시, 13.상시, 12.상시, 09.1, 07.1, 06.7, 05.10, 05.4, 06.1, 04.7, 03.7, 00.8

핵심 **068** WINDOWS – 바탕 화면의 바로 가기 메뉴

- 바탕 화면 작업 시 자주 사용하는 명령을 메뉴로 구성한 것으로, 바탕 화면에서 마우스 오른쪽 단추를 클릭하면 표시된다.
- 바로 가기 메뉴에는 보기, 정렬 기준, 새로 고침, 새로 만들기, 화면 해상도, 가젯, 개인 설정 등이 있다.
- 바탕 화면에 있는 아이콘의 표시 유무를 지정할 수 있다.

> 잠깐만요 ❶ **바탕 화면의 정렬 기준**
> 이름, 크기, 종류(항목 유형), 날짜, 자동 정렬 등이 있습니다.

1. 다음 보기 중 Windows에서 바탕 화면에 있는 아이콘을 정렬하려고 할 때 기본적으로 제공되는 아이콘 정렬 방식이 아닌 것을 고르시오. ( ) (15.상시, 13.상시, 12.상시, 09.1, 07.1, 06.7, 05.10, …)

ⓐ 계단식 정렬
ⓑ 크기별 정렬
ⓒ 자동 정렬
ⓓ 종류별 정렬

> 해설 **1.** 바탕 화면에 있는 아이콘의 정렬 방식에는 이름, 크기, 종류(항목 유형), 날짜, 자동 정렬 등이 있습니다.

22.3, 21.10, 20.10, 20.2, 19.상시, 18.상시, 17.상시, 16.상시, 14.상시, 13.상시, 12.상시, 11.2, 10.10, 10.7, …

핵심 **069** WINDOWS – 바로 가기(단축) 아이콘

- 자주 사용하는 문서나 프로그램을 빠르게 실행시키기 위한 아이콘으로, 실제 실행 파일과 연결해 놓은 것이다.
- '단축 아이콘'이라고도 하며, 폴더나 파일, 디스크 드라이브, 다른 컴퓨터, 프린터 등 모든 개체에 대해 바로 가기 아이콘을 작성할 수 있다.
- 왼쪽 아랫부분에 화살표 표시가 있어 일반 아이콘과 구별된다.
- 사용자가 임의로 생성하거나 삭제할 수 있다.

- 확장자는 LNK이며, 컴퓨터에 여러 개 존재할 수 있다.
- 바로 가기 아이콘을 삭제하더라도 원본 파일은 삭제되지 않는다.
- 바로 가기 아이콘 만들기
  - **메뉴 이용** : Windows 탐색기의 [파일] → [바로 가기 만들기], [파일] → [새로 만들기] → [바로 가기] 선택
  - **바로 가기 메뉴 이용** : 개체를 선택한 후 바로 가기 메뉴에서 [바로 가기 만들기] 선택
  - **오른쪽 버튼으로 끌기** : 마우스 오른쪽 버튼으로 개체를 선택한 후 원하는 위치로 끌어다 놓으면 표시되는 바로 가기 메뉴에서 [여기에 바로 가기 만들기] 선택
  - Ctrl+Shift+드래그 : 개체를 선택한 후 Ctrl+Shift를 누른 채 원하는 위치로 끌어다 놓음

1. 다음 지문에서 설명하고 있는 것이 무엇인지 쓰시오.
( ) (16.상시, 13.상시, 12.상시, 10.7, 07.7, 06.1, 04.10, 03.10)

- 확장자가 LNK인 파일이다.
- 해당 프로그램을 찾아서 실행하지 않고 바탕 화면에서 바로 실행할 수 있도록 도와준다.
- 삭제 시 해당 프로그램에는 영향이 없다.
- 그림 아래에 화살표가 표시된다.

2. Windows의 탐색기에서 파일이나 폴더를 바탕 화면에 바로 가기 아이콘으로 만들 때 마우스와 함께 사용하는 바로 가기 키는 ( )+( )이다. (18.상시, 16.상시, 12.상시, 10.1, 06.7, 03.7, …)

3. 다음 보기에서 바로 가기 아이콘에 대한 설명으로 옳지 않은 것을 모두 고르시오. ( ) (22.3, 21.10, 20.10, 20.2, …)

ⓐ 바로 가기 아이콘을 삭제하면 원본 파일도 삭제된다.
ⓑ 바로 가기 아이콘의 확장자는 LNK이며, 컴퓨터에 여러 개 존재해도 상관없다.
ⓒ 바로 가기 아이콘은 실제 실행 파일과 연결되지는 않는다.
ⓓ 바로 가기 아이콘은 폴더나 파일 등의 개체에 작성할 수 있으나, 디스크 드라이브, 다른 컴퓨터, 프린터 등은 작성이 불가능하다.
ⓔ 사용자 임의로 바로 가기 아이콘을 생성하거나 삭제시킬 수 있다.
ⓕ 일반 아이콘과 다른 점은 아이콘 밑에 화살표 표시가 있다.

정답 068 1. ⓐ 069 1. 바로 가기 아이콘(단축 아이콘) 2. Ctrl, Shift 3. ⓐ, ⓒ, ⓓ

해설 3. ⓐ 바로 가기 아이콘은 실제 파일에 대한 실행 정보를 가지고 있는 것으로, 바로 가기 아이콘을 삭제하더라도 원본 파일이 삭제되지는 않습니다.
ⓒ 바로 가기 아이콘은 실제 실행 파일과 연결된 아이콘입니다.
ⓓ 바로 가기 아이콘은 폴더나 파일뿐만 아니라 디스크 드라이브, 프린터 등 모든 개체에 대해 작성할 수 있습니다.

22.3, 18.상시, 17.상시, 16.상시, 15.상시, 13.상시, 11.7, 11.2, 10.10, 09.7, 07.4, 07.1, 05.7, 04.4, 02.10

핵심 070 WINDOWS – 작업 표시줄

- 작업 표시줄은 현재 실행되고 있는 프로그램 단추와 프로그램을 빠르게 실행하기 위해 등록한 고정 프로그램 단추 등이 표시되는 곳으로서, 기본적으로 바탕 화면의 맨 아래쪽에 있다.
- 작업 표시줄은 [시작] 단추, 빠른 실행 도구 모음, 고정된 프로그램 단추/실행중인 프로그램 단추가 표시되는 부분, 입력 도구 모음, 알림 영역(표시기), '바탕 화면 보기' 단추로 구성된다.
- 작업 표시줄은 위치를 변경하거나 크기를 조절할 수 있다. 단, 크기는 화면의 1/2까지만 늘릴 수 있다.

'작업 표시줄 및 시작 메뉴 속성' 대화상자의 탭별 기능

작업 표시줄	• 작업 표시줄 잠금 : 작업 표시줄의 위치나 크기, 작업 표시줄에 표시된 도구 모음의 크기나 위치를 변경하지 못하도록 함 • 작업 표시줄 자동 숨기기 : 작업 표시줄이 있는 위치에 마우스를 대면 작업 표시줄이 나타나고 마우스를 다른 곳으로 이동하면 작업 표시줄이 사라짐 • 작은 아이콘 사용 : 작업 표시줄의 프로그램 단추들이 작은 아이콘으로 표시됨 • 화면에서의 작업 표시줄 위치 : 아래쪽, 왼쪽, 오른쪽, 위쪽 중에서 선택하여 작업 표시줄의 위치를 지정함
시작 메뉴	• 시작 메뉴 사용자 지정 : 시작 메뉴에 표시할 항목, 표시할 최근 프로그램 수(최대 30개), 점프 목록에 표시할 최근 항목 수(최대 60개) 등을 지정함 • 전원 단추 동작 : 시작 메뉴의 전원 단추를 클릭하면 수행할 작업을 시스템 종료, 사용자 전환, 로그오프, 잠금, 다시 시작, 절전 등에서 선택하여 지정함
도구 모음	작업 표시줄에 표시할 도구 모음을 지정함

1. Windows에서 한 번의 마우스 조작만으로 현재 실행중인 응용 프로그램 사이를 오가며 작업할 수 있는 환경을 제공하는 곳은 (   )이다. (18.상시, 17.상시, 15.상시, 13.상시, 11.7, 09.7, …)

2. 작업 표시줄은 시작 단추, 빠른 실행 도구 모음, 실행중인 프로그램 목록, 표시기 등으로 구성된다. (○, ×) (17.상시, 11.2)

3. 작업 표시줄의 오른쪽에서 현재 시간과 각종 하드웨어의 사용을 확인하는 것은 불가능하다. (○, ×) (16.상시, 10.10)

4. 작업 표시줄 여백에 마우스 포인터를 위치시키고 마우스의 왼쪽 버튼을 눌러 속성을 볼 수 있다. (○, ×)
(17.상시, 16.상시, 11.2, 10.10)

5. 작업 표시줄 자동 숨기기를 설정하면 필요시만 화면에 나타난다. (○, ×) (17.상시, 11.2)

6. 작업 표시줄 잠금은 작업 표시줄의 영역을 임의로 설정하지 못하게 한다. (○, ×) (17.상시, 11.2)

해설 3. 작업 표시줄 오른쪽의 표시기에는 현재 시간, 볼륨 조절, 프린터 등이 표시되므로 현재 시간과 각종 하드웨어의 사용을 확인할 수 있습니다.
4. 작업 표시줄의 속성을 보려면 작업 표시줄 여백에서 마우스의 오른쪽 버튼을 누르면 나타나는 바로 가기 메뉴에서 [속성]을 선택해야 합니다.

22.1, 21.10, 16.상시, 15.상시, 14.상시, 12.상시, 10.3, 08.7, 08.3, 06.10, 06.7, 05.7, 04.2, 03.10, …

핵심 071 WINDOWS – 탐색기

- Windows 탐색기는 컴퓨터에 설치된 디스크 드라이브, 응용 프로그램 파일 및 폴더 등을 관리할 수 있는 곳으로, 파일이나 폴더, 디스크 드라이브에 관련된 모든 작업을 수행할 수 있다.
- Windows 탐색기는 컴퓨터의 파일과 폴더를 계층(트리) 구조로 표시한다.
- Windows 탐색기는 크게 탐색 창과 파일 영역(폴더 창), 두 부분으로 나누어져 있다.

- 탐색 창에는 컴퓨터에 존재하는 모든 폴더가 표시되고, 파일 영역(폴더 창)에는 탐색 창에서 선택한 폴더의 내용(하위 폴더, 파일)이 표시된다.
- Windows 탐색기의 [보기] 메뉴에서 큰 아이콘, 작은 아이콘, 간단히, 자세히 등을 선택하여 파일 영역의 아이콘 크기를 변경할 수 있다.
- ▷ 📁 폴더 : 폴더 내에 또 다른 폴더, 즉 하위 폴더가 있음을 의미하며, ▷ 부분을 클릭하면 하위 폴더가 표시되고, ◁ 로 변경됨
- ◁ 📁 폴더 : 하위 폴더까지 표시된 상태임을 의미하며, ◁ 부분을 클릭하면 하위 폴더가 숨겨지고 ▷ 로 변경됨

※ Windows 98이나 Windows XP 버전에서는 ▷ 📁 가 ⊞ 📁 로 ◁ 📁 가 ⊟ 📁 로 표시됩니다.

---

1. Windows에서 컴퓨터의 내용, 폴더 계층 및 폴더의 파일을 볼 수 있게 해주는 것은 (   )이다. (16.상시, 10.3)

2. Windows에서 탐색기를 실행하였을 때 폴더 왼쪽에 있는 ◁ 또는 ⊞ 기호는 폴더 내에 다른 폴더나 파일이 있는 것을 의미한다. (○, ×) (22.1, 21.10, 14.상시, 12.상시, 08.3, 06.7, 02.4, 00.10)

3. Windows 탐색기의 [보기] 메뉴에서 아이콘 표시 방식으로 제공하는 네 가지를 쓰시오. (,   ,   ,   ) (14.상시, 12.상시, 08.7, 06.10, 05.7, 04.2)

4. Windows 탐색기에서 시스템의 글꼴을 변경할 수 있다. (○, ×) (15.상시, 14.상시, 03.10, 02.4)

> 해설 4. 시스템의 글꼴을 추가, 삭제하려면 [제어판] → [글꼴]을 이용해야 합니다.

22.9, 22.1, 21.6, 21.4, 21.1, 20.4, 18.상시, 17.상시, 16.상시, 15.상시, 14.상시, 13.상시, 12.상시, 11.9, …

핵심 072 WINDOWS – 파일 / 폴더 선택 · 찾기

파일/폴더 선택

하나의 항목 선택	항목을 마우스 왼쪽 버튼으로 클릭함
연속적인 항목 선택	• 선택할 항목의 범위를 마우스로 드래그함 • 첫 항목을 클릭한 후 Shift를 누른 상태에서 마지막 항목을 클릭함
비연속적인 항목 선택	Ctrl을 누른 상태에서 선택할 항목을 차례로 클릭함
전체 항목 선택	[편집] → [전체 선택]을 선택(Ctrl + A)
선택 항목 반전	[편집] → [선택 항목 반전]을 이용하여 현재 선택된 항목을 해제하고 나머지 항목을 선택함

파일/폴더 찾기

- 특정 파일이나 폴더가 있는 위치를 모를 경우 빠르고 쉽게 파일이나 폴더가 있는 위치를 찾는 것이다.
- 파일과 폴더의 이름을 입력하여 찾을 수 있으며, 만능 문자(와일드 카드, *, ?)를 이용할 수 있다.
- 특정 문자열, 파일의 크기 및 유형, 수정한 날짜 등의 조건을 지정하여 파일을 찾을 수 있다.
- 하위 폴더까지 검색할지 여부를 지정할 수 있다.

---

1. Windows 탐색기에서 비연속적인 여러 개의 파일을 선택할 때 사용하는 키는 (①   )이고, 연속된 여러 개의 파일을 선택할 때 사용하는 키는 (②   )이다. (22.9, 22.1, 21.6, 21.4, 21.1, 20.4, …)

2. Windows 탐색기에서 이동할 파일이나 폴더의 전체 항목을 선택하는 바로 가기 키는 Ctrl + A이다. (○, ×) (16.상시, 12.상시, 10.1, 06.4, 04.7)

3. Windows 탐색기에서 찾기(검색) 기능 이용 시 지정할 수 있는 형식이 아닌 것을 고르시오. (   ) (17.상시, 15.상시, 14.상시, 13.상시, 11.4, 09.9, 09.7, 08.2, 07.4, 04.2, 02.10, 99.7)

ⓐ 파일 속성
ⓑ 포함하는 문자열
ⓒ 파일 형식
ⓓ 파일의 크기
ⓔ 수정한 날짜

> 해설 3. ⓐ Windows 탐색기에서 파일 속성을 기준으로 찾는 기능은 제공하지 않습니다.

핵심 073 WINDOWS – 파일 / 폴더 복사 · 이동 · 클립보드

파일/폴더 복사

[편집] 메뉴 이용	[편집] → [복사]를 선택한 후 복사할 위치에서 [편집] → [붙여넣기]를 선택함
바로 가기 키 이용	Ctrl+C를 누른 후 복사할 위치에서 Ctrl+V를 누름
도구 모음 이용	📋를 선택한 후 복사할 위치에서 📋를 클릭함
키보드와 마우스 사용	• 같은 드라이브에서 : Ctrl을 누른 상태에서 마우스로 복사할 위치에 끌어다 놓음 • 다른 드라이브에서 : 마우스로 복사할 위치에 끌어다 놓음

파일/폴더 이동

[편집] 메뉴 이용	[편집] → [잘라내기]를 선택한 후 이동할 위치에서 [편집] → [붙여넣기]를 선택함
바로 가기 키 이용	Ctrl+X를 누른 후 이동할 위치에서 Ctrl+V를 누름
도구 모음 이용	✂를 선택한 후 복사할 위치에서 📋를 클릭함
키보드와 마우스 사용	• 같은 드라이브에서 : 마우스로 이동할 위치에 끌어다 놓음 • 다른 드라이브에서 : Shift를 누른 채 마우스로 이동할 위치에 끌어다 놓음

클립보드(Clipboard)

• 데이터를 일시적으로 보관해 두는 임시 저장 공간으로, 일종의 버퍼 역할을 하며 서로 다른 응용 프로그램 간에 데이터를 쉽게 전달할 수 있다.

• 클립보드의 내용은 여러 번 사용이 가능하지만, 가장 최근에 저장된 것 하나만 기억한다.

• 시스템을 재시작하면 클립보드에 저장된 데이터는 지워진다.

• 복사(Ctrl+C)하거나 잘라내기(Ctrl+X), 붙여넣기(Ctrl+V), 활성창 복사(Alt+Print Screen), 전체 창 복사(Print Screen) 시 사용되며, 클립보드에 저장된 데이터는 클립보드 표시기를 통해 볼 수 있다.

• 클립보드 표시기를 이용하여 클립보드의 내용을 삭제하거나 다른 이름으로 저장하여 사용할 수 있다.

---

1. Windows에서 데이터를 복사하거나 오려둘 때, 그 데이터를 임시로 기억하고 있는 장소는 (   )이다.

2. 다음 보기에서 클립보드에 대한 설명으로 옳지 않은 것을 모두 고르시오. (   )   (20.6, 20.4, 19.상시, 18.상시, 15.상시, …)

ⓐ 윈도우에서 자료를 일시적으로 보관하는 장소이다.
ⓑ 선택된 대상을 클립보드에 오려둘 때 사용하는 바로 가기 키는 Ctrl+V이다.
ⓒ 가장 최근에 저장된 파일 하나만을 사용할 수 있다.
ⓓ Print Screen을 눌러 활성화된 창만 저장할 수 있다.

3. Windows에서 클립보드에 폴더나 파일을 복사할 때 사용하는 키는 (   )+(   )이다.   (15.상시, 09.3, 05.10, 04.2, 01.7)

4. Windows 탐색기에서 선택한 파일을 같은 드라이브의 다른 폴더로 복사하려면 (   )을 누른 채 드래그 앤 드롭하면 된다.   (22.9, 22.1, 20.6, 14.상시, 02.10)

5. Windows 탐색기에서 선택한 파일을 다른 드라이브의 폴더로 이동하려면 (   )를 누른 채 드래그 앤 드롭하면 된다.
(20.6, 13.상시, 01.10)

6. Windows 탐색기에서 파일이나 폴더를 같은 드라이브로 이동하려면 마우스의 왼쪽 단추로 드래그 앤 드롭한다. (O . X)
(16.상시, 12.상시, 10.1, 06.4, 04.7, 01.10, 01.7)

> **해설 2.** ⓑ 선택된 대상을 클립보드에 오려둘 때 사용하는 바로 가기 키는 Ctrl+X입니다. Ctrl+V는 붙여 넣을 때 사용되는 바로 가기 키입니다.
> ⓓ 활성화된 창만 저장하려면 Alt+Print Screen을 눌러야 합니다.

핵심 074 WINDOWS – 휴지통 사용하기

• 삭제된 파일이나 폴더가 임시 보관되는 장소를 말한다.

• 크기는 기본적으로 드라이브 용량의 5~10%가 설정되어 있으며, 최대 100%까지 임의로 설정할 수 있다.

• 휴지통에 보관된 파일이나 폴더는 복원이 가능하며, 복원하기 전에는 사용할 수 없다.

- 휴지통 안에 있는 모든 항목을 삭제하려면 [파일] → [휴지통 비우기]를 선택한다.
- 휴지통 비우기를 수행하고 나면 복원할 수 없다.
- 휴지통 속성에서는 휴지통에 관련된 다음과 같은 여러 사항을 설정할 수 있다.
  - 휴지통의 크기를 드라이브마다 다르게 또는 모두 동일한 크기로 설정할 수 있다.
  - 파일이나 폴더를 삭제할 때 휴지통을 거치지 않고, 바로 삭제하도록 설정할 수 있다.
  - 파일이나 폴더가 삭제될 때마다 확인 메시지가 표시되도록 설정할 수 있다.
- 일반적으로 삭제된 항목은 휴지통에 임시 보관되지만 다음과 같은 경우에는 휴지통을 거치지 않고 바로 삭제되므로 복원이 불가능하다.
  - 플로피디스크, USB 메모리, DOS 모드, 네트워크 드라이브에서 삭제된 항목
  - Shift 를 누르고 삭제 명령을 실행한 경우
  - 휴지통 속성에서 '파일을 휴지통에 버리지 않고 삭제할 때 바로 제거'를 선택한 경우
  - 같은 이름의 항목을 복사/이동 작업으로 덮어쓴 경우

1. Windows에서 지워진 파일이 임시로 보관되는 곳은 (   )이다.
(14.상시, 13.상시, 12.상시, 08.7, 06.7, 03.3, 01.4)

2. Windows에서 파일의 삭제 시 휴지통에 넣지 않고 바로 삭제하는 바로 가기 키는 (   )+(   )이다.
(16.상시, 13.상시, 12.상시, 10.3, 07.9, 07.4, 06.7, 06.1, 05.1, 04.10, 03.10, 03.7, 03.1, …)

3. 휴지통에 대한 설명으로 옳지 않은 것을 모두 고르시오.
(   ) (22.6, 22.3, 21.6, 21.1, 20.10, 20.2, 19.상시, 18.상시, 17.상시, …)

ⓐ 파일 삭제 시 휴지통에 보관하지 않고 즉시 .삭제할지의 여부를 지정할 수 있다.
ⓑ 휴지통에 있는 파일을 직접 실행시키려면 해당 파일을 더블클릭한다.
ⓒ 휴지통의 크기를 변경시킬 수 없다.
ⓓ Shift 를 누른 상태로 해당 파일을 드래그하여 휴지통에 넣으면 파일이 휴지통에 보관되지 않고 바로 삭제된다.
ⓔ 휴지통은 삭제된 파일 또는 폴더를 보관하는 장소로서 휴지통 내의 파일 또는 폴더는 복구할 수 없다.
ⓕ 휴지통 비우기를 실행하면 복구가 불가능해진다.
ⓖ 플로피디스크에 있는 파일이나 네트워크상의 파일도 삭제되면 휴지통에 보관된다.

해설 3. ⓑ 휴지통에 보관된 파일은 복원하기 전에는 실행할 수 없습니다. 먼저 복원한 후 실행해야 합니다.
ⓒ 휴지통의 크기는 임의로 변경할 수 있습니다.
ⓔ 휴지통 내의 파일이나 폴더는 복구하여 사용할 수 있습니다.
ⓖ 플로피디스크, USB 메모리, DOS 모드, 네트워크 드라이브에서 삭제된 항목은 휴지통에 보관되지 않습니다.

17.상시, 16.상시, 15.상시, 14.상시, 13.상시, 12.상시, 11.7, 10.1, 09.3, 09.1, 08.2, 07.9, 07.4, 06.10, …

핵심 075 WINDOWS – 제어판

네트워크 또는 네트워크 및 공유 센터	어댑터, 프로토콜, 서비스, 클라이언트 등의 네트워크 구성 요소 추가/제거 및 컴퓨터 이름 지정
인터넷 옵션	인터넷 연결, 인터넷 자료 관리, 보안 영역 설정 등 인터넷 사용과 관련된 사항 설정
암호 또는 사용자 계정	컴퓨터의 자원 관리를 위한 암호를 설정하고, 한 PC를 사용하는 여러 사용자가 바탕 화면을 다르게 사용할 수 있도록 설정
장치 및 프린터	컴퓨터에 연결된 장치 및 프린터의 확인 및 추가, 속성 설정
전원 관리 또는 전원 옵션	절전 기능 설정으로 하드웨어 보호 및 전기 절약
글꼴	글꼴 추가/제거 등의 글꼴 관리
사운드 또는 소리	시작음, 종료음, 경고음과 같이 상황에 따라 다르게 나는 효과음 설정
국가별 설정	숫자, 날짜와 시간, 통화 등 국가별로 다른 기호나 단위 표시 방식 설정
날짜/시간	컴퓨터의 날짜와 시간 지정
프로그램 추가/제거	• 응용 프로그램이나 Windows 구성 요소의 추가/제거 및 시동 디스크 작성 • 프로그램 추가/제거를 이용하여 프로그램을 제거하면 Windows가 작동하는데 영향을 미치지 않도록 깨끗하게 삭제됨
새 하드웨어 추가	설치되어 있는 하드웨어를 검색하고 새 하드웨어 설치
프로그램 및 기능	응용 프로그램 및 Windows 기능의 제거/변경/복구, 설치된 업데이트 확인
개인 설정	바탕 화면의 배경 그림, 창 색, 소리, 화면 보호기, 바탕 화면 아이콘, 마우스 포인터 등을 설정
디스플레이	바탕 화면의 배경 그림, 화면 배색, 화면 보호기, 해상도 등 화면의 표현 형식 설정
시스템	시스템에 설치된 모든 하드웨어 장치의 이상 여부 및 충돌 상태 점검

내게 필요한 옵션	신체가 불편한 사용자가 컴퓨터를 편리하게 사용하기 위한 여러 가지 옵션(키보드, 마우스, 사운드, 화면 표시 등) 설정
접근성 센터	컴퓨터 보기, 키보드 및 마우스 사용, 기타 입력 장치 사용 등을 보다 쉽게 사용할 수 있도록 설정
마우스	왼손잡이용 마우스 단추 설정, 마우스 포인터 모양이나 더블클릭 속도 등 마우스 관련 사항 설정
키보드	키 재입력 시간, 반복 속도, 커서 깜빡임 속도 등 키보드 관련 사항 설정
멀티미디어	• 오디오, 비디오, MIDI 출력, CD 재생 등 멀티미디어 장치 관련 사항 설정 • 작업 표시줄에 볼륨 조절 표시

1. Windows의 제어판에서 할 수 없는 작업을 모두 고르시오.
(   ) (17.상시, 15.상시, 14.상시, 05.4, 03.3, 02.1, 02.1, 00.3)

ⓐ 그림 작성 및 수정   ⓑ 프로그램 추가 및 삭제
ⓒ 마우스 환경 설정   ⓓ 디스크 조각 모음 실행
ⓔ 시스템 날짜 변경

※ 설명에 알맞은 제어판 항목을 고르시오. (2~6번)

ⓐ 프로그램 추가/제거   ⓑ 마우스
ⓒ 멀티미디어   ⓓ 디스플레이
ⓔ 키보드   ⓕ 시스템

2. Windows에서 작업 표시줄에 볼륨 조절 표시 아이콘을 생성할 때 사용하는 제어판 항목은 (   )이다.
(17.상시, 15.상시, 11.10, 09.1, 07.4, 02.4)

3. Windows에서 시동 디스크를 만들 때 사용하는 제어판 항목은 (   )이다. (17.상시, 14.상시, 12.상시, 11.10, 08.2, 06.10, 05.10, …)

4. Windows에서 화면 보호기를 설정할 때 사용하는 제어판 항목은 (   )이다. (15.상시, 12.상시, 09.3, 06.7, 05.4, 05.1, 03.7)

5. Windows에서 설치된 응용 프로그램을 삭제할 때 사용하는 제어판 항목은 (   )이다. (13.상시, 07.9, 04.7, 03.3)

6. Windows에서 MIDI 형식의 음악 파일을 재생하는데 필요한 드라이브 파일을 설정할 때 사용하는 제어판 항목은 (   )이다. (17.상시, 11.7)

7. Windows에서 제어판에 있는 디스플레이 항목을 선택하여 마우스 포인터의 모양을 변경할 수 있다. (O, X)
(16.상시, 13.상시, 10.1, 07.9, 05.10, 04.7, 03.3, 00.10)

해설 **1.** ⓐ 제어판에서는 그림 편집, 문서 작성 등, 개체를 작성하거나 편집할 수 없습니다.
ⓓ 디스크 조각 모음은 [시작] → [모든 프로그램] → [보조프로그램] → [시스템 도구] → [디스크 조각 모음]을 선택하여 실행할 수 있습니다.
7. 마우스 포인터의 모양은 제어판에 있는 마우스 항목을 선택하여 변경할 수 있습니다.

22.6, 20.4, 16.상시, 14.상시, 13.상시, 10.10, 09.1, 08.10, 08.3, 07.7, 04.4, 02.7, 02.1, 01.4, 01.1

핵심 **076** WINDOWS – 보조프로그램

보조프로그램의 종류

오피스 관련 보조프로그램	• 문서 작성, 그림 편집, 계산 등 일반 업무 처리에 사용하는 보조프로그램 • 종류 : 그림판, 계산기, 메모장, 워드패드, 스티커 메모, 수학식 입력란, 사용자 정의 문자 편집기, 문자표, 클립보드 표시기 등
엔터테인먼트 관련 보조프로그램	• 소리나 동영상 파일 등 멀티미디어를 재생할 때 사용하는 보조프로그램 • 종류 : 녹음기, Windows Media Player, CD 재생기, 볼륨 조절 등
통신 관련 보조프로그램	• 통신망에 접속하거나 네트워크를 구성할 때 사용하는 보조프로그램 • 종류 : 원격 데스크톱 연결, 하이퍼터미널, 케이블 직접 연결, 전화 접속 네트워킹
시스템 도구 관련 보조프로그램	• 시스템을 최적화 상태로 관리하기 위해 사용하는 보조프로그램 • 종류 : 디스크 정리, 디스크 조각 모음, 디스크 공간 늘림
게임 관련 보조프로그램	• 간단한 게임을 할 때 사용하는 보조프로그램 • 종류 : 지뢰찾기, 카드놀이, 프리셀, 핀볼, 하트 등

메모장

• 특별한 서식이 필요 없는 간단한 텍스트(ASCII 형식) 파일을 작성할 수 있는 문서 작성 프로그램이다.
• 텍스트(.TXT) 형식의 문서만을 열거나 저장할 수 있다.
• 메모장에서는 그림, 차트 등의 OLE 개체를 삽입할 수 없다.
• 문서 전체에 대해서만 글꼴의 종류, 속성, 크기를 변경할 수 있다.

워드패드

- 메모장과 달리 글꼴, 글머리표, 단락 등의 다양한 서식을 적용할 수 있는 문서 작성 프로그램이다.
- 작성한 문서는 DOC, RTF, TXT 등의 확장자로 저장할 수 있다.
- RTF, TXT, DOC, WRI 등의 확장자를 가진 문서를 불러올 수 있다.
- 날짜 및 시간, OLE 개체를 삽입할 수 있다.

그림판

- 간단한 그림을 작성하거나 수정하기 위한 보조프로그램이다.
- 기본(Default) 저장 형식은 .BMP 형식의 비트맵 파일이다.
- 그림판에서는 BMP, GIF, JPG, PCX 형식의 파일을 편집할 수 있다.
- 그림판에서 작성 또는 편집한 그림은 Windows 바탕화면의 배경으로 사용할 수 있다.

---

1. Windows에서 간단한 문서를 작성하거나 편집할 수 있는 보조프로그램으로 텍스트 형식의 파일만 지원하는 것은 ( )이다. (22.6, 20.4, 14.상시, 13.상시, 08.3, 04.4)

2. Windows에서 보조프로그램의 구성에 해당되는 것을 모두 고르시오. ( ) (16.상시, 10.10, 02.7, 02.1, 01.4)

ⓐ 그림판	ⓑ 계산기
ⓒ 프린터	ⓓ 휴지통
ⓔ 메모장	

※ 설명에 알맞은 응용 프로그램의 확장자를 고르시오. (3~5번)

ⓐ XLS	ⓑ BMP
ⓒ DOC	ⓓ TXT

3. 메모장을 이용하여 문서를 작성하고 저장했을 때의 기본적인 파일 확장자는 ( )이다. (14.상시, 13.상시, 08.10, 07.7)

4. 워드패드로 작성한 파일 저장 시 제공되는 확장자는 ( )와 ( )이다. (16.상시, 09.1)

5. 그림판에서 '열기'로 불러올 수 있는 파일의 확장자는 ( )이다. (13.상시, 01.1)

22.1, 21.4, 20.10, 20.4, 20.2, 17.상시, 15.상시, 11.9, 09.1, 05.10, 99.10

핵심 077 스풀 기능

- 스풀(Simultaneous Peripheral Operation On-Line)이란 중앙처리장치와 같이 처리 속도가 빠른 장치와 프린터와 같이 처리 속도가 느린 장치들 간의 처리 속도 문제를 해결하기 위해 사용하는 기능이다.
- 스풀링은 인쇄할 내용을 먼저 하드디스크에 저장하고 백그라운드 작업으로 CPU의 여유 시간에 틈틈이 인쇄하기 때문에, 프린터가 인쇄 중이라도 다른 응용 프로그램을 실행하는 포그라운드 작업이 가능하다.

---

1. 중앙처리장치와 같이 처리 속도가 빠른 장치와 프린터와 같이 처리 속도가 느린 장치들 간의 처리 속도 문제를 해결하기 위해 사용하는 기능은 ( )이다. (20.2, 17.상시, 15.상시, 11.9, …)

2. 스풀링은 출력할 데이터를 출력장치로 직접 보내는 것이다. (○, ×) (22.1, 21.4, 20.10, 20.4, 17.상시, 11.9)

> **해설 2.** 스풀링은 인쇄할 내용을 먼저 하드디스크에 저장하고 백그라운드 작업으로 CPU의 여유 시간에 틈틈이 인쇄하는 방법을 사용합니다.

21.1, 20.10, 20.2, 19.상시, 17.상시, 16.상시, 15.상시, 14.상시, 13.상시, 12.상시, 11.7, 11.4, 10.3, 10.1, …

핵심 078 WINDOWS – 시스템 유지 보수 및 최적화 도구

- 종류 : 디스크 검사, 디스크 조각 모음, 백업, 디스크 정리, 디스크 공간 늘림
- 주요 도구

디스크 검사	• 디스크의 손상된 부분을 점검하여 발견된 오류를 복구함 • 네트워크 드라이브, CD-ROM 드라이브는 디스크 검사를 수행할 수 없음 • 컴퓨터의 전원이 갑자기 중단되어 다시 부팅될 때는 디스크 검사가 자동으로 수행됨 • 디스크 검사는 시스템의 성능 향상을 위해 정기적으로 실행하는 것이 좋음 • 디스크 검사 결과 창에서 확인 가능한 정보 : 전체 디스크 공간, 불량 섹터, 폴더 수, 숨겨진 파일 용량과 파일 수, 사용자 파일 수, 사용할 수 있는 공간, 각 할당/전체 할당 단위, 사용할 수 있는 할당 단위 수

디스크 조각 모음	• 단편화(Fragmentation)로 인해 여기저기 분산되어 저장된 파일들을 연속된 공간으로 최적화시켜 디스크의 접근 속도를 향상시키는 기능이 있음 • 디스크를 효율적으로 사용하기 위해 파일을 정리하는 것으로, 디스크의 용량 증가와는 관계가 없음 • Windows가 지원하지 않는 형식으로 압축된 프로그램, CD-ROM 드라이브, 네트워크 드라이브는 디스크 조각 모음을 수행할 수 없음 • 디스크 조각 모음을 수행하면 디스크 공간의 최적화가 이루어져 접근 속도와 안정성이 향상됨 • 디스크 조각 모음을 수행하는데 걸리는 시간은 볼륨에 있는 파일의 수, 파일 크기, 조각난 양 등에 따라 달라질 수 있음 • 디스크 조각 모음을 수행하는 동안 다른 작업을 할 수는 있지만, 모든 작업을 중지한 상태에서 수행해야 효율적으로 조각 모음을 할 수 있음

1. Windows의 시스템 도구 및 유지 관리에 포함되지 않는 것을 고르시오. (   )   (17.상시, 15.상시, 13.상시, 11.4, 09.7, 07.1, 05.1, …)

ⓐ 디스크 검사   ⓑ 디스크 조각 모음
ⓒ 디스크 정리   ⓓ 디스크 포맷

2. Windows의 시스템 도구 중 디스크를 효율적으로 사용하기 위해 파일을 정리해주는 기능은 (   )이다.

(21.1, 20.10, 17.상시, 16.상시, 14.상시, 13.상시, 12.상시, 11.7, 10.3, 08.10, 08.3, 07.1, …)

3. Windows의 시스템 유지 관리 중 디스크의 손상된 부분을 점검하여 복구해 주는 기능은 (   )이다.   (14.상시, 08.7, 05.4)

4. Windows에서 디스크 조각 모음을 수행할 수 없는 매체를 모두 고르시오. (   )   (17.상시, 15.상시, 13.상시, 11.7, 09.1, 05.10, 04.4, …)

ⓐ CD-ROM
ⓑ USB 메모리(이동식 디스크)
ⓒ 3.5인치 플로피디스크
ⓓ 하드디스크
ⓔ 네트워크 드라이브

5. Windows의 디스크 조각 모음에 관한 설명으로 옳지 않은 것을 모두 고르시오. (   )   (20.2, 19.상시, 17.상시, 15.상시, 14.상시, …)

ⓐ 디스크의 공간이 확장되어 더 많은 자료가 저장된다.
ⓑ 디스크 조각 모음은 불량(Bad) 섹터를 치료해 준다.
ⓒ 컴퓨터 시스템의 속도를 향상시키는 방법 중 하나이다.
ⓓ 디스크 조각 모음 작업 중에도 다른 작업을 수행할 수 있다.
ⓔ 조각 모음을 하는데 걸리는 시간은 볼륨에 있는 파일의 수와 크기, 조각난 양 등에 따라 달라진다.
ⓕ 분산 저장되어 있는 파일을 연속된 공간으로 이동시킨다.

6. Windows의 디스크 검사를 통해서 확인할 수 없는 결과를 모두 고르시오. (   )   (16.상시, 10.1, 00.10)

ⓐ 총 디스크 공간 용량
ⓑ 사용할 수 없는 공간 용량
ⓒ 불량 섹터에 저장된 파일의 종류
ⓓ 숨겨진 파일 용량과 파일 수
ⓔ 사용할 수 있는 할당 단위 수

해설 **4.** ⓐ, ⓔ Windows가 지원하지 않는 형식으로 압축된 프로그램, CD-ROM 드라이브, 네트워크 드라이브는 디스크 조각 모음을 수행할 수 없습니다.

5. ⓐ 디스크 조각 모음으로 디스크의 공간을 확장시킬 수는 없습니다. 사용하지 않은 디스크 공간을 확보해주는 것은 디스크 정리입니다.
ⓑ 디스크 조각 모음으로 불량 섹터를 치료할 수는 없습니다. 불량 섹터를 치료해주는 것은 디스크 검사입니다.

6. ⓑ, ⓒ 디스크 검사를 통해서는 사용할 수 있는 공간 용량과 불량 섹터를 확인할 수 있습니다.

22.9, 22.6, 22.1, 21.6, 21.4, 21.1, 20.10, 20.2, 19.상시, 18.상시, 17.상시, 16.상시, 15.상시, 14.상시 …

핵심 079 **UNIX / LINUX의 특징**

잠깐만요 ❶ UNIX와 LINUX
LINUX는 UNIX를 기반으로 하여 개발된 것으로, UNIX와 LINUX의 특징과 시스템의 구성은 거의 동일하며, 사용되는 명령어들도 대부분 공통적입니다. 그러므로 정보처리기능사 필기 시험에서는 특별히 둘을 구분 지어 학습할 필요가 없습니다.

• 주로 서버용 컴퓨터에서 사용되는 운영체제이다.
• 대부분 C 언어로 작성되어 있다.
• 시분할 시스템(Time Sharing System)을 위해 설계된 대화식 운영체제이다.
• 이식성과 확장성이 뛰어난 개방형 시스템이다.
• 크기가 작고 이해하기가 쉽다.
• 다중 사용자(Multi-User), 다중 작업(Multi-Tasking)을 지원한다.
• 많은 네트워킹 기능을 제공하므로 통신망(Network) 관리용 운영체제로 적합하다.
• 계층적 트리(Tree) 구조의 파일 시스템을 갖는다.

- CUI(Character User Interface) 환경을 제공한다.
- 하나 이상의 작업을 백그라운드에서 수행하므로 여러 작업을 동시에 처리할 수 있다.

1. 90% 이상이 고급 언어인 C로 구성되어 있으며, 시스템이 모듈화되어 있어 필요에 따라 변경, 확장할 수 있고 다중 사용자를 위한 대화식 운영체제는 (   )이다.

(15.상시, 13.상시, 09.1, 07.7)

2. UNIX 시스템에서 주로 사용하는 프로그래밍 언어는 (   )이다. (20.2, 19.상시, 15.상시, 14.상시, 13.상시, 12.상시, 09.7, 08.2, 07.1, 06.7, …)

3. UNIX에 대한 설명으로 옳지 않은 것을 모두 고르시오.

(   ) (22.9, 22.6, 22.1, 21.6, 21.4, 21.1, 20.10, 19.상시, 18.상시, …)

ⓐ 사용자의 명령으로 시스템이 수행되고 그에 따른 결과를 나타내 주는 대화식 운영체제이다.
ⓑ Stand-alone 시스템에 주로 사용된다.
ⓒ 다수의 사용자(User)가 동시에 사용할 수 있는 시스템이다.
ⓓ 파일 시스템의 배열 형태가 선형적 구조로 되어 있다.
ⓔ 대부분 어셈블리언어로 이루어져 있어 강력한 Network 기능을 수행한다.
ⓕ Windows 기반 운영체제이다.
ⓖ UNIX 시스템이 이식성이 높은 이유는 C 언어로 구성되어 있기 때문이다.
ⓗ 완벽한 GUI(Graphic User Interface) 환경을 제공한다.
ⓘ 동시에 여러 작업(Task)을 수행할 수 있는 시스템이다.
ⓙ 이식성과 확장성이 뛰어난 폐쇄형 시스템이다.

> **해설 3.** ⓑ UNIX는 다중 사용자(Multi-User) 시스템에 주로 사용됩니다.
> ⓓ UNIX 파일 시스템은 선형 구조가 아니라 계층적 트리(Tree) 구조입니다.
> ⓔ, ⓕ UNIX는 대부분이 C언어로 작성된 운영체제입니다.
> ⓗ UNIX는 CUI(Character User Interface) 환경을 제공합니다.
> ⓙ UNIX는 이식성과 확장성이 뛰어난 개방형 시스템입니다.

22.9, 22.6, 22.1, 21.10, 21.4, 21.1, 20.10, 20.4, 20.2, 19.상시, 18.상시, 17.상시, 16.상시, 15.상시, …

핵심 080 UNIX / LINUX 시스템의 구성

하드웨어

커널(Kernel)
쉘(Shell)
유틸리티(Utility)
사용자(User)

시스템의 구성

커널(Kernel)
- 가장 핵심적인 부분이다.
- 컴퓨터가 부팅될 때 주기억장치에 적재된 후 상주하면서 실행된다.
- 하드웨어를 보호하고, 프로그램과 하드웨어 간의 인터페이스 역할을 담당한다.
- 프로세스(CPU 스케줄링) 관리, 기억장치 관리, 파일 관리, 입ㆍ출력 관리, 데이터 전송 및 변환 등 여러 가지 기능을 수행한다.

쉘(Shell)
- 사용자의 명령어를 인식하여 프로그램을 호출하고 명령을 수행하는 명령어 해석기이다.
- 명령을 해석하여 커널로 처리할 수 있도록 전달해주는 명령 인터프리터로, 단말장치를 통하여 사용자로부터 명령어를 입력받는다.
- DOS의 COMMAND.COM과 같은 기능을 수행한다.
- 주기억장치에 상주하지 않고, 명령어가 포함된 파일 형태로 존재하며 보조기억장치에서 교체 처리가 가능하다.
- 공용 쉘(Bourne Shell, C Shell, Korn Shell)이나 사용자 자신이 만든 쉘을 사용할 수 있다.

Bourne 쉘	• UNIX 시스템의 최초의 쉘 • 기본 프롬프트는 $임
C 쉘	• 대부분 가장 많이 사용되는 쉘로, C 언어와 유사함 • 기본 프롬프트는 %임
Korn 쉘	Bourne 쉘을 기반으로 C 쉘의 기능을 추가한 것

유틸리티(Utility)

- 일반 사용자가 작성한 응용 프로그램을 처리하는 데 사용한다.
- DOS에서의 외부 명령어에 해당한다.
- 유틸리티 프로그램에는 에디터, 컴파일러, 인터프리터, 디버거 등이 있다.

> **잠깐만요 ❶ 시스템 편집기(Editor)**
> UNIX / LINUX 시스템이 제공하는 편집기에는 vi, ed, ex, emacs, pico, joe 등이 있습니다.

1. 다음 보기에서 UNIX 시스템의 구성을 크게 세 부분으로 나눌 때 해당하는 것을 모두 고르시오. (   )

(17.상시, 15.상시, 14.상시, 13.상시, 12.상시, 11.9, 11.7, 09.3, 08.10, 07.9, 06.4, 01.4)

ⓐ Utility	ⓑ Kernel
ⓒ Shell	ⓓ Block
ⓔ Compiler	

2. 운영체제에서 가장 기초적인 시스템 기능을 담당하는 부분으로 관리자(Supervisor), 제어 프로그램(Control Program), 핵(Nucleus) 등으로 부르며, 프로세스 관리, CPU 제어, 입/출력 제어, 기억장치 관리 등의 기능을 수행하는 것은 (   )이다.

(22.9, 22.1, 21.1, 20.4, 19.상시, 17.상시, 13.상시, 10.7, 10.1, 09.1, 08.2, 07.9, 07.4, …)

3. UNIX 시스템에서 명령어 해석기에 해당하는 것은 (   )이다. (19.상시, 18.상시, 17.상시, 14.상시, 13.상시, 12.상시, 11.2, 08.3, 06.7, 05.4, …)

4. UNIX에서 사용하는 쉘(Shell)의 종류가 아닌 것을 모두 고르시오. (   ) (22.9, 22.6, 21.4, 20.10, 18.상시, 16.상시, 15.상시, …)

ⓐ Korn Shell	ⓑ C Shell
ⓒ System Shell	ⓓ DOS Shell
ⓔ Bourne Shell	

5. UNIX 시스템의 구조는 하드웨어 → 쉘 → 커널 → 사용자 순서로 되어 있다. (○, ×) (22.6, 02.7)

6. 쉘은 항상 주기억장치에 상주하면서 메모리 관리, 작업 관리, 파일 관리 등 기능을 조정한다. (○, ×) (20.2, 13.상시, 03.1, 99.3)

7. UNIX에서 사용할 수 있는 편집기를 모두 고르시오. (   )

(21.10, 19.상시, 18.상시, 17.상시, 16.상시, 15.상시, 14.상시, 13.상시, 11.7, 10.10, …)

ⓐ ed	ⓑ et	ⓒ vi
ⓓ cp	ⓔ ex	

> **해설 5.** UNIX 시스템의 구조는 하드웨어 → 커널 → 쉘 → 유틸리티 → 사용자 순서로 되어 있습니다.
>
> **6.** 쉘(Shell)은 사용자의 명령어를 인식하여 프로그램을 호출하고 명령을 수행하는 명령어 해석기입니다. 항상 주기억장치에 상주하면서 메모리 관리, 작업 관리, 파일 관리 등의 기능을 조정하는 것은 커널(Kernel)입니다.

22.3, 21.10, 21.6, 20.10, 20.4, 19.상시, 18.상시, 17.상시, 16.상시, 15.상시, 14.상시, 13.상시, 12.상시, …

핵심 081 UNIX / LINUX – 시스템 및 프로세스 관련 명령어

명령어	기능
kill	• 현재 실행중인 프로세스를 종료(삭제)함 • 편집 상태에서는 한 줄 전체를 지움
fork	새로운 프로세스를 생성(하위 프로세스 호출, 프로세스 복제)함
exec	새로운 프로세스를 수행함
finger	현재 시스템에 등록되어 있는 사용자 정보를 조회함
ps	• 현재 작업중인 프로세스의 상태 정보를 표시함 • 프로세스의 이름, 명령어 이름, 프로세스 ID 번호, 제어 단말기와 소유주를 포함하는 속성의 목록, 수행된 시간 등을 표시함
ping	특정 시스템과 접속이 안 될 경우 네트워크 상의 문제를 진단함
login	UNIX 작업을 위해 사용자 ID와 비밀번호를 입력받아 사용자를 확인함
logout	UNIX 시스템에 대한 접속을 종료함(Ctrl+D, exit)
passwd	로그인할 때 필요한 비밀번호를 설정 또는 변경함
who	• 로그인한 사용자에 관한 정보를 표시함 • 단말기 이름, 로그인 이름, 로그인 일시, 사용중인 단말기 번호 등을 표시함
mount	파일 시스템을 마운팅하거나 마운팅을 해제함

정답 080 **1.** ⓐ, ⓑ, ⓒ **2.** 커널(Kernel) **3.** 쉘(Shell) **4.** ⓒ, ⓓ **5.** × **6.** × **7.** ⓐ, ⓒ, ⓔ

※ 설명에 알맞은 UNIX 명령어를 고르시오. (1~4번)

ⓐ creat	ⓑ ps
ⓒ ping	ⓓ finger
ⓔ kill	ⓕ ls
ⓖ pwd	

1. ( ) : 현재 실행중인 프로세스를 삭제(종료)하기 위한 명령어 (21.6, 18.상시, 14.상시, 13.상시, 08.10, 07.4, 05.4, 05.1, 04.10, 03.10, …)

2. ( ) : 네트워크상의 문제를 진단할 수 있는 명령어 (20.4, 15.상시, 13.상시, 09.3, 07.1, 05.7, 05.1, 03.10, 01.10)

3. ( ) : 현재 작업 중인 프로세스의 상태를 알아볼 때 사용하는 명령어 (21.10, 20.10, 19.상시, 17.상시, 15.상시, 14.상시, 11.9, 11.2, …)

4. ( ) : 현재 시스템에 등록되어 있는 사용자의 정보를 조회하기 위한 명령어 (19.상시, 14.상시, 13.상시, 02.10, 00.10)

5. UNIX에서 'Who' 명령으로 사용 소프트웨어를 알 수 있다. (○, ×) (19.상시, 18.상시, 15.상시, 13.상시, 09.3, 07.7, 03.7)

6. UNIX에서 사용되는 로그아웃 명령어로서 옳지 않은 것을 고르시오. ( ) (18.상시, 13.상시, 02.10, 01.10)

ⓐ Ctrl + D	ⓑ end
ⓒ logout	ⓓ exit

해설 **5.** 'who'는 로그인한 사용자에 관한 정보를 표시하는 명령어로, 단말기 이름, 로그인 이름, 로그인 일시, 사용중인 단말기 번호 등을 표시합니다.

22.9, 22.3, 22.1, 21.10, 21.6, 21.4, 20.10, 20.4, 19.상시, 17.상시, 16.상시, 15.상시, 14.상시, 13.상시, …

핵심 082 UNIX / LINUX – 디렉터리 관련 명령어

UNIX / LINUX 명령어	DOS 명령어	기능
pwd		현재 작업중인 디렉터리 경로를 화면에 출력함
ls	dir	현재 작업중인 디렉터리의 모든 파일을 표시함
mkdir	md	디렉터리를 생성함
rmdir	rd	디렉터리를 제거함
cd	cd	현재 작업중인 디렉터리에서 다른 디렉터리로 이동함

※ 설명에 알맞은 UNIX 명령어를 고르시오.

ⓐ pwd	ⓑ mkdir
ⓒ rmdir	ⓓ ls
ⓔ cd	ⓕ cp

1. ( ) : 현재 작업 디렉터리 경로를 화면에 출력하는 명령어 (22.3, 21.6, 20.10, 19.상시, 17.상시, 15.상시, 14.상시, 13.상시, 12.상시, 11.4, …)

2. ( ) : 현재 작업 중인 디렉터리의 모든 파일을 보여주는 명령어 (22.9, 22.1, 21.4, 15.상시, 14.상시, 12.상시, 09.3, 09.1, 07.9, 06.10, …)

3. ( ) : DOS의 DIR과 같은 역할을 하는 명령어 (20.4, 16.상시, 14.상시, 13.상시, 10.1, 08.10, 07.1, 04.7)

22.6, 22.3, 20.6, 20.2, 19.상시, 18.상시, 17.상시, 16.상시, 15.상시, 14.상시, 13.상시, 11.9, 11.7, 11.2, …

핵심 083 UNIX / LINUX – 파일 관련 명령어

UNIX / LINUX 명령어	DOS 명령어	기능
cp	copy, xcopy	파일 복사
rm	del	파일 삭제
cat	type	파일의 내용을 화면에 표시함
chmod	attrib	파일의 보호 모드를 설정하여 파일의 사용 허가를 지정함
chown		소유자 변경
find		파일 찾기
mv		파일을 이동시키거나 이름을 변경함
cmp		두 파일을 비교하여 차이가 나는 바이트 위치와 행 번호를 표시함
comm		• 두 파일을 행 단위로 비교함 • 형식 : comm [옵션] [파일1] [파일2] • 옵션 ▶ −1 : [파일1]에만 있는 행은 출력 안 함 ▶ −2 : [파일2]에만 있는 행은 출력 안 함 ▶ −3 : 두 파일 모두에 있는 행은 출력 안 함

※ 설명에 알맞은 UNIX 명령어를 고르시오.

ⓐ cmp	ⓑ cp	ⓒ cat	ⓓ rm
ⓔ mv	ⓕ chmod	ⓖ comm	ⓗ open

1. (　　) : 파일을 삭제할 때 사용되는 명령어

(22.6, 20.6, 18.상시, 17.상시, 16.상시, 14.상시, 13.상시, 11.7, 10.7, 08.10, 08.3, …)

2. (　　) : 파일의 내용을 화면에 보여 주는 명령어

(22.6, 17.상시, 15.상시, 13.상시, 12.상시, 11.2, 09.9, 07.7, 06.4, 04.2, 02.4)

3. (　　) : 파일의 이름을 바꿔주는 명령어

(22.3, 14.상시, 13.상시, 08.7)

4. (　　) : 두 개의 파일의 차이가 있을 때 차이점이 나타난 바이트 위치와 행 번호를 표시하는 명령어 (17.상시, 11.9)

5. (　　) : 파일 복사에 사용되는 명령어 (20.2, 14.상시, 02.4)

6. (　　) : 파일의 사용 허가를 정의하는 명령어 (18.상시)

7. (　　) : 두 개의 파일을 행 단위로 비교할 때 사용하는 명령어 (19.상시)

불합격 방지용 안전장치 기억상자

틀린 문제만 모아 오답 노트를 만들고 싶다고요? 까먹기 전에 다시 한 번 복습하고 싶다고요? 지금까지 공부한 내용을 안전하게 시험장까지 가져가는 완벽한 방법이 있습니다. 지금 당장 QR 코드를 스캔해 보세요.

www.membox.co.kr을 직접 입력해도 접속할 수 있습니다.

16.상시, 15.상시, 04.4, 03.7, 03.1, 02.1, 01.7, 00.10, 00.3, 99.10

핵심 084 정보 통신의 정의

• 컴퓨터와 통신 기술의 결합에 의해 통신 처리 기능과 정보 처리 기능은 물론 정보의 변환, 저장 과정이 추가된 형태의 통신으로 이용약관은 정보통신관계법령으로 규정하고 있다.

• 일반적으로 정보 통신의 범주에 포함되는 데이터 통신을 정보 통신 또는 컴퓨터 통신이라고 한다.

• 정보 통신 = 전기 통신(정보 전송) + 컴퓨터(정보 처리)

전기 통신	• 전기 통신(Telecommunication)은 전기적인 신호를 전달 매체로 하여 아날로그 형태의 음성 정보를 송·수신하는 것을 말함 • 전기 통신은 1837년 모스 전신기의 발명으로 시작되었음
데이터 통신	• 컴퓨터의 발달을 배경으로 하여 생겨난 것으로, 컴퓨터와 각종 통신 기기(단말기) 사이에서 디지털 형태로 표현된 2진 정보(0과 1)를 송·수신하는 것을 말함 • ITU-T의 정의 : 정보를 기계로 처리하거나 처리한 정보를 전송하는 것 • 데이터 통신 = 데이터 전송 기술 + 데이터 처리 기술
정보 통신의 3요소	• 정보원(Source) : 정보를 입력받아 전송하는 장소 • 수신원(Destination) : 전송된 정보를 수신하는 장소 • 전송 매체(Transmission Medium) : 정보원과 수신원을 연결하는 매체(통신 회선)

---

1. 정보 통신의 이용 약관은 통신관계법령으로 규정하고 있다.

(○, ×) (16.상시, 04.4, 03.1, 99.10)

2. 데이터 통신에 관한 설명으로 적합하지 않은 것을 모두 고르시오. (　　) (15.상시, 03.7, 03.1, 02.1, 01.7, 00.10, 00.3)

ⓐ 공중전화 교환망을 통하여 접속된 전화기를 이용한 음성 통신

ⓑ 2진 부호 형태의 정보를 목적물로 하는 통신

ⓒ 정보기기 사이에 디지털 형태의 정보를 송·수신하는 통신

ⓓ 전기 통신 회선에 컴퓨터를 접속하여 정보를 송·수신 및 처리하는 통신

ⓔ 통신 신호가 아날로그(Analog) 형태인 음성 전용 통신

ⓕ 한 지점에서 다른 지점으로 부호화된 신호를 전기적으로 전송하는 것이다.

정답 083 1. ⓓ 2. ⓒ 3. ⓔ 4. ⓐ 5. ⓑ 6. ⓕ 7. ⓖ 084 1. ○ 2. ⓐ, ⓔ, ⓕ, ①

ⓖ 데이터 전송과 데이터 처리를 유기적으로 결합하도록 시스템을 구성하여 정보 전달의 목적을 달성하기 위한 통신
ⓗ 호스트(HOST) 컴퓨터와 단말기(Terminal) 간의 정보 전송이다.
ⓘ 컴퓨터와 컴퓨터 간의 통신이다.
ⓙ 마이크로프로세서가 내장된 무전기로 교신하는 음성 통신을 말한다.
ⓚ '컴퓨터 통신'이라고 말하기도 한다.
ⓛ 음성 통신과 같은 인간 대 인간 또는 기계 대 기계 간의 통신이라고 할 수 있다.
ⓜ 데이터 전송과 처리를 일체적으로 행하는 정보 통신이라고 할 수 있다.

해설 **2.** ⓐ, ⓔ, ⓕ, ⓙ 아날로그 형태의 음성 정보를 송·수신하는 것은 전기 통신입니다.

불합격 방지용 안전장치 기억상자

틀린 문제만 모아 오답 노트를 만들고 싶다고요? 까먹기 전에 다시 한 번 복습하고 싶다고요? 지금 당장 QR 코드를 스캔해 보세요.

17.상시, 13.상시, 07.9, 07.1, 05.10, 03.10, 03.1, 99.3

핵심 **085** **정보 통신 시스템의 특징**

- 정보 통신은 정보 통신 시스템에 의해 구현되는 것으로 정보 통신의 특징은 엄격히 구분하면 정보 통신 시스템의 특징이라 할 수 있다.
- 고속·고품질의 전송이 가능하다.
- 고도의 오류 제어 방식을 사용하여 시스템의 신뢰도가 높다.
- 대형 컴퓨터와 대용량 파일을 공동으로 이용할 수 있다.
- 분산 처리가 가능하다.
- 대용량·광대역 전송이 가능하다.
- 거리와 시간의 한계를 극복한다.
- 통신 비밀을 유지하기 위한 보안 시스템의 개발이 필요하다.
- 정보 통신을 운용하기 위해 소프트웨어 기술이 필요하다.

---

1. 데이터 통신의 일반적인 특징으로 적합하지 않은 것을 모두 고르시오. (   ) (17.상시, 13.상시, 07.9, 05.10, 03.10)

ⓐ 시스템의 신뢰도가 높다
ⓑ 광대역 전송이 곤란하다.
ⓒ 에러 제어 방식이 요구된다.
ⓓ 데이터를 반복하여 전송할 수 있다.
ⓔ 고속 통신이 가능하다.
ⓕ 경제성이 높으나 응용 범위가 좁다.
ⓖ 거리와 시간의 문제가 해결된다.
ⓗ 대형 컴퓨터를 공동으로 사용할 수 있다.
ⓘ 취급하는 정보를 기계(컴퓨터)로 처리가 가능하다.
ⓙ 소프트웨어 기술을 필요로 하지 않는다.

2. 데이터 통신은 신속 정확한 정보의 전달과 정보 자원의 공유 및 이용을 목적으로 한다. (○, ×) (13.상시, 07.1)

3. 컴퓨터 네트워크의 목적은 컴퓨터 소프트웨어 자원의 독점이다. (○, ×) (03.1)

4. 데이터 통신은 정보의 비밀유지 필요성에 의해 발달하게 되었다. (○, ×) (99.3)

해설 **1.** ⓑ 데이터 통신은 광대역 전송이 가능합니다.
ⓕ 데이터 통신은 대형 컴퓨터와 대용량 파일을 공동으로 이용할 수 있고, 거리와 시간의 한계를 극복할 수 있기 때문에 그 응용 범위가 넓습니다.
ⓙ 데이터 통신을 운용하기 위해서는 소프트웨어 기술이 필요합니다.

3. 컴퓨터 네트워크의 목적은 컴퓨터 소프트웨어 자원의 독점이 아니라 공동 이용입니다.

4. 데이터 통신은 멀리 떨어져 있는 정보 처리 기기들이 효율적으로 정보를 교환하기 위해 발달한 것입니다. 정보의 비밀유지 필요성에 의해 발달한 것은 보안 시스템입니다.

핵심 086 정보 통신 시스템의 기본 구성

* 데이터 전송계 : 단말장치(DTE), 데이터 전송 회선(신호 변환장치(DCE), 통신 회선), 통신 제어장치(CCU)
* 데이터 처리계 : 컴퓨터(하드웨어, 소프트웨어)

단말장치(DTE; Data Terminal Equipment)	• 단말장치는 데이터 통신 시스템과 외부 사용자의 접속점에 위치하여 최종적으로 데이터를 입·출력하는 장치임 • 입·출력 기능, 전송 제어 기능, 기억 기능을 수행함
신호 변환장치 (DCE; Data Circuit Equipment)	신호 변환장치는 컴퓨터나 단말장치의 데이터를 통신 회선에 적합한 신호로 변경하거나, 통신 회선의 신호를 컴퓨터나 단말장치에 적합한 데이터로 변경하는 신호 변환 기능을 수행하며, 통신 회선의 종류에 따라 사용되는 기기가 달라짐
통신 회선	• 통신 회선은 단말장치에 입력된 데이터 또는 컴퓨터에서 처리된 결과가 실질적으로 전송되는 전송 선로임 • 유선 매체 : 꼬임선, 동축 케이블, 광섬유 케이블 등 • 무선 매체 : 라디오파, 지상 마이크로파, 위성 마이크로파 등
통신 제어장치 (CCU; Communication Control Unit)	• 통신 제어장치는 통신 회선과 주 컴퓨터 사이에 위치하여 이들을 전기적으로 연결하고 각종 제어 기능을 수행하는 장치임 • 기능 : 전기적 결합, 회선 제어, 전송 제어, 동기 및 오류 제어 등
컴퓨터(Host)	• 단말장치에서 보낸 데이터를 처리하는 곳으로, 처리된 데이터는 다시 통신 회선을 통해 단말장치로 전달됨 • 정보 통신 시스템의 구성 요소 중 일반적으로 고장 발생률(에러율)이 가장 낮음 • 하드웨어 : 중앙처리장치, 주변장치 • 소프트웨어 : 시스템 소프트웨어(운영체제), 응용 소프트웨어

* 온라인 시스템의 3대 구성 요소 : 단말장치(단말기), 통신 회선(전송 매체), 전송 제어장치
* 전처리기(FEP; Front End Processor)
  – 통신 제어장치의 일종으로 여러 단말장치들의 전송 신호를 하나의 고속 통신 회선으로 호스트(중앙) 컴퓨터에 연결한다.
  – 통신 회선 및 단말장치 제어, 메시지의 조립과 분해, 전송 메시지 검사, 오류(Error) 검출 등을 수행하므로, 컴퓨터의 부담이 적어진다.

1. FEP(Front-End Processor)의 기능과 거리가 먼 것을 모두 고르시오. ( ) _(20.6, 13.상시, 05.1, 02.7)_

> ⓐ 여러 통신라인을 중앙 컴퓨터에 연결
> ⓑ 터미널의 메시지(Message)가 보낼 상태로 있는지 받을 상태로 있는지 검색
> ⓒ 에러의 검출
> ⓓ 데이터 파일(File)의 영구 보전
> ⓔ 데이터베이스 관리

2. 원격지에 설치된 입·출력장치를 ( )라고 한다. _(22.6, 09.9, 07.4, 05.10, 04.2)_

3. 데이터 통신 시스템의 구성 요소에 해당되지 않는 것을 고르시오. ( ) _(19.상시, 17.상시, 11.4, 11.2)_

> ⓐ 호스트 컴퓨터   ⓑ 데이터 전송계
> ⓒ 데이터 처리계   ⓓ 멀티시스템계
> ⓔ 통신 제어장치   ⓕ 전송회선

4. 컴퓨터와 통신회선 사이에 위치하여, 데이터 전송 시 발생되는 오류의 검출과 재전송 등 각종 제어 기능을 수행하는 것은 ( )이다. _(22.9, 22.6, 19.상시, 18.상시, 15.상시, …)_

5. 통신 제어장치의 기능이 아닌 것을 모두 고르시오. ( ) _(16.상시, 13.상시, 10.10, 07.9, 03.3)_

> ⓐ 전송로와 전기적인 인터페이스
> ⓑ 통신 회선의 접속과 절단 제어
> ⓒ 전송 데이터의 에러 제어
> ⓓ 데이터 통신 신호의 변환
> ⓔ 통신회선과 중앙처리장치의 결합
> ⓕ 중앙처리장치와 데이터의 송·수신 제어
> ⓖ 데이터의 교환 및 축적 제어
> ⓗ 회선 접속, 감시 및 전송 에러 제어
> ⓘ 데이터 처리

6. 온-라인 시스템(On-Line System)의 주요 구성 요소가 아닌 것을 모두 고르시오. ( ) _(20.4, 18.상시, 17.상시, 11.4, 04.7, …)_

> ⓐ 단말장치   ⓑ 통신 회선
> ⓒ 중앙연산처리장치   ⓓ 전자교환기
> ⓔ 전송 제어장치   ⓕ 기억장치
> ⓖ 데이터베이스 장치

7. 정보 통신 시스템의 구성 요소 중 컴퓨터(중앙처리장치)는 데이터 전송계에 해당된다. (○, ×) _(22.1, 20.6, 18.상시, 15.상시, 14.상시, 12.상시, 09.9, 08.2, 06.10, 00.10)_

정답 086 **1.** ⓓ, ⓔ **2.** 단말장치 **3.** ⓓ **4.** 통신 제어장치 **5.** ⓓ, ⓖ, ⓘ **6.** ⓒ, ⓓ, ⓕ, ⓖ **7.** ×

일괄 처리 시스템(Batch Processing System)

- 처리할 데이터를 일정 양이나 일정 시간 동안 모아두었다가 한꺼번에 전달하여 처리하고, 처리된 결과 또한 일정 양이나 일정 시간 동안 모아두었다가 전달하는 방식이다.
- 급여 관리, 긴급을 요하지 않는 과학 기술 업무 등에 사용된다.

해설 부분:

3. 정보 통신 시스템은 기본적으로 데이터 전송계(단말장치, 데이터 전송 회선, 통신 제어장치)와 데이터 처리계(컴퓨터)로 구분합니다.

5. ⓓ 신호 변환장치의 기능입니다.
ⓖ 데이터의 교환은 중계장치의 기능이고, 데이터의 축적은 기억장치의 기능입니다.
ⓘ 데이터 처리는 컴퓨터의 중앙처리장치에서 수행하는 기능입니다.

6. 온라인 시스템의 3대 구성 요소에는 단말장치(단말기), 통신 회선(전송 매체), 전송 제어장치가 있습니다.

7. 컴퓨터(중앙처리장치)는 데이터 처리계에 해당합니다.

실시간 처리 시스템(Real Time Processing System)

- 데이터가 발생한 즉시 처리하여 그 결과를 되돌려주는 방식이다.
- 은행 업무, 예약 업무, 각종 조회 업무 등에 사용된다.

거래 처리 (Transaction Processing)	• 발생된 거래 상황을 직접 컴퓨터에 입력하여 처리한 후 그 결과를 바로 전달하는 방식 • 은행의 입·출금 업무, 증명서 발급 업무, 각종 예약 업무 등에 활용
질의/응답 (Inquiry/ Response)	• 중앙의 데이터베이스에 대량의 정보를 저장한 후 필요한 정보를 질의하면 그에 맞는 응답을 즉시 전달하는 방식 • 각종 정보 검색(신용(Credit) 점검, 은행 잔고 검색 등), 주식 시세, 일기 예보 등에 활용
메시지 교환 (Message Switching)	• 단말장치로부터 입력된 데이터를 요구된 특정 단말장치로 전달하는 방식 • 은행의 계좌 이체 업무 등에 활용

시분할 처리 시스템(Time Sharing System)

- 컴퓨터를 사용할 수 있는 시간을 일정하게 쪼개 여러 대의 단말장치가 정해진 시간(Time Slice) 동안 번갈아가며 컴퓨터를 사용하는 방식이다.
- 컴퓨터의 처리 속도가 빨라짐에 따라 가능해진 방식으로, 단말장치가 정해진 시간 동안 컴퓨터를 사용한 후 다시 사용하기까지의 쉬는 시간이 짧아 사용자는 컴퓨터를 혼자 독점하여 사용하는 것처럼 느끼게 된다.
- 단말장치 사용자와 컴퓨터 사이의 정보 전송이 대화하듯이 수행되므로, 대화형 처리 방식이라고도 한다.

21.6, 21.1, 20.10, 20.6, 19.상시, 18.상시, 17.상시, 15.상시, 13.상시, 12.상시, 11.9, 09.1, 07.1, 06.10, …

핵심 087 정보 통신 시스템의 처리 형태

오프라인 시스템(Off-Line System)

- 단말장치와 컴퓨터가 통신 회선으로 직접 연결되어 있지 않은 형태로, 중간에 사람 혹은 기록 매체가 개입된다.
- 자료 입력과 데이터의 처리를 위한 정보 운반을 사람이 직접 수행한다.
- 단말장치와 컴퓨터 사이에 데이터를 임시로 보관할 기록 매체가 필요하다.

온라인 시스템(On-Line System)

- 데이터가 발생한 단말장치와 데이터를 처리할 컴퓨터가 통신 회선을 통해 직접 연결된 형태로, 데이터 송·수신 중간에 사람 혹은 기록 매체가 개입되지 않는다.
- 정보 통신 업무의 대부분을 차지하는 실시간 처리가 요구되는 작업에 주로 사용된다.
- 단말장치, 중앙처리장치, 통신 제어장치, 통신 회선 등으로 구성된다.

1. (　　　　　　　)은 하나의 중앙처리장치에 통신 회선을 통하여 여러 개의 입·출력장치를 항시 연결해서 자료를 처리하는 방식을 말한다. (04.4)

2. 데이터 처리 방식 중 (　　　　　　)은 처리할 데이터를 일정한 시간이 경과하거나 일정한 수준이 되었을 때 일시에 처리하는 방식을 말한다. (21.1, 20.10, 18.상시, 17.상시, 12.상시, …)

3. 자료를 즉시 처리하는 방식은 Batch Processing(일괄 처리)에 해당된다. (○, ×)   (99.3)

4. 리얼 타임 시스템(Real Time System)으로 처리하는데 적절한 업무를 모두 고르시오. (   ) (20.6, 13.상시, 12.상시, 07.1, …)

ⓐ 급여 관리 업무	ⓑ 월간판매 분석
ⓒ 좌석 예약	ⓓ 성적 관리
ⓔ 조회 및 문의 업무	ⓕ 원가 계산 업무

5. 고객명단 자료를 월단위로 묶어 처리하는 업무는 실시간 시스템(Real Time System)으로 처리해야 한다. (○, ×) (05.4, 03.3)

6. 급여 처리 업무는 실시간 처리 시스템으로 처리하기에 적합한 업무이다. (○, ×)   (04.4, 99.10)

7. On-Line System 중에서 항공기나 열차의 좌석 예약, 은행의 예금 업무 등 Data가 발생하였을 때, 그것을 즉시 처리하는 System은 (   )이다. (15.상시, 12.상시, 09.1, 06.10, 03.7, 99.10)

8. 정보의 처리가 가장 신속하도록 구성한 데이터 통신 시스템은 (   )이다.   (18.상시, 03.10)

9. 은행 창구의 거래 상황을 처리해 주는 실시간 처리 시스템의 응용 분야는 (   )이다.   (12.상시, 06.4)

10. 크레디트(Credit) 점검, 은행 잔고 등의 응용 분야는 (   )이다.   (04.7)

11. 단말장치 사용자가 일정한 시간 간격(Time Slice) 동안 CPU를 사용함으로써 단독으로 중앙처리장치를 이용하는 것과 같은 효과를 가지는 시스템은 (   )이다.
(21.6, 19.상시, 18.상시, 13.상시, 07.1, 05.7)

> **해설** **3.** 자료를 즉시 처리하는 방식은 실시간 처리 시스템(Real Time Processing System)을 의미합니다.
>
> **4.** ⓐ, ⓑ, ⓓ, ⓕ는 일괄 처리 시스템으로 처리하기에 적합한 업무입니다.
>
> **5.** 고객명단 자료를 월단위로 묶어 처리하는 업무는 일괄 처리 시스템으로 처리하기에 적합한 업무입니다.
>
> **6.** 급여 처리 업무는 일정량을 모아서 계산해야 하므로 일괄 처리 시스템으로 처리하기에 적합합니다.

22.9, 22.3, 21.6, 21.1, 20.10, 20.6, 20.4, 19.상시, 18.상시, 17.상시, 16.상시, 15.상시, 14.상시, 13.상시, …

핵심 088 유선 매체

전송 선로의 특성

- 1차 정수 : 저항(R), 정전용량(C), 인덕턴스(L), 누설 컨덕턴스(G)

> **잠깐만요 ❶ 무왜곡 전송**
> 송신 측에서 전송한 신호가 일그러짐 없이 수신 측에 수신되는 무왜곡 전송의 조건은 RC = LG입니다.

- 2차 정수 : 감쇠정수, 위상정수, 전파정수, 특성 임피던스

꼬임선(이중 나선)

- 가장 최초로 사용된 통신 선로로 2개의 절연된 구리선을 서로 꼬아 하나의 전송 선로를 구성하며, 여러 쌍(Pair)의 꼬임선들을 하나로 묶어 케이블을 형성한다.
- 구리선을 꼬는 이유는 두 선 사이의 전기적 간섭을 최소화하기 위해서이다.
- 가격이 저렴하고, 설치가 간편하다.
- 거리, 대역폭, 데이터 전송률 면에서 제약이 많다.
- 다른 전기적 신호의 간섭이나 잡음에 영향을 받기가 쉽다.

동축 케이블

- 중심 도체를 플라스틱 절연체를 이용하여 감싸고, 이를 다시 외부 도체를 이용하여 감싸는 형태로 구성된다.
- 꼬임선에 비해 외부 간섭과 누화의 영향이 적다.
- 고주파 특성이 양호하며, 광대역 전송에 적합하다.
- CATV, 근거리 통신망, 장거리 전화 등에 다양하게 사용된다.

광섬유 케이블

- 석영유리를 원료로 하여 제작된 가느다란 광섬유를 여러 가닥 묶어서 케이블의 형태로 만든 것으로, 광 케이블이라고도 한다.
- 데이터를 전기 신호가 아닌 빛으로 바꾸어 빛의 전반사 원리를 이용하여 전송한다.
- 유선 매체 중 가장 빠른 속도와 높은 주파수 대역폭을 제공한다.
- 넓은 대역폭을 제공하므로 데이터의 전송률이 높다.

- 대용량, 장거리 전송이 가능하며, 가늘고 가볍다.
- 도청하기 어려워 보안성이 뛰어나다.
- 광섬유 케이블의 원료인 유리는 절연성이 좋아 전자 유도의 영향을 받지 않으므로(무유도성), 전자기적인 문제가 최소화되어 안정된 통신 및 누화 방지가 가능하다.
- 광통신의 3요소

발광기 (LD;Laser Diode)	전광 변환(전기 에너지 → 빛 에너지), 송신 측 요소
수광기 (PD;Photo Diode)	광전 변환(빛 에너지 → 전기 에너지), 수신 측 요소
광심선(광케이블)	중계부로 석영, 유리로 구성

- 광섬유 케이블의 구성

코어(Core)	빛이 전파되는 영역으로, 클래딩보다 높은 굴절률을 갖음
클래딩 (Cladding), 클래드(Clad)	코어보다 약간 낮은 굴절률을 가지므로 코어의 빛이 외부로 빠져나가지 못하게 하고, 코어를 외부로부터 보호함
재킷(Jacket)	습기, 마모, 파손 등의 위협으로 부터 내부를 보호함

1. 도체 길이(L)는 전송 선로의 전기적인 1차 정수이다. (○, ×)
(20.4, 17.상시, 14.상시, 12.상시, 11.9, 08.2, 06.7, 00.8)

※ 설명에 해당하는 전송 선로를 보기에서 고르시오. (2~4번)

ⓐ 꼬임선(이중 나선)　　ⓑ 동축 케이블　　ⓒ 광섬유 케이블

2. 중앙 내부의 구리 심선과 원통형의 외부 도체로 구성되어 있고 그 사이에는 절연물로 채워져 있으며 주로 CATV용 구내 전송 선로에 이용되는 케이블은 (　　　)이다. (16.상시, 10.7)

3. 가장 넓은 대역폭을 갖는 것은 (　　　)이다.
(20.6, 16.상시, 13.상시, 10.1, 07.9, 07.7)

4. 잡음과 보안에 가장 우수한 것은 (　　　)이다.
(20.10, 19.상시, 16.상시, 10.3, 04.10, 09.9)

5. 다음 보기에서 2차 정수가 아닌 것을 고르시오. (　　　)
(22.9, 22.3)

ⓐ 감쇠 정수　　　　　ⓑ 위상 정수
ⓒ 특성 임피던스　　　ⓓ 누설 컨덕턴스

6. 광통신 방식은 전력 유도가 많다. (○, ×) (14.상시, 08.2, 06.7)

7. 광통신 케이블의 전송 방식은 빛의 (　　　) 성질을 이용한다.
(16.상시, 15.상시, 12.상시, 10.10, 09.9, 06.10, 03.3)

8. 광섬유 케이블은 설치 시 접속과 연결이 매우 용이하다. (○, ×)
(15.상시, 09.3)

9. 광섬유 케이블은 누화량이 많다. (○, ×) (05.10, 01.10)

10. 광섬유 케이블은 동축 케이블에 비해 주파수에 따른 신호 감쇠 및 전송 지연의 변화가 크다. (○, ×) (16.상시, 10.10, 05.1)

11. 광섬유 케이블은 클래딩에 의해 신호의 전송이 이루어진다. (○, ×)
(12.상시, 06.4)

12. 광통신에서 발광기로 주로 사용되는 것은 (　　　)이다.
(15.상시, 13.상시, 12.상시, 09.1, 07.4, 06.1)

13. 광의 전반사와 관련하여 코어와 클래드의 굴절 계수를 비교할 때 코어의 굴절 계수가 클래드의 굴절 계수 보다 크다. (○, ×)
(13.상시, 07.7, 05.4)

14. 광섬유 케이블에서 빛이 통과하는 주 통로는 (　　　)이다.
(18.상시, 13.상시, 07.1)

15. 광섬유 케이블에서 발생하는 주 손실은 유전체 손실이다. (○, ×)
(18.상시, 16.상시, 13.상시, 10.7, 07.4)

16. 전송 선로의 무왜곡 조건은 (　　　) = (　　　)이다.
(단 R : 저항, C : 정전 용량, G : 누설컨덕턴스, L : 인덕턴스)
(18.상시, 17.상시, 11.9, 08.2)

해설 1. 전송 선로의 1차 정수는 저항(R), 정전용량(C), 인덕턴스(L), 누설 컨덕턴스(G) 입니다.

5. 누설 컨덕턴스는 전송 선로의 1차 정수입니다.

6. 광섬유 케이블의 원료인 유리는 절연성이 좋아 전자 유도의 영향을 받지 않습니다(무유도성).

8. 광섬유 케이블 간의 접속과 연결을 위해서는 별도의 기술과 장비가 필요하므로 작업이 어렵습니다.

9. 광섬유 케이블은 전자 유도의 영향을 받지 않아 전자기적인 문제가 최소화되므로 누화를 방지할 수 있습니다.

10. 광섬유 케이블은 다른 전송매체에 비해 신호 감쇠나 전송 지연 정도가 낮습니다.

11. 클래딩은 신호를 전송하는 코어의 빛이 외부로 빠져나가지 못하게 보호하는 역할을 합니다. 실질적인 신호의 전송은 코어(Core)를 통해 이루어집니다.

15. 광섬유 케이블의 원료인 유리는 절연성이 좋아 전자 유도와 같은 유전체 손실이 발생하지 않습니다.

정답 088 1. ×　2. ⓑ　3. ⓒ　4. ⓒ　5. ⓓ　6. ×　7. 전반사　8. ×　9. ×　10. ×　11. ×
12. 레이저 다이오드(LD)　13. ○　14. 코어(Core)　15. ×　16. RC, LG

4과목 정보 통신 일반 **83**

040160

핵심 089 통신 속도 / 통신 용량

변조 속도

- 1초 동안 몇 개의 신호 변화가 있었는가를 나타내는 것으로, 단위는 Baud를 사용한다.
- 1개의 신호가 변조되는 시간을 T초라고 할 때 변조 속도는 Baud = 1/T이다.

신호 속도

- 신호 속도는 1초 동안 전송 가능한 비트의 수를 나타내는 것으로, 단위는 Bps(bit/sec)를 사용한다. 예를 들어, 2.4Kbps는 1초에 2,400개의 비트를 전송한다는 의미이다.
- 데이터 신호 속도는 다음과 같이 구할 수 있다.

> 데이터 신호 속도(Bps) = 변조 속도(Baud) × 변조 시 상태 변화 수

- 데이터 신호 속도의 계산식에 의해 변조 속도를 다음과 같이 구할 수 있다.

> 변조 속도(Baud) = 데이터 신호 속도(Bps) / 변조 시 상태 변화 수

- 변조 시 상태 변화 수가 1Bit인 경우에는 Bps와 Baud가 같다.
- 변조 시 상태 변화 수 : 모노비트(Monobit) = 1비트, 디비트(Dibit) = 2비트, 트리비트(Tribit) = 3비트, 쿼드비트(Quadbit) = 4비트

전송 속도

- 단위 시간에 전송되는 데이터의 양(문자, 블록, 비트, 단어 수 등)을 나타낸다.
- 단위는 특별히 정해진 것은 없으나 보통 문자/초(분, 시간), 블록/초(분, 시간), 단어/초(분, 시간), 비트/초(분, 시간) 등과 같은 형식으로 나타낸다.

통신 용량

- 샤논(Shannon)의 정의

> C = Wlog₂(1+S/N)[bps]

- C : 통신 용량
- W : 대역폭(대역폭이 'Band Width'이므로 'W' 대신 'B'로도 사용)
- S : 신호 전력
- N : 잡음 전력

- 전송로의 통신 용량을 늘리기 위한 방법
  - 주파수 대역폭을 늘린다.
  - 신호 세력을 높인다.
  - 잡음 세력을 줄인다.

---

1. 1,200보(Baud)이며 트리비트(Tribit)를 사용하는 경우 통신 속도는 (   ) bps이다. (22.9, 22.3, 21.4, 21.1, 20.10, 19.상시, 18.상시, …)

2. 4위상 변조를 하여 데이터를 전송하는데 신호의 전송 속도가 60보오(baud)라 할 때 이것을 bps 속도로 나타내면 (   ) bps이다. (22.9, 22.6, 20.4, 04.2, 02.7)

3. 50보(Baud) 속도로 송신할 경우 1초 간 송신되는 최단 펄스의 수는 (   )이다. (21.6, 20.6, 17.상시, 11.2, 04.7, 99.3)

4. 위상이 일정하고 진폭이 0[V]와 5[V] 2가지 변화를 통해 신호를 1,200보오[Baud]의 속도로 전송할 때 매초 당 비트수는 (   ) bps이다. (20.2, 05.4, 03.10)

5. 데이터 통신에 있어서 전송 속도의 표준 기본 단위로 1초에 전송되는 비트의 수를 나타내는 전송 속도의 단위는 (   )이다. (21.6, 17.상시, 16.상시, 11.2, 10.10, 04.4)

6. 데이터 통신에서 변조 속도를 표시하는 단위는 (   )이다. (20.2, 13.상시, 07.9)

7. 통신 속도가 50(Baud)일 때 1개의 신호가 변조되는 시간을 의미하는 최단 부호 펄스 시간(T)은 (   ) ms이다. (22.1)

8. 스타트 비트가 1개, 스톱 비트가 2개, 패리티 비트가 1개 그리고 데이터 비트가 7개인 ASCII 코드에서 110bps로 전송될 때 초당 전송되는 글자 수는 (   )자이다. (01.4)

9. 동기 속도는 통신 속도의 표현 방법 중 하나이다. (○ , ×) (02.4)

10. 다음은 잡음이 있는 통신 채널의 통신 용량을 계산하는 식이다. 물음에 맞는 기호를 써 넣으시오. (18.상시)

> C = Blog₂(1+S/N)

① 신호 전력 : (   )
② 대역폭 : (   )
③ 잡음 전력 : (   )
④ 통신 용량 : (   )

11. 신호대잡음비(S/N)가 31이고 대역폭이 10[Hz]라면 통신 용량은 (   )bps이다. (18.상시)

정답 089 **1.** 3,600 **2.** 120 **3.** 50 **4.** 1,200 **5.** bps **6.** Baud **7.** 20 **8.** 10 **9.** ×
10. ① – S, ② – B, ③ – N, ④ – C **11.** 50

해설 **1.** 'bps = 변조 속도(Baud) × 변조 시 상태 변화 수'이고, 트리비트(Tribit)는 3비트를 의미하므로 1,200 × 3 = 3,600bps입니다.

2. 4위상이란 2^2, 즉 진수 2비트로 표현 가능한 수이므로 변조 시 상태 변화 수는 2Bit입니다. bps = 60 × 2 = 120bps입니다.

3. 변조 속도는 1초 동안 몇 개의 신호 변화가 있었는가를 나타내는 것으로 단위는 Baud입니다. 50보오(Baud)라는 것은 1초간 50번의 신호 변화가 있었다는 것이므로 펄스의 수는 50입니다.

4. 진폭만 두 가지로 변한다는 것은 상태 변화에 사용되는 비트 수가 1(2 = 2^1)이라는 의미입니다. 상태 변화수가 1Bit인 경우에는 bps와 Baud가 같습니다.

7. 1개의 신호가 변조되는 시간을 T초라고 할 때 변조 속도 Baud = 1/T입니다. 문제에서 통신 속도가 50Baud라고 하였으므로 T는 $\frac{1}{50}$ = 0.02가 되고, 속도의 단위가 ms(1/1000초)이므로 T는 0.02 × 1000 = 20ms가 됩니다.

8. 스타트 비트가 1개, 스톱 비트가 2개, 패리티 비트가 1개 그리고 데이터 비트가 7개인 ASCII 코드는 총 11비트로 한 글자가 구성된다는 의미입니다. 전송 속도가 110bps라는 것은 1초에 110비트를 전송한다는 것이므로 110/11, 즉 1초에 10자를 전송할 수 있습니다.

9. 동기 속도는 통신 속도의 표현 방법이 아닙니다. 통신 속도의 표현 방법에는 변조 속도, 신호 속도, 전송 속도가 있습니다.

11. 통신 용량(C) = W · $\log_2$(1+S/N)이므로
- 신호대잡음비(S/N) = 31
- C = 10 · $\log_2$(32)
- C = 10 · 5 ← $\log_2 32$ = 5
- C = 50

1. 데이터 전송 방식 중에서 양방향 동시 전송이 가능한 통신 방식은 (　　　　)이다. (19.상시, 15.상시, 09.3, 03.10, 02.7, 01.10, …)

2. 정보 통신 신호의 전송이 양쪽에서 가능하나 동시 전송은 불가능하고 한쪽 방향으로만 전송이 교대로 이루어지는 통신 방식은 (　　　　)이다. (21.1, 20.2, 17.상시, 05.1, 03.3, 03.1, 02.10, 00.3)

3. 이용자가 많아 통신량이 많은 정보 전송 회선인 경우 가장 효율적인 통신 방식은 (　　　　)이다. (14.상시, 02.4)

4. 기차가 한 개의 철로 위를 왕복하는 단선 철도가 있을 경우에 해당하는 데이터 전송 방식은 (　　　　)이다. (00.8)

5. 단말기에서 메시지(Message) 출력 중 동시에 호스트 컴퓨터로부터 입력 신호를 받아들일 수 있는 방식은 (　　　　)이다. (16.상시, 10.1)

21.10, 21.4, 20.10, 19.상시, 18.상시, 17.상시, 15.상시, 14.상시, 13.상시, 12.상시, 11.7, 11.4, 11.2, 09.3, 08.2, …

핵심 **091** 신호 변환 방식 – 디지털 변조

디지털 변조란 디지털 데이터를 아날로그 신호로 변환하는 것을 의미하며, 모뎀(MODEM)을 이용한다.

진폭 편이 변조 (ASK; Amplitude Shift Keying)	• 진폭 편이 변조는 2진수 0과 1을 서로 다른 진폭의 신호로 변조하는 방식임 • 진폭 편이 변조 방식을 사용하는 모뎀은 구조가 간단하고, 가격이 저렴함 • 신호 변동과 잡음에 약하여 데이터 전송용으로는 거의 사용되지 않음
주파수 편이 변조 (FSK; Frequency Shift Keying)	• 주파수 편이 변조는 2진수 0과 1을 서로 다른 주파수로 변조하는 방식임 • 1,200pps 이하의 저속도 비동기식 모뎀에서 사용됨 • 주파수 편이 변조 방식을 사용하는 모뎀은 구조가 간단하고, 신호 변동과 잡음에도 강함 • 대역폭을 넓게 차지함 • 주파수 변조 지수 = 최대 주파수 편이 / 변조 신호 주파수
위상 편이 변조 (PSK; Phase Shift Keying)	• 위상 편이 변조는 2진수 0과 1을 서로 다른 위상을 갖는 신호로 변조하는 방식임 • 한 위상에 1비트(2위상), 2비트(4위상), 또는 3비트(8위상)를 대응시켜 전송하므로, 속도를 증가시킬 수 있음 • 중·고속의 동기식 모뎀에 많이 사용함 • 종류 : 2위상 편이 변조(DPSK), 4위상 편이 변조(QPSK, QDPSK), 8위상 편이 변조(ODPSK)

21.1, 20.2, 19.상시, 17.상시, 16.상시, 15.상시, 14.상시, 10.1, 09.3, 05.1, 03.10, 03.3, 03.1, 02.10, 02.7, …

핵심 **090** 통신 방식

단방향(Simplex) 통신	한쪽 방향으로만 전송이 가능한 방식 예 라디오, TV
반이중(Half-Duplex) 통신	• 양방향 전송이 가능하지만 동시에 양쪽 방향에서 전송할 수 없는 방식 • 2선식 선로를 사용하여 송신과 수신을 번갈아 전송 예 무전기, 모뎀을 이용한 데이터 통신
전이중(Full-Duplex) 통신	• 동시에 양방향 전송이 가능한 방식 • 4선식 선로를 사용하며, 주파수 분할을 이용할 경우 2선식도 가능 • 전송량이 많고, 전송 매체의 용량이 클 때 사용 예 전화, 전용선을 이용한 데이터 통신

정답 **090** **1.** 전이중(Full Duplex) 방식 **2.** 반이중(Half Duplex) 방식 **3.** 전이중(Full Duplex) 방식 **4.** 반이중(Half Duplex) 방식 **5.** 전이중(Full Duplex) 방식

4과목 정보 통신 일반 85

직교 진폭 변조, 진폭 위상 변조 (QAM; Quadrature Amplitude Modulation)	• 진폭과 위상을 상호 변환하여 신호를 얻는 변조 방식임 • 제한된 전송 대역 내에서 고속 전송이 가능함 (9,600bps)

1. 100[MHz]의 반송파를 최대 주파수 편이가 60[KHz]이고, 신호파 주파수가 10[KHz]로 FM 변조하였을 때 변조 지수(mt)는 ( )이다. (17.상시, 11.4, 11.2)

2. 1200bps 이하의 저속 비동기 변복조장치에서 주로 이용되는 변조 방식은 ( )이다. (17.상시, 11.4, 01.1)

3. 변조 방식이 아닌 것을 모두 고르시오. ( )

(15.상시, 14.상시, 13.상시, 09.3, 08.2, 07.7, 07.4)

> ⓐ 진폭 편이 변조 ⓑ 주파수 편이 변조
> ⓒ 위상 편이 변조 ⓓ 멀티포인트 변조
> ⓔ 평균전압 편이 변조

4. 진폭과 위상을 변화시켜 정보를 전달하는 디지털 변조 방식은 ( )이다. (21.4, 18.상시, 12.상시, 06.4, 03.10)

5. 반송파 주파수의 위상을 한 개 이상의 bit 조합에 일대일로 대응시켜서 보내는 디지털 변조 방식은 ( )이다. (02.7)

6. 변조 방식 중 반송파로 사용하는 정현파의 진폭에 정보를 실어 보내는 디지털 변조 방식은 ( )이다. (05.1)

7. 4상 위상 변조는 1회의 변조로 ( ) 종류의 상태를 나타내며, 최대 ( ) 비트를 전송할 수 있다. (20.10, 19.상시, …)

8. 8진 PSK 방식은 2진 PSK 방식에 비해 전송 속도가 ( )배 빠르다. (18.상시)

> 해설 **1.** 주파수 변조 지수는 최대 주파수 편이를 변조 신호 주파수로 나눈 값이므로 주파수 변조 지수 = 60 / 10 = 6입니다.
>
> **3.** 멀티포인트 변조나 평균전압 편이 변조라는 변조 방식은 없습니다.
>
> **7.** 4상 위상이란 서로 다른 위상이 4개라는 것으로, 2비트(2^2=4)로 표현 가능하며, 1회의 변조로 4 종류의 상태를 나타낼 수 있습니다.
>
> **8.** 8진 PSK 방식은 한 위상에 3비트(8위상)를 2진 PSK 방식은 한 위상에 1비트(2위상)를 실어보낼 수 있으므로 8진 PSK 방식은 2진 PSK 방식에 비해 3배 빠른 전송이 가능하다고 할 수 있습니다.

핵심 092 신호 변환 방식 – 펄스 코드 변조(PCM)

• 화상, 음성, 동영상 비디오, 가상 현실 등과 같이 연속적인 시간과 진폭을 가진 아날로그 데이터를 디지털 신호로 변환하는 것으로, 코덱(CODEC)을 이용한다.

• 누화의 영향을 거의 받지 않는다.

• 레벨 변동이 거의 없다.

• 점유 주파수 대역폭이 크다.

• 펄스 코드 변조(PCM) 순서 : 표본화 → 양자화 → 부호화 → 복호화 → 여과화

표본화 (Sampling)	• 음성, 영상 등의 연속적인 신호 파형을 일정 시간 간격으로 검출하는 단계로, 샤논의 표본화 이론을 바탕으로 함 • 샤논(나이키스트)의 표본화 이론 : 어떤 신호 $f_{(t)}$가 의미를 지니는 최고의 주파수보다 2배 이상의 속도로 균일한 시간 간격 동안 채집된다면, 이 채집된 데이터는 원래의 신호가 가진 모든 정보를 포함함
양자화 (Quantizing)	• 표본화된 PAM 신호를 유한 개의 부호에 대한 대표값으로 조정하는 과정 • 양자화 잡음 : 표본 측정값과 양자화 파형의 오차를 말하는 것으로, 주로 PCM 단국 장치에서 발생함 • 양자화 레벨 : PAM 신호를 부호화할 때 2진수로 표현할 수 있는 레벨(단계)을 말함
부호화 (Encoding)	양자화된 PCM 펄스의 진폭 크기를 2진수(1과 0)로 표시하는 과정
복호화 (Decoding)	수신된 디지털 신호, 즉 PCM 신호를 PAM 신호로 되돌리는 단계
여과화 (Filtering)	PAM 신호를 원래의 입력 신호인 아날로그 신호로 복원하는 과정

1. PCM 방식의 특징이 아닌 것을 모두 고르시오. ( )

(13.상시, 07.9, 05.7, 01.7, 01.4)

> ⓐ 누화의 영향을 거의 받지 않는다.
> ⓑ 레벨 변동이 적다.
> ⓒ 펄스 코드 변조 방식이다.
> ⓓ 협대역 주파수가 점유된다.
> ⓔ 양자화 잡음이 있다.
> ⓕ 아날로그 통신 방식이다.

2. PCM(Pulse Code Modulation)의 과정을 순서대로 나열하시오. (21.10, 21.6, 21.4, 20.10, 20.6, 20.2, 19.상시, 18.상시, 17.상시, 15.상시, …)

정답 091 **1.** 6 **2.** 주파수 편이 변조(FSK) **3.** ⓓ, ⓔ **4.** 직교 진폭 변조(QAM) **5.** 위상 편이 변조(PSK) **6.** 진폭 편이 변조(ASK) **7.** 4, 2 **8.** 3 092 **1.** ⓓ, ⓕ **2.** 표본화, 양자화, 부호화, 복호화, 여과화

( ) → ( ) → ( ) → ( ) → ( )

3. 디지털 통신 방식의 양자화 과정과 가장 관계가 깊은 신호 변조 방식은 PCM이다. (○, ×) (12.상시, 06.7)

4. 연속적인 신호 파형에서 최고 주파수가 W[Hz]일 때 나이키스트 표본화 주기는 ( )이다. (19.상시, 17.상시, 11.4)

5. PCM 통신 방식에서 PAM 신호를 허용된 몇 단계의 레벨 값으로 근사화 시키는 과정은 ( )이다. (16.상시, 10.1)

6. PCM 과정 중 표본화된 대표값을 수치화하는 과정은 ( )이다. (18.상시)

> **해설** **1.** ⓓ 펄스 코드 변조(PCM) 방식은 점유 주파수 대역폭이 큽니다.
> ⓕ 펄스 코드 변조(PCM) 방식은 아날로그 데이터를 디지털 신호로 변환하는 것으로, 전송되는 데이터가 디지털인 디지털 통신 방식입니다.
> **4.** 나이키스트의 표본화 이론은 어떤 신호가 의미를 지니는 최고의 수파수보다 2배 이상의 속도로 균일한 시간 간격 동안 채집된다면, 이 채집된 데이터는 원래의 신호가 가진 모든 정보를 포함한다는 이론입니다.

16.상시, 14.상시, 12.상시, 10.7, 04.10, 02.1, 00.3, 99.3
핵심 093 전송 제어 절차

전송 제어(Transmission Control)는 정확하고 원활한 데이터의 흐름을 위해 송·수신 측 간의 상호 확인 및 사전 처리를 수행하는 것을 말한다.

전송 제어 절차

데이터 통신 회선의 접속	통신 회선과 단말기를 물리적으로 접속하는 단계
데이터 링크의 설정(확립)	접속된 통신 회선상에서 송·수신 측 간의 확실한 데이터 전송을 수행하기 위해 논리적 경로를 구성하는 단계
정보 메시지 전송	설정된 데이터 링크를 통해 데이터를 수신 측에 전송하는 단계
데이터 링크 종결	송·수신 측 간의 논리적 경로를 절단(해제)하는 단계
데이터 통신 회선의 절단	통신 회선과 단말기 간의 물리적 접속을 절단(해제)하는 단계

1. 데이터 전송 시 상호 확인 및 사전 처리를 하는 기능을 ( )라고 한다. (12.상시, 00.3)

2. 다음 제어 절차를 순서대로 나열하시오. (16.상시, 14.상시, 10.7, 04.10, 02.1, 99.3)

( ) → ( ) → ( ) → ( ) → ( )

ⓐ 회선 연결	ⓑ 링크 확립
ⓒ 회선 단절	ⓓ 메시지 전달
ⓔ 링크 단절	

16.상시, 14.상시, 12.상시, 10.1, 08.10, 06.4, 04.7, 03.1
핵심 094 전송 제어 문자

SYN(SYNchronous idle)	문자 동기
SOH(Start Of Heading)	헤딩의 시작
STX(Start of TeXt)	본문의 시작 및 헤딩의 종료
ETX(End of TeXt)	본문의 종료
ETB(End of Transmission Block)	블록의 종료
EOT(End Of Transmission)	전송 종료 및 데이터 링크의 해제
ENQ(ENQuiry)	상대편에 데이터 링크 설정 및 응답 요구
DLE(Data Link Escape)	전송 제어 문자 앞에 삽입하여 전송 제어 문자임을 알림
ACK(ACKnowlege)	수신된 메시지에 대한 긍정 응답
NAK(Negative AcKnowlege)	수신된 메시지에 대한 부정 응답

1. 전송 제어 문자 중 오류 검출 결과 정확한 정보를 수신하였음을 나타내는 문자는 ( )이다. (12.상시, 06.4, 03.1)

2. 헤딩과 텍스트로 이루어진 정보 메시지가 3개의 블록으로 분할되어 전송될 경우 최종 블록에 들어갈 전송 제어 문자는 ( )이다. (16.상시, 10.1, 04.7)

3. 전송 제어 문자 중 문자의 동기를 의미하는 문자는 DLE이다. (○, ×) (14.상시, 08.10)

해설 **2.** 헤딩과 텍스트로 이루어진 정보 메시지가 3개의 블록으로 분할되어 전송된다는 것은 텍스트가 3개의 블록으로 나뉘어져 전송된다는 의미입니다. 이런 경우 첫 번째 블록에는 텍스트(본문)가 시작된다는 것을 알리기 위한 STX가, 마지막 블록에는 텍스트(본문)가 종료된다는 것을 알리기 위한 ETX가 포함되어야 합니다.

3. DLE는 전송 제어 문자 앞에 삽입하여 전송 제어 문자임을 알리는 문자입니다. 문자의 동기를 의미하는 문자는 SYN입니다.

3. 내부 잡음에 해당하는 것을 고르시오. (   ) (15.상시, 09.7)

> ⓐ 열 잡음
> ⓑ 충격성 잡음
> ⓒ 누화 잡음
> ⓓ 우주 잡음

해설 **3.** 열 잡음은 전송 매체 내부 온도에 따라 전자의 운동량이 변화함으로써 생기는 잡음으로, 백색 잡음이라고도 합니다.

22.3, 21.1, 18.상시, 16.상시, 15.상시, 10.3, 10.1, 09.7, 09.1, 05.7, 04.4, 03.1, 00.3, 99.10, 99.7

핵심 **095** 오류 발생 원인

감쇠(Attenuation)	전송 신호 세력이 전송 매체를 통과하는 과정에서 거리에 따라 약해지는 현상
지연 왜곡 (Delay Distortion)	하나의 전송 매체를 통해 여러 신호를 전달했을 때 주파수에 따라 그 속도가 달라짐으로써 생기는 오류
백색 잡음 (White Noise)	전송 매체 내부에서 온도에 따라 전자의 운동량이 변화함으로써 생기는 잡음으로 열잡음이라고도 함
누화 잡음 = 혼선 (Cross Talk Noise)	인접한 전송 매체의 전자기적 결합에 의해 다른 회선에 영향을 주는 상호 유도 작용에 의해 생기는 잡음
충격성 잡음 (Impulse Noise)	• 회선 접촉 같은 외부적 충격 또는 통신 시스템의 결함이나 파손 등의 기계적인 충격에 의해 생기는 잡음 • 순간적으로 일어나는 높은 진폭의 잡음으로, 비연속적이고 불규칙적인 진폭을 갖음 • 디지털 데이터를 전송하는 경우 중요한 오류 발생의 요인이 됨
위상 지터 잡음 (Phase Jitter Noise)	전송 네트워크에서 전송 신호의 위상이 연속적으로 일그러지는 현상
위상 히트 잡음 (Phase Hit Noise)	전송 네트워크에서 전송 신호의 위상이 불연속적으로 순간 변화가 일어나는 현상

1. 데이터 통신에서 회선 접촉 불량에 의해서 주로 생기는 것으로 순간적으로 일어나는 높은 진폭의 잡음은 (   )이다.
(22.3, 21.1, 16.상시, 15.상시, 10.1, 09.1, 04.4, 03.1, 00.3, 99.10, 99.7)

2. (   )는 전자, 정전 결합 등 전기적 결합에 의하여 서로 다른 회선에 영향을 주는 현상을 말한다. (18.상시, 16.상시, 10.3, 05.7)

22.9, 22.3, 20.2, 17.상시, 16.상시, 15.상시, 14.상시, 11.7, 10.7, 09.3, 09.1, 08.3, 05.4, 01.7

핵심 **096** 자동 반복 요청(ARQ)

• 오류 발생 시 수신 측은 오류 발생을 송신 측에 통보하고, 송신 측은 오류 발생 블록을 재전송하는 모든 절차를 의미한다.

• ARQ 방식은 에러 검출 방식으로 체크섬, 패리티 검사, CRC 등을 사용한다.

정지-대기 (Stop-and-Wait) ARQ	• 송신 측에서 한 개의 블록을 전송한 후 수신 측으로부터 응답을 기다리는 방식 • 구현 방법은 단순하지만, 전송 효율이 떨어짐
연속 (Continuous) ARQ	• 연속적으로 데이터 블록을 보내는 방식 • Go-Back-N ARQ : 오류가 발생한 블록 이후의 모든 블록을 재전송함 • 선택적 재전송(Selective Repeat) ARQ : 오류가 발생한 블록만을 재전송하는 방식으로, 수신 측에서 데이터를 처리하기 전에 원래 순서대로 조립해야 하므로, 더 복잡한 논리회로와 큰 용량의 버퍼가 필요함
적응적 (Adaptive) ARQ	• 데이터 블록의 길이를 채널의 상태에 따라 그때그때 동적으로 변경하는 방식으로, 전송 효율이 제일 좋음 • 제어회로가 복잡하고, 비용이 많이 들어 현재는 거의 사용되지 않음

정답 095 1. 충격성 잡음 2. 누화 3. ⓐ

1. 에러를 검출하여 재전송을 요구하는 방식을 (   )라
한다. (17.상시, 11.7)

2. ARQ 방식에 속하지 않는 것을 모두 고르시오. (   )
(22.9, 22.3, 15.상시, 14.상시, 09.3, 09.1, 08.3)

> ⓐ 전진오류수정(FEC)
> ⓑ Stop-and-Wait ARQ
> ⓒ 적응적(Adaptive) ARQ
> ⓓ Go-Back-N ARQ
> ⓔ 연속적(Continuous) ARQ
> ⓕ 이산적(Discrete) ARQ
> ⓖ 선택적 재전송 ARQ

3. 송신측에서 한 개의 블록을 전송한 다음 수신측이 에러의
발생을 점검한 후 'ACK'나 'NAK'를 보내올 때까지 기다리는 방
식은 (   )이다. (16.상시, 10.7, 01.7)

4. 에러를 검출한 후 재전송(ARQ)하는 방식은 반드시 패리티
검사 코드를 이용하여 에러를 검출한다. (○, ×) (20.2, 05.4)

> **해설** **4.** ARQ 방식은 에러 검출 방식으로 체크섬, 패리티 검사,
> CRC 등을 사용합니다. 즉 반드시 패리티 검사 코드를 이용하는 것
> 은 아닙니다.

22.3, 21.10, 19.상시, 18.상시, 17.상시, 16.상시, 13.상시, 11.7, 11.4, 10.1, 07.1, 03.7, 02.10, 02.1, 01.1, …

핵심 097 오류 검출 방식

패리티(Parity) 검사	• 전송 비트들 중 값이 1인 비트의 개수가 짝수 또는 홀수가 되도록 패리티 비트를 부여함 – 짝수(우수) 패리티 : 각 전송 비트 내에 1의 개수가 짝수가 되도록 하는 것으로, 주로 비동기식 전송에 사용 – 홀수(기수) 패리티 : 각 전송 비트 내에 1의 개수가 홀수가 되도록 하는 것으로, 주로 동기식 전송에 사용 • 가장 간단한 방식이지만, 2개의 비트에 오류가 동시에 발생하면 검출이 불가능함 • 오류를 검출만 할 수 있고, 수정은 하지 못함

해밍 코드 (Hamming Code) 방식	• 수신 측에서 오류가 발생한 비트를 검출한 후 직접 수정하는 방식 • 오류 검출은 물론 스스로 수정까지 하므로 자기 정정 부호라고도 함 • 1비트의 오류만 수정이 가능하며, 정보 비트 외에 잉여 비트가 많이 필요함 • 전송 비트 중 1, 2, 4, 8, 16, 32, 64, … , 2^n번째를 오류 검출을 위한 패리티 비트로 사용하며, 이 비트의 위치는 변하지 않음 • 송신한 데이터와 수신한 데이터의 각 대응하는 비트 중 서로 다른 비트의 수를 해밍 거리(Hamming Distance)라고 함 • 정정 가능한 최대 오류의 수 : dmin $\geq$ 2tc+1(dmin : 최소 해밍 거리, tc : 정정 가능 오류 수)

---

1. 에러(Error)를 검출하기 위하여 1개의 체크 비트(Check Bit)
를 가지는데 이것을 (   )라고 한다. (13.상시, 07.1, 03.7, 02.10)

2. 패리티 검사 방식은 전송 중 짝수개의 에러 비트가 발생해
도 에러 검출이 가능하다. (○, ×) (17.상시, 11.7)

3. 우수 패리티 체크 방식은 1개의 블록 내에서 수평에 대한 1
의 개수가 (   )가 되도록 한다. (02.1)

4. Parity Bit는 정보 표현의 단위에 여유를 두기 위한 방법이다.
(○, ×) (99.10)

5. 오류 검출 및 정정이 가능한 코드는 (   )이다.
(22.3, 19.상시, 16.상시, 10.1, 01.1, 99.10)

6. 전송하려는 부호어들의 최소 해밍거리가 6일 때 수신 시 정
정할 수 있는 최대 오류의 수는 (   )이다.
(21.10, 18.상시, 17.상시, 11.4)

7. 해밍코드에서 정보 비트가 3개이면 해밍 부호화 할 때 요구
되는 해밍 비트(패리티 비트)의 수는 (   )개이다. (00.10)

8. 패리티 검사를 수행하면 전송 신뢰를 높일 수 있다. (○, ×)
(18.상시, 11.7)

> **해설** **2.** 패리티 검사는 1의 개수가 홀수인지 짝수인지를 판별하는
> 것이기 때문에 짝수개의 비트에 오류가 발생하면 1의 개수에 대한
> 홀짝이 그대로 유지되므로 검출이 불가능합니다.
>
> **4.** 패리티 비트는 정보 표현의 단위에 여유를 두기 위해 사용하는
> 것이 아니라 에러를 검출하기 위해 사용합니다.
>
> **6.** 정정할 수 있는 최대 오류의 수는 다음의 공식을 이용해 계산할
> 수 있습니다.
> dmin $\geq$ 2tc + 1(dmin : 최소 해밍 거리, tc : 정정 가능 오류 수)
> 6 $\geq$ 2tc + 1
> 6 - 1 $\geq$ 2tc
> 5 $\geq$ 2tc

정답 096 **1.** 자동 반복 요청(ARQ) **2.** ⓐ, ⓕ **3.** 전자-대기(Stop-and-Wait) ARQ **4.** ×
097 **1.** 패리티 비트(Parity Bit) **2.** × **3.** 짝수 **4.** × **5.** 해밍 코드(Hamming Code) **6.** 2.5 **7.** 3 **8.** ○

4과목 정보 통신 일반   89

5/2)= tc

∴ 2.5)= tc 이므로 최대 오류의 수는 2.5입니다.

7. 해밍코드에서 패리티 비트의 위치는 1, 2, 4, 8, … 2ⁿ번째 위치하므로 정보 비트가 3개인 경우 다음과 같이 패리티 비트가 사용됩니다.

P1	P2	D	P3	D	D

(P : 패리티 비트, D : 정보 비트)

22.6, 18.상시, 15.상시, 14.상시, 13.상시, 12.상시, 09.9, 09.7, 08.10, 07.4, 06.10, 05.10, 05.7, 04.4, …

핵심 098 DTE / DCE 접속 규격

- **단말장치(DTE; Data Terminal Equipment)**
  - 통신 시스템과 사용자의 접점에 위치하여 컴퓨터 (Host)에 의해 처리될 데이터를 입력하거나 처리된 결과를 출력하는 기능을 한다.
  - 원격지에 설치된 입·출력장치이다.
- **DTE/DCE** 접속 규격이란 단말장치(DTE)와 회선 종단장치(DCE) 간의 접속을 정확하게 수행하기 위한 기계적, 전기적, 기능적, 절차적 조건을 사전에 정의해 놓은 규격으로, OSI 참조 모델의 물리 계층에 관계된다.
- **DTE와 DCE 접속 특성**
  - DTE/DCE 접속 규격은 기계적, 전기적, 기능적, 절차적 특성을 고려하여 수행되어야 한다.
  - 기계적 특성 : 접속 핀의 크기, 개수, 핀 사이의 간격 등에 관한 물리적 특성
  - 전기적 특성 : 전압 레벨의 사용에 관한 특성
  - 기능적 특성 : 각 핀마다 설정할 기능에 대한 특성
  - 절차적 특성 : 신호의 전송 절차 등에 관한 특성
- **접속 규격 표준안**

ITU-T	V 시리즈	• 공중 전화 교환망(PSTN)과 같은 아날로그 통신망을 통한 DTE/DCE 접속 규격 • V.24 : 기능적, 절차적 조건에 대한 규정 • V.28 : 전기적 조건에 대한 규정
	X 시리즈	• 공중 데이터 교환망(PSDN)과 같은 디지털 통신망을 통한 DTE/DCE 접속 규격 • X.20 : 비동기식 전송을 위한 DTE/DCE 접속 규격 • X.21 : 동기식 전송을 위한 DTE/DCE 접속 규격 • X.25 : 패킷 전송을 위한 DTE/DCE 접속 규격
EIA	RS-232C	• 공중 전화 교환망(PSTN)을 통한 DTE/DCE 접속 규격 • V.24, V.28, ISO 2110을 사용하는 접속 규격과 기능적으로 호환성을 가지며, 현재 가장 많이 사용됨
	RS-449	• 고속 데이터 통신을 위한 DTE/DCE 접속 규격 • RS-232C의 단점을 보완하기 위한 새로운 표준 • 거리에 제한이 없고, RS-232C에 비해 속도가 빠름
ISO	ISO 2110	• 공중 전화 교환망(PSTN)을 통한 DTE/DCE 접속 규격 • 주로 기계적 조건에 대한 규정임

1. 정보 통신 시스템에서 원격지에 설치된 입출력 장치로, 최종적으로 데이터를 보내거나 받는 기능을 수행하는 것은 (   )이다. (22.6, 18.상시, 15.상시, 13.상시, 09.9, 09.7, 07.4, 05.10, …)

2. ITU-T 권고안에서 아날로그 전화 통신망을 이용한 프로토콜 시리즈는 (   ) 시리즈이다. (12.상시, 06.10, 04.4)

3. ITU-T X 시리즈 권고안 중 공중 데이터 네트워크에서 패킷형 터미널을 위한 DCE와 DTE 사이의 접속 규격은 (   )이다. (05.7)

4. DTE/DCE 접속 규격에 관한 특성 4가지는 (   ) 특성, (   ) 특성, (   ) 특성, (   ) 특성이다. (15.상시, 09.7)

5. EIA의 RS-232C 접속 방법과 같은 내용을 기술한 ITU-T의 권고안은 (   )와 V.280이다. (14.상시, 08.10, 03.10, 01.10)

정답 098 **1.** 단말장치 **2.** V **3.** X.25 **4.** 기계적, 전기적, 기능적, 절차적 **5.** V.24

핵심 099 RS-232C

- DTE와 DCE(모뎀, 음향 결합기 등) 사이의 접속 규격으로는 RS-232C가 가장 많이 이용된다.
- 25핀으로 구성된 커넥터로 전송 거리는 15m 이하이다.
- OSI 참조 모델의 물리 계층에 관계된다.
- 주요 핀의 기능

핀 번호	핀 이름	기능
1	FG(Frame Ground)	보호용 접지 회로
2	TXD(Transmitted Data)	• 송신 데이터 • 데이터를 송신하는 기능
3	RXD(Received Data)	• 수신 데이터 • 데이터를 수신하는 기능
4	RTS (Request To Send)	• 송신 요청 • DTE에서 DCE한테 송신을 요청하거나 DTE가 DCE에게 송신을 하려고 할 때 알리는 기능
5	CTS(Clear To Send)	• 송신 준비 완료 • DCE에서 DTE한테 송신 준비 완료를 알리는 기능
6	DSR (Data Set Ready)	• DCE 정상 상태 • DCE의 동작 상태를 알리는 기능(On : 동작, Off : 동작 안함)
7	SG(Signal Ground)	• 신호 접지 • 모든 신호의 기준 전압으로 되어 있음
8	DCD (Data Carrier Detect)	• 수신선 신호 감지 • DCE가 선로 쪽으로부터 감지할 수 있는 신호를 수신하고 있음을 DTE에게 알리는 기능
20	DTR(Data Terminal Ready)	• DTE 정상 상태 • DTE가 정상 동작을 하고 있음을 DCE에게 알리는 기능
22	RI(Ring Indicator)	• 링 감지 신호 • 상대편으로부터 링 신호가 들어오고 있다는 것을 DTE에 알리는 기능

1. RS-232C 25핀 인터페이스에서 데이터 전송(TXD)에 해당하는 핀 번호는 (   )번이고 수신(RXD)에 해당되는 핀(Pin) 번호는 (   )번이다. <small>(17.상시, 14.상시, 11.9, 08.7, 05.10, 04.10, 02.10, 02.7)</small>

2. EIA RS-232C DTE 접속장치의 핀은 모두 (   )개이다.
<small>(22.6, 13.상시, 12.상시, 07.7, 07.1, 06.7, 99.10)</small>

3. 모뎀을 단말기에 접속할 때 사용하는 규격은 (   )이다. <small>(17.상시, 11.4, 05.1)</small>

4. RS-232C 25핀 커넥터 케이블에서 송신 준비 완료 신호(CTS)를 의미하는 핀(Pin) 번호는 (   )번이다. <small>(01.7, 00.8)</small>

5. 단말장치가 변복조장치에게 데이터를 보내려 하고 있음을 나타내는 제어신호는 (   )이다. <small>(14.상시, 08.2)</small>

6. RS-232C는 OSI 참조 모델의 (   ) 계층에 관계된다.
<small>(15.상시, 09.1)</small>

> **해설** **5.** 단말장치(DTE)가 변복조장치(DCE)에게 송신하려는 의사를 표시할 때 사용되는 신호는 RTS입니다.

핵심 100 신호 변환장치 - 모뎀(MODEM)

- 컴퓨터나 단말장치로부터 전송되는 디지털 데이터를 아날로그 회선에 적합한 아날로그 신호로 변환하는 변조(MOdulation) 과정과 그 반대의 복조(DEModulation) 과정을 수행한다.
- 디지털 데이터를 공중 전화 교환망(PSTN)과 같은 아날로그 통신망을 이용하여 전송할 때 사용된다.
- 모뎀에 포함된 등화 회로는 신호의 전송중에 발생하는 신호의 감쇠 왜곡과 전송 지연 왜곡을 방지한다.
- 원거리 전송에 주로 이용된다.
- 기능 : 변·복조 기능, 자동 응답 기능, 반복 호출 기능, 자동 속도 조절 기능, 모뎀 시험 기능
- 분류 기준 : 변조 방식에 의한 분류, 동기 방식(동기식·비동기식)에 의한 분류, 포트 수에 의한 분류, 통신 속도에 의한 분류

1. 모뎀(MODEM)의 기능에 속하지 않는 것을 고르시오. (　　)

(19.상시, 16.상시, 12.상시, 10.10, 07.9, 03.10, 03.7, 01.10)

> ⓐ 아날로그 신호를 디지털 신호로 변환한다.
> ⓑ 디지털 신호를 아날로그 신호로 변환한다.
> ⓒ 원거리 전송에 주로 이용된다.
> ⓓ 전이중 통신 방식을 반이중 통신 방식으로 변환한다.
> ⓔ 정보 신호를 연속적 또는 펄스 형태로 변환한다.
> ⓕ 컴퓨터 신호를 광 케이블에 적합한 광 신호로 변환한다.

2. 변복조기에서 디지털 신호를 아날로그 신호로 바꾸는 것을 (　　)라고 한다.　(13.상시, 07.7, 02.7, 01.4)

3. 정보 통신 시스템에서 디지털 신호를 아날로그 신호로, 아날로그 신호를 디지털 신호로 변환시켜주는 것은 (　　)이다.　(20.2, 13.상시, 07.1, 02.1)

4. 모뎀에 포함된 (　　) 회로는 신호의 전송중에 발생하는 주파수 감쇠 왜곡과 전송 지연 왜곡을 방지한다.　(12.상시, 06.7, 00.3)

5. 디지털 신호를 직접 전화 회선에 전송하지 않고 MODEM을 사용하는 가장 큰 이유는 신호의 일그러짐을 개선하기 위함이다. (○, ×)　(04.2, 99.10)

6. 다음 그림에서 아날로그 신호가 흐르는 구간은 (　　) 구간이다.　(01.10)

> 해설 **1.** ⓓ 전이중 통신과 반이중 통신은 모뎀과 관련이 없습니다.
> ⓔ 정보 신호를 연속적 또는 펄스 형태로 변환한다는 것은 아날로그(연속적)와 디지털(펄스) 형태로 상호 변환한다는 것으로 모뎀의 기능이 맞습니다.
> ⓕ 컴퓨터 신호를 광 케이블에 적합한 광 신호로 변환하는 것을 전광 변환이라고 하는데, 이는 발광기(Laser Diode)에 의해 수행됩니다.
>
> **5.** 디지털 신호를 아날로그 선로인 전화 회선을 통해 직접 전송하면 신호의 일그러짐이 발생하므로 모뎀을 통해 디지털 신호를 아날로그 신호로 변환한 후 전화 회선을 통해 전송하는 것입니다.

21.6, 20.4, 15.상시, 14.상시, 12.상시, 08.3, 06.10, 05.10, 03.7, 99.7

핵심 101 DSU / 음향 결합기 / 코덱

DSU (Digital Service Unit)	• DSU는 컴퓨터나 단말장치로부터 전송되는 디지털 데이터를 전송 회선에 적합한 디지털 신호로 변환하는 과정과 그 반대의 과정을 수행함 • 디지털 데이터를 공중 데이터 교환망(PSDN)과 같은 디지털 통신망을 이용하여 전송할 때 사용됨
음향 결합기 (Acoustic Coupler)	• 음향 결합기는 단말장치와 전화기를 연결하기 위한 모뎀의 일종임 • 전화기의 송·수화기를 음향 결합기에 결합시켜서 디지털 신호를 아날로그 신호로 변환한 후 전송하는 장치임
코덱 (CODEC, Coder/ Decoder)	• 코덱은 아날로그 데이터를 디지털 통신 회선에 적합한 디지털 신호로 변환(COder)하거나 그 반대의 과정(DECoder)을 수행함 • 펄스 코드 변조(PCM) 방식을 이용하여 데이터를 변환함

1. 데이터 단말장치와 디지털 통신 회선 사이에 있는 DCE는 (　　)이다.　(15.상시, 14.상시, 12.상시, 08.3, 06.10, 03.7)

2. (　　)는 전화기의 송·수화기를 접속하여 데이터 전송을 수행할 수 있는 통신기기다.　(21.6, 20.4, 99.7)

3. 음향 결합기란 변복조장치와 연결하여 자동 응답 기능을 제공하는 데이터 통신용 기기이다. (○, ×)　(05.10)

> 해설 **3.** 음향 결합기는 변복조장치가 아니라 전화기의 송·수화기를 접속하여 데이터 전송을 수행하는 통신용 기기입니다.

21.4, 21.1, 20.4, 20.2, 19.상시, 18.상시, 17.상시, 15.상시, 14.상시, 12.상시, 11.7, 11.2, 09.9, 09.1, …

핵심 102 다중화기

다중화기의 특징

• 하나의 통신 회선에 여러 개의 단말장치가 동시에 접속하여 사용할 수 있도록 하는 장치이다.

• 여러 단말장치가 같은 장소에 위치하는 경우, 다중화 기능을 이용하여 전송로의 수를 감소시킬 수 있다.

• 다중화기는 주파수 분할 다중화기와 시분할 다중화기로 구분할 수 있다.

정답 100 **1.** ⓓ, ⓕ **2.** 변조 **3.** 모뎀(MODEM) **4.** 등화 **5.** ○ **6.** B
101 **1.** DSU(Digital Service Unit) **2.** 음향 결합기 **3.** ×

- 통신 회선을 공유함으로써 전송 효율을 높이고, 통신 회선의 경비를 줄일 수 있다.
- 다중화기의 종류에는 주파수 분할 다중화기(FDM), 시분할 다중화기(TDM), 파장 분할 다중화기(WDM) 등이 있다.

주파수 분할 다중화기 (FDM; Frequency Division Multiplexer)	• 통신 회선의 주파수를 여러 개로 분할하여 여러 대의 단말기가 동시에 사용할 수 있도록 한 것임 • 주파수 편이 변조 방식을 사용함 • 전송에 필요한 대역폭보다 전송 매체의 유효 대역폭이 큰 경우에 사용함 • 시분할 다중화기에 비해 구조가 간단하고 가격이 저렴함 • 대역폭을 나누어 사용하는 각 채널들 간의 상호 간섭을 방지하기 위한 보호 대역(Guard Band)이 필요함 • 저속(1,200bps 이하)의 비동기식 전송, 멀티 포인트(Multi-Point) 방식에 적합함 • 전송된 신호는 대역 여파기(필터)를 통해 각각의 신호(주파수)로 분리됨 • 아날로그 신호 전송에 적합함
시분할 다중화기 (TDM; Time Division Multiplexer)	• 통신 회선의 대역폭을 일정한 시간 폭(Time Slot)으로 나누어 여러 대의 단말장치가 동시에 사용할 수 있도록 한 것임 • 채널당 고정된 프레임을 구성하여 전송하는 방식임 • 디지털 회선에서 주로 이용하며, 대부분의 데이터 통신에 사용됨 • 주파수 분할 다중화기에 비해 고속 전송이 가능함 • 시분할 다중화기에는 동기식 시분할 다중화기와 비동기식 시분할 다중화기가 있음

1. 하나의 통신 선로를 이용하여 여러 신호를 서로 간섭받지 않고 전송함으로써 통신 선로의 이용 효율을 높일 수 있는 장치는 (   )이다.　　　　　(14.상시, 08.10, 00.8)

2. 다중화 방식의 종류가 아닌 것을 모두 고르시오. (   )
　　　　　(14.상시, 12.상시, 08.3, 06.4)

ⓐ FDM	ⓑ TDM	ⓒ COM
ⓓ WDM	ⓔ LDM	

3. 다음 데이터 전송 시스템의 빈 칸(□)에 적합한 기기는 (   )이다.　　　　　(99.7)

4. 각 통화로에 여러 반송파 주파수를 할당하여 동시에 많은 통화로를 구성하는 방식은 (   )이다.
(21.1, 15.상시, 14.상시, 12.상시, 09.9, 08.7, 06.7, 04.7, 04.4)

5. 주파수 분할 다중화 방식에서 각 채널 간 간섭을 막기 위하여 일종의 완충 지역 역할을 하는 것은 (   )이다.
(21.4, 20.2, 19.상시, 18.상시, 17.상시, 15.상시, 11.7, 09.1, 02.4)

6. 시분할 다중화기(TDM)는 비동기식 데이터 다중화에만 이용 가능하다. (○, ×)　　　　　(05.7, 01.4)

7. 시분할 다중화(TDM)는 주파수 분할 다중화(FDM)와 비교하여 저속도의 전송에 적합하다. (○, ×)　　(20.4, 12.상시, 06.1)

8. 각 채널당 고정된 프레임을 구성하여 전송하는 방식은 (   )이다.　　　　　(17.상시, 11.2, 04.2)

9. 주파수 분할 다중 통신에서 각각의 신호를 추출하기 위해서는 (   )를 통과해야 한다.　　(14.상시, 08.3)

10. 주파수 분할 멀티플렉스(FDM)는 진폭 편이 변조 방식만을 사용한다. (○, ×)　　　　　(05.4, 03.1)

> **해설** **2.** FDM은 주파수 분할 다중화, TDM은 시분할 다중화, WDM(Wavelength Division Multiplexing)은 광전송 시스템에서 사용되는 파장 분할 다중화 방식입니다. COM(Computer Output Microfilm)은 컴퓨터에 의해 처리된 결과를 마이크로 필름에 수록하는 장비를 의미합니다. LDM이라는 다중화 방식은 없습니다.
>
> **6.** 시분할 다중화기에는 동기식 시분할 다중화기와 비동기식 시분할 다중화기가 있습니다.
>
> **7.** 시분할 다중화기는 주파수 분할 다중화기에 비해 고속 전송이 가능합니다.
>
> **10.** 주파수 분할 다중화기는 주파수 편이 변조 방식을 사용합니다.

22.9, 22.6, 21.6, 21.1, 20.4, 17.상시, 16.상시, 14.상시, 13.상시, 12.상시, 10.10, 06.1, 02.10, 01.4, 01.1, …

핵심 103 통신 프로토콜

- 서로 다른 기기들 간의 데이터 교환을 정확하고 원활하게 수행할 수 있도록 표준화한 통신 규약이다.
- 통신을 제어하기 위한 표준 규칙과 절차의 집합으로 하드웨어와 소프트웨어, 문서를 모두 규정한다.
- **프로토콜의 기능** : 단편화와 재결합, 캡슐화, 흐름 제어, 오류 제어, 동기화, 순서 제어, 주소 지정, 다중화, 경로 제어, 전송 서비스

정답 102 **1.** 다중화기 **2.** ⓒ, ⓔ **3.** 다중화기 **4.** 주파수 분할 다중화 방식 **5.** 가드 밴드(Guard Band, 보호 대역)
6. × **7.** × **8.** 시분할 다중화기(TDM) **9.** 대역 여파기 **10.** ×

4과목 정보 통신 일반　**93**

• 프로토콜의 기본 요소

구문(Syntax)	전송하고자 하는 데이터의 형식, 부호화, 신호 레벨 등을 규정
의미(Semantics)	두 기기 간의 효율적이고 정확한 정보 전송을 위한 협조 사항과 오류 관리를 위한 제어 정보를 규정
시간(Timing)	두 기기 간의 통신 속도, 메시지의 순서 제어 등을 규정

1. (　　　　)은 컴퓨터 간이나 컴퓨터와 단말장치 사이에 효율적이며, 신뢰성 있는 정보를 주고받기 위해 미리 정보의 송·수신 측 사이에 일상 언어의 문법과 같이 설정한 법칙이나 규범을 말한다. (22.9, 22.6, 20.4, 17.상시, 14.상시, 13.상시, 12.상시, 06.1, …)

2. 프로토콜의 기본 요소는 (　　　　), (　　　　), (　　　　)이다. (21.6, 21.1, 16.상시, 13.상시, 10.10, 01.1)

22.9, 22.6, 22.3, 22.1, 21.6, 21.1, 20.6, 19.상시, 18.상시, 17.상시, 16.상시, 15.상시, 13.상시, 12.상시 …

핵심 104 OSI 7계층

• 다른 시스템 간의 원활한 통신을 위해 ISO(국제표준화기구)에서 제안한 통신 규약(Protocol)이다.
• 개방형 시스템(Open System) 간의 데이터 통신 시 필요한 장비 및 처리 방법 등을 7단계로 표준화하여 규정했다.
• OSI 7계층 : 하위 계층(물리 계층 → 데이터 링크 계층 → 네트워크 계층) → 상위 계층(전송 계층 → 세션 계층 → 표현 계층 → 응용 계층)

물리 계층 (Physical Layer)	• 전송에 필요한 장치 간의 실제 접속과 절단 등 기계적, 전기적, 기능적, 절차적 특성을 정의함 • RS-232C, X.21 등의 표준이 있음
데이터 링크 계층 (Data Link Layer)	• 2개의 인접한 개방 시스템들 간에 신뢰성 있고 효율적인 정보 전송을 할 수 있도록 함 • 흐름 제어, 오류 제어 등을 수행함 • HDLC, ADCCP, LLC, LAPB, LAPD 등의 표준이 있음
네트워크 계층 (Network Layer, 망 계층)	• 개방 시스템들 간의 네트워크 연결을 관리하는 기능과 데이터의 교환 및 중계 기능을 함 • 데이터의 안전한 전송을 위해 논리적 링크(가상 회로)를 설정함 • X.25, IP 등의 표준이 있음

전송 계층 (Transport Layer)	논리적 안정과 균일한 데이터 전송 서비스를 제공함으로써 종단 시스템(End-to-End) 간에 투명한 데이터 전송을 가능하게 함
세션 계층 (Session Layer)	개체들 간의 관련성을 유지하고 대화 제어를 담당하는 계층임
표현 계층 (Presentation Layer)	• 응용 계층으로부터 받은 데이터를 세션 계층에 보내기 전에 통신에 적당한 형태로 변환하고, 세션 계층에서 받은 데이터는 응용 계층에 맞게 변환하는 기능을 함 • 데이터 암호화, 데이터 압축 등을 수행함
응용 계층 (Application Layer)	• 사용자(응용 프로그램)가 OSI 환경에 접근할 수 있도록 서비스를 제공함 • 전자 사서함(SMTP), 파일 전송(FTP), 원격 접속(TELNET) 등의 서비스를 제공함

※ 설명에 알맞은 OSI 계층을 고르시오.

ⓐ 물리 계층　　　　　　　ⓑ 응용 계층
ⓒ 전송 계층　　　　　　　ⓓ 표현 계층
ⓔ 데이터 링크 계층　　　　ⓕ 네트워크 계층
ⓖ 세션 계층

1. 네트워크 구조에 대한 기능 계층 순서를 1 계층부터 순서대로 나열하시오. (　) → (　) → (　) → (　) → (　) → (　) → (　) (22.3, 21.6, 19.상시, 18.상시, 17.상시, …)

2. 최하위 계층은 (　　)이다. (18.상시, 16.상시, 10.1, 00.10, 00.3)

3. 데이터의 암호화와 압축, 코드 변환을 수행하는 계층은 (　　)이다. (21.1, 20.6, 18.상시, 15.상시, 09.9, 01.4)

4. FTP(File Transfer Protocol)와 관련된 계층은 (　　)이다. (22.9, 22.3, 22.1, 19.상시, 18.상시, 13.상시, 07.9, 07.1)

5. 최상위 계층은 (　　)이다. (22.3, 22.1, 16.상시, 04.10)

6. 논리적 링크라고 불리는 가상 회로와 관련 있는 계층은 (　　)이다. (22.6, 16.상시, 04.2)

7. 인접 개방형 시스템 간의 데이터 전송, 에러 검출, 오류 회복 등을 취급하는 계층은 (　　)이다. (15.상시, 03.10)

8. 하위 계층에 속하는 계층들은 (　　　　)이다. (13.상시, 01.7)

정답 103 1. 프로토콜(Protocol) 2. 구문(Syntax), 의미(Semantics), 시간(Timing)
104 1. ⓐ, ⓔ, ⓕ, ⓒ, ⓖ, ⓓ, ⓑ 2. ⓐ 3. ⓓ 4. ⓑ 5. ⓑ 6. ⓕ 7. ⓔ 8. ⓐ, ⓔ, ⓕ

21.10, 21.4, 20.2, 18.상시, 17.상시, 16.상시, 15.상시, 14.상시, 13.상시, …

040161

성형(Star, 중앙 집중형)	• 중앙에 중앙 컴퓨터가 있고, 이를 중심으로 단말 장치들이 연결되는 중앙 집중식의 네트워크 구성 형태임 • 포인트 투 포인트(Point-to-Point) 방식으로 회선을 연결함 • 각 단말장치들은 중앙 컴퓨터를 통하여 데이터를 교환함
링형(Ring, 루프형)	• 컴퓨터와 단말장치들을 서로 이웃하는 것끼리 포인트 투 포인트(Point-to-Point) 방식으로 연결시킨 형태임 • 분산 및 집중 제어 모두 가능함 • 단말장치의 추가/제거 및 기밀 보호가 어려움
버스형(Bus)	• 1개의 통신 회선에 여러 대의 단말장치가 연결되어 있는 형태임 • 물리적 구조가 간단하고, 단말장치의 추가와 제거가 용이함 • 기밀 보장이 어렵고, 통신 회선의 길이에 제한이 있음
계층형(Tree, 분산형)	• 중앙 컴퓨터와 일정 지역의 단말장치까지는 하나의 통신 회선으로 연결시키고, 이웃하는 단말장치는 일정 지역 내에 설치된 중간 단말장치로부터 다시 연결시키는 형태임 • 분산 처리 시스템을 구성하는 방식임
망형(Mesh)	• 모든 지점의 컴퓨터와 단말장치를 서로 연결한 형태로, 노드의 연결성이 높음 • 많은 단말장치로부터 많은 양의 통신을 필요로 하는 경우에 유리함 • 모든 노드를 망형으로 연결하려면 노드의 수가 n개일 때, n(n-1)/2개의 회선이 필요함

잠깐만요 **❶ 분산 처리 시스템**

분산 처리 시스템이란 지역적으로 분산된 여러 대의 컴퓨터를 연결하여 작업을 분담하여 처리하는 방식으로 다음과 같은 특징이 있습니다.
• 현장 업무를 신속하고 효율적으로 처리할 수 있습니다.
• 네트워크의 확장 및 다양한 입력 방식의 채택이 용이합니다.
• 신뢰성은 높으나 보안성이 취약합니다.
• 자원의 공유가 가능하며, 장애(고장) 발생 시 장애가 발생한 노드에만 국한됩니다.

1. 10개 국(station)을 서로 망형 통신망으로 구성 시 최소로 필요한 통신 회선 수는 (   )개이다.

(21.10, 21.4, 20.2, 18.상시, 17.상시, 16.상시, 15.상시, 14.상시, 13.상시, 12.상시, 11.9, …)

2. 분산된 터미널 또는 여러 컴퓨터들이 중앙의 호스트 컴퓨터와 집중 연결되어 있는 정보 통신망의 구성 형태는 (   )이다.

(16.상시, 10.10, 02.4)

3. 분산 네트워크의 장점과 거리가 먼 것을 모두 고르시오.
(   )

(16.상시, 14.상시, 10.3, 08.2)

@ 분산 자원의 중앙 집중화
ⓑ 현장 업무의 효율화
ⓒ 네트워크의 확장 용이
ⓓ 다양한 입력 방식의 채택 용이
ⓔ 데이터의 신속한 현장 처리 가능
ⓕ 전체적인 시스템의 운영 조직이 간단해짐
ⓖ 장애 발생 시 전체적으로 기능이 마비되지 않음
ⓗ 자원의 공유가 가능함

4. 다음과 같은 네트워크는 데이터 처리 관점에서 볼 때 (   )에 속한다.

(13.상시, 01.7)

▨ 중앙 컴퓨터 집합체
○ 원격 노드

해설 **1.** 망형 구성 시 필요한 회선 수는 노드의 수가 n개일 때 n(n-1)/2이므로 10(10-1)/2 = 45개입니다.

3. @, ⓕ 중앙 집중형 네트워크의 장점입니다.

20.6, 16.상시, 12.상시, 10.7, 10.3, 06.1, 02.1

허브(Hub)	한 사무실이나 가까운 거리의 컴퓨터들을 연결하는 장치로, 각 회선을 통합적으로 관리하며, 신호 증폭 기능을 하는 리피터의 역할도 포함함
리피터 (Repeater)	전송되는 신호가 전송 선로의 특성 및 외부 충격 등의 요인으로 인해 원래의 형태와 다르게 왜곡되거나 약해질 경우 원래의 신호 형태로 재생하여 다시 전송하는 역할을 수행함
브리지 (Bridge)	LAN과 LAN을 연결하거나 LAN 안에서의 컴퓨터 그룹(세그먼트)을 연결하는 기능을 수행함

라우터 (Router)	브리지와 같이 LAN과 LAN의 연결 기능에 데이터(패킷) 전송의 최적 경로를 선택할 수 있는 기능이 추가된 것으로, 서로 다른 LAN이나 LAN과 WAN의 연결도 수행함
게이트웨이 (Gateway)	• 프로토콜 구조가 전혀 다른 네트워크의 연결을 수행함 • 데이터 형식 변환, 주소 변환, 프로토콜 변환 등을 수행함
랜카드 (LAN Card)	• 컴퓨터와 네크워크를 연결하는 기능을 수행함 • 이더넷 카드, 네트워크 어댑터라고도 함

1. 디지털 신호의 장거리 전송을 위해 전송 신호를 새로 재생시키거나 전압을 높여 주는 물리적 계층의 기능만을 수행하는 장비는 (　　　)이다.
(16.상시, 10.7)

2. 인터넷에서 패킷의 경로 설정 역할을 주로 하는 장비는 (　　　)이다.
(16.상시, 10.3)

3. 컴퓨터 네트워크와 정보 통신 시스템을 상호 연결하는 접속 장비가 아닌 것을 모두 고르시오. (　　　) (20.6, 12.상시, 06.1, …)

ⓐ 허브(Hub)　　　　　ⓑ 라우터(Router)
ⓒ 커넥터(Connector)　　ⓓ 브리지(Bridge)
ⓔ 랜카드(Lan Card)　　ⓕ 패킷(Packet)

> **해설 3.** ⓒ 커넥터(Connector)는 네트워크 관련 장비가 아닙니다.
> ⓕ 패킷(Packet)은 접속 장비가 아니라 전송 혹은 다중화를 목적으로, 메시지를 일정한 비트 수로 분할하여 송·수신측 주소와 제어 정보 등을 부가하여 만든 데이터 블록입니다.

15.상시, 14.상시, 13.상시, 09.1, 08.7, 08.3, 07.7, 03.7, 00.3, 99.10
핵심 107 패킷 교환망

• 메시지를 일정한 길이의 패킷으로 잘라서 저장 및 전송하는 방식이다.

• 패킷은 장애 발생 시의 재전송을 위해 패킷 교환기에 일시 저장되었다가 곧 전송되며 전송이 끝난 후 폐기된다.

• 하나의 회선을 여러 사용자가 공유할 수 있으므로 회선 이용률이 높다.

• 수신 측에서 분할된 패킷을 재조립해야 한다.

• 응답 시간이 빠르므로 대화형 응용이 가능하다.

• 통신량의 제어를 통한 망의 안전성을 높일 수 있다.

• 전송 속도와 코드 변환이 가능하다.

• 전송 시 교환기, 회선 등에 장애가 발생하여도 다른 정상적인 경로를 선택하여 우회할 수 있다.

• 통신망에 의한 패킷의 손실이 있을 수 있다.

• 공중 데이터 망을 통한 음성(아날로그) 전송보다 공중 데이터 교환망을 통한 데이터(디지털) 전송에 더 적합하다.

1. 패킷 교환 방식에 대한 설명으로 옳지 않은 것을 모두 고르시오. (　　　) (15.상시, 14.상시, 13.상시, 09.1, 08.3, 07.7, 03.7, 00.3, 99.10)

ⓐ 통신망에 의한 패킷의 손실이 있을 수 있다.
ⓑ 패킷의 저장 및 전송으로 이루어진다.
ⓒ 전송 속도와 코드 변환이 가능하다.
ⓓ 공중 데이터 교환망에는 사용되고 있지 않다.
ⓔ 메시지를 일정 단위의 크기로 분할하여 전송한다.
ⓕ 속도가 서로 다른 단말기 간의 데이터 교환이 가능하다.
ⓖ 교환기나 통신 회선에 장애가 발생한 경우 우회 경로를 선택할 수 있다.
ⓗ 패킷 교환 방식은 디지털 전송로보다 아날로그 전송로에 유리하다.
ⓘ 일시 보관 후 전달하는 방식이다.
ⓙ 온라인 대화식 운용이 가능하다.

2. 공중 데이터 통신망을 통하여 순간적으로 대량의 패킷 데이터를 전송하는데 가장 적합한 방식은 (　　　)이다.
(14.상시, 08.7)

> **해설 1.** ⓓ, ⓗ 패킷 교환 방식은 공중 전화 교환망을 통한 아날로그 전송보다는 공중 데이터 교환망을 통한 디지털 전송에 더 적합합니다.

22.6, 22.1, 19.상시, 18.상시, 17.상시, 16.상시, 15.상시, 14.상시, 13.상시, 12.상시, 11.9, 10.1, 09.7, …

핵심 **108** LAN(근거리 통신망)

- 광대역 통신망과는 달리 학교, 회사, 연구소 등 한 건물이나 일정 지역 내에서 컴퓨터나 단말장치들을 고속 전송 회선으로 연결하여 프로그램 파일 또는 주변장치를 공유할 수 있도록 한 네트워크 형태이다.
- 단일 기관의 소유, 제한된 지역 내의 통신으로, 외부 통신망의 제약을 받지 않는다.
- 광대역 전송 매체의 사용으로 고속 통신이 가능하므로 방송 형태로 서비스가 가능하다.
- 공유 매체를 사용하므로 경로 선택 없이 매체에 연결된 모든 장치로 데이터를 전송할 수 있다.
- 오류 발생률이 낮으며, 네트워크에 포함된 자원을 공유할 수 있다.
- 네트워크의 확장이나 재배치가 쉽다.
- 다양한 디지털 정보 전송이 가능하다.
- 전송 매체로 꼬임선, 동축 케이블, 광섬유 케이블 등을 사용한다.
- 망의 구성 형태에 따라 성형, 버스형, 링형, 계층형(트리형)으로 분류할 수 있다.
- LAN의 계층 구조는 물리 계층과 데이터 링크 계층으로 나눠진다.

물리 계층	OSI 7계층의 물리 계층과 동일한 기능을 제공
데이터 링크 계층	• 하위 계층인 매체 접근 제어(MAC) 계층과 상위 계층인 논리 링크 제어(LLC) 계층으로 나뉨 • 매체 접근 제어(MAC) 방식의 종류 : CSMA, CSMA/CD, 토큰 버스, 토큰 링

• LAN의 확장형

MAN (Metropolitan Area Network)	• 도시형 통신망이라고 하며, 약 50km 반경 이내의 도시, 번화가, 대단위 아파트 단지 등을 대상으로 구성하는 통신망 • 단일 기관 내에서만 구성하는 LAN의 제약과 가까운 거리에 있는 시스템 간에도 호스트 컴퓨터를 일일이 거치므로 비용 낭비 및 능률 저하가 발생하는 WAN(광역 통신망)의 단점을 해소하기 위한 통신망
WAN (Wide Area Network)	• 일반적으로 제3자에 의해 제공되고 운영되는 공중망(Public Network) • LAN이 여러 개 모여서 그들 간에 고속 전송이 가능한 전용 회선으로 연결된 광역 통신망

• IEEE 802의 주요 표준 규격

802.1	전체의 구성	802.5	토큰 링 방식
802.2	논리 링크 제어 계층	802.6	도시형 통신망(MAN)
802.3	CSMA/CD 방식	802.11	무선 LAN
802.4	토큰 버스 방식	802.15	블루투스 표준

1. LAN의 특성이 아닌 것을 모두 고르시오. ( )

(17.상시, 14.상시, 12.상시, 11.9, 08.10, 06.7, 02.7)

ⓐ 광대역 전송매체의 사용으로 고속의 정보 전송이 가능하다.
ⓑ 자원의 공유가 가능하다.
ⓒ 외부 통신망의 제약을 받지 않는다.
ⓓ 방송 형태로 서비스 이용이 불가능하다.
ⓔ 광역 공중망의 통신에 적합하다.
ⓕ 정보 처리 기기의 재배치 및 확장성이 우수하다.
ⓖ 다양한 디지털 미디어 정보의 전송이 가능하다.
ⓗ 경로 선택이 필요하다.

2. 스타형, 링형, 버스형, 그물형 중에서 LAN의 망 구성 형태로 적합하지 않은 것은 ( )이다. (22.1, 19.상시, 16.상시, 14.상시, …)

3. 브릿지, 전송매체, 라우터, 모뎀 중 LAN의 구성 요소와 거리가 먼 것은 ( )이다. (15.상시, 09.7)

4. LAN의 확장형으로 광역 통신망이라고도 하는 것은 ( )이다. (17.상시, 05.7)

5. LAN의 매체 접근 제어(MAC)와 논리 링크 제어(LLC)를 담당하는 OSI 계층은 ( ) 계층이다. (18.상시)

6. 무선 LAN에 사용되는 네트워크 표준안은 IEEE 802. ( )이다. (09.7)

7. 블루투스 표준에 사용되는 네트워크 표준안은 IEEE 802. ( )이다. (22.6, 18.상시)

해설 1. ⓐ 광대역 전송 매체의 사용으로 고속 통신이 가능하므로 방송 형태로 서비스 이용이 가능합니다.
ⓔ LAN은 광대역 통신망과는 달리 일정 지역 내에서 자원들을 공유하는 네트워크의 한 형태입니다.
ⓗ 공유 매체를 사용하므로 경로 선택이 필요 없습니다.
3. LAN은 디지털 정보를 그대로 전송하므로 모뎀이 필요 없습니다.

핵심 109 위성 통신망

- 지상에서 쏘아올린 마이크로 주파수를 통신 위성을 통해 변환·증폭한 후 다른 주파수로 지상에 송신하는 방식이다.
- 위성 통신에서 사용하는 주파수 대역은 3~30GHz의 극초단파(SHF; Super High Frequency)이다.
- 통신 위성은 지구 적도면 상공 약 36,000km 정도 높이의 정지궤도 상에 위치하여 지구의 자전 속도로 운행한다. 정지궤도 상에 위치하므로 정지 위성이라고도 한다.
- 대역폭이 넓어 고속·대용량 통신이 가능하고, 통신 비용이 저렴하다.
- 오류율이 적어 고품질의 정보 전송이 가능하다.
- 데이터 전송 시 반드시 통신 위성을 거쳐야 하므로, 전송 지연시간이 길다.
- 수신용 안테나만 있으면 누구나 통신 내용을 수신할 수 있는 방송망 형태이므로 보안성이 취약하다.
- 사용 주파수가 높아질수록 기상 현상(비, 눈 등)에 의한 신호의 감쇠가 심하다.

1. 무궁화위성과 같은 정지형 통신 위성의 위치는 지상 약 ( )Km 상공이다. (19.상시, 16.상시, 14.상시, 12.상시, 10.3, 08.7, …)

2. 위성 통신은 광케이블을 이용하여 전송한다. (○, ×)
(14.상시, 08.3, 02.4)

> 해설 **2.** 위성 통신은 무선 마이크로 주파수를 이용하여 자료를 전송합니다.

핵심 110 다중 접속 방식

FDMA(주파수 분할 다중 접속, Frequency Division Multiple Access) 방식	주파수 대역을 일정 간격으로 나누어 여러 사용자가 각기 주어진 주파수 대역에 채널을 설정하는 방식
TDMA(시분할 다중 접속, Time Division Multiple Access) 방식	주파수의 시간폭을 여러 개로 나누어서 각 시간폭에 대해 채널을 설정하는 방식
CDMA(코드 분할 다중 접속, Code Division Multiple Access) 방식	FDMA와 TDMA의 혼합 방식으로, 여러 사용자가 시간과 주파수를 공유하면서 서로 다른 코드를 부여한 신호를 확산하여 보내고 수신 측에서는 동일한 코드로 확산된 데이터만을 골라 원래의 신호로 재생하는 방식

1. 우리나라 이동 전화 시스템인 코드 분할 다중 접속 방식을 의미하는 용어는 ( )이다. (22.9, 22.3, 22.1, 16.상시, 14.상시, …)

2. 다원 접속 방식이 아닌 것을 모두 고르시오. ( )
(17.상시, 15.상시, 11.2, 09.3, 05.1)

> ⓐ 주파수 분할 다중 접속(FDMA)
> ⓑ 코드 분할 다중 접속(CDMA)
> ⓒ 시분할 다중 접속(TDMA)
> ⓓ 신호 분할 다중 접속(SDMA)
> ⓔ 위상 분할 다중 접속(PDMA)

3. 스펙트럼 확산 기술을 응용한 다원 접속 방식으로, 보내고자 하는 신호를 그 주파수 대역보다 넓은 주파수 대역으로 확산시켜 전송하는 방식은 ( )이다. (21.10, 19.상시, 18.상시, 16.상시, …)

> 해설 **2.** 신호 분할 다중 접속(SDMA)이나 위상 분할 다중 접속(PDMA)은 다원 접속 방식이 아닙니다.

정답 109 **1.** 36,000 **2.** × 110 **1.** CDMA **2.** ⓓ, ⓔ **3.** CDMA

22.1, 20.2, 18.상시, 17.상시, 13.상시, 11.9, 01.10, 01.1

핵심 111 인터넷

인터넷의 개요

- 인터넷(Internet)이란 TCP/IP 프로토콜을 기반으로 하여 전 세계 수많은 컴퓨터와 네트워크들이 연결된 광범위한 컴퓨터 통신망이다.
- 인터넷은 미 국방성의 ARPANET에서 시작되었다.
- 인터넷은 유닉스 운영체제를 기반으로 한다.

인터넷의 주소 체계

IP 주소(IPv4)	• 인터넷에 연결된 모든 컴퓨터의 자원을 구분하기 위한 고유한 주소 • 숫자로 8비트씩 4부분, 총 32비트로 구성되어 있으며, 각 부분은 점(.)으로 구분함 • IP 주소는 네트워크 부분의 길이에 따라 A 클래스에서 E 클래스까지 총 5단계로 구성되어 있음
IPv6	• 현재 사용하고 있는 IP 주소 체계인 IPv4가 더 이상 주소를 지정할 수 없을 정도로 포화 상태에 이르게 됨에 따라 이에 대한 대책으로 128비트의 IPv6이 개발되었음 • 숫자로 16비트씩 8부분, 총 128비트로 구성되어 있으며, 각 부분을 16진수로 표현하고 콜론(:)으로 구분함
도메인 네임	• 숫자로 된 IP 주소를 사람이 이해하기 쉬운 문자 형태로 표현한 것 • 호스트 컴퓨터명, 소속 기관 이름, 소속 기관의 종류, 소속 국가명 순으로 구성되며, 왼쪽에서 오른쪽으로 갈수록 상위 도메인을 의미함
DNS(Domain Name System)	도메인 네임을 컴퓨터가 이해할 수 있는 IP 주소로 변환하는 역할을 하는 시스템

1. IPv6 주소는 8비트씩 나누어 10진수로 표현하며 각각을 콜론으로 구분한다. (○ , ×) (22.1)

2. 인터넷에 연결되어 있는 수많은 컴퓨터의 주소는 일정한 규칙에 따라 지어진다. 210.103.4.1과 같이 4개의 필드로 끊어서, 점(.)으로 분리하여 나타내는 컴퓨터 주소를 ( )라 한다. (17.상시, 11.9)

3. IP 주소는 컴퓨터의 주소를 영문자로 나타내는 방식이다. (○ , ×) (13.상시, 01.10)

4. 인터넷 도메인 네임을 IP Address로 바꿔주는 시스템은 ( )이다. (20.2, 13.상시, 01.1)

5. IPv6는 ( ) 비트로 구성된다. (18.상시)

> **해설** **1.** IPv6 주소는 16비트씩 8부분, 총 128비트로 구성되어 있으며, 각 부분을 16진수로 표현하고, 콜론(:)으로 구분합니다.
> **3.** IP 주소는 컴퓨터의 주소를 숫자로 8비트씩 4부분, 총 32비트로 표현됩니다.

22.6, 18.상시, 15.상시, 14.상시, 09.9, 08.3, 05.7, 05.1, 02.7

핵심 112 인터넷 서비스 / 검색 엔진의 연산자

인터넷 서비스

WWW(World Wide Web)	• 텍스트, 그림, 동영상, 음성 등 인터넷에 존재하는 다양한 정보를 거미줄처럼 연결해 놓은 종합 정보 서비스 • HTTP 프로토콜을 사용하는 하이퍼텍스트 기반으로 되어 있음 • WWW를 효과적으로 검색할 수 있도록 도와주는 프로그램을 웹 브라우저(Web Browser)라고 함 ※ HTTP(Hyper Text Transfer Protocol) : 하이퍼텍스트 문서를 전송하기 위해 사용되는 프로토콜
전자 우편 (E-Mail)	• 인터넷을 통해 다른 사람과 편지뿐만 아니라 그림, 동영상 등 다양한 형식의 데이터를 주고받을 수 있도록 해주는 서비스 • 전자 우편에 사용되는 프로토콜 − SMTP : 메일 전송에 사용 − POP3 : 메일 수신에 사용 − MIME : 웹 브라우저가 지원하지 않는 각종 멀티미디어 파일의 내용을 확인하고 실행시켜 주는 프로토콜
FTP(File Transfer Protocol = 파일 전송 프로토콜)	컴퓨터와 컴퓨터 또는 컴퓨터와 인터넷 사이에서 파일을 주고받을 수 있도록 하는 원격 파일 전송 프로토콜

검색 엔진의 연산자

- 검색 엔진을 이용하여 데이터를 검색할 때, 연산자를 이용하면 정보를 더욱 쉽게 찾을 수 있다.
- 검색 엔진 연산자의 연산 순위는 NEAR → NOT → AND → OR 순이다.

• AND, OR, NOT과 같은 연산자를 불 연산자라고 한다.

AND(&, 그리고)	두 단어가 동시에 포함된 정보만을 검색
OR(+, 또는)	2개의 단어 중 1개라도 포함된 정보를 검색
NOT	지정된 단어를 포함하고 있는 정보는 제외하고 검색
NEAR	단어의 순서를 무시하고, 인접한 거리에 있는 정보를 검색

1. 인터넷 상에서 메일을 보낼 때 사용하는 프로토콜은 (　　　)이다. *(15.상시, 09.9)*

2. 인터넷 상에서 하이퍼텍스트를 전송하기 위한 프로토콜은 (　　　)이다. *(14.상시, 08.3)*

3. PLUG&PLAY는 인터넷에서 제공되는 서비스 중 하나이다. (○, ×) *(14.상시, 02.7)*

4. 정보검색 엔진에서 사용되는 AND, OR, NOT과 같은 연산자를 (　　　) 연산자라고 한다. *(22.6, 18.상시, 15.상시, 09.9, 05.7, 05.1)*

> 해설 **3.** PLUG&PLAY는 인터넷 서비스가 아니라 컴퓨터 시스템에 하드웨어를 설치했을 때, 해당 하드웨어를 사용하는 데 필요한 시스템 환경을 운영체제가 자동으로 구성해 주는 기능입니다.

20.4, 17.상시, 15.상시, 12.상시, 06.4, 05.10, 03.10, 00.10, 99.7

핵심 **113** 비디오텍스(Viedotex)

• 각종 정보를 모아 데이터베이스(DB)를 구축하고, 전화망을 통해 TV나 단말장치에 접속하여 필요한 정보를 문자나 그림의 형태로 검색할 수 있도록 하는 서비스이다.

• 서비스 내용으로는 정보 검색, 거래 처리, 메시지 전달, 예약 업무, 원격 감시 서비스 등이 있다.

• 대화형 양방향 미디어로서, 요구하는 정보를 즉시 제공받을 수 있다.

---

1. 정보가 축적된 데이터베이스로부터 TV 수신기와 전화의 연결에 의해 제공되는 정보 서비스로, 전화선을 이용하여 각종 정보 검색을 할 수 있는 화상 정보 시스템은 (　　　)이다. *(20.4, 17.상시, 12.상시, 06.4, 05.10, 00.10, 99.7)*

2. 비디오텍스(Videotex)는 정보처리 기술과 통신처리 기술이 결합된 새로운 단방향 음성 정보 전달 수단이다. (○, ×) *(15.상시, 03.10)*

> 해설 **2.** 비디오텍스는 음성뿐만 아니라 문자나 이미지도 전달할 수 있는 대화형 양방향 미디어입니다.

15.상시, 14.상시, 12.상시, 09.7, 09.3, 09.1, 06.1, 05.1, 03.7, 03.3, 03.1, 02.10, 02.1

핵심 **114** 기타 뉴미디어

HDTV(High Definition TV)	• 기존의 TV 주사선을 2배 정도 늘린 1,050~1,250의 주사선을 제공하여 선명한 화상과 양질의 음성을 제공하는 TV • 위성 TV 방송, TV 회의 등에서 새로운 매체의 단말장치로 사용
VOD(Video On Demand)	• 다양한 정보의 데이터베이스를 구축하여 사용자가 요구하는 정보를 원하는 시간에 볼 수 있도록 전송하는 뉴미디어 서비스임 • 정보 제공자의 선택에 의해 정보를 서비스하는 것이 아니라 사용자의 선택에 의해 정보를 제공함
텔레매틱스 (Telematics)	• Telecommunication(통신)과 Informatics(정보 과학)의 합성어로 차량, 항공, 선박 등의 운송 수단 이동중에 정보가 제공되는 무선 데이터 서비스임 • 통신과 정보처리를 결합한 새로운 비전화계 단말장치에 의한 통신 서비스임
텔레미터링 (Telemetering)	통신망을 통해 통신 회선이 사용되지 않는 심야 시간을 이용하여 공중 시스템 및 시설 시스템을 점검하는 서비스
텔레텍스트 (Teletext)	• TV 화면과 화면 사이의 귀선 시간을 이용하여 TV 방송과 함께 문자나 도형 정보를 제공하는 문자 다중 방송 • 일기 예보, 프로그램 안내, 방송되는 프로의 세부 설명, 교통 안내 등 방송국에서 제공하는 정보를 일방적으로 수신하는 형태
IPTV(Internet Protocol TV)	• 인터넷을 통해 방송이나 다양한 정보를 TV로 제공하는 방송 서비스 • 인터넷과 TV가 융합된 디지털 컨버전스(Digital Convergence)의 한 유형임

1. 가입자가 시간에 관계없이 특정한 프로그램을 선택하여 시청할 수 있으며 마치 VCR을 자유로이 조작하듯 시청 도중에 플레이(재생), 되감기, 일시정지, 녹화 등이 가능한 뉴미디어 서비스는 (　　　)이다. <small>(15.상시, 03.7, 02.1)</small>

2. 1125는 고품위 TV(HDTV)의 주사선 범위에 포함된다. (○, ×) <small>(05.1)</small>

3. 초고속 인터넷 망을 이용하여 제공되는 양방향 텔레비전 서비스로 시청자가 자신이 편리한 시간에 보고 싶은 프로그램을 볼 수 있는 뉴미디어는 (　　　)이다. <small>(15.상시, 09.7, 09.3)</small>

4. TV 화면과 화면 사이의 귀선 시간을 이용하여 정보를 전송하는 뉴미디어는 (　　　)이다. <small>(15.상시, 09.1, 03.1)</small>

5. 통신과 정보처리를 결합한 새로운 비전화계 단말장치에 의한 통신 서비스는 (　　　)이다. <small>(12.상시, 06.1)</small>

6. 비디오텍스는 전화선을 이용하고, 텔레텍스트는 방송 형태로 정보를 전송한다. (○, ×) <small>(14.상시, 02.10)</small>

7. 통신망을 통해 통신회선이 사용되지 않는 심야 시간을 이용하여 공중 시스템 및 시설 시스템을 검침하는 서비스는 (　　　)이다. <small>(15.상시, 03.3)</small>

> **해설** **2.** HDTV는 1,050 ~ 1,250의 주사선을 제공합니다.

21.4, 20.10, 17.상시, 16.상시, 14.상시, 13.상시, 12.상시, 10.1, 08.10, 07.7, 07.4, 06.1, 05.7, 01.7

핵심 115 멀티미디어의 표준화

JPEG

- 정지 영상 압축의 국제 표준 방식이다.
- 인터넷에서 그림을 전송할 때 많이 사용된다.
- JPEG은 무손실 압축 방식과 손실 압축 방식으로 분류되며, 주로 손실 압축 방식이 사용된다.
  - 무손실 압축 방식 : 압축과 복원의 과정을 거쳐도 원래의 정보를 보존할 수 있는 방식으로, 압축률은 낮지만 영상 품질이 좋음
  - 손실 압축 방식 : 데이터에서 중복되는 내용을 제거하여 압축률을 높이는 것으로, 복원한 데이터가 압축 전의 데이터와 완전히 일치하지 않음

동영상 압축 표준

형 식	특 징
AVI(Audio Visual Interleaved)	• Windows의 표준 동영상 파일 형식 • Windows에서 기본적으로 지원하므로 별도의 하드웨어 장치 없이 재생할 수 있음 • Windows Media Player를 이용하여 재생할 수 있음
DVI(Digital Video Interface)	• Intel 사가 개발한 동영상 압축 기술 • 디지털 TV를 위한 압축 기술이었지만, Intel 사에 의해 멀티미디어 분야의 동영상 압축 기술로 발전되었음
퀵 타임(Quick Time MOV)	• Apple 사가 개발한 동영상 압축 기술 • JPEG의 압축 방식을 사용 • Windows에서 재생하려면 Quick Time for Windows를 설치해야 함
MPEG(Moving Picture Experts Group)	• 동영상 전문가 그룹에서 제정한 동영상 압축 기술에 대한 국제 표준 규격 • 동영상뿐만 아니라 오디오도 압축할 수 있음 • 프레임 간의 연관성을 고려하여 중복 데이터를 제거함으로써 압축률을 높이는 손실 압축 기법을 사용함 • MPEG-Video, MPEG-Audio, MPEG-System으로 구성됨 • MPEG-1, MPEG-2, MPEG-4, MPEG-7, MPEG-21의 규격이 있음
ASF(Advanced Streaming Format)/WMV(Windows Media Video)	• 인터넷을 통해 오디오, 비디오 및 생방송 수신 등을 지원하는 마이크로소프트사의 통합 멀티미디어 형식으로, 스트리밍을 위한 표준 기술 규격 • 용량이 작고, 음질이 뛰어나 주로 스트리밍 서비스를 하는 인터넷 방송국에서 사용됨 • WMV는 ASF보다 최신 버전으로, ASF와 사용하는 코덱이 다름
DivX(Digital Video Express)	• 동영상 압축 고화질 파일 형식으로, 비표준 동영상 파일 형식 • MPEG-4와 MP3를 재조합한 것으로, 이 형식의 동영상을 보려면 소프트웨어와 코덱이 필요함 • 비표준 동영상 파일 형식이기 때문에 확장자는 AVI를 사용함
ram	• 리얼 미디어라는 비디오 스트림 방식에서 사용되는 파일 포맷 • 실시간 전송이 가능하며, 파일을 내려 받으면서 재생할 수 있음 • Real Player를 설치해야 사용할 수 있음

> **잠깐만요 ❶ 코덱(CODEC)**
> • 전송 및 보관을 위해 대용량의 동영상 및 사운드 파일을 압축(COmpress)하거나 압축을 푸는(DECompress) 데 사용되는 모든 기술, 도구 등을 통칭하는 말입니다.

• 사용하는 소프트웨어마다 코덱이 다르므로 해당 소프트웨어에 맞는 코덱을 설치해야 합니다.

※ 설명에 알맞은 멀티미디어 표준화 방식을 고르시오. (1~3번)

ⓐ JPEG   ⓑ MPEG   ⓒ MIDI
ⓓ CD-R   ⓔ LZH   ⓕ MP3
ⓖ WAV   ⓗ IEEE 802 ⓘ TCP/IP
ⓘ SAMPLING ⓚ AVI   ⓛ ASF
ⓜ PCX   ⓝ GIF   ⓞ BMP
ⓟ DOC

1. 디지털 미디어 전송 방식에서 동화상 압축 기술에 대한 표준 규격은 (   )이다. <small>(21.4, 20.10, 17.상시, 14.상시, 13.상시, 08.10, 07.7, …)</small>

2. 정지영상 부호화 표준은 (   )이다.
<small>(17.상시, 13.상시, 12.상시, 07.4, 06.1)</small>

3. 동영상을 볼 수 있는 비디오 파일 형식을 모두 고르시오.
(   ) <small>(01.7)</small>

4. 비디오 데이터의 압축 및 복원에 사용되는 모든 기술, 도구 등을 (   )이라고 한다. <small>(16.상시, 10.1)</small>

불합격 방지용 안전장치 기억상자

틀린 문제만 모아 오답 노트를 만들고 싶다고요? 까먹기 전에 다시 한 번 복습하고 싶다고요? 지금까지 공부한 내용을 안전하게 시험장까지 가져가는 완벽한 방법이 있습니다. 지금 당장 QR 코드를 스캔해 보세요.

www.membox.co.kr을 직접 입력해도 접속할 수 있습니다.

정답 115 **1.** ⓑ **2.** ⓐ **3.** ⓑ, ⓚ, ⓛ **4.** 코덱(CODEC)

합·격·수·기

합격수기 코너는 시나공으로 공부하신 독자분들이 시험에 합격하신 후에 직접
시나공 홈페이지(sinagong.gilbut.co.kr)의 〈합격전략/수기〉에 올려주신 자료를 토대로 구성됩니다.

정주영 • gkdissktro

14일 만에 정보처리 필기에 합격했어요~

컴퓨터 고장으로 이제야 글을 올립니다. 일단 합격하고 나니 너무 뿌듯한 마음에 꼬~옥 나의 경험을 소개하고 싶었습니다. 이런 시험이 처음이라 걱정을 많이 했는데 무엇보다 시나공을 선택한 것이 큰 도움이 되었습니다. 먼저 '책? 구입!!'이 관건입니다. 시간과의 싸움이 필요했던 전 시나공 책을 선택했지요.

D-14일
강의 들을 시간도 부족했던 터라 일단 열심히 읽었습니다(참고로 제가 시험을 치른다고 했을 때 모두들 말렸답니다 -ㅅ-;;). 이론에 이어 관련 문제가 바로 나와서 쉽게 이해할 수 있었습니다. 그래서 읽다가 모르는 것은 별표를 해두고 다시 한 번 더 보았답니다. 잘 모르는 것은 컴퓨터 무료 강의도 조금 이용했고요. 일주일 동안 아주 열심히 공부했죠!

D-7일
기출문제를 풀기 시작했습니다. 다시 볼 때는 좋았는데 문제 풀 때는 밑의 해설이 방해가 되더라고요. 그래서 먼저 작은 가리개를 하나 만들었지요. 모든 문제를 다 풀 때까지 해설과 답은 절대 보지 않았습니다. 다 풀고 난 뒤에는 점수를 꼼꼼히 기록해 두는 방법으로 했습니다. 한눈에 볼 수 있으니 자극도 받게 되고, 부족한 부분은 다시 한 번 보고요~ 좌절을 맛보며 눈물이 앞을 가릴 때도 있었지만 차츰 자신감도 생기더군요. 여러분들도 그렇게 되리라 믿어요~ (믿어요~♫) 가장 중요한 건 한 문제를 더 맞히는 것보다 문제를 다시 보고 해석해 보는 것!! 계속 나오는 문제의 유형은 기억해 두는 것!! 그래서 제가 만든 비장의 카드(?)가 있답니다.
'계속 틀리는 문제, 계속 나오는 설명을 적은 노트'
1회 풀고 풀이하면서 적고, 적은 것 주욱~ 다시 보고 2회 풀고…, 이렇게 하나 둘 쌓이다보니 이제는 내용이 머릿속에 자연스럽게 새겨지기 시작하더라고요~
시험 치를 때 이 노트가 가장 많은 도움이 되었던 것 같아요.

D-1일
시나공에서 준비해 준 모의고사와 1회 시험 문제를 풀면서 다시 한 번 정리했습니다. 답지 작성도 한번쯤은 꼭 해보는 것이 좋아요.
끝까지 읽어 주셔서 감사합니다. 저의 경험이 시험을 준비하는 여러분 모두에게 조금이라도 도움이 될 수 있었으면 좋겠습니다.

나는 시험에 나오는 것만 공부한다!
이제 시나공으로 한 번에 정복하세요!

기본서 (필기/실기)

기초 이론부터 완벽하게 공부해서 안전하게 합격하고 싶어요!

특징

자세하고 친절한 이론으로 기초를 쌓은 후 바로 문제풀이를 통해 정리한다.

구성

본권
기출문제(5회)
토막강의

실기
온라인 채점 프로그램
• 워드프로세서
• 컴퓨터활용능력
• ITQ

출간종목

컴퓨터활용능력1급 필기/실기
컴퓨터활용능력2급 필기/실기
워드프로세서 필기/실기
정보처리기사 필기/실기
정보처리산업기사 필기/실기
정보처리기능사 필기/실기
사무자동화산업기사 실기
ITQ 엑셀/한글/파워포인트
GTQ 1급/2급

SUMMARY (필기)

핵심이론만 체계적으로 정리한 후 문제풀이를 통해 정리하고 싶어요!

특징

시험에 꼭 나오는 핵심이론으로 개념을 체계적으로 정리한 후 기출문제로 마무리한다.

구성

핵심요약
기출문제(15회)
토막강의

출간종목

컴퓨터활용능력1급 필기
컴퓨터활용능력2급 필기
워드프로세서 필기
정보처리기능사 필기
사무자동화산업기사 필기

총정리 (필기/실기)

이론은 공부했지만 어떻게 적용되는지 문제풀이를 통해 감각을 익히고 싶어요!

특징

간단하게 이론을 정리한 후 충분한 문제풀이를 통해 실전 감각을 향상시킨다.

구성

핵심요약
기출문제(10회)
모의고사(10회)
토막강의

실기
• 온라인 채점 프로그램
• 기출문제(10회)
• 모의고사(5회)

출간종목

컴퓨터활용능력1급 필기/실기
컴퓨터활용능력2급 필기/실기
워드프로세서 필기
사무자동화산업기사 필기

기출문제집 (필기/실기)

이론은 완벽해요! 기출문제로 마무리하고 싶어요!

특징

최신 기출문제를 반복 학습하며 최종 마무리한다.

구성

핵심요약(PDF)
기출문제(15회)
토막강의

실기
기출문제(10회)

출간종목

컴퓨터활용능력1급 필기/실기
컴퓨터활용능력2급 필기/실기
워드프로세서 필기
정보처리기사 필기
사무자동화산업기사 필기

나는 스마트 시나공이다!
차원이 다른 동영상 강의

시나공만의 토막강의를 만나보세요

아직도 혼자 공부하세요? 혼자 공부하다가 어려운 부분이 나와도 고민하지 마세요!

토막강의 번호를 입력하거나 QR코드를 스마트폰으로 찍기만 하면
언제든지 시나공 저자의 속 시원한 해설을 바로 동영상으로 확인할 수 있습니다.

1.
스마트폰으로
QR코드를
찍어보세요!

STEP 1
스마트폰의 QR코드 리더 앱을
실행하세요!

STEP 2
시나공 토막강의 QR코드를 스캔하세요!

STEP 3
스마트폰을 통해 토막강의가 시작됩니다!

2.
시나공
홈페이지에서
토막강의 번호를
입력하세요!

STEP 1
시나공 홈페이지(sinagong.gilbut.
co.kr)에 접속하세요!

STEP 2
상단 메뉴 중 [동영상 강좌] →
[토막강의(무료)]를 클릭하세요!

STEP 3
토막강의 번호를 입력한 후 토막강의를
클릭하여 시청하세요.

3.
유튜브에서는
이렇게
이용하세요!

STEP 1
유튜브 검색 창에 "시나공"+토막강의
번호를 입력하세요.

STEP 2
검색된 항목 중 원하는 토막강의를
클릭하여 시청하세요.

STEP 3
좋아요와 구독! 알림설정까지~

★ 토막강의가 지원되는 도서는 시나공 홈페이지를 통해 확인할 수 있습니다.

★ 스마트폰을 이용하실 경우 무선랜(Wi-Fi)에 연결되지 않은 상태에서 토막강의를 이용하시면 가입하신 요금제에 따라 과금이 발생할 수 있습니다.

이 책은 IT 자격증 전문가와 수험생이 함께 만든 책입니다.

시나공 서머리 시리즈는
독자의 지지와 격려 속에
성장합니다!

시험 날짜는 다가오는데 공부할 시간이 없다면?

시나공 SUMMARY 시리즈는 공부할 시간이 부족한 학생, 최대한 빨리 공부해서 빨리
합격하고 싶은 수험생을 위해 핵심요약과 기출문제 위주로 구성한 초단기 합격 전략집
입니다.

핵심요약 & 기출문제

합격에 꼭 필요한 핵심 개념 115개를 관련된 모든 기출문제와 함께 수록했습니다.
자세한 해설은 기본이죠!

기출문제 & 전문가의 조언 15회

기출문제라고 다 같은 기출문제가 아닙니다. 개념과 함께 더 공부해야 할 문제,
문제와 지문을 외워야 할 문제, 답만 기억하고 넘어갈 문제들을 전문가가 꼼꼼하게 알려줍니다.

sinagong.gilbut.co.kr

13000

가격 17,000원
ISBN 979-11-407-0170-4

9 791140 701704

TO.시나공
온라인
독자엽서

스마트한
시나공 수험생
지원센터

IT 수험서 베스트셀러 1위 인기 브랜드 컬렉션

SUMMARY

정보처리기능사 필기

요약집

2023 시험에 나오는 것만 공부한다!

정보처리기능사

2023 시나공

2권 기출문제

핵심요약과 기출문제 위주로
구성한 초단기 합격 전략집

sinagong.gilbut.co.kr

길벗알앤디 지음

기억상자 회원가입 및 도서 인증하기

1. 기억상자 회원가입하기

'https://membox.co.kr'에 접속한 후 우측 상단의 [메뉴(三)] → [회원가입]을 클릭합니다. 회원 정보를 입력한 후 〈가입하기〉를 클릭하면 회원 가입 시 입력한 메일 주소로 인증 메일이 발송됩니다. 수신한 인증 메일을 열어 계정을 인증하세요.

2. 구매도서 인증하기

우측 상단의 [메뉴(三)] → [구매 도서 인증]을 클릭합니다. 구입한 도서의 뒤표지 왼쪽 하단에 있는 ISBN을 입력한 후 〈확인〉을 클릭하세요. 메인 화면의 [보유] 목록에서 교재가 정상적으로 등록된 것을 확인할 수 있습니다.

3. 기억상자로 학습하기

[보유] 목록에서 '정보처리기능사 SUMMARY'를 클릭합니다. 교재의 장별로 학습 목록이 표시되며 원하는 장을 클릭하여 학습을 시작하세요.

※ 안드로이드 폰은 [Play 스토어]에서 '기억상자' 앱을 설치해도 됩니다.

수험생의 마음으로 만든 책! 시나공 시리즈

2023
시나공
SUMMARY
시험에 나오는 것만 공부한다!

정보처리기능사
필기

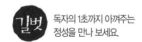

길벗 독자의 1초까지 아껴주는
정성을 만나 보세요.

한국산업인력공단은 2012년 이후 기출문제를 공개하지 않습니다. '기출유형&전문가의 조언'에 수록된 문제들은 시험을 치른 학생들의 기억을 토대로 복원한 문제와 2011년 이전 기출문제 중에서 출제 빈도가 높은 문제들을 과목별 출제 비율에 맞게 재구성한 문제입니다.

※ 교재가 출간된 이후 시행된 기출문제와 최신 출제 경향을 반영한 모의고사는 E-Mail 서비스를 통해 제공됩니다. E-Mail 서비스를 위한 회원 가입 및 구입 도서 등록 절차는 1권 7쪽을 참고하세요!

기출문제 & 전문가의 조언

'최종점검' 기출문제 **CBT**

시험장과 동일한 환경에서
실제 시험 보듯 기출문제를 풀어 보고
싶다고요?

지금 당장 QR 코드를 스캔하거나 www.membox.co.kr에 접속해 보세요.

1. 기억장치 고유의 번지로서 0, 1, 2, 3과 같이 16진수로 약속하여 순서대로 정해놓은 번지, 즉 기억장치 중의 기억장소를 직접 숫자로 지정하는 주소로서 기계어 정보가 기억되어 있는 것은?

① 메모리주소
② 베이스주소
③ 상대주소
④ 절대주소

> **전문가의 조언** 문제에 제시된 내용은 절대주소에 대한 설명입니다. 문제와 보기가 동일하게 자주 출제되는 문제입니다. **핵심 024**를 참고하여 절대주소와 상대주소를 구분할 수 있도록 각각의 의미를 정리하세요.

2. 1비트(bit) 기억장치로 가장 적합한 것은?

① 레지스터
② 베이스 주소
③ 계전기
④ 플립플롭

> **전문가의 조언** 1비트(bit) 기억장치는 플립플롭입니다. 플립플롭들의 개별적인 특징을 묻는 문제가 자주 출제됩니다. 플립플롭의 개념과 함께 **핵심 012**를 참고하여 주요 플립플롭의 특징을 파악해 주세요.

3. 동시에 여러 개의 입·출력장치를 제어할 수 있는 채널(Channel)은?

① Multiplexer
② Duplex
③ Register
④ Selector

> **전문가의 조언** 동시에 여러 개의 입·출력장치를 제어할 수 있는 채널(Channel)은 Multiplexer Channel(다중 채널)입니다. 채널의 개념과 채널의 종류 및 각각의 특징을 묻는 문제가 자주 출제되니 **핵심 025**를 참고하여 정리하고 넘어가세요.

4. 2진수 0110을 그레이 코드로 변환하면?

① 0010
② 0111
③ 0101
④ 1110

> **전문가의 조언** 2진수를 그레이 코드로 변환하는 방법은 'ㄱ'자를 생각하면 쉽습니다.
> ❶ 첫 번째 그레이 비트는 2진수 비트를 그대로 내려씁니다.
> ❷ 두 번째 그레이 비트부터는 변경할 2진수의 해당 번째 비트와 그 왼쪽의 비트를 XOR 연산하여 씁니다.
>
>
>
> **핵심 018**을 참고하여 그레이 코드를 2진수로 변환하는 방법도 알아두세요.

5. 다음 그림의 연산 결과는?

① 1010
② 1110
③ 1101
④ 1001

> **전문가의 조언** 그림의 연산 결과는 1010입니다. AND 연산은 입력값이 모두 1일 때만 1이 출력되는 것으로, 특정 비트의 삭제에 이용된다는 것을 반드시 기억하세요.
> ```
>      1110
> AND 1010
>      1010
> ```

6. 클럭 펄스(Clock Pulse)에 의해서 기억 내용을 한 자리씩 이동하는 레지스터는?

① 시프트 레지스터
② 누산기 레지스터
③ B 레지스터
④ D 레지스터

> **전문가의 조언** 시프트(Shift)는 '이동하다, 옮기다'라는 뜻으로 시프트 레지스터는 저장된 값을 왼쪽 또는 오른쪽으로 1Bit씩 자리를 이동시킬 때 사용하는 레지스터입니다. 레지스터의 기능을 묻는 문제가 자주 출제되고 있습니다. **핵심 003**을 참고하여 주요 레지스터들의 기능을 정리해 주세요.

7. 명령어의 주소(Address)부를 연산 주소(Address)로 이용하는 주소지정방식은?

① 상대 Address 방식
② 절대 Address 방식
③ 간접 Address 방식
④ 직접 Address 방식

> **전문가의 조언** 명령어의 주소부를 연산 주소로 이용하는 주소지정방식은 직접 주소지정방식입니다. 주소지정방식의 특징을 묻는 문제가 자주 출제됩니다. 주소지정방식의 이름에 의미가 내포되어 있으므로 쉽게 기억할 수 있습니다. **핵심 024**를 참고하여 정리해 두세요.

8. 다음 그림의 논리회로에서 입력 A, B, C에 대한 출력 Y의 값은?

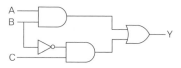

① $Y = AB + \overline{B}C$ ② $Y = A + B + C$
③ $Y = AB + BC$ ④ $Y = \overline{A}B + \overline{B}C$

> **전문가의 조언** 문제에 제시된 논리회로를 분리하여 각각을 논리식으로 표현한 후 1개의 논리식으로 합쳐나가면 다음과 같습니다.
>
>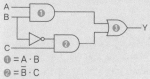
>
> ❶ = A · B
> ❷ = $\overline{B}$ · C
> ❸ = ❶ + ❷ = $AB + \overline{B}C$
> 논리회로를 논리식으로 표현하는 방법을 알아두세요.

9. 다음 중 불(Boolean) 대수의 정리로 옳지 않은 것은?

① $A + \overline{A} = 1$ ② $A + 0 = 0$
③ $A \cdot \overline{A} = 0$ ④ $A + A = A$

> **전문가의 조언** A + 0 = A입니다. 불 대수의 기본 공식은 중요합니다. **핵심 005**를 참고하여 드모르강의 법칙은 반드시 암기하고, 나머지 법칙은 원리를 정확하게 이해하고 넘어가세요.

10. 다음 [보기]에 나열된 내용과 관계있는 장치는?

[보기] 논리회로, 누산기, 가산기

① 연산장치   ② 기억장치
③ 제어장치   ④ 보조기억장치

> **전문가의 조언** 논리회로, 누산기, 가산기는 연산장치입니다. 자주 출제되는 내용입니다. **핵심 002**를 참고하여 제어장치와 연산장치에 속하는 구성 요소를 구분할 수 있도록 파악해 두세요.

11. 그림의 전기회로를 컴퓨터의 논리회로로 치환하면?

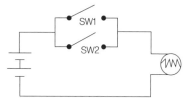

① AND   ② OR
③ NOT   ④ NAND

> **전문가의 조언** 두 개의 스위치가 병렬로 연결되어 있을 때는 둘 중 하나의 스위치만 눌러도 전구에 불이 들어옵니다. 그러므로 그림의 전기회로는 입력 신호 중 하나라도 1이면 1이 출력되는 OR 회로로 치환할 수 있습니다. AND는 직렬, OR는 병렬이라는 것을 꼭 기억하세요.

12. 8진수 234를 16진수로 바르게 표현한 것은?

① $(9C)_{16}$ ② $(AD)_{16}$
③ $(11B)_{16}$ ④ $(BC)_{16}$

> **전문가의 조언** 8진수를 16진수로 변환하려면 먼저 8진수를 2진수로 변환한 다음 2진수를 16진수로 변환하면 됩니다.
> ❶ 8진수 1자리를 2진수 3자리로 확장하여 2진수로 변환합니다.
>   (2   3   4)₈
>   (010 011 100)₂
> ❷ 오른쪽에서 왼쪽 방향으로 2진수를 4자리씩 묶어서 16진수 1자리로 표현합니다.
>   (0 1001 1100)₂
>   (0   9   12(C))₁₆
> 이 문제를 통해 8진수, 2진수, 16진수를 상호 변환하는 방법을 꼭 알아두세요.

13. 디스크 팩이 6장으로 구성되었을 때 사용하여 기록할 수 있는 면의 수는?

① 6 　　　　　　　　　② 8
③ 10 　　　　　　　　 ④ 12

> **전문가의 조언** 디스크는 양면에 기록할 수 있으므로 총 12(6×2)면을 사용할 수 있지만, 디스크 팩의 가장 윗면과 아랫면은 데이터를 기록할 수 없으므로 실질적으로 데이터를 기록할 수 있는 면 수는 10(12-2)개입니다. 디스크와 관련해서는 주로 자기 디스크 관련 용어들의 의미를 묻는 문제가 출제되니 **핵심 031**을 참고하여 정리해 두세요.

14. 연산에 사용되는 데이터 및 연산의 중간 결과를 레지스터에 저장하는 주된 이유는?

① 비용 절약을 위하여
② 연산 속도의 향상을 위하여
③ 기억장소의 절약을 위하여
④ 연산의 정확도를 높이기 위하여

> **전문가의 조언** 중간 결과를 레지스터에 저장해 두면 중간 결과를 이용한 다음 연산을 바로 수행할 수 있어 연산 속도가 빨라집니다. 문제와 보기가 동일하게 여러 번 출제되었습니다. 이 문제에서는 레지스터의 역할만 정확히 기억하고 넘어가세요.

15. 논리적 주소에서 물리적 주소 또는 다른 논리적 주소로 번역하는 것은?

① 매핑 　　　　　　　② 적재
③ 재배치 　　　　　　④ 주소 바인딩

> **전문가의 조언** 매핑의 개념을 묻는 문제는 가끔씩 출제됩니다. 이 문제를 통해 매핑(Mapping)의 개념을 확실히 숙지하고, 나머지 보기로 제시된 용어의 개념도 정리하고 넘어가세요.
> • **적재(Loading)** : 실행 프로그램을 할당된 기억공간에 실제로 옮기는 기능
> • **재배치(Relocation)** : 디스크 등의 보조기억장치에 저장된 프로그램이 사용하는 각 주소들을 할당된 기억장소의 실제 주소로 배치시키는 기능
> • **주소 바인딩(Address Binding)** : 명령어와 데이터를 기억공간에 할당하고, 주소를 연결하는 과정

16. 다음 논리회로에서 출력 f의 값은?

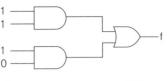

① -1 　　　　　　　　② 0
③ 1 　　　　　　　　　④ 11

> **전문가의 조언** 입력되는 값을 게이트 순서대로 대입하여 출력값을 구하면 됩니다.
>
>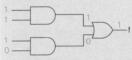
>
> 논리회로의 출력값을 묻는 문제는 중요합니다. 기본적인 논리 게이트의 기능을 이해하고 있으면 어렵지 않게 풀 수 있으니 문제에 사용된 논리 게이트들의 기능을 확실히 기억해 두세요.

17. 입·출력장치의 동작속도와 전자계산기 내부의 동작속도를 맞추는데 사용되는 레지스터는?

① 버퍼 레지스터
② 시프트 레지스터
③ 어드레스 레지스터
④ 상태 레지스터

> **전문가의 조언** 두 장치 간 속도 차이를 극복하기 위해 사용하는 것은 일반적으로 버퍼이고, 레지스터 중 버퍼와 관련 있는 것은 메모리 버퍼 레지스터입니다. 메모리 버퍼 레지스터를 보통 버퍼 레지스터라고 합니다. 레지스터와 관련된 문제는 자주 출제되니 **핵심 003**을 참고하여 정리해 두세요.

18. 두 비트를 더해서 합(S)과 자리올림수(C)를 구하는 반가산기에서 올림수(Carry) 비트를 나타낸 논리식은?

① $C = A + B$ 　　　　② $C = \overline{A} \cdot \overline{B}$
③ $C = A \cdot B$ 　　　　 ④ $C = \overline{A} + \overline{B}$

> **전문가의 조언** 반가산기의 올림수 비트를 나타내는 논리식은 $C = A \cdot B$입니다. 반가산기와 관련해서는 기능, 진리표, 논리회로, 논리식이 모두 중요합니다. **핵심 009**를 참고하여 확실히 정리해 두세요.

19. 다음 중 정마크 부호 방식에 해당되는 것은?

① 수직 패리티　　　② 수평 패리티
③ CRC 부호 방식　　④ 비쿼너리 부호 방식

> **전문가의 조언** 정마크 부호 방식은 전송문자를 부호화할 때 각 부호의 1 또는 0의 개수를 일정하게 유지하여 전송하고 수신측에서는 전송된 문자 중 1 또는 0이 일정한 개수인가를 판정하여 에러를 검사하는 방식으로, 대표적인 정마크 부호 방식에는 2 out of 5 부호와 비쿼너리(Biquinary) 부호가 있습니다. 자주 출제되는 내용은 아닙니다. 2 out of 5 부호와 비쿼너리 부호 방식이 정마크 부호 방식에 해당한다는 것만 기억해 두세요.

20. A, B의 값이 각각 0110, 0011로 입력될 때 X의 값은?

① 1010　　　　　② 0111
③ 0010　　　　　④ 1101

> **전문가의 조언** 이 문제는 논리회로도에 직접 입력값을 대입해서 풀면 됩니다.

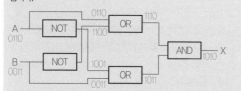

논리회로의 출력값을 묻는 문제는 매회 출제됩니다. 기본적인 논리 게이트의 기능을 이해하고 있으면 어렵지 않게 풀 수 있으니 문제에 사용된 논리 게이트의 기능을 확실히 기억해 두세요.

21. 스프레드시트에서 조건을 부여하여 이에 맞는 자료들만 추출하여 표시하는 것을 무엇이라고 하는가?

① 정렬　　　　　② 필터
③ 매크로　　　　④ 프리젠테이션

> **전문가의 조언** 문제에 제시된 내용은 필터의 기능입니다. 엑셀(스프레드시트)의 주요 기능에 대한 문제가 자주 출제되고 있으니 **핵심 047**을 참고하여 확실히 정리해 주세요.

22. 도메인에 대한 설명으로 가장 적합한 것은?

① 릴레이션을 표현하는 기본 단위
② 튜플들의 관계를 표현하는 범위
③ 튜플들의 구분할 수 있는 범위
④ 표현되는 속성 값의 범위

> **전문가의 조언** 도메인은 표현되는 속성 값의 범위입니다. 관계형 데이터베이스의 구성 요소에 대한 문제가 자주 출제되니 **핵심 036**을 참고하여 꼭 정리하고 넘어가세요.

23. SQL에서 데이터베이스에 대한 일련의 처리를 하나로 모은 작업 단위로 관리할 수 있는데, 이 작업 단위는?

① 페이지(Page)
② 디스패치(Dispatch)
③ 세그먼테이션(Segmentation)
④ 트랜잭션(Transaction)

> **전문가의 조언** 문제에 제시된 내용은 트랜잭션의 개념입니다. 문제와 보기가 동일하게 몇 번 출제된 적이 있는 문제입니다. 이 문제에서는 트랜잭션의 개념만 기억하고 넘어가세요.

24. 다음 SQL 검색문의 의미로 옳은 것은?

> SELECT * FROM 학생;

① 학생 테이블에서 첫번째 레코드의 모든 필드를 검색하라.
② 학생 테이블에서 마지막 레코드의 모든 필드를 검색하라.
③ 학생 테이블에서 전체 레코드의 모든 필드를 검색하라.
④ 학생 테이블에서 "*"값이 포함된 레코드의 모든 필드를 검색하라.

> **전문가의 조언** SQL문을 절별로 분리해보면 다음과 같습니다.
> • **SELECT *** : 모든 필드를 검색합니다.
> • **FROM 학생** : 학생 테이블을 검색합니다.
> 문제와 보기가 동일하게 종종 출제되는 문제입니다. **핵심 040**을 참고하여 SELECT 문의 기본 형식을 기억해 두세요.

정답 19. ④　20. ①　21. ②　22. ④　23. ④　24. ③

25. SQL 명령문 중 "DROP TABLE 학생 RESTRICT"의 의미가 가장 적절한 것은?

① 학생 테이블만을 제거한다.
② 학생 테이블이 다른 테이블에 의해 참조중이면 제거하지 않는다.
③ 학생 테이블과 이 테이블을 참조하는 다른 테이블도 함께 제거한다.
④ 학생 테이블을 제거할지의 여부를 사용자에게 다시 물어본다.

26. 프레젠테이션에서 프레젠테이션의 흐름을 기획한 것을 무엇이라고 하는가?

① 셀
② 개체
③ 슬라이드
④ 시나리오

27. 데이터베이스 관리 시스템(DBMS; Databases Management System)의 주요 기능에 속하지 않는 것은?

① 관리 기능
② 정의 기능
③ 조작 기능
④ 제어 기능

28. 엑셀에서 연속되지 않는 여러 개의 셀들을 선택할 때 사용하는 키는?

① Ctrl
② Shift
③ Ins
④ Alt

29. SQL의 SELECT문에서 특정 열의 값을 기준으로 정렬할 때 사용하는 절은?

① SORT BY절
② ORDER BY절
③ ORDER TO절
④ SORT절

30. 학생 테이블에 데이터를 입력한 후 주소 필드가 누락되어 이를 추가하려고 할 때의 적합한 SQL 명령은?

① CREATE TABLE
② ADD TABLE
③ ALTER TABLE
④ MODIFY TABLE

31. 고급언어나 코드화된 중간언어를 입력받아 목적 프로그램 생성없이 직접 기계어를 생성, 실행해 주는 프로그램은?

① 어셈블러(Assembler)
② 인터프리터(Interpreter)
③ 컴파일러(Compiler)
④ 크로스 컴파일러(Cross Compiler)

> 전문가의 조언 고급언어나 코드화된 중간언어를 입력받아 목적 프로그램 생성없이 직접 기계어를 생성, 실행해 주는 프로그램은 인터프리터(Interpreter)입니다. 언어 번역 프로그램(컴파일러, 인터프리터, 어셈블러)을 비롯하여 링커, 로더의 기능을 묻는 문제가 자주 출제됩니다. **핵심 051**과 **052**를 참고하여 언어 번역 프로그램과 링커, 로더의 기능을 정리해 두세요.

32. UNIX의 특징이 아닌 것은?

① 계층적인 디렉터리 구조를 제공한다.
② 이식성과 확장성이 우수한 운영체제이다.
③ 여러 사용자가 동시에 시스템을 사용할 수 있다.
④ 완벽한 GUI(Graphic User Interface) 환경을 제공한다.

> 전문가의 조언 UNIX는 사용자의 명령으로 시스템이 수행되는 CUI(Character User Interface) 방식의 환경을 제공합니다. UNIX의 전반적인 특징을 묻는 문제가 종종 출제되니 **핵심 079**를 참고하여 정리해 두세요.

33. 아래 내용이 설명하는 "윈도우"의 기능은?

> Hardware should automatically be detected and installed by Windows.

① PnP(Plug and Play)
② Drag and Drop
③ OLE(Object Linking and Embedding)
④ DMA(Direct Memory Access)

> 전문가의 조언 Windows에서 하드웨어를 자동적으로 감지하고 설치하는 기능은 PnP(Plug and Play)입니다. Windows의 특징을 묻는 문제가 자주 출제됩니다. **핵심 064**를 참고하여 선점형 멀티태스킹, 플러그 앤 플레이, OLE를 중심으로 주요 기능을 파악해 두세요.

34. UNIX에서 "who" 명령은 현재 로그인 중인 각 사용자에 관한 정보를 보여준다. 다음 중 "who" 명령으로 알 수 없는 내용은?

① 단말명   ② 로그인명
③ 로그인 일시   ④ 사용 소프트웨어

> 전문가의 조언 who 명령으로는 단말기명, 로그인명, 로그인 일시, 사용 중인 단말기 번호 등을 알 수 있습니다. 가끔 출제되는 명령어입니다. 이 문제에서는 who 명령의 기능 및 명령을 통해 알 수 있는 주요 정보를 기억하고 넘어가세요.

35. 컴퓨터 센터에 작업을 지시하고 나서부터 결과를 받을 때 까지의 경과 시간은?

① 서치 시간(Search Time)
② 액세스 시간(Access Time)
③ 프로세스 시간(Process Time)
④ 턴어라운드 시간(Turnaround Time)

> 전문가의 조언 컴퓨터 센터에 작업을 지시하고 나서부터 결과를 받을 때까지의 경과 시간을 턴어라운드 시간(Turnaround Time)이라고 합니다. 가끔 출제되는 내용입니다. **핵심 031**을 참고하여 설치 시간(Search Time)과 액세스 시간(Access Time)의 의미도 함께 알아두세요.

36. 운영체제의 구성 요소 중 프로세서를 생성, 실행, 중단, 소멸 시키는 것은?

① 스케줄러(Scheduler)   ② 드라이버(Driver)
③ 에디터(Editor)   ④ 스풀러(Spooler)

> 전문가의 조언 운영체제의 구성 요소 중 프로세서를 생성, 실행, 중단, 소멸시키는 것은 스케줄러(Scheduler)입니다. 문제와 보기가 동일하게 출제되는 문제입니다. 이 문제에서는 스케줄러의 기능만 기억하고 넘어가세요.

37. UNIX에서 입력시 사용되는 'Kill' 명령에 대한 설명으로 옳은 것은?

① 마지막에 입력한 문자를 지운다.
② 마지막에 입력한 단어를 지운다.
③ 한 줄 전체를 지운다.
④ 세 줄의 입력을 위하여 한 줄을 띄운다.

---

38. DOS(MS-DOS) 명령어 중 COMMAND.COM 파일이 관리하는 것은?

① CHKDSK
② DELTREE
③ COPY
④ FORMAT

39. 도스에서 DIR 명령은 현재 디렉터리와 파일 등에 관한 정보를 표시해 주는 명령이다. 이 명령의 옵션(Option) 중 하위 디렉터리의 정보까지 표시해 주는 명령은?

① DIR/P
② DIR/A
③ DIR/S
④ DIR/W

40. 운영체제의 성능 평가 항목으로 가장 거리가 먼 것은?

① 신뢰도
② 처리 능력
③ 비용
④ 사용 가능도

41. 윈도우의 클립보드에 대한 설명으로 옳지 않은 것은?

① 윈도우에서 자료를 일시적으로 보관하는 장소를 제공한다.
② 선택된 대상을 클립보드에 오려두기를 할 때 사용되는 단축키는 Ctrl + V 이다.
③ 가장 최근에 저장된 파일 하나만을 저장할 수 있다.
④ 클립보드에 현재 화면 전체를 복사하는 기능키는 Print Screen 이다.

42. UNIX에서 앞의 출력 결과가 뒤에 실행하는 명령의 입력이 되는 것은

① pipe
② more
③ filter
④ link

43. 도스(MS-DOS)에서 사용할 수 있는 드라이브의 최대 수를 지정하는 명령어는?

① LASTDRIVE
② BLOCKS
③ FILES
④ FPRMARYDISK

44. DOS의 환경 설정 파일(CONFIG.SYS)에 대한 설명으로 옳지 않은 것은?

① 도스 운영에 필요한 환경을 설정하는 파일이다.
② 어느 디렉터리에 존재하는가에 상관없이 제 역할을 수행한다.
③ 사용자가 만들며, 수정할 수 있다.
④ TYPE 명령으로 내용을 확인할 수 있다.

> **전문가의 조언** 환경 설정 파일(Config.sys)은 반드시 루트 디렉터리에 있어야만 실행됩니다. 문제에 제시된 내용을 통해 환경 설정 파일의 특징을 간단히 정리하고 넘어가세요.

45. UNIX 명령 중 반드시 인수가 필요하지 않은 것은?

| ㉠ WC | ㉡ PWD | ㉢ Kill | ㉣ Passwd |

① ㉠, ㉡
② ㉡, ㉣
③ ㉢, ㉣
④ ㉠, ㉢

> **전문가의 조언**
> ㉠ wc는 파일 내의 라인 수, 단어 수, 문자 수 등을 표시하는 명령어로, 'wc [옵션] [파일명]' 형식으로 지정해야 합니다.
> ㉡ pwd는 현재 작업 중인 디렉터리 경로를 출력해주는 명령으로 인수 없이 사용이 가능합니다.
> ㉢ kill은 프로세스를 종료하는 명령어로, 'kill [신호] [프로세스id]' 형식으로 지정해야 합니다.
> ㉣ passwd는 로그인할 때 필요한 비밀번호를 설정하거나 변경하는 명령으로 인수를 지정하지 않습니다.
> UNIX 명령어들의 기능을 묻는 문제가 자주 출제됩니다. 지문에 제시된 용어들의 기능을 정리해 두세요.

46. CPU 스케줄링 알고리즘에서 규정시간 또는 시간조각(Slice)을 미리 정의하여 CPU 스케줄러가 준비상태 큐에서 정의된 시간만큼 각 프로세스에 CPU를 제공하는 시분할 시스템에 적절한 스케줄링 알고리즘은?

① RR(Round-Robin)
② FCFS(First-Come-First-Served)
③ SJF(Shortest Job First)
④ SRT(Shortest Remaining Time)

> **전문가의 조언** 문제에 제시된 내용은 RR(Round-Robin)에 대한 설명입니다. 문제와 보기가 동일하게 출제되는 문제입니다. '시간조각(Slice)'하면 'RR' 기법이라는 것을 기억하고, **핵심 055**를 참고하여 나머지 스케줄링 알고리즘의 특징도 정리해 두세요.

47. 다음은 무엇에 관한 내용인가?

> It may happen that waiting processors will never again change state, because the resources they have requested are hold by waiting processes.

① System call
② Deadlock
③ Emulator
④ Processing

> **전문가의 조언** 프로세스들이 점유한 자원을 요청하며 기다리고 있으므로 상태가 변하지 않고 무한정 대기하고 있는 현상을 교착상태(Deadlock)라고 합니다. 이 문제 역시 문제와 보기가 동일하게 종종 출제되는 문제입니다. 문제와 답만 기억하고 넘어가세요.

48. 윈도우 [탐색기]의 [보기] 메뉴에서 아이콘 표시 방식으로 적당하지 않는 것은?

① 자세히
② 큰 아이콘
③ 그룹 정렬
④ 간단히

> **전문가의 조언** [탐색기]의 [보기] 메뉴에서 설정 가능한 아이콘 표시 방법에는 큰 아이콘, 작은 아이콘, 간단히, 자세히 등이 있습니다. 이 문제에서는 아이콘 표시 방식 4가지만 기억하고 넘어가세요.

49. 윈도우에서 '디스크 조각 모음'에 관한 설명으로 옳은 것은?

① 디스크의 논리적 영역을 할당한다.
② 디스크의 삭제된 파일을 복구한다.
③ 디스크의 물리적 손상 부분을 제거한다.
④ 디스크를 효율적으로 사용하기 위해 파일을 정리한다.

> **전문가의 조언** 디스크 조각 모음은 디스크를 효율적으로 사용하기 위해 파일을 정리하는 기능입니다. 시스템 도구 중 디스크 조각 모음과 관련된 문제가 가장 많이 출제되고 있습니다. **핵심 078**을 참고하여 디스크 조각 모음의 기능과 특징을 정리해 두세요.

50. 1980년대에 MS-DOS에서 멀티태스킹과 GUI 환경을 제공하기 위한 응용 프로그램으로 출시된 운영체제는 무엇인가?

① iOS   ② UNIX

③ Windows   ④ Android

전문가의 조언 Windows의 특징을 알아야 풀 수 있는 문제가 자주 출제됩니다. **핵심 064**를 참고하여 Windows의 특징을 정리해 두세요.

51. 온-라인 시스템의 기본 구성 요소에 해당되지 않는 것은?

① 데이터베이스 장치

② 전송 제어장치

③ 통신 회선

④ 단말장치

전문가의 조언 데이터베이스 장치는 온-라인 시스템의 기본 요소가 아닙니다. 종종 출제되는 문제입니다. 이 문제를 통해 온라인 시스템의 3대 구성 요소를 정확히 숙지하세요.

52. 모뎀(MODEM)의 기능에 속하지 않는 것은?

① 아날로그 신호를 디지털 신호로 변환한다.

② 디지털 신호를 아날로그 신호로 변환한다.

③ 원거리 전송에 주로 이용된다.

④ 전이중 통신 방식을 반이중 통신 방식으로 변환한다.

전문가의 조언 모뎀의 대표적인 기능은 변·복조 기능으로 ①번은 복조, ②번은 변조 기능이며 이 기능은 원거리 전송에 주로 이용됩니다. 모뎀의 기능과 관련된 문제는 변조나 복조의 개념만 알고 있으면 풀 수 있는 문제가 대부분입니다. 보기로 제시된 변조와 복조 기능을 확실히 기억해 두세요.

53. 다음 중 무궁화 위성과 같은 정지형 통신 위성의 위치로 적합한 것은?

① 지상 약 15000[Km] 상공

② 지구 북회귀선 상 약 25000[Km] 상공

③ 지구 적도 상공 약 36000[Km] 정도

④ 지구 극점 상공 약 45000[Km] 정도

전문가의 조언 정지형 통신 위성의 위치는 지구 적도 상공 36,000[Km]입니다. 정지 위성의 위치를 묻는 문제가 종종 출제됩니다. 정지 위성의 위치를 정확히 기억하고 넘어가세요.

54. 신호의 변조 속도가 1600[Baud]이고, 트리비트(Tribit)인 경우 전송 속도[bps]는?

① 1,600[bps]   ② 2,400[bps]

③ 4,800[bps]   ④ 9,600[bps]

전문가의 조언 데이터 신호(전송) 속도(bps)는 '변조 속도(Baud) × 변조 시 상태 변화 비트 수'이고, 한 신호에 트리비트(3 비트)를 전송하므로 상태 변화 비트 수는 3입니다. 그러므로 신호(전송) 속도(bps)는 1,600 × 3 = 4,800bps입니다. 신호 속도(bps)를 계산하는 문제는 공식만 알면 쉽게 맞힐 수 있습니다. **핵심 089**를 참고하여 신호 속도와 변조 속도 계산 공식을 구분해서 알아두세요.

55. 데이터 전달의 기본 단계를 순서대로 옳게 나열한 것은?

① 회선 연결 → 링크 확립 → 메시지 전달 → 링크 단절 → 회선 단절

② 링크 확립 → 회선 연결 → 메시지 전달 → 회선 단절 → 링크 단절

③ 회선 연결 → 링크 단절 → 메시지 전달 → 링크 확립 → 회선 단절

④ 링크 확립 → 회선 단절 → 메시지 전달 → 회선 연결 → 링크 단절

전문가의 조언 데이터 전달의 기본 단계를 순서대로 옳게 나열한 것은 ①번입니다. 항상 동일한 형태로 출제되는 문제입니다. 데이터 전달의 기본 5단계만 정확히 암기하세요.

56. 양쪽 방향으로 동시에 전송이 가능한 경우의 통신 방식은?

① 전이중 통신(Full duplex)
② 라디오(Radio)
③ 단향 통신(Simplex)
④ 반이중 통신(Half duplex)

전문가의 조언 양쪽 방향으로 동시에 전송이 가능한 경우는 전이중 통신(Full Duplex) 방식입니다. 통신 방식에 대한 문제는 종종 출제되니 **핵심 090**을 참고하여 각 방식을 구분할 수 있도록 정리하세요.

57. 마이크로파(Microwave) 통신 방식과 관계없는 것은?

① 전자파를 이용하는 무선 통신 방식이다.
② 광을 이용하므로 전송 속도가 빠르다.
③ 이동통신 수단으로도 이용되고 있다.
④ 중계거리를 고려하여야 한다.

전문가의 조언 광(光), 즉 빛을 이용하는 것은 광섬유 케이블입니다. 마이크로파 통신 방식의 특징을 묻는 문제가 종종 출제되고 있으니 나머지 보기를 통해 정리하고 넘어가세요.

58. RS-232C 25핀 커넥터 케이블에서 송신준비완료(CTS)의 핀(pin) 번호는?

① 4   ② 5
③ 6   ④ 7

전문가의 조언 RS-232C 25핀 커넥터에서 송신준비완료(CTS)의 핀은 5번 핀입니다. RS-232C의 각 핀의 기능을 모두 암기하지는 못하더라도 자주 출제되는 2번(송신), 3번(수신), 4번(송신요청), 5번(송신준비완료) 핀의 기능만큼은 꼭 기억해 두세요.

59. 다음 중 데이터 통신 교환 방식이 아닌 것은?

① 메시지 교환 방식   ② 회선 교환 방식
③ 패킷 교환 방식   ④ 선로 교환 방식

전문가의 조언 선로 교환 방식은 데이터 통신 교환 방식이 아닙니다. 매번 보기 하나만 다르게 하여 출제되고 있는 문제입니다. 데이터 통신 교환 방식 세 가지를 정확히 기억해 두세요.

60. 프로토콜의 기본적인 요소가 아닌 것은?

① 구문   ② 의미
③ 타이밍   ④ 처리

전문가의 조언 프로토콜의 기본 요소는 구문(Syntax), 의미(Semantics), 시간(Timing)입니다. 종종 출제되는 문제입니다. 프로토콜의 기본 요소 3가지만 확실히 기억하고 넘어가세요.

최종점검 기출문제 CBT

실제 시험장이 궁금하다고요? 시험장과 동일한 CBT 환경에서 실제 시험보듯 기출문제를 풀어보세요. 자세한 해설은 덤입니다. 지금 당장 QR 코드를 스캔해 보세요.

www.membox.co.kr을 직접 입력해도 접속할 수 있습니다.

정답 56. ① 57. ② 58. ② 59. ④ 60. ④

02회 기출문제 & 전문가의 조언

1. 입출력 제어 방식 중 DMA(Direct Memory Access) 방식의 설명으로 옳은 것은?

① 중앙처리장치의 많은 간섭을 받는다.
② 프로그램에 의한 방법과 인터럽트에 의한 방법을 갖고 있다.
③ 입출력장치와 기억장치 간에 직접 데이터를 주고 받는다.
④ 입출력을 제어하는 방식에서 가장 원시적인 방법이다.

> **전문가의 조언** DMA(직접 메모리 접근)는 CPU의 참여 없이 입ㆍ출력장치와 메모리가 직접 데이터를 주고 받는 방식입니다. 자주 출제되는 내용은 아닙니다. DMA의 개념만 기억하고 넘어가세요.

2. 연속되는 2개의 숫자를 표현한 코드에서 한 개의 비트를 변경하면 새로운 코드가 되기 때문에 아날로그-디지털 변환, 데이터 전송 등에 주로 사용되는 코드는?

① EBCDIC Code ② Hamming Code
③ ACCII Code ④ Gray Code

> **전문가의 조언** 문제에 제시된 내용은 그레이 코드(Gray Code)에 대한 설명입니다. 그레이 코드에서는 2진수를 그레이 코드로 변환하는 문제가 자주 출제됩니다. **핵심 018**을 참고하여 반드시 숙지해 두세요.

3. 시프트 마이크로 동작의 종류에 해당하지 않는 것은?

① 논리 시프트(Logical Shift)
② 순환 시프트(Circulate Shift)
③ 산술 시프트(Arithmetic Shift)
④ 로테이트 시프트(Rotate Shift)

> **전문가의 조언** 시프트 마이크로 동작은 레지스터 내용에 대한 Shift(이동) 동작을 실행하는 것으로, 종류에는 직렬 전송 시프트, 논리 시프트, 산술 시프트, 순환 시프트가 있습니다. 마이크로 연산에서는 순환 시프트를 로테이트 시프트라고도 하지만, 마이크로 동작에서는 다른 것으로 봅니다. 이 문제에서는 시프트 마이크로의 개념과 종류만 기억하고 넘어가세요.

4. RS Flip-Flop에서 CP = 1이고, S = 0, R = 0이면 출력 Q의 상태는?

① 0으로 RESET 된다.
② 불변 상태이다.
③ 1로 SET된다.
④ 부정이 된다.

> **전문가의 조언** 클럭 펄스(CP; Clock Pulse)가 발생하고 S와 R선에 각각 0과 0이 입력되면 플립플롭에 기억되어 있던 원래의 상태값은 변하지 않고 Q의 상태를 그대로 유지합니다. 플립플롭과 관련해서는 종류별 특징을 묻는 문제가 자주 출제됩니다. **핵심 012**를 참고하여 플립플롭의 개념과 함께 주요 플립플롭의 특징을 파악해 두세요.

5. 이항(Binary) 연산에 해당하는 것은?

① 논리곱 연산 ② 시프트 연산
③ 로테이트 연산 ④ 보수 연산

> **전문가의 조언** 이항 연산자(Binary Operator)는 A+B처럼 피연산자가 2개 필요한 연산자로, 종류에는 사칙연산, AND, OR, XOR, XNOR 등이 있습니다. 이항 연산자의 종류를 묻는 문제가 자주 출제됩니다. **핵심 021**을 참고하여 단항 연산자와 구분할 수 있도록 알아두세요.

6. 그림과 같은 논리회로의 출력 C는 얼마인가? (단, A = 1, B = 1이다.)

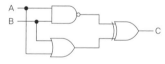

① 0 ② 1
③ 10 ④ 11

> **전문가의 조언**
>
>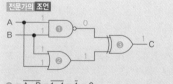
>
> ❶ = $\overline{A \cdot B}$ = $\overline{1 \cdot 1}$ = $\overline{1}$ = 0
> ❷ = A + B = 1 + 1 = 1
> ❸ = ❶ ⊕ ❷ = 0 ⊕ 1 = 1

논리회로의 출력 값을 묻는 문제는 자주 출제되고 있습니다. 기본적인 논리 게이트를 이해하면 어렵지 않게 풀 수 있습니다. 이 문제에서는 Not AND( )는 $\overline{A \cdot B}$, OR( )은 A+B, XOR( )은 A⊕B를 의미한다는 것을 기억해 두세요.

7. 다음 중 절대주소(Absolute Address) 표현 방식인 것은?

① 즉시 주소(Immediate Address)지정방식
② 직접 주소(Direct Address)지정방식
③ 간접 주소(Indirect Address)지정방식
④ 계산에 의한 주소지정방식

전문가의 조언 절대주소는 임의의 기억장소에 대한 실제 주소(유효주소)인데, 직접 주소지정방식은 명령의 주소부(Operand)에 있는 값이 절대주소, 즉 실제 데이터가 기억된 번지를 지정하는 방식입니다. 절대주소의 개념을 묻는 문제가 종종 출제됩니다. **핵심 024**를 참고하여 절대주소와 상대주소의 개념이 혼동되지 않도록 구분하여 알아두세요.

8. 다음 중 로더(Loader)의 기능이 아닌 것은?

① 할당(Allocation)
② 번역(Compiler)
③ 링킹(Linking)
④ 재배치(Relocation)

전문가의 조언 번역은 컴파일러의 역할입니다. 로더의 기능과 함께 각 기능에 대한 의미를 묻는 문제가 자주 출제됩니다. **핵심 052**를 참고하여 꼭 정리하고 넘어가세요.

9. 다음 중 연산자의 기본 기능에 속하지 않는 것은?

① 전달 기능
② 제어 기능
③ 데이터 검색 기능
④ 입 · 출력 기능

전문가의 조언 연산자(OP Code)의 기능에는 제어 기능, 자료 전달 기능, 함수 연산 기능, 입 · 출력 기능이 있습니다. 자주 출제되는 문제입니다. 연산자의 기능 4가지를 꼭 기억해 두세요.

10. 16진수의 3D를 10진수로 변환하면?

① 48   ② 61   ③ 62   ④ 49

전문가의 조언 16진수를 10진수로 변환하려면 16진수의 자리 값과 자리의 지수 승을 곱한 결과 값을 모두 더하여 계산합니다.
$3D = 3 \times 16^1 + D(13) \times 16^0 = 48 + 13 = 61$
진법 변환은 매회 출제되고 있습니다. 이 문제에서는 16진수를 10진수로 변환하는 방법만 확실히 파악해 두세요.

11. CISC(Complex Instruction Set Computer)의 특징으로 옳지 않은 것은?

① 명령어의 개수가 보통 100~250개로 많다.
② RISC에 비해 빠른 처리 속도를 제공한다.
③ 명령어의 길이가 가변적이다.
④ 명령어는 기억장치 내의 오퍼랜드를 처리(Manipulate)한다.

전문가의 조언 CISC는 RISC에 비해 처리 속도가 느립니다. CISC와 RISC는 마이크로프로세서(MPU)의 한 종류입니다. 이 문제에서는 RISC가 CISC에 비해 처리 속도가 빠르다는 것만 기억하고 넘어가세요.

12. 연산의 중심이 되는 레지스터(Register)는?

① General Register   ② Address Register
③ Accumulator   ④ Flip-Flop

전문가의 조언 연산의 중심이 되는 레지스터는 누산기(Accumulator)입니다. 자주 출제되는 내용입니다. 누산기는 연산 결과를 일시적으로 저장하며, 연산의 중심이 되는 레지스터라는 것을 꼭 기억해 두세요.

13. 다음 그림과 같은 논리회로는?

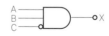

① Inhibit   ② OR
③ AND   ④ Flip-Flop

전문가의 조언 AND의 한쪽 입력에 NOT 회로를 조합시켜 이 회로에 '1'이 입력되는 동안은 절대로 AND 회로의 출력이 '1'이 되지 않도록 하는 회로를 금지(Inhibit) 회로라고 합니다. 가끔 출제되는 내용입니다. 금지(Inhibit) 회로의 개념만 기억해 두세요.

---

14. 다음 진리표에 해당하는 논리식은?

A(입력)	B(입력)	C(출력)
0	0	1
0	1	0
1	0	0
1	1	0

① $C = A + B$
② $C = A \cdot B$
③ $C = \overline{A} + \overline{B}$
④ $C = \overline{A} \cdot \overline{B}$

15. 마이크로프로세서의 기능이 아닌 것은?

① 기억 기능
② 메모리 관리
③ 산술 및 논리 연산
④ 제어 기능

16. 기억된 내용을 읽을 수만 있고, 전원이 차단되어도 기억된 내용이 소멸되지 않는 것은?

① RAM
② ROM
③ DAM
④ DOM

17. 다음 보기의 논리회로도에 맞는 불 대수식은?

① $Y = AB$
② $Y = A+B$
③ $Y = A \cdot (A+B)$
④ $Y = (A+B) \cdot B$

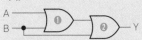
18. 순차적인 주소지정 등에 유리하며, 주소지정에 2개의 레지스터가 사용되는 방식은?

① 직접 Addressing
② 간접 Addressing
③ 상대 Addressing
④ 색인 Addressing

19. 기억장치에 액세스(Access)할 필요 없이 스택(Stack)을 이용하여 연산을 행하는 명령어 형식은?

① 0-주소 명령어
② 1-주소 명령어
③ 2-주소 명령어
④ 3-주소 명령어

20. 입·출력 채널의 기능으로 적합하지 않은 것은?

① 입·출력 명령을 해독한다.
② 각 입·출력장치의 명령 실행을 지시한다.
③ 지시된 명령의 실행 상황을 제어한다.
④ 많은 입·출력장치를 한 번에 종속적으로 동작시킨다.

전문가의 조언 채널은 한 개 또는 여러 개의 입·출력장치를 종속적이 아니라 개별적으로 동작시킵니다. 채널의 특징과 종류를 묻는 문제가 자주 출제됩니다. **핵심 025**를 참고하여 꼭 정리하고 넘어가세요.

21. SQL문의 형식으로 적당하지 않은 것은?

① SELECT ~ FROM ~ WHERE ~
② UPDATE ~ FROM ~ WHERE ~
③ INSERT INTO ~ VALUES ~
④ DELETE FROM ~ WHERE ~

전문가의 조언 UPDATE는 SET을 사용하여 UPDATE ~ SET ~ WHERE ~와 같이 작성해야 합니다. SQL 명령문들의 기본 형식을 묻는 문제가 자주 출제되고 있습니다. 이 문제를 통해 네 가지 SQL문의 기본 형식을 확실히 기억해 두세요.

22. 다음 SQL 문장의 의미는? (단, PURCHASE는 구매 테이블, ITEM은 품명이다.)

```
SELECT SUM(수량) FROM PURCHASE WHERE ITEM = "사과";
```

① 주문한 전체 사과 수량의 평균값을 구한다.
② 주문한 수량 중 최대값을 구한다.
③ 주문한 수량 중 최소값을 구한다.
④ 주문한 사과의 전체 수량을 구한다.

전문가의 조언 SQL 구문은 절별로 분리해서 이해하면 쉽습니다.
• SELECT SUM(수량) : SUM은 합계를 구하는 함수로, 수량 필드의 합계를 구합니다.
• FROM PURCHASE : PURCHASE(구매) 테이블에서 검색합니다.
• WHER ITEM = "사과"; : ITEM(품명)이 "사과"인 데이터만을 검색합니다.
SELECT문은 시험에 자주 출제됩니다. **핵심 040**을 참고하여 SELECT의 구문에 대해 확실히 정리하고 넘어가세요.

23. 스프레드시트 프로그램을 사용하여 처리할 업무와 거리가 먼 것은?

① 직원들의 급여를 계산한다.
② 주문서와 견적서를 만들어 출력한다.
③ 동영상을 포함한 광고를 제작하여 발표한다.
④ 차트와 그래프를 만들어 재무 분석에 이용한다.

전문가의 조언 동영상을 포함한 광고의 제작은 프레젠테이션 프로그램으로 처리하는 것이 효율적입니다. 스프레드시트 프로그램의 용도를 묻는 문제가 자주 출제됩니다. 문제에 제시된 스프레드시트 프로그램의 용도를 확실히 기억해 두세요.

24. SQL의 DML에 해당하지 않는 것은?

① INSERT ② UPDATE
③ DROP ④ DELETE

전문가의 조언 DROP은 데이터 정의어(DDL)입니다. 중요합니다. 데이터 정의어(DDL), 데이터 조작어(DML), 데이터 제어어(DCL)에 해당하는 명령을 구분할 수 있도록 **핵심 039**를 참고하여 꼭 정리하고 넘어가세요.

25. 데이터베이스 관리 시스템의 필수 기능과 거리가 먼 것은?

① 처리 기능 ② 정의 기능
③ 조작 기능 ④ 제어 기능

전문가의 조언 DBMS의 필수 기능에는 정의 기능, 조작 기능, 제어 기능이 있습니다. 자주 출제되는 문제입니다. 데이터베이스 관리 시스템(DBMS)의 필수 기능하면 '정·조·제'라는 것을 기억하고, **핵심 033**을 참고하여 각각의 기능을 정리하세요.

26. 스프레드시트에서 반복 실행하여야 하는 동일 작업이나 복잡한 작업을 하나의 명령으로 정의하여 실행할 수 있는 기능은?

① 슬라이드 ② 매크로
③ 필터 ④ 셀

전문가의 조언 문제에 제시된 내용은 매크로의 기능입니다. 엑셀의 주요 기능에 대한 문제가 자주 출제되고 있으니 **핵심 047**을 참고하여 확실히 정리해 두세요.

27. 프레젠테이션을 구성하는 하나의 화면 단위는?

① 시트 ② 개체
③ 슬라이드 ④ 셀

프레젠테이션을 구성하는 하나의 화면 단위는 슬라이드입니다. 프레젠테이션의 구성 요소를 묻는 문제가 자주 출제됩니다. **핵심 048**을 참고하여 각각의 의미를 명확히 숙지하세요.

28. 기업체의 발표회나 각종 회의 등에서 빔 프로젝트 등을 이용하여 제품에 대한 소개나 회의 내용을 요약 정리하여 청중에게 효과적으로 전달하기 위한 도구를 의미하는 것은?

① 프레젠테이션 ② 데이터베이스
③ 스프레드시트 ④ 워드프로세서

문제에 제시된 내용은 프레젠테이션의 용도입니다. 단순히 프레젠테이션의 용도를 묻는 문제가 자주 출제되니 이 문제를 통해 확실히 숙지하고 넘어가세요.

29. 데이터베이스의 구조를 3단계로 구분할 때 해당하지 않는 것은?

① 내부 스키마 ② 외부 스키마
③ 개념 스키마 ④ 관계 스키마

스키마에서는 내부 스키마, 외부 스키마, 개념 스키마가 있습니다. 스키마에서는 종류나 각각의 특징을 묻는 문제가 자주 출제됩니다. 스키마의 종류를 암기하고, **핵심 034**를 참고하여 각각의 특징을 정리해 두세요.

30. 데이터베이스 관리자(DBA)의 임무와 거리가 먼 것은?

① 시스템 문서화에 표준을 정하여 시행
② 복구절차와 무결성 유지를 위한 대책 수립
③ 일반 사용자의 고급 질의문을 저급 DML 명령어로 변환
④ 시스템의 감시 및 성능 분석

일반 사용자의 고급 질의문을 저급 DML 명령어로 변환하는 것은 질의어 처리기(Query Processor)의 기능입니다. DBA의 역할을 묻는 문제가 종종 출제되니 나머지 보기를 통해 정리하고 넘어가세요.

31. 윈도우에서 컴퓨터의 내용, 폴더 계층 및 폴더의 파일을 볼 수 있게 해 주는 것은?

① 탐색기 ② 워드패드
③ 시스템 도구 ④ 하이퍼터미널

윈도우에서 컴퓨터의 내용, 폴더 계층 및 폴더의 파일을 볼 수 있게 해 주는 것은 탐색기입니다. 가끔씩 출제되는 문제입니다. **핵심 071**을 참고하여 Windows 탐색기의 기능을 정리하고 넘어가세요.

32. 도스(MS-DOS)의 COMMAND.COM에서 처리하는 것이 아닌 것은?

① DIR ② COPY
③ CLS ④ DISKCOPY

도스(MS-DOS)의 COMMAND.COM에서 처리하는 명령이란 내부 명령어를 의미합니다. 보기에 제시된 명령어 중 내부 명령어가 아닌 것은 DISKCOPY입니다. 종종 출제되는 내용입니다. **핵심 061**과 063을 참고하여 보기에 제시된 명령어들의 기능도 알아두세요.

33. 현재 디렉토리(Directory)의 내용을 확인하기 위하여 도스의 DIR 명령을 사용하는 경우 화면에 가장 많은 파일을 표현할 수 있는 명령 방식은?

① DIR ② DIR/P
③ DIR/W ④ DIR*.*

'DIR/W'는 한 줄에 5개씩 출력해주므로 화면에 가장 많은 파일을 표현합니다. 자주 출제되는 내용입니다. **핵심 063**을 참고하여 DIR 명령의 기능과 함께 세부 옵션별 기능까지 모두 알아두세요.

34. 윈도우에서 파일 삭제 시 휴지통 폴더로 이동하지 않고 복원이 불가능한 삭제에 사용되는 키 입력은?

① Alt + Delete ② Ctrl + Delete
③ Shift + Delete ④ Tab + Delete

파일을 선택하고 Shift+Delete를 누르면 휴지통에 버리지 않고 바로 삭제됩니다. 자주 출제되는 내용입니다. **핵심 074**를 참고하여 휴지통의 사용 방법을 확실히 정리하세요.

35. UNIX에서 note라는 파일의 접근 허용 상태가 −rwxrwxrwx일 때, 소유자만 파일을 '수정할 수 있도록' 하는 명령으로 옳은 것은?

① chmod u−w note ② chmod u+w note
③ chmod go−w note ④ chmod o+w note

파일의 접근 허용 상태가 'rwx rwx rwx'라는 것은 소유자, 그룹 사용자, 모든 사용자가 '읽고(r), 쓰고(w), 실행(x)'이 가능한 상태라는 의미입니다.

−rwx	rwx	rwx
소유자	그룹	모든 사용자

위 상태에서 소유자만 수정이 가능하도록 하려면 그룹 사용자와 기타 사용자의 쓰기 권한을 취소하면 됩니다. 그러므로 'chmod go−w note' 명령을 사용하면 됩니다.
※ 소유자는 u, 그룹 사용자는 g, 기타 사용자는 o, 모든 사용자는 a로 표시하고, 허가는 +, 취소는 −로 표시합니다.
나머지 명령의 기능도 확인해 보세요.
① chmod u−w note : 소유자만 쓰기가 불가능함
② chmod u+w note : 소유자는 쓰기가 가능함
④ chmod o+w note : 기타 사용자가 쓰기가 가능함
chmod 명령은 8진 모드와 기호 모드를 이용하여 파일의 허가 사항을 지정할 수 있는데, 자주 출제되지는 않습니다. 각각의 사용법을 간단히 정리하고 넘어가세요.
• 8진 모드를 이용하는 방법

chmod 7 7 7 note
소유자 권한 그룹 권한 모든 사용자 권한
↓ ↓ ↓
chmod 111 111 111 note
※ 1(읽기 가능), 1(쓰기 가능), 1(실행 가능)을 나타냅니다.
• 기호 모드를 이용하는 방법
chmod ugo + r + w + x
※ u는 소유자, g는 그룹, o는 기타 사용자, a는 모든 사용자, +는 허가, −는 취소, r은 읽기, w는 쓰기, x는 실행을 나타냅니다.

36. 윈도우에서 클립보드에 관한 설명 중 옳지 않은 것은?

① 다른 프로그램의 정보도 가져오거나 보낼 수 있다.
② 한 번에 한 가지의 정보만 저장할 수 있다.
③ 제일 마지막에 들어온 정보를 기억하고 있다.
④ 선정된 대상을 클립보드에 복사하는 기능키는 Shift + X 이다.

선정된 대상을 클립보드에 복사할 때 사용되는 단축키는 Ctrl + C 입니다. 종종 출제되는 내용입니다. 핵심 073을 참고하여 클립보드의 기능과 관련된 단축키를 알아두세요.

37. 다음은 프로세스 스케줄링에 대한 설명이다. 옳은 것은?

① SRT는 가장 긴 실행 시간을 요구하는 프로세스에게 CPU를 할당하는 기법이다.
② 우선순위는 각 프로세스마다 우선순위를 부여하여 그 중 가장 낮은 프로세스에게 먼저 CPU를 할당하는 기법이다.
③ FIFO는 가장 나중에 CPU를 요청한 프로세스에게 가장 먼저 CPU를 할당하여 실행한다.
④ 다단계 피드백 큐는 특정 그룹의 준비상태 큐에 들어간 프로세스가 다른 준비상태 큐로 이동할 수 없는 다단계 큐 기법을 준비상태 큐 사이를 이동할 수 있도록 개선한 기법

① SRT는 실행 시간이 가장 짧은 프로세스에게 CPU를 할당하는 기법입니다.
② 우선순위는 각 프로세스마다 우선순위를 부여하여 그 중 가장 높은 프로세스에게 먼저 CPU를 할당하는 기법입니다.
③ FIFO는 가장 먼저 CPU를 요청한 프로세스에게 가장 먼저 CPU를 할당하여 실행합니다.
스케줄링 기법의 종류와 의미를 묻는 문제가 종종 출제됩니다. 핵심 055를 참고하여 비선점과 선점의 기법들을 구분하고 각 의미를 정리하세요.

38. MS−DOS 부팅 시 필요한 파일의 읽는 순서를 옳게 나열한 것은?

ㄱ MSDOS.SYS
ㄴ IO.SYS
ㄷ CONFIG.SYS
ㄹ AUTOEXET.BAT
ㅁ COMMAND.COM

① ㄱ → ㄴ → ㄷ → ㄹ → ㅁ
② ㄴ → ㄱ → ㄷ → ㅁ → ㄹ
③ ㄴ → ㄱ → ㄷ → ㄹ → ㅁ
④ ㄱ → ㄴ → ㅁ → ㄷ → ㄹ

MS−DOS 부팅 시 필요한 파일의 읽는 순서를 옳게 나열한 것은 ②번입니다. 가끔 출제되는 문제입니다. 도스 부팅 시 사용되는 파일의 순서 보다는 반드시 필요한 시스템 파일을 묻는 문제가 자주 출제됩니다. 도스 부팅 시 반드시 필요한 시스템 파일에는 IO.SYS, MSDOS.SYS, COMMAND.COM이 있다는 것도 기억해 두세요.

39. 윈도우의 휴지통에 대한 설명으로 틀린 것은?

① 일반적으로 삭제된 파일이 저장되는 공간이다.
② 휴지통의 용량은 조절할 수 있다.
③ 휴지통에 있는 파일을 직접 실행시키려면 해당 파일을 더블클릭한다.
④ 휴지통 비우기를 실행하면 복구가 불가능 해진다.

40. UNIX 시스템이 이식성이 높은 가장 큰 이유는?

① Cobol 언어로 구성되어 있기 때문에
② C 언어로 구성되어 있기 때문에
③ Basic 언어로 구성되어 있기 때문에
④ Fortran 언어로 구성되어 있기 때문에

41. 윈도우에 대한 설명으로 틀린 것은?

① 폴더(Folder)란 도스에서 사용하는 디렉터리와 같은 개념으로 폴더 이름을 바꾸거나 삭제, 생성할 수 있다.
② 바탕 화면의 휴지통은 삭제된 파일 또는 폴더를 보관하는 장소로서 휴지통 내의 파일 또는 폴더는 복구할 수 없다.
③ 작업 표시줄은 윈도우에서 한 번의 마우스 조작만으로 현재 실행중인 응용 프로그램 사이를 오가며 작업할 수 있는 환경을 제공한다.
④ Windows 탐색기는 컴퓨터에 설치된 디스크 드라이브, 응용 프로그램 파일 및 폴더 등을 관리할 수 있는 곳이다.

42. 도스(MS-DOS)에서 내부 명령어에 해당하지 않는 것은?

① DEL
② DIR
③ XCOPY
④ COPY

43. 도스(MS-DOS)에서 웜 부팅(Warm Booting)에 해당하는 것은?

① 전원 스위치를 이용하여 부팅
② Ctrl, Alt, Delete를 이용하여 부팅
③ Reset을 이용하여 부팅
④ Ctrl, Break를 이용하여 부팅

44. 준비(Ready) 상태에 있는 프로세스들 중에서 우선순위가 가장 높은 프로세스를 선택하여 CPU를 할당(Running 상태)하는 것은?

① 디스패치(Dispatch)
② 타이머 종료(Timer Run-out)
③ 사건대기(Event Wait)
④ 깨어남(Wake Up)

45. Windows 10의 시작 메뉴에서 전원을 눌렀을 때 나타나는 메뉴가 아닌 것은?

① 절전   ② 시스템 종료
③ 다시 시작   ④ 사용자 전환

46. 운영체제의 역할로 틀린 것은?

① 시스템의 효율적인 운영과 관리를 한다.
② 사용자 간의 데이터 교환을 가능하게 한다.
③ 하드웨어의 메모리 관리와 입/출력을 보조한다.
④ 원시 프로그램을 기계어로 번역한다.

47. 다음 문장의 (   )에 들어갈 용어는?

Computer components fall into blank three categories : processor, input and output.
The processor consists of primary storage or memory the arithmetic and logic unit and the (   ) unit.

① Control   ② Bus
③ Process   ④ Screen

48. 다음 설명에 해당하는 DOS 명령어는?

지정된 디렉터리를 포함한 하위 디렉터리와 모든 파일들을 복사하는 외부 명령어

① COPY   ② DISKCOPY
③ XCOPY   ④ ZCOPY

49. 운영체제(Operating System)에 대한 설명으로 틀린 것은?

① 컴퓨터 사용자와 하드웨어 간의 매개자 역할을 하는 프로그램의 집합체이다.
② 운영체제의 목적은 사용자에게 쉽게 컴퓨터를 사용할 수 있는 환경의 제공이다.
③ 운영체제는 사용자 중심으로 시스템을 제어, 관리하지만 에러(Error) 처리는 지원하지 않는다.
④ 운영체제의 종류로는 UNIX, Windows 7 등이 있다.

50. 업무처리를 실시간 시스템(Real-time System)으로 처리할 필요가 없는 것은?

① 적의 공중 공격에 대비하여 동시에 여러 지점을 감시하는 시스템
② 가솔린 정련에서 온도가 너무 높이 올라가는 경우 폭발을 방지하기 위해 조치를 취하는 시스템
③ 고객명단 자료를 월 단위로 묶어 처리하는 시스템
④ 교통 관리, 비행조정 등과 같은 외부 상태에 대한 신속한 제어를 목적으로 하는 시스템

51. OSI 7계층 중 다음과 같은 특징을 갖는 계층은 무엇인가?

- 개방 시스템들 간의 네트워크 연결을 관리하는 기능과 데이터의 교환 및 중계 기능을 한다.
- 데이터의 안전한 전송을 위해 논리적 링크(가상 회로)를 설정한다.

① 물리 계층　　　　② 데이터 링크 계층
③ 네트워크 계층　　④ 응용 계층

> **전문가의 조언** OSI 7계층과 관련된 문제는 주로 계층의 순서와 계층별 특징을 묻는 문제가 출제됩니다. **핵심 104**를 참고하여 OSI 7계층을 하위 계층과 상위 계층으로 구분하여 순서대로 기억하고, 각 계층별로 대표적인 특징들을 정리하고 넘어가세요.

52. PCM 통신 방식에서 PAM 신호를 허용된 몇 단계의 레벨 값으로 근사화 시키는 과정은?

① 양자화　　　　② 부호화
③ 표본화　　　　④ 다중화

> **전문가의 조언** PAM 신호를 허용된 몇 단계의 레벨 값으로 근사화 시키는 과정은 양자화 입니다. 펄스 코드 변조(PCM) 방식의 변조 순서나 특징을 묻는 문제가 자주 출제됩니다. **핵심 092**를 참고하여 변조 순서는 정확히 암기하고 특징을 정리하세요.

53. OSI 7계층 참조 모델에서 하위 계층에 속하지 않는 것은?

① 물리 계층　　　　② 데이터 링크 계층
③ 네트워크 계층　　④ 트랜스포트 계층

> **전문가의 조언** OSI 7계층을 하위 계층과 상위 계층으로 구분하여 나열하면 하위 계층(물리 계층 → 데이터 링크 계층 → 네트워크 계층) → 상위 계층(전송 계층 → 세션 계층 → 표현 계층 → 응용 계층) 순입니다. OSI 7계층과 관련된 문제는 주로 계층의 순서를 묻는 문제가 출제됩니다. **핵심 104**를 참고하여 OSI 7계층을 순서대로 기억하되, 하위 계층과 상위 계층으로 구분해서 기억하고, 각 계층별 특징은 대표적인 특징을 중심으로 정리하고 넘어가세요.

54. 다음 중 에러 검출 코드가 아닌 것은?

① 2 out−of 5　　② Biquinary
③ CRC　　　　　④ BCD

> **전문가의 조언** BCD는 에러 검출 코드가 아니라 10진수의 각 자리를 4자리의 2진수로 표현하는 코드입니다. 에러 검출 코드에서는 패리티 검사나 해밍 코드의 특징을 묻는 문제가 종종 출제되고 있습니다. **핵심 097**을 참고하여 정리하고 넘어가세요.

55. 30개의 교환국을 망형으로 상호 결선하려면 국간 필요한 최소 통신회선 수는?

① 225　　　　② 240
③ 435　　　　④ 450

> **전문가의 조언** 망형 구성 시 필요한 회선 수는 노드의 수가 n개일 때 n(n−1)/2이므로 30(29)/2 = 435개입니다. 노드의 수만 달리하여 자주 출제됩니다. 공식을 꼭 기억해 두세요.

56. 스펙트럼 확산 기술을 응용한 다원 접속 방식으로, 보내고자 하는 신호를 그 주파수 대역보다 넓은 주파수 대역으로 확산시켜 전송하는 방식은?

① FDMA　　　　② TDMA
③ STDMA　　　④ CDMA

> **전문가의 조언** 대역 확산(Spread Spectrum) 기술을 이용한 다원(량) 접속 방식을 CDMA(Code Division Multiple Access)라고 합니다. 이동 통신망의 다중 접속 방식의 종류 및 각각의 기능을 구분하는 문제가 종종 출제됩니다. **핵심 110**을 참고하여 출제 비중이 높은 CDMA를 중심으로 각각의 기능을 구분할 수 있도록 알아두세요.

57. 인터넷에서 패킷의 경로 설정 역할을 주로 하는 것은?

① 라우터　　　　② 랜카드
③ 리피터　　　　④ 브리지

> **전문가의 조언** 패킷의 경로 설정 역할을 주로 하는 장비는 라우터입니다. 자주 출제되는 문제는 아닙니다. **핵심 106**을 참고하여 보기로 제시된 장비들의 기능 정도만 간단히 정리하세요.

58. 전자, 정전 결합 등 전기적 결합에 의하여 서로 다른 회선에 영향을 주는 현상은?

① 감쇠
② 누화
③ 위상 왜곡
④ 비선형 왜곡

> **전문가의 조언** 인접한 전송 매체의 전자기적 상호 유도 작용에 의해 생기는 잡음을 누화라고 하며, 누화의 대표적인 예로는 전화 통화 시 발생되는 혼선이 있습니다. 문제와 보기가 동일하게 출제된 적이 있는 문제입니다. **핵심 095**를 참고하여 나머지 보기로 제시된 오류 발생 원인들도 간단히 알아두세요.

59. 데이터 통신 네트워크 유형 중 분산처리 네트워크의 장점과 거리가 먼 것은?

① 데이터의 신속한 현장 처리가 가능하다.
② 전체적인 시스템의 운영 조직이 간단해진다.
③ 장애 발생 시 전체적으로 기능이 마비되지 않는다.
④ 자원의 공유가 가능하다.

> **전문가의 조언** 전체적인 시스템의 운영 조직이 간단한 방식은 중앙 집중형 네트워크 방식(성형)입니다. 분산처리 네트워크와 중앙 집중 네트워크의 특징을 구분하는 문제가 가끔씩 출제되고 있습니다. 서로를 구분하는 문제는 둘 중 하나의 특징만 명확히 기억하면 됩니다. 나머지 보기로 제시된 분산처리 네트워크의 특징을 확실히 정리하고 넘어가세요.

60. 다음 중 광섬유 케이블에 대한 설명으로 틀린 것은?

① 대용량 전송이 가능하다.
② 누화나 전기적 잡음의 영향을 받지 않는다.
③ 보안성이 취약하다.
④ 장거리 전송이 가능하다.

> **전문가의 조언** 광섬유 케이블은 도청하기 어려워 보안성이 뛰어납니다. 광섬유 케이블의 특징을 묻는 문제는 자주 출제되니 **핵심 088**을 참고하여 확실히 파악해 두세요.

정답 58. ② 59. ② 60. ③

1. 일반적으로 명령어의 패치 사이클 중에는 현재 수행하고 있는 명령어의 위치를 가리키고, 실행 사이클 중에는 바로 다음에 실행할 명령어의 위치를 가리키는 Register는?

① 누산기(Accumulator)
② 프로그램 카운터(Program Counter)
③ 명령어 레지스터(Instruction Register)
④ 범용 레지스터(General Purpose Register)

> **전문가의 조언** 다음에 실행할 명령어의 위치를 가리키는 Register는 프로그램 카운터(Program Counter)입니다. 레지스터들의 개별적인 기능을 묻는 문제가 자주 출제됩니다. **핵심 003**을 참고하여 주요 레지스터들의 기능을 명확히 숙지하세요.

2. 스택 연산에서 데이터를 삽입하거나 삭제하는 동작을 나타내는 것은?

① ADD, SUB
② LOAD, STORE
③ PUSH, POP
④ MOV, MUL

> **전문가의 조언** 스택 연산에서 PUSH는 삽입, POP은 삭제를 나타냅니다. 종종 출제되는 내용입니다. **핵심 023**을 참고하여 스택의 개념과 PUSH, POP의 의미를 파악하고 넘어가세요.

3. 다음 중 제어장치에서 명령어의 실행 사이클에 해당하지 않는 것은?

① 인출 주기(Fetch Cycle)
② 직접 주기(Direct Cycle)
③ 간접 주기(Indirect Cycle)
④ 실행 주기(Execute Cycle)

> **전문가의 조언** 제어장치에서 명령어의 실행 단계는 '인출(Fetch) 단계 → 간접(Indirect) 단계 → 실행(Execute) 단계 → 인터럽트(Interrupt) 단계' 순입니다. 문제와 보기가 동일하게 출제된 적이 있는 문제입니다. 제어장치에서 명령어의 실행 단계를 순서대로 기억해 두세요.

4. 전가산기(Full Adder)는 어떤 회로로 구성되는가?

① 반가산기 1개와 OR 게이트로 구성된다.
② 반가산기 1개와 AND 게이트로 구성된다.
③ 반가산기 2개와 OR 게이트로 구성된다.
④ 반가산기 2개와 AND 게이트로 구성된다.

> **전문가의 조언** 전가산기(Full Adder)는 반가산기 2개와 OR 게이트로 구성됩니다. 전가산기에서는 전가산기의 구성을 묻는 문제가 주로 출제됩니다. 전가산기는 반가산기 2개와 OR 게이트 1개로 구성되어 있다는 것을 꼭 기억해 두세요.

5. CISC(Complex Instruction Set Computer)의 특징으로 틀린 것은?

① 많은 수의 명령어
② 다양한 주소지정 방식
③ 가변 길이의 명령어 형식
④ 단일 사이클의 명령어 실행

> **전문가의 조언** 단일 사이클로 명령어를 실행하는 것은 RISC입니다. 종종 출제되는 내용입니다. **핵심 002**를 참고하여 CISC와 RISC의 차이점을 구분해서 정리해 두세요.

6. EBCDIC 코드는 몇 개의 Zone bit를 갖는가?

① 1   ② 2
③ 3   ④ 4

> **전문가의 조언** EBCDIC 코드는 1개의 문자를 4개의 Zone 비트와 4개의 Digit 비트로 표현합니다. 자주 출제되는 문제입니다. **핵심 017**을 참고하여 EBCDIC 코드의 특징을 정리하세요.

7. 가상 메모리를 사용하는 목적으로 가장 옳은 것은?

① 주기억장치의 용량 제한으로 발생하는 문제 해결
② CPU와 주기억장치 사이의 속도 차이 개선
③ 대용량 멀티미디어 데이터 보존을 위한 백업
④ 컴퓨터 부팅에 사용되는 초기화 프로그램 보관

정답 1. ②   2. ③   3. ②   4. ③   5. ④   6. ④   7. ①

가상 메모리는 주기억장치의 용량 제한으로 발생하는 문제를 해결하기 위해 사용합니다. 가상 메모리와 캐시 메모리의 개념을 묻는 문제가 가끔 출제됩니다. **핵심 029**를 참고하여 두 가지 중 어떤 기억장치를 말하는지 구분할 수 있도록 각각의 특징을 파악해 두세요.

8. 인스트럭션 레지스터(Instruction Register), 부호기, 번지 해독기, 제어 계수기 등과 관계있는 장치는?

① 입력장치   ② 제어장치
③ 연산장치   ④ 기억장치

인스트럭션 레지스터(Instruction Register), 부호기, 번지 해독기, 제어 계수기는 제어장치입니다. 자주 출제되는 내용입니다. **핵심 002**를 참고하여 제어장치에 속하는 구성 요소와 연산장치에 속하는 구성 요소를 구분할 수 있도록 파악해 두세요.

9. 다음 진리표에 해당하는 논리식은?

입력		출력
A	B	
0	0	0
0	1	0
1	0	1
1	1	0

① $\overline{A}+B$ ② $\overline{A} \cdot B$
③ $A+\overline{B}$ ④ $A \cdot \overline{B}$

각 논리식에 입력값을 대입하면 다음과 같습니다.

입력				출력	$\overline{A}+B$ (①)	$\overline{A}\cdot B$ (②)	$A+\overline{B}$ (③)	$A\cdot\overline{B}$ (④)
A	$\overline{A}$	B	$\overline{B}$					
0	1	0	1	0	1	0	1	0
0	1	1	0	0	1	1	0	0
1	0	0	1	1	0	0	1	1
1	0	1	0	0	1	0	0	0

진리표에 해당하는 논리식을 구하는 문제는 위와 같이 입력 값을 각 논리식에 대입해 보면 정답을 쉽게 찾을 수 있습니다. 알아두세요.

10. 8Bit를 1Word로 이용하는 컴퓨터에서 Op Code를 3Bit 사용하면 인스트럭션을 몇 개 사용할 수 있는가?

① 4   ② 6
③ 8   ④ 16

명령어 중 연산자 코드(OP-Code)의 비트 수는 수행 가능한 명령어의 수와 관계가 있습니다. OP-Code가 nBit라면 최대 2^n개의 명령어를 사용할 수 있으므로, 연산자(OP-Code)부가 3비트일 경우 $2^3 = 8$개의 명령어를 사용할 수 있습니다. 자주 출제되는 내용입니다. **핵심 020**을 참고하여 사용 가능한 명령어의 개수를 계산하는 방법, 명령어의 구성, 연산자부와 자료부의 기능을 모두 알아두세요.

11. $(A+1)\cdot(B+1)+C$의 논리식을 간단히 한 결과는?

① 1   ② 0
③ A   ④ C

문제의 논리식을 간략화하면 다음과 같습니다.
$(A+1)\cdot(B+1)+C$ ← A+1=1
$=1\cdot1+C$ ← $A\cdot A=A$
$=1+C$ ← A+1=1
$=1$
불 대수의 기본 공식과 관련된 문제가 매회 1~2문제씩 꼭 출제됩니다. **핵심 005**를 참고하여 드모르강의 법칙만 암기하고, 나머지 법칙은 외울 필요 없이 원리를 정확하게 이해하면 됩니다.

12. 다음과 같은 논리식으로 구성되는 회로는? (단, S는 합(Sum), C는 자리올림(Carry)을 나타낸다.)

$S = \overline{A}\cdot B+A\cdot\overline{B}$
$C = A\cdot B$

① 반가산기(Half Adder)
② 전가산기(Full Adder)
③ 전감산기(Full Subtracter)
④ 부호기(Encoder)

문제의 지문에 제시된 내용은 반가산기에 대한 설명입니다. 반가산기와 관련된 내용은 모두 중요합니다. **핵심 009**를 참고하여 확실히 정리해 두세요.

13. 다음 중 RISC(Reduced Instruction Set Computer)의 설명으로 옳은 것은?

① 많은 수의 명령어
② 다양한 주소지정방식
③ 단일 사이클의 명령어 실행
④ 가변 길이의 명령어 형식

14. 묵시적 주소지정방식을 사용하는 산술 명령어는 주로 어떤 레지스터의 내용을 이용하여 연산을 수행하는가?

① PC
② MBR
③ AC
④ SP

15. 컴퓨터 시스템이 주어진 환경 아래에서 자신의 담당 기능을 원활하게 수행할 수 있는 능력의 척도를 나타내는 것은?

① 호환성
② 가용성
③ 신뢰성
④ 안정성

16. 제어논리장치(CLU)와 산술논리연산장치(ALU)의 실행 순서를 제어하기 위해 사용하는 레지스터는?

① Flag Register
② Accumulator
③ Data Register
④ Program Status Word

17. CPU의 정보처리 속도 단위 중 초당 100만 개의 명령어를 수행하는 것을 나타내는 단위는?

① MHZ
② KIPS
③ MIPS
④ LIPS

18. 다음 그림과 같은 결과를 갖는 논리회로는?

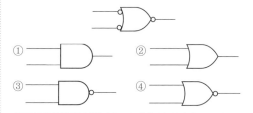

① ② ③ ④

19. 개인용 컴퓨터에 주로 사용되고 있는 중앙처리장치는 무엇으로 구성되는가?

① 코프로세서
② 핸드쉐이킹
③ 마이크로프로세서
④ 초고밀도 집적회로

20. JK 플립플롭에서 J = K = 1일 때 출력 동작은?

① Set
② Clear
③ No Change
④ Complement

> **전문가의 조언** JK 플립플롭에서 J = K = 1일 때 보수(Complement)가 출력됩니다. JK 플립플롭은 주로 특성표의 상태 값에 관한 문제가 출제됩니다. **핵심 012**를 참고하여 JK 플립플롭 하면 '무·공·일·보'를 떠올릴 수 있도록 정리해 두세요.

21. 다음의 SQL 명령에서 DISTINCT의 의미를 가장 잘 설명한 것은?

> SELECT DISTINCT 학과명 FROM 학생 WHERE 총점 〉 80;

① 학과명이 중복되지 않게 검색한다.
② 중복된 학과명만 검색한다.
③ 동일한 총점을 가진 학생만 검색한다.
④ 학과명만 제외하고 검색한다.

> **전문가의 조언** SELECT 문에 'DISTINCT'를 입력하면 검색의 결과가 중복되는 레코드는 검색 시 한 번만 표시됩니다. SELECT 문은 시험에 자주 출제되는 구문입니다. **핵심 040**을 참고하여 기본 형식과 'DISTINCT', '*'의 의미를 정확히 이해하세요.

22. 스프레드시트에서 조건을 부여하여 이에 맞는 자료들만 추출하여 표시하는 것을 무엇이라고 하는가?

① 정렬
② 필터
③ 매크로
④ 프레젠테이션

> **전문가의 조언** 문제에 제시된 내용은 필터의 기능입니다. 엑셀(스프레드시트)의 주요 기능에 대한 문제가 자주 출제되고 있으니 **핵심 047**을 참고하여 확실히 정리해 두세요.

23. 관계 데이터베이스에서 하나의 애트리뷰트가 취할 수 있는 같은 타입의 모든 원자값들의 집합을 무엇이라고 하는가?

① 튜플(Tuple)
② 도메인(Domain)
③ 스키마(Schema)
④ 인스턴스(Instance)

> **전문가의 조언** 문제에 제시된 내용은 도메인의 개념입니다. 관계형 데이터베이스의 구성 요소에 대한 문제가 자주 출제되고 있습니다. **핵심 036**을 참고하여 꼭 정리하고 넘어가세요.

24. 데이터베이스 제어어(DCL) 중 사용자에게 조작에 대한 권한을 부여하는 명령어는?

① OPTION
② REVOKE
③ GRANT
④ VALUES

> **전문가의 조언** 문제에 제시된 내용은 GRANT 명령어의 기능입니다. 단순히 데이터 정의어(DDL), 데이터 조작어(DML), 데이터 제어어(DCL)에 해당하는 명령을 구분하는 문제가 자주 출제되고 있습니다. 이 문제에서 확실히 기억하고 넘어가세요.
> - 데이터 정의어(DDL) : CREATE, ALTER, DROP
> - 데이터 조작어(DML) : SELECT, INSERT, DELETE, UPDATE
> - 데이터 제어어(DCL) : COMMIT, ROLLBACK, GRANT, REVOKE

25. 윈도우 탐색기에서 폴더를 관리하는 방법으로 틀린 것은?

① Ctrl 을 누르고 마우스로 드래그하면 폴더가 복사된다.
② 폴더의 이름을 변경할 때는 F2 를 누른 후 변경한다.
③ 폴더에서 연속적인 여러 개의 파일을 선택할 때는 Shift 를 이용한다.
④ 폴더를 삭제할 때는 삭제할 폴더를 선택한 후 Backspace 를 누른다.

> **전문가의 조언** 폴더를 삭제할 때는 삭제할 폴더를 선택한 후 Delete 를 눌러야 합니다. Windows 탐색기와 관련된 내용은 종종 출제되고 있습니다. **핵심 071**을 참고하여 Windows 탐색기의 기능을 정리하세요.

26. 데이터베이스 설계 단계를 순서대로 기술한 것은?

① 논리적 설계 → 개념적 설계 → 물리적 설계
② 논리적 설계 → 물리적 설계 → 개념적 설계
③ 개념적 설계 → 물리적 설계 → 논리적 설계
④ 개념적 설계 → 논리적 설계 → 물리적 설계

> **전문가의 조언** 데이터베이스 설계 단계는 '개념적 설계 → 논리적 설계 → 물리적 설계' 순입니다. 문제와 보기가 동일하게 종종 출제되는 문제입니다. 이 문제에서는 데이터베이스 설계 순서만 정확히 기억하고 넘어가세요.

정답 20. ④ 21. ① 22. ② 23. ② 24. ③ 25. ④ 26. ④

27. 데이터베이스에서 정보 부재를 명시적으로 표시하기 위해 사용하는 특수한 데이터 값은?

① 널(Null)
③ 샵(#)
② 공백(Blank)
④ 영(Zero)

정보 부재를 명시적으로 표시하기 위해 사용하는 특수한 데이터 값은 널(NULL)입니다. 문제와 보기가 동일하게 출제된 적이 있는 문제입니다. NULL은 컴퓨터에서 이론적으로 아무것도 없는 값이라는 용도로 사용됩니다. 널(NULL)의 의미를 확실히 기억해 두세요.

28. 스프레드시트에서 행과 열이 교차되면서 만들어지는 각각의 사각형을 무엇이라고 하는가?

① 셀
③ 카디널리티
② 차수
④ 슬라이드

행과 열이 교차되면서 만들어지는 각각의 사각형을 셀이라고 합니다. 자주 출제되는 문제입니다. **핵심 045**를 참고하여 엑셀의 구성 요소의 종류와 각각의 의미를 기억해 두세요.

29. 하나 이상의 기본 테이블로부터 유도되어 만들어지는 가상 테이블은?

① 뷰(VIEW)
② 유리창(WINDOW)
③ 스키마(SCHEMA)
④ 도메인(DOMAIN)

하나 이상의 기본 테이블로부터 유도되어 만들어지는 가상 테이블은 뷰(View)입니다. 문제와 보기가 동일하게 출제되고 있는 문제입니다. 이 문제에서는 뷰(View)의 개념만 기억하고 넘어가세요.

30. 테이블을 제거할 때 사용하는 SQL 명령어는?

① DELETE
③ VIEW
② DROP
④ ALTER

테이블, 뷰, 스키마, 도메인, 인덱스를 제거할 때 사용하는 SQL 명령어는 DROP입니다. DROP과 DELETE를 혼동하지 마세요. DROP은 테이블을 삭제하는 명령이고, DELETE는 테이블 내의 레코드를 삭제하는 명령문입니다.

31. UNIX에서 파일을 삭제할 때 사용되는 명령어는?

① ls
③ pwd
② cp
④ rm

UNIX에서 파일을 삭제할 때 사용되는 명령어는 rm입니다. 명령어의 기능과 관련된 문제가 자주 출제됩니다. **핵심 082**와 **083**을 참고하여 나머지 보기로 제시된 명령어의 기능도 파악하고 넘어가세요.

32. 다음 (   ) 안에 알맞은 것은?

Most of the practical deadlock-handling techniques fall into one of these three categories, which are customarily called (   ), deadlock avoidance, and deadlock detection and recovery, respectively.

① deadlock waiting
② deadlock prevention
③ deadlock preemption
④ deadlock exclusion

해석 : 교착상태를 처리하는 현실적인 기술들은 대부분 3가지 범주인 교착상태 예방(deadlock prevention), 교착상태 회피(deadlock avoidance), 교착상태 발견 및 회복(deadlock detection and recovery) 중 하나에 속한다.
자주 출제되는 문제는 아니지만 다시 출제된다면 동일하게 출제될 확률이 높으니 교착상태 처리를 위한 3가지 기술을 영문 표현과 함께 기억해 두세요.

33. 도스(MS-DOS)의 명령어 중 비교적 자주 사용되며 실행 과정이 간단하고 별도의 파일 형태를 갖지 않아 언제든지 실행이 가능한 것은?

① SORT
③ SYS
② CLS
④ FDISK

파일 형태를 갖지 않아 언제든지 실행이 가능한 것은 내부 명령어로 보기 중 내부 명령어는 CLS입니다. 내부 명령어와 외부 명령어를 구분하는 기준과 각각에 해당하는 명령어들의 종류를 묻는 문제가 자주 출제됩니다. **핵심 060**을 참고하여 확실히 구분하여 파악해 두세요.

34. 윈도우에서 워드패드로 작성한 파일 저장시 기본적으로 제공되는 확장자명은?

① bmp   ② gif
③ doc   ④ hwp

전문가의 조언 워드패드로 작성한 파일 저장시 기본적으로 제공되는 확장자명은 doc입니다. 가끔 출제되는 내용입니다. 이 문제를 통해 워드패드의 확장자를 암기해 두세요. 또한 bmp와 gif는 그림 파일의 확장자이고, hwp는 한글 파일의 확장자라는 것도 기억하세요.

35. UNIX 시스템의 구성을 크게 세 부분으로 나눌 때 해당하지 않는 것은?

① Block   ② Kernel
③ Shell   ④ Utility

전문가의 조언 UNIX 시스템을 세 가지로 나누면 커널(Kernel), 쉘(Shell), 유틸리티(Utility)입니다. UNIX 시스템을 세 가지로 나눌 때는 커널, 쉘, 유틸리티로 나눠진다는 것을 기억해 두세요. 그리고 UNIX 시스템과 관련해서는 커널과 쉘의 기능을 묻는 문제가 자주 출제되므로 **핵심 080**을 참고하여 각각의 기능을 확실히 파악해 두세요.

36. 다중 프로그래밍 시스템 내에서 서로 다른 프로세스가 일어날 수 없는 사건을 무한정 기다리고 있는 것은?

① 세마포어   ② 가비지 수집
③ 코루틴   ④ 교착상태

전문가의 조언 다중 프로그래밍 시스템 내에서 서로 다른 프로세스가 일어날 수 없는 사건을 무한정 기다리고 있는 것을 교착상태(DeadLock)라고 합니다. 여러 번 출제된 적이 있는 내용입니다. **핵심 056**을 참고하여 교착상태의 의미를 이해하고, 교착상태 발생의 필요충분 조건을 정리해 두세요.

37. UNIX에서 사용 가능한 파일 시스템의 유형이 아닌 것은?

① 일반 파일   ② 디렉터리 파일
③ 슈퍼유저 파일   ④ 특수 파일

전문가의 조언 UNIX에서 사용 가능한 파일 시스템의 유형에는 일반 파일, 디렉터리 파일, 특수 파일이 있습니다. 처음 출제되는 문제입니다. 다시 출제되더라도 문제와 보기가 동일하게 다시 출제될 확률이 높으니 간단히 정리해 두세요.
파일 시스템의 유형
- 일반 파일 : 실행 파일, 이미지 파일, 텍스트 파일 등 흔히 볼 수 있는 형태의 파일
- 디렉터리 파일 : 다른 파일들의 목록과 각 파일의 주소를 저장하고 있는 파일
- 특수 파일 : 장치를 관리하기 위한 파일이나 파이프, 소켓과 같이 프로세스 간 통신을 위한 파일

38. 다음의 설명이 의미하는 것은?

This is a protected variable (or abstract data type) which constitutes the classic method for restricting access to shared resources, such as shared memory, in a multiprogramming environment. This is a counter for a set of available resources, rather than a locked/unlocked flag of a single resource.

① Mutex   ② Event
③ Thread   ④ Critical Section

전문가의 조언 해석 : 이것은 멀티프로그래밍 환경에서 공유 메모리와 같은 공유 자원에 대한 접근을 제한하는 전형적인 방식을 구성하는 보호 변수(또는 추상 데이터형)이다. 단일 자원의 잠금/해제된 플래그라기보다는 일련의 가용 자원에 대한 카운터이다.
자주 출제되는 문제는 아닙니다. 상호 배제(Mutex)의 의미와 영문 표현인 '공유 메모리와 같은 자원의 접근을 제한하기 위한 고전적 방법(classic method for restricting access to shared resources, such as shared memory)'을 기억해 두세요.

39. 윈도우에서 한 번의 마우스 조작만으로 현재 실행중인 응용 프로그램 사이를 오가며 작업할 수 있는 환경을 제공하는 것은?

① 바탕 화면　　　　　② 내 컴퓨터
③ 시작 버튼　　　　　④ 작업 표시줄

한 번의 마우스 조작만으로 현재 실행중인 응용 프로그램 사이를 오가며 작업할 수 있는 환경을 제공하는 것은 작업 표시줄입니다. 현재 실행중인 프로그램이 표시되어 있는 곳이 어디인지를 생각해보면 어렵지 않은 문제죠. 작업 표시줄과 함께 나머지 보기들의 기능도 정리해 두세요.
- **바탕 화면** : Windows의 기본적인 작업 공간으로, Windows 설치 시 기본적으로 표시되는 아이콘과 작업 표시줄로 구성되어 있음
- **제어판** : 컴퓨터를 구성하는 프로그램과 하드웨어에 대한 설정 사항 등을 변경하는 여러 가지 항목이 표시되는 곳
- **[시작] 단추** : 작업 표시줄의 가장 왼쪽에 위치하는 것으로, 클릭하면 Windows에 설치된 프로그램들이 메뉴 형태로 표시됨

40. 도스(MS-DOS)에서 ATTRIB 명령어의 옵션에 대한 설명으로 옳지 않은 것은?

① 백업 파일 속성 : A
② 시스템 파일 속성 : S
③ 읽기 전용 파일 속성 : P
④ 숨김 파일 속성 : H

ATTRIB 명령어에서 읽기 전용 파일을 지정하는 옵션은 R입니다. 자주 출제되는 내용입니다. **핵심 063**을 참고하여 ATTRIB 명령의 옵션을 정확히 파악해 두세요.

41. 도스(MS-DOS)의 필터(Filter) 명령어 중 하나 또는 여러 개의 파일에서 특정한 문자열을 검색하는 명령어는?

① FIND　　　　　② MORE
③ SORT　　　　　④ SEARCH

도스(MS-DOS)의 필터(Filter) 명령어 중 하나 또는 여러 개의 파일에서 특정한 문자열을 검색하는 명령어는 FIND입니다. 종종 출제되는 내용입니다. **핵심 060**을 참고하여 필터 명령어의 종류와 각각의 기능을 파악해 두세요.

42. 윈도우의 제어판에서 MIDI(Musical Instrument Digital Interface) 형식의 음악 파일을 재생하는데 필요한 드라이브 파일을 설정하는 것은?

① 시스템　　　　　② 멀티미디어
③ 사운드　　　　　④ 디스플레이

제어판에서 MIDI 형식의 음악 파일을 재생하는데 필요한 드라이브 파일을 설정하는 것은 멀티미디어입니다. 제어판 구성 요소들의 개별적인 기능을 묻는 문제가 자주 출제됩니다. **핵심 075**를 참고하여 디스플레이, 프로그램 추가/제거, 멀티미디어를 중심으로 각각의 기능을 파악해 두세요.

43. 윈도우의 폴더명에 대한 설명으로 틀린 것은?

① 하나의 폴더 내에 동일한 이름의 폴더가 존재할 수 없다.
② 폴더명은 공백을 포함할 수 없다.
③ 폴더의 이름은 255자 이내로 작성한다.
④ ?, ₩, /는 폴더 이름으로 사용할 수 없다.

폴더의 이름에 공백을 포함할 수 있습니다. 가끔 출제되는 문제입니다. 윈도우의 파일과 폴더의 특징을 간단히 정리하고 넘어가세요.
파일과 폴더의 특징
파일은 디스크에 저장되는 기본 단위이고, 폴더는 파일을 모아 관리하기 위한 장소로 도스에서 디렉터리와 유사한 개념이다.
- 파일은 파일명과 확장자로 구성되며, 마침표(.)를 이용하여 파일명과 확장자를 구분한다.
- 파일과 폴더는 작성, 이름 변경, 삭제가 가능하며, 하위 폴더나 파일이 포함된 폴더도 삭제할 수 있다.
- 하나의 폴더 내에는 동일한 이름의 파일이나 폴더가 존재할 수 없다.
- 파일과 폴더의 이름은 255자 이내로 작성하며, 공백을 포함할 수 있다.
- * / ? ₩ : < > " | 등은 파일과 폴더의 이름으로 사용할 수 없다.

44. 윈도우에서 [디스크 조각 모음]에 관한 설명으로 틀린 것은?

① 조각 모음을 하는데 걸리는 시간은 볼륨에 있는 파일의 수와 크기, 조각난 양 등에 따라 달라진다.
② 컴퓨터 시스템의 속도를 향상시키는 방법 중 하나이다.
③ 디스크를 효율적으로 사용하기 위해 파일을 정리하는 것이다.
④ CD-ROM 드라이브 및 네트워크 드라이브에서도 디스크 조각 모음을 수행할 수 있다.

전문가의 조언 CD-ROM 드라이브, 네트워크 드라이브에서는 디스크 조각 모음을 수행할 수 없습니다. 시스템 도구 중에서는 디스크 조각 모음과 관련된 문제가 가장 많이 출제되고 있습니다. **핵심 078**를 참고하여 디스크 조각 모음의 기능과 특징을 확실히 파악해 두세요.

45. UNIX 시스템이 제공하는 편집기만으로 묶어진 것은?

① cat, get　　② cp, shell
③ pe2, edit　　④ ed, vi

전문가의 조언 UNIX 시스템에서 기본적으로 제공하는 편집기에는 vi, ed, ex, emacs, pico, joe 등이 있습니다. UNIX 시스템의 편집기에 대한 문제가 가끔 출제됩니다. vi, ed, ex, emacs 등은 UNIX 시스템이 기본적으로 제공하는 문서 편집기라는 것을 기억하세요.

46. UNIX 명령과 MS-DOS 명령의 기능이 서로 다르게 연결된 것은?

① ls – dir　　② cp – copy
③ rd – rm　　④ cd – cd

전문가의 조언 rd는 MS-DOS에서 디렉터리를 제거하는 명령어로, UNIX에서는 rmdir 명령어를 사용합니다. rm은 UNIX에서 파일을 삭제하는 명령어로 MS-DOS의 del과 같은 기능을 합니다. UNIX와 MS-DOS의 명령어를 비교하는 문제는 종종 출제됩니다. **핵심 082**와 **083**을 참고하여 동일한 기능을 하는 명령어를 정리해 두세요.

47. 다음에서 설명하는 프로세스의 상태 변화는 무엇인가?

실행 상태의 프로세스가 종료되기 전에 입출력이나 기타 다른 작업을 필요로 할 경우 CPU를 반납하고 작업의 완료를 기다리기 위해 대기 상태로 전환

① 디스패치(Dispatch)
② 블록(Block)
③ 타이머 종료(Timer Runout)
④ 웨이크 업(Wake Up)

전문가의 조언 문제의 지문에 제시된 내용은 블록(Block)에 대한 설명입니다. 종종 출제되는 내용입니다. **핵심 054**를 참고하여 프로세스 각 상태의 의미를 명확히 정리해 두세요.

48. UNIX에 대한 설명으로 옳지 않은 것은?

① 사용자의 명령으로 시스템이 수행되고 그에 따른 결과를 나타내 주는 대화식 운영체제이다.
② 여러 프로그램을 동시에 여러 개 실행시킬 수 있다.
③ 파일 시스템의 배열 형태가 선형적 구조로 되어 있다.
④ 표준 입출력을 통해 명령어와 명령어가 파이프라인으로 연결된다.

전문가의 조언 UNIX 파일 시스템은 선형 구조가 아니라 계층적 트리 구조입니다. UNIX의 전반적인 특징을 묻는 문제가 종종 출제되니 **핵심 079**를 참고하여 정리해 두세요.

49. 다음 도스(MS-DOS) 명령어에 대한 설명으로 옳은 것은?

① ren : 디렉터리를 지운다.
② find : 파일의 목록을 보여준다.
③ more : 화면을 깨끗이 지운다.
④ cd : 특정 디렉터리로 이동한다.

전문가의 조언 도스(MS-DOS) 명령어에 대한 설명으로 옳은 것은 ④번입니다. 다른 명령어의 기능은 다음과 같습니다.
① ren : 파일의 이름을 변경합니다.
② find : 하나 또는 여러 개의 파일에서 특정 문자열을 검색합니다.
③ more : 내용을 한 화면씩 출력합니다.
도스 명령어의 기능을 묻는 문제는 자주 출제됩니다. 보기로 제시된 명령어의 기능을 다시 한 번 확인하고 넘어가세요.

50. 도스(MS-DOS)에서 XCOPY 명령어에 대한 설명으로 옳지 않은 것은?

① XCOPY는 파일과 하위 디렉터리를 한꺼번에 복사해 준다.
② XCOPY 명령에서 HIDDEN FILE은 복사되지 않는다.
③ XCOPY는 + 기호를 사용하는 파일 합치기 기능이 있다.
④ XCOPY는 외부 명령어이다.

51. HDLC(High-level Data Link Control) 프레임(Frame)을 구성하는 순서로 바르게 열거한 것은?

① 플래그, 주소부, 정보부, 제어부, 검색부, 플래그
② 플래그, 주소부, 제어부, 정보부, 검색부, 플래그
③ 플래그, 검색부, 주소부, 정보부, 제어부, 플래그
④ 플래그, 제어부, 주소부, 정보부, 검색부, 플래그

52. 다음 중 OSI 7계층에 대한 설명으로 틀린 것은?

① 다른 시스템 간의 원활한 통신을 위해 ISO(국제표준화기구)에서 제안한 통신 규약(Protocol)이다.
② 개방형 시스템(Open System) 간의 데이터 통신 시 필요한 장비 및 처리 방법 등을 7단계로 표준화하여 규정했다.
③ 서로 다른 시스템 간을 상호 접속하기 위한 개념을 규정한다.
④ 9개의 계층으로 구성된다.

53. 데이터 통신에서 회선 접촉 불량에 의해서 주로 생기는 것은?

① 위상 왜곡(Phase Distortion)
② 충격성 잡음(Impulse Noise)
③ 열 잡음(Thermal Noise)
④ 비선형 왜곡(Nonlinear Distortion)

54. IP 주소 198.0.46.201의 기본 마스크는?

① 255.0.0.0
② 255.255.0.0
③ 255.255.255.0
④ 255.255.255.255

55. PCM 방식에서 표본화 주파수가 8[KHz]라 하면 이때 표본화 주기는?

① 125[μs]
② 100[μs]
③ 85[μs]
④ 8[μs]

56. 다음 중 트래픽 제어에 해당되지 않는 것은?

① 흐름 제어　　　　　② 교착회피 제어
③ 오류 제어　　　　　④ 폭주 제어

전문가의 조언 트래픽 제어 방식에는 흐름 제어, 폭주(혼잡) 제어, 교착 상태 방지(회피)가 있습니다. 난이도가 높은 문제지만 문제와 보기가 동일하게 출제된 적이 있는 문제입니다. 문제와 답만 기억하고 넘어가세요.

57. 패리티 검사에 대한 설명으로 틀린 것은?

① 패리티 검사는 주로 저속 비동기 방식에서 이용된다.
② 패리티 비트는 짝수(Even) 혹은 홀수(Odd) 패리티로 사용된다.
③ 전송 중 짝수개의 에러 비트가 발생해도 에러 검출이 가능하다.
④ 패리티 검사를 통하여 전송 신뢰를 높일 수 있다.

전문가의 조언 패리티 검사는 1의 개수가 홀수인지 짝수인지를 판별하는 것이기 때문에 짝수개의 비트에 오류가 발생하면 1의 개수에 대한 홀짝이 그대로 유지되므로 검출이 불가능합니다. 종종 출제되는 문제입니다. **핵심 097**을 참고하여 패리티 검사 코드의 특징을 정리하고 넘어가세요.

58. ARQ 방식이란?

① 에러를 정정하는 방식
② 부호를 정정하는 방식
③ 에러를 검출하는 방식
④ 에러를 검출하여 재전송을 요구하는 방식

전문가의 조언 ARQ 방식이란 에러를 검출하여 재전송을 요구하는 방식입니다. 종종 출제되는 내용입니다. **핵심 096**을 참고하여 무슨 ARQ를 말하는지 찾아낼 수 있도록 정리하고 넘어가세요.

59. 반송파 신호(Carrier Signal)의 피크-투-피크(Peak-to-Peak) 전압이 변하는 형태의 아날로그 변조 방식은?

① AM(Amplitude Modulation)
② FM(Frequency Modulation)
③ PM(Phase Modulation)
④ DM(Delta Modulation)

전문가의 조언 피크 투 피크(Peak to Peak)란 진폭의 최대값과 최소값을 의미합니다. 즉 변조 파형에 따라 진폭을 변조하는 방식을 묻는 문제입니다.

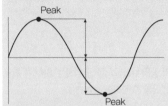

자주 출제되는 문제는 아닙니다. 변조 대상인 진폭, 주파수, 위상의 개념만 정리하고 넘어가세요.
• **진폭** : 신호의 높낮이를 의미
• **주파수** : 신호의 주기를 의미
• **위상** : 신호의 시작 위치를 의미

60. 2 out of 5 부호를 이용하여 에러를 검출하는 방식은?

① 정마크(정스페이스) 방식
② 군계수 Check 방식
③ SQD 방식
④ Parity Check 방식

전문가의 조언 2 out of 5 부호를 이용하여 에러를 검출하는 방식은 정마크(정스페이스) 방식입니다. 이 문제에서는 2 out of 5 부호를 이용하여 에러를 검출하는 방식이 정마크 방식이라는 것만 기억하고 넘어가세요.

04회 기출문제 & 전문가의 조언

기출문제

1. 현재 실행중인 명령어를 기억하고 있는 제어장치 내의 레지스터는?

① 누산기(Accumulator)
② 인덱스 레지스터(Index Register)
③ 메모리 레지스터(Memory Register)
④ 명령 레지스터(Instruction Register)

> **전문가의 조언** 현재 실행중인 명령어를 기억하고 있는 레지스터는 명령 레지스터입니다. 레지스터들의 개별적인 기능을 묻는 문제가 자주 출제됩니다. **핵심 003**을 참고하여 명확히 숙지하세요.

2. 컴퓨터 시스템의 중앙처리장치를 구성하는 하나의 회로로써 산술 및 논리 연산을 수행하는 장치는?

① Arithmetic Logic Unit
② Memory Unit
③ I/O Unit
④ Associative Memory Unit

> **전문가의 조언** 산술 및 논리 연산을 수행하는 장치는 연산장치(Arithmetic Logic Unit)입니다. 자주 출제되는 내용인 만큼 **핵심 002**를 참고하여 연산장치의 기능과 구성 요소를 확실히 알아두세요.

3. 다른 모든 플립플롭의 기능을 대용할 수 있으며 응용 범위가 넓고 집적회로화 되어 가장 널리 사용되는 플립플롭은?

① RS 플립플롭
② JK 플립플롭
③ D 플립플롭
④ T 플립플롭

> **전문가의 조언** 문제에 제시된 내용은 JK 플립플롭에 대한 설명입니다. JK 플립플롭에서는 개념을 묻는 문제보다는 주로 특성표의 상태 값에 관한 문제가 출제됩니다. **핵심 012**를 참고하여 확실히 숙지해 두세요.

4. 하나의 레지스터에 기억된 자료를 모두 다른 레지스터로 옮길 때 사용하는 논리 연산은?

① Rotate
② Shift
③ Move
④ Complement

> **전문가의 조언** 하나의 레지스터에 기억된 자료를 모두 다른 레지스터로 옮길 때 사용하는 논리 연산은 MOVE입니다. **핵심 022**를 참고하여 MOVE와 SHIFT의 기능을 혼동하지 않도록 잘 기억해 두세요.

5. 반가산기(Half-Adder)의 논리회로도에서 자리올림이 발생하는 회로는?

① OR
② NOT
③ Exclusive OR
④ AND

> **전문가의 조언** 반가산기에서 자리올림이 발생하는 회로는 AND입니다. 반가산기와 관련된 내용은 모두 중요합니다. **핵심 009**를 참고하여 확실히 정리해 두세요.

6. 2진수 1100101을 8진수로 변환하면?

① $(101)_8$
② $(105)_8$
③ $(142)_8$
④ $(145)_8$

> **전문가의 조언** 2진수를 8진수로 변환하려면 정수 부분은 소수점을 기준으로 왼쪽 방향으로 3자리씩, 소수 부분은 소수점을 기준으로 오른쪽 방향으로 3자리씩 묶어서 변환합니다.
> (0 0 1 1 0 0 1 0 1)₂
> (1 4 5)₈
> 진법 변환은 자주 출제되고 있습니다. 이 문제에서는 2진수를 8진수로 변환하는 방법만 확실히 파악해 두세요.

정답 1. ④ 2. ① 3. ② 4. ③ 5. ④ 6. ④

7. 명령어 내의 오퍼랜드 부분의 주소가 실제 데이터의 주소를 가지고 있는 포인터의 주소를 나타내는 방식으로, 데이터 처리에 대한 유연성이 좋으나 주소 참조 횟수가 많다는 단점이 있는 주소지정방식은?

① 즉시 주소지정
② 간접 주소지정
③ 직접 주소지정
④ 계산에 의한 주소지정

> **전문가의 조언** 문제에 제시된 내용은 간접 주소지정방식에 대한 설명입니다. 주소지정방식들의 특징을 파악하고 있어야 풀 수 있는 문제가 자주 출제됩니다. 주소지정방식들의 특징은 각각의 명칭과 연관지어 생각해 보면 쉽게 기억됩니다. **핵심 024**를 참고하여 확실히 정리해 두세요.

8. CPU에서 명령이 실행되는 순서를 제어하거나 특정 프로그램에 관련된 컴퓨터 시스템의 상태를 나타내고 유지하기 위한 제어 워드로서, 실행중인 CPU의 상황을 나타내는 것은?

① PSW   ② MBR
③ MAR   ④ PC

> **전문가의 조언** 문제에 제시된 내용은 PSW(Program Status Word)에 대한 설명입니다. 동일한 문제가 여러 번 출제되었습니다. PSW의 의미를 확실히 기억하세요.

9. 명령어는 연산자 부분과 주소 부분으로 구성되는데 주소(Operand) 부분의 구성 요소가 아닌 것은?

① 데이터의 주소 자체
② 명령어의 순서
③ 데이터의 종류
④ 데이터가 있는 주소를 구하는데 필요한 정보

> **전문가의 조언** 데이터 종류는 연산자부의 구성 요소입니다. 자주 출제되는 내용입니다. **핵심 020**을 참고하여 명령어의 구성, 연산자부와 자료부의 기능 모두를 알아두세요.

10. 불 대수(Boolean Algebra)의 정리 중 틀린 것은?

① $A + A = A$ ② $A \cdot \overline{A} = 0$
③ $A + \overline{A} = 1$ ④ $A + 1 = A$

> **전문가의 조언** $A + 1 = 1$입니다. 불 대수의 기본 공식은 중요합니다. **핵심 005**를 참고하여 드모르강의 법칙은 반드시 암기하고, 나머지 법칙은 원리를 정확하게 이해하고 넘어가세요.

11. 2개의 조건을 동시에 만족해야 출력하는 연산자는?

① OR   ② NOT
③ AND   ④ NAND

> **전문가의 조언** AND 연산자는 2개의 조건을 동시에 만족해야 출력하는 연산자입니다. AND, OR, NOT은 정보처리 전반에 걸쳐 다뤄지는 기본적인 내용이니 **핵심 004**를 참고하여 명확히 알아두세요.

12. 에러를 검출하고 검출된 에러를 교정하기 위하여 사용되는 코드는?

① BCD 코드   ② Hamming 코드
③ 8421 코드   ④ ASCII 코드

> **전문가의 조언** 에러를 검출하고 검출된 에러를 교정하기 위하여 사용되는 코드는 해밍 코드(Hamming code)입니다. 종종 출제되는 내용입니다. '에러 검출 및 교정이 가능한 코드' 하면, 해밍 코드라는 것을 기억하고 넘어가세요.

13. 다음 게이트에서 입력 A, B에 대한 설명으로 옳은 것은?

① $\overline{A} + B$ ② $A + \overline{B}$
③ $\overline{A} + \overline{B}$ ④ $A + B$

> **전문가의 조언** 문제에 제시된 논리회로를 논리식으로 표현하면 $\overline{A \cdot B}$이고, 이것에 드모르강 법칙을 적용하면 $\overline{A} + \overline{B}$가 됩니다. 이 문제는 불 대수의 기본 공식을 알면 쉽게 풀 수 있는 문제로 자주 출제되는 문제입니다. 불 대수의 기본 공식은 반드시 알아두어야 합니다. **핵심 005**를 참고하여 명확히 알아두세요.

14. 8bit 컴퓨터에서 부호화 절대치 방식으로 수치 자료를 표현했을 때, 기억된 값은 얼마인가?

1	0	0	0	1	0	1	1

① −11
② −12
③ 11
④ 12

❶ 부호화 절대치 방식에서 왼쪽 첫 번째 비트는 부호 비트이므로, 부호 비트를 제외한 2진수를 10진수로 변환하면 아래와 같습니다.
$0001011 = 1×2^3 + 0×2^2 + 1×2^1 + 1×2^0 = 8 + 0 + 2 + 1 = 11$
❷ 첫 번째 비트(부호 비트)가 1이면 음수, 0이면 양수이므로 기억된 값은 −11입니다.
종종 출제되는 문제입니다. 부호화 절대치 방식으로 수치 자료를 표현하는 방법을 기억해 두세요.

15. 다음 진리표와 같이 연산이 행해지는 게이트는?

입력		출력
X1	X2	Y
0	0	0
1	0	0
0	1	0
1	1	1

① OR
② AND
③ NAND
④ XOR

입력값이 모두 1일 때만 1을 출력하는 것으로 보아 AND 게이트임을 알 수 있습니다. 이 문제에서는 입력값이 모두 1일 때만 1을 출력하는 것은 AND 게이트라는 것만 알아두세요.

16. 프로그램이 컴퓨터의 기종에 관계없이 수행될 수 있는 성질을 의미하는 것은?

① 가용성
② 신뢰성
③ 호환성
④ 안정성

호환성은 프로그램이 컴퓨터의 기종에 관계없이 수행될 수 있는 성질을 의미합니다. **핵심 001**을 참고하여 컴퓨터의 특징을 용어의 의미를 생각하며 정리해 두세요.

17. 다음과 같은 논리회로에서 A의 값이 0101, B의 값이 1100일 때 출력 Y의 값은?

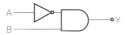

① 1111
② 1000
③ 1010
④ 0100

문제에 제시된 논리회로를 논리식으로 표현하면 $\overline{A} \cdot B$이고, 논리식에 값을 대입하여 계산하면 다음과 같습니다.

❶ : $\overline{A} = \overline{0101} = 1010$
❷ : ❶ · ❷

```
     1010
 AND 1100
─────────
     1000
```

논리회로의 출력 값을 묻는 문제는 매회 출제됩니다. 기본적인 논리 게이트를 이해하면 어렵지 않게 풀 수 있습니다. 이 문제에서는 NOT(─▷─)은 $\overline{A}$, AND(──⫐)는 $A \cdot B$를 의미한다는 것을 기억해 두세요.

18. 산술 및 논리 연산의 결과를 일시적으로 기억하는 것은?

① 가산기
② 누산기
③ 보수기
④ 감산기

산술 및 논리 연산의 결과를 일시적으로 기억하는 것은 누산기(Accumulator)입니다. 레지스터는 중요합니다. **핵심 003**을 참고하여 확실히 숙지해 두세요.

19. 기억장치 맨 처음 장소부터 1Byte마다 연속된 16진수의 번호를 부여하는 번지는?

① Symbolic Address
② Absolute Address
③ Relative Address
④ Mnemonic Address

기억장치 맨 처음 장소부터 1Byte마다 연속된 16진수의 번호를 부여하는 번지는 절대주소(Absolute Address)입니다. 절대주소의 개념을 묻는 문제가 종종 출제됩니다. **핵심 024**를 참고하여 절대주소와 상대주소의 개념이 혼동되지 않도록 확실히 구분해 두세요.

20. 다음은 무엇에 대한 설명인가?

A hardware signal that suspends execution of a program and calls a special handler program. It breaks the normal flow of the program execution. After the handler program executed, the suspended program is resumed.

① Interrupt
② Polling
③ Method Invocation
④ Virus

> **전문가의 조언** 현재 실행중인 프로그램을 중단시키고 특별한 작업을 수행하도록 보내는 신호(signal that suspends execution of a program and calls a special handler program)는 인터럽트입니다. 가끔 출제되는 내용입니다. 이 문제에서는 인터럽트의 개념과 그에 대한 영문 표현을 함께 기억해 두세요.

21. 스프레드시트 작업에서 반복되거나 복잡한 단계를 수행하는 작업을 일괄적으로 자동화시켜 처리하는 방법에 해당하는 것은?

① 매크로　　　　② 정렬
③ 검색　　　　　④ 필터

> **전문가의 조언** 문제에 제시된 내용은 매크로의 기능입니다. 엑셀(스프레드시트)의 주요 기능에 대한 문제가 자주 출제되고 있으니 **핵심 047**을 참고하여 확실히 정리해 두세요.

22. 프레젠테이션 프로그램을 사용하는 용도로 거리가 먼 것은?

① 업무의 분석 및 보고서 작성
② 멀티미디어 형태의 자료 작성
③ 회사의 회계업무 작성
④ 회사 및 상품의 설명

> **전문가의 조언** 회사의 회계업무 작성은 스프레드시트 프로그램을 사용하는 것이 효과적입니다. 프레젠테이션의 용도를 묻는 문제는 자주 출제되니 나머지 보기를 통해 알아두세요.

23. 다음 SQL 검색문의 의미로 가장 적절한 것은?

> SELECT DISTINCT 학과명 FROM 학생;

① 학생 테이블의 학과명을 모두 검색하라.
② 학생 테이블의 학과명을 중복되지 않게 모두 검색하라.
③ 학생 테이블의 학과명 중에서 중복된 학과명은 모두 검색하라.
④ 학생 테이블을 학과명 구별하지 말고 모두 검색하라.

> **전문가의 조언** 문제의 지문에 제시된 문장을 절별로 분리하면 다음과 같습니다.
> • **SELECT DISTINCT 학과명** : '학과명'을 표시하되 중복되는 레코드는 한 번만 표시합니다.
> • **FROM 학생** : '학생' 테이블의 자료를 검색합니다.
> SELECT 문은 시험에 자주 출제되는 부분입니다. **핵심 040**을 참고하여 기본 형식과 'DISTINCT', '*'의 의미를 정확히 이해하세요.

24. 데이터베이스 디자인 단계의 순서가 옳은 것은?

(1) 데이터베이스의 목적을 정의
(2) 데이터베이스에서 필요한 테이블을 정의
(3) 테이블에서 필요한 필드를 정의
(4) 테이블 간의 관계를 정의

① (1) → (4) → (2) → (3)
② (1) → (3) → (2) → (4)
③ (1) → (2) → (4) → (3)
④ (1) → (2) → (3) → (4)

> **전문가의 조언** 데이터베이스 디자인 단계의 순서가 옳은 것은 ④번입니다. 문제의 지문을 통해 데이터베이스 디자인 단계의 순서를 정확히 알아두세요.

25. SQL은 무엇의 약자인가?

① Stored Quick Language
② Strict Query Language
③ Structured Quick Language
④ Structured Query Language

26. 엑셀에서 A2셀, B3셀, C3셀을 선택하는 방법은?

	A	B	C
1			
2	■		■
3		■	■

① A2 셀을 클릭하고 [Ctrl]을 누른 상태에서 B3, C2 셀을 클릭한다.
② [Ctrl]을 누른 상태에서 A2 셀부터 C3 셀까지 드래그한다.
③ [Shift]를 누른 상태에서 A2, B3, C3를 클릭한다.
④ [Shift]를 누른 상태에서 행 번호 2를 클릭하고 B열을 클릭한다.

27. SQL에서 DROP 문의 옵션(Optation) 중 "RESTRICT"의 역할에 대한 설명으로 가장 적합한 것은?

① 제거할 요소들을 기록 후 제거한다.
② 제거할 요소가 참조 중일 경우에만 제거한다.
③ 제거할 요소들에 대한 예비조치(back up) 작업을 한다.
④ 제거할 요소가 참조 중이면 제거하지 않는다.

28. 다음 질의를 SQL 문으로 옳게 표기한 것은?

상품 테이블에서 단가가 50000 이상인 자료의 상품명, 단가, 수량을 검색하시오.

① SELECT 상품명, 단가, 수량 FROM 상품 WHERE 단가 >= 50000;
② SELECT 상품 FROM 상품명, 단가, 수량 WHERE 단가 >= 50000;
③ SELECT 상품명, 단가, 수량 FROM 상품 WHERE 수량 >= 50000;
④ SELECT 상품명, 단가, 수량 FROM 상품 IF 단가 >= 50000;

29. 데이터베이스를 사용하는 경우의 장점이 아닌 것은?

① 데이터 중복의 최대화
② 데이터의 무결성 유지
③ 데이터의 공용 사용
④ 데이터의 일관성 유지

30. 윈도용 PC 데이터베이스에서 그래픽 화면을 사용한 입출력 틀을 무엇이라 하는가?

① Form
② Query
③ Report
④ Table

31. 윈도우에서 하드디스크에 있는 파일을 휴지통에 버리지 않고 바로 삭제하려고 한다. 파일 선택 후 어떤 키를 눌러야 하는가?

① Delete
② Alt + Delete
③ Ctrl + Delete
④ Shift + Delete

32. 다음의 설명에 가장 적합한 것은?

Before a disk can store data, it must be divided into sectors that the disk controller can read and write.

① Booting
② Backup
③ File store
④ Formatting

33. UNIX에서 현재 작업중인 디렉터리의 모든 파일을 보여주는 명령은?

① cd
② mv
③ ls
④ Tar

34. 다중 프로그래밍 시스템 내에서 서로 다른 프로세스가 일어날 수 없는 사건을 무한정 기다리고 있는 것은?

① 세마포어
② 가비지 수집
③ 코루틴
④ 교착상태

35. 다음 괄호 안의 내용으로 적절하지 않은 것은?

The UNIX operating system has three important features – ( ), ( ) and ( ).

① Kernel
② Shell
③ File system
④ Compiler

36. 운영체제에서 가장 기초적인 시스템 기능을 담당하는 부분으로 관리자(Supervisor), 제어 프로그램(Control Program), 핵(Nucleus) 등으로 불리며 프로세스 관리, CPU 제어, 입/출력 제어, 기억장치 관리 등의 기능을 수행하는 것은?

① 커널(Kernel)
② 파일 시스템(File System)
③ 인터페이스(Interface)
④ 데이터 관리(Data Control)

37. 컴퓨터 시스템을 구성하고 있는 하드웨어 장치와 일반 컴퓨터 사용자 또는 컴퓨터에서 실행되는 응용 프로그램의 중간에 위치하여 사용자들이 보다 쉽고 간편하게 컴퓨터 시스템을 이용할 수 있도록 제어 관리하는 프로그램은?

① 컴파일러
② 운영체제
③ 스풀러
④ 매크로

38. 윈도우의 탐색기에서 비연속적인 여러 개의 파일을 선택하는 방법은?

① [Ctrl]을 누른 상태에서 선택하려는 파일들을 왼쪽 마우스 버튼을 클릭하여 선택한다.
② [Shift]를 누른 상태에서 선택하려는 파일들을 왼쪽 마우스 버튼을 클릭하여 선택한다.
③ [Alt]를 누른 상태에서 선택하려는 파일들을 오른쪽 마우스 버튼을 클릭하여 선택한다.
④ [Shift]를 누른 상태에서 선택하려는 파일들을 오른쪽 마우스 버튼을 클릭하여 선택한다.

39. 도스(MS-DOS)에서 "ATTRIB" 명령 사용 시, 읽기 전용 속성을 해제할 때 사용하는 옵션은?

① -H   ② -S
③ -A   ④ -R

40. 윈도우의 특징이 아닌 것은?

① 멀티태스킹(Mult-Tasking)을 지원한다.
② 모든 파일은 파일명 없이 아이콘으로 되어 있다.
③ 마우스 단추를 눌러 원하는 작업을 실행할 수 있다.
④ GUI(Graphical User Interface) 방식의 운영체제이다.

41. 페이지 대체 알고리즘에서 계수기를 두어 가장 오랫동안 참조되지 않은 페이지를 교체할 페이지로 선택하는 것은?

① FIFO   ② LRU
③ LFU   ④ OPT

42. 윈도우에서 현재 선택된 프로그램 창을 종료하는 단축키는?

① [Alt] + [F4]   ② [Alt] + [F1]
③ [Shift] + [Esc]   ④ [Ctrl] + [Esc]

43. 윈도우에서 새로운 하드웨어를 장착하고 시스템을 가동시키면 자동으로 하드웨어를 인식하고 실행하는 기능은?

① Interrupt 기능
② Auto & Play 기능
③ Plug & Play 기능
④ Auto & Plug 기능

> **전문가의 조언** 윈도우에서 새로운 하드웨어를 장착하고 시스템을 가동시키면 자동으로 하드웨어를 인식하고 실행하는 기능은 플러그 앤 플레이(Plug & Play)입니다. 플러그 앤 플레이의 기능을 묻는 문제는 자주 출제됩니다. 이 문제를 통해 플러그 앤 플레이의 기능을 정확히 숙지해 두세요.

44. 도스(MS-DOS)에서 외부 명령어에 대한 설명으로 옳은 것은?

① 독립된 파일의 형태로 DIR 명령어로 확인이 가능하다.
② COMMAND.COM이 주기억장치에 올려짐으로써 사용할 수 있다.
③ 주기억장치에 항상 올려져 있는 명령어이다.
④ DIR은 외부 명령어의 하나이다.

> **전문가의 조언** 외부 명령어는 독립된 파일의 형태로 DIR 명령어로 확인이 가능합니다. ②, ③번은 내부 명령어에 대한 설명이며, DIR은 내부 명령어입니다. 종종 출제되는 내용입니다. 내부 명령어와 외부 명령어를 구분할 수 있도록 **핵심 060**을 참고하여 특징을 정리하세요.

45. UNIX에서 네트워크상의 문제를 진단할 수 있는 명령어는?

① ping
② cd
③ pwd
④ who

> **전문가의 조언** 네트워크에 문제가 발생한 경우 'ping ip주소' 또는 'ping 도메인 네임'을 입력하여 현재 상태를 진단할 수 있습니다. UNIX에서는 명령어들의 기능을 묻는 문제가 자주 출제된다고 했죠? 이 문제를 틀렸다면 **핵심 081~083**을 다시 한 번 공부하세요.

46. Which is not operating system?

① UNIX
② DOS
③ WINDOWS
④ PASCAL

> **전문가의 조언** 운영체제(Operating System)는 컴퓨터 시스템의 자원들을 효율적으로 관리하며, 사용자가 컴퓨터를 편리하고 효과적으로 사용할 수 있도록 환경을 제공하는 여러 프로그램의 모임으로, 종류에는 Windows, UNIX, DOS, LINUX 등이 있습니다. PASCAL은 프로그래밍 언어 중 하나입니다. 문제를 통해 운영체제의 의미와 종류를 꼭 기억해 두세요.

47. 운영체제를 기능상 분류했을 경우 다음 내용에 해당하는 프로그램은?

> 작업의 연속 처리를 위한 스케줄 및 시스템 자원 할당 등을 담당

① 작업 관리 프로그램
② 서비스 프로그램
③ 감시 프로그램
④ 데이터 관리 프로그램

> **전문가의 조언** 작업의 연속 처리를 위한 스케줄 및 시스템 자원 할당 등을 담당하는 프로그램은 작업 관리 프로그램입니다. 자주 출제되는 내용입니다. 운영체제를 제어 프로그램과 처리 프로그램으로 나누고 각각에 해당하는 프로그램을 분류할 수 있어야 합니다. **핵심 050**을 참고하여 정리하세요.

48. 윈도우에서는 CD를 삽입하면 CD가 자동으로 실행하는데, 이 기능을 멈추게 하는 방법은?

① Shift 를 누른 채로 삽입
② F4 를 누른 채로 삽입
③ Ctrl 을 누른 채로 삽입
④ Alt 를 누른 채로 삽입

> **전문가의 조언** Shift 를 누른 상태에서 CD를 삽입하면 CD의 자동 실행 기능이 작동되지 않습니다. 바로 가기 키에 대한 문제는 나올때마다 확실히 기억해 둬야 합니다. 이 문제에서는 Shift 를 누른 상태에서 CD를 삽입하면 CD의 자동 실행 기능이 작동되지 않는다는 것을 기억하고 넘어가세요.

49. 운영체제의 성능 평가에 대한 설명으로 옳지 않은 것은?

① 신뢰도는 시스템이 주어진 문제를 얼마나 정확하게 해결하는가를 나타내는 척도이다.
② 사용 가능도는 시스템을 얼마나 빨리 사용할 수 있는가의 정도를 나타낸다.
③ 처리 능력은 수치가 높을수록 좋다.
④ 응답 시간은 수치가 높을수록 좋다.

50. 도스(MS-DOS)에서 단편화되어 있는 파일의 저장 상태를 최적화하여 디스크의 작동 효율을 높이는 명령은?

① DISKCOMP
② CHKDSK
③ DEFRAG
④ DISKCOPY

51. 원격지에 설치된 입·출력장치는?

① 변·복조장치
② 스캐너
③ 단말장치
④ X-Y 플로터

52. 정보검색 엔진에서 AND, OR, NOT과 같은 연산자가 사용된다. 이 연산자를 무슨 연산자라 하는가?

① 불 연산자
② 드모르간 연산자
③ 우선 연산자
④ 키워드 연산자

53. 헤딩과 텍스트로 이루어진 정보 메시지가 3개의 블록으로 분할되어 전송될 경우 최종 블록에 들어갈 전송 제어 문자는?

① ETB
② ETX
③ SOH
④ STX

54. 주파수 분할 다중화 방식에서 각 채널간 간섭을 막기 위하여 일종의 완충지역 역할을 하는 것은?

① 서브 채널(Sub-CH)
② 채널 밴드(CH Band)
③ 채널 세트(CH Set)
④ 가드 밴드(Guard Band)

55. 데이터 전송선로의 감쇠량에 대한 극소 조건이 성립되었을 때 선로의 특성 임피던스(Z0)는? (단, R : 저항, L : 인덕턴스, C : 캐퍼시턴스)

① $Z0 = \sqrt{\dfrac{C}{R}}$ ② $Z0 = \sqrt{LC}$

③ $Z0 = \sqrt{RC}$ ④ $Z0 = \sqrt{\dfrac{L}{C}}$

> **전문가의 조언** 문제와 보기가 동일하게 다시 출제되었습니다. 문제와 답만 기억해 두세요.

56. 16개의 교환국을 망형으로 상호 결선하려면 국간 필요한 최소 통신회선 수는?

① 240 ② 175
③ 120 ④ 45

> **전문가의 조언** 망형 구성 시 필요한 회선 수는 노드의 수가 n개일 때 n(n-1)/2이므로 16(15)/2 = 120개입니다. 노드의 수만 달리하여 자주 출제됩니다. 공식을 꼭 기억해 두세요.

57. 다음 중 광섬유 케이블의 손실에 해당하지 않는 것은?

① 접속 손실 ② 산란 손실
③ 흡수 손실 ④ 유전체 손실

> **전문가의 조언** 광섬유 케이블은 절연성이 좋은 유리를 원료로 하기 때문에 전자 유도의 영향을 받지 않습니다. 그러므로 유전체 손실과는 관계가 없습니다. 광섬유 케이블의 특징을 묻는 문제가 자주 출제되니 **핵심 088**을 참고하여 확실히 파악해 두세요.

58. 패킷 교환 방식에 대한 설명으로 옳지 않은 것은?

① 통신망에 의한 패킷의 손실이 있을 수 있다.
② 패킷의 저장 및 전송으로 이루어진다.
③ 전송 속도와 코드 변환이 가능하다.
④ 공중 데이터 교환망에는 사용되고 있지 않다.

> **전문가의 조언** 패킷 교환 방식은 주로 공중 데이터 교환망(PSDN)에서 사용되고 있습니다. 패킷 교환 방식의 특징을 묻는 문제가 자주 출제됩니다. **핵심 107**을 참고하여 패킷 교환 방식은 음성 전송보다는 데이터 전송에 더 적합하다는 것을 중심으로 특징을 정리하세요.

59. 변 · 복조기의 역할과 거리가 먼 것은?

① 통신 신호의 변환기라고 볼 수 있다.
② 디지털 신호를 아날로그 신호로 변환한다.
③ 공중 전화 통신망에 적합한 통신 신호로 변환한다.
④ 컴퓨터 신호를 광 케이블에 적합한 광 신호로 변환한다.

> **전문가의 조언** 컴퓨터 신호를 광 케이블에 적합한 광 신호로 변환하는 것을 전광 변환이라고 하는데, 이는 발광기(Laser Diode)에 의해 수행됩니다. 가끔 출제되는 문제입니다. 보기로 제시된 내용을 통해 변 · 복조기의 역할을 간단히 정리하고 넘어가세요.

60. 데이터 통신이 발달하게 된 이유로 적합하지 않은 것은?

① 컴퓨터 처리 기능 향상
② 통신 제어장치의 개발
③ 정보의 비밀유지 필요성
④ 전자공업의 발달

> **전문가의 조언** 정보의 비밀유지 필요성에 의해 발달하는 것은 보안 체계입니다. 자주 출제되는 문제는 아닙니다. 나머지 보기로 제시된 데이터 통신의 발달 배경만 한 번 더 읽어보고 넘어가세요.

1. 부동 소수점(Floating Point)에 대한 설명으로 옳지 않은 것은?

① 두 수의 덧셈 및 뺄셈 시 고정 소수점 표현 방식에서의 연산 속도보다 빠르다.
② 같은 비트로 수를 표시할 경우 고정 소숫점 표현 방식보다 더 큰 수를 나타낼 수 있다.
③ 수의 표시에 있어서 정밀도를 높일 수 있어 과학, 공학, 수학적인 응용에 주로 사용된다.
④ 소숫점의 위치를 컴퓨터 내부에서 자동적으로 조절한다.

> **전문가의 조언** 부동 소수점 연산은 아주 큰 수나 작은 수를 표현하므로 고정 소수점 방식에 비해 연산 속도가 많이 느립니다. 자주 출제되는 내용은 아닙니다. 문제에 제시된 내용정도만 알아두세요.

2. MIMD(Multiple Instruction Multiple Data) 구조를 갖는 것은?

① 다중 처리기
② 배열 처리기
③ 벡터 처리기
④ 파이프라인 처리기

> **전문가의 조언** MIMD(Multiple Instruction Multiple Data) 구조를 갖는 것은 다중 처리기입니다. 정보처리 기사 시험 범위에 속하는 문제가 출제되었네요. 문제와 답만 기억하고 넘어가세요.

3. 중앙처리장치의 한 종류인 CISC(Complex Instruction Set Computer)에 대한 설명으로 틀린 것은?

① 복잡하고 기능이 많은 명령어로 구성된다.
② 다양한 크기의 명령어를 사용한다.
③ 많은 수의 레지스터를 사용한다.
④ 마이크로 코드 설계가 어렵다.

> **전문가의 조언** CISC는 RISC에 비해 적은 수의 레지스터를 사용합니다. CISC와 RISC의 차이점을 묻는 문제가 종종 출제됩니다. **핵심 002**를 참고하여 CISC와 RISC의 특징을 구분하여 정리해 두세요.

4. 컴퓨터의 중앙처리장치(CPU)의 구성 부분에 해당되지 않는 것은?

① 레지스터
② 연산장치
③ 보조기억장치
④ 제어장치

> **전문가의 조언** 중앙처리장치는 레지스터, 제어장치, 연산장치로 구성됩니다. 동일한 문제가 여러 번 출제되었습니다. 중앙처리장치의 구성 요소 3가지를 꼭 기억해 두세요.

5. 명령어의 주소(Address)부를 연산 주소(Address)로 이용하는 주소 지정방식은?

① 상대 Address 방식
② 절대 Address 방식
③ 간접 Address 방식
④ 직접 Address 방식

> **전문가의 조언** 연산 주소(Address)란 연산에 사용될 실제 데이터가 있는 곳의 주소입니다. 명령어의 주소부를 실제 데이터가 있는 곳의 주소를 지정하는 방식은 직접 주소지정방식입니다. 주소지정방식의 특징을 묻는 문제가 자주 출제됩니다. 주소지정방식의 이름에 의미가 내포되어 있으므로 쉽게 기억할 수 있습니다. **핵심 024**를 참고하여 정리해 두세요.

6. 인터럽트 발생 시 인터럽트를 처리하고 원래 수행하고 있었던 프로그램으로 되돌아가는데 사용되는 레지스터는?

① Stack
② PC
③ MBR
④ PSW

> **전문가의 조언** 인터럽트 발생 시 스택(Stack)은 인터럽트를 처리하고 되돌아올 주소를 임시 보관합니다. 인터럽트의 개념 및 종류를 묻는 문제가 자주 출제되니 **핵심 027**을 참고하여 정리하세요.

7. 다음과 가장 관계있는 장치로 옳은 것은?

> 논리회로, 가산기, 누산기, 감산기

① 입/출력장치
② 제어장치
③ 연산장치
④ 기억장치

> **전문가의 조언** 논리회로, 가산기, 누산기, 감산기는 연산장치입니다. 제어장치와 연산장치의 구성 요소를 묻는 문제가 자주 출제되니 **핵심 002**를 참고하여 확실히 구분해 두세요.

정답 1. ① 2. ① 3. ③ 4. ③ 5. ④ 6. ① 7. ③

8. 전원이 꺼져도 내용이 그대로 저장되어 있는 메모리는?

① Flash Memory ② SRAM
③ DDR RAM ④ SDRAM

> **전문가의 조언** 플래시 메모리(Flash Memory)는 EEPROM의 일종으로서 전원이 꺼져도 내용이 그대로 저장되는 비휘발성 메모리입니다. 가끔씩 출제되는 내용입니다. **핵심 029**를 참고하여 플래시 메모리가 무엇인지 기억해 두세요.

9. 누를 때마다 ON, OFF가 교차되는 스위치를 만들고자 할 때 사용되는 플립플롭은?

① RS 플립플롭 ② D 플립플롭
③ JK 플립플롭 ④ T 플립플롭

> **전문가의 조언** ON일 때 스위치를 누르면 OFF가 되고, OFF일 때 스위치를 누르면 ON이 된다는 것은 현재 값의 반대값, 즉 보수를 출력하는 T 플립플롭에 대한 설명입니다. 플립플롭들의 개별적인 특징을 묻는 문제가 자주 출제됩니다. **핵심 012**를 참고하여 주요 플립플롭의 특징을 파악해 두세요.

10. 1~2개의 대규모 집적회로의 칩을 중앙처리장치에 해당하는 부분에 내장시켜 기능을 수행하게 하는 것은?

① 레지스터 ② 컴파일러
③ 소프트웨어 ④ 마이크로프로세서

> **전문가의 조언** 1~2개의 대규모 집적회로의 칩을 중앙처리장치에 해당하는 부분에 내장시켜 기능을 수행하게 하는 것은 마이크로프로세서입니다. 마이크로프로세서의 개념 및 구성 요소를 묻는 문제가 종종 출제되니 **핵심 002**를 참고하여 정리해 두세요.

11. 패리티 검사(Parity Check)에 대한 설명으로 옳은 것은?

① 기수 패리티 체크는 1bit의 수가 짝수가 되도록 한다.
② 두 bit가 동시에 에러를 발생해도 검출이 가능하다.
③ 우수 패리티 체크는 1bit의 개수가 홀수가 되도록 한다.
④ 코드에 여분의 비트를 검사 비트로 첨가하여 착오를 검출하는 방법이다.

> **전문가의 조언** 패리티 검사에 대한 설명으로 옳은 것은 ④번입니다. 다른 보기가 틀린 이유는 다음과 같습니다.
> ① 기수 패리티 체크는 1bit의 개수가 홀수가 되도록 합니다.
> ② 패리티 검사는 1bit의 오류만을 검출할 수 있습니다.
> ③ 우수 패리티 체크는 1bit의 개수가 짝수가 되도록 합니다.
> **핵심 019**를 참고하여 패리티 검사 코드의 특징을 간단히 정리하고 넘어가세요.

12. 다음 주소지정 방법 중 처리 속도가 가장 빠른 것은?

① 직접 주소지정(Direct Addressing)
② 간접 주소지정(Indirect Addressing)
③ 즉시 주소지정(Immediate Addressing)
④ 인덱스 주소지정(Index Addressing)

> **전문가의 조언** 즉시적 주소지정방식(Immediate Address)은 명령어 자체에 오퍼랜드(실제 데이터)를 가지고 있는 방식으로, 별도의 기억장소를 액세스하지 않고 CPU에서 곧바로 자료를 이용할 수 있어서 실행 속도가 가장 빠릅니다. 주소지정방식들의 특징을 묻는 문제가 자주 출제되니 **핵심 024**를 참고하여 확실히 숙지해 두세요.

13. 논리식 $F = AB + \overline{A}C + BCD$를 간단히 하면?

① $AB + A\overline{C}$
② $AB + \overline{A}C$
③ $\overline{A}B + AC$
④ $A\overline{B} + AC$

> **전문가의 조언** 이 문제는 카르노 맵을 그리거나 콘센서스 법칙을 적용해야 풀립니다. 콘센서스 법칙은 $AB + BC + C\overline{A} = AB + C\overline{A}$와 같이 최적화되는 법칙을 말합니다. 근데 여기서 BC 대신에 BCA, BCD 등과 같이 BC 다음에 어떤 값이 와도 결과값은 동일합니다. 즉 $AB + \overline{A}C + BCD = AB + C\overline{A}$입니다. 정보처리 기사 시험 범위에 포함되는 문제가 나왔네요. 문제와 답만 기억하고 넘어가세요.

14. 기계어의 Operand에는 주로 어떤 내용이 들어 있는가?

① Register Number
② Address
③ Instruction
④ Op-Code

정답 8. ① 9. ④ 10. ④ 11. ④ 12. ③ 13. ② 14. ②

15. 컴퓨터의 채널(Channel) 부분이 위치하는 곳은?

① 주기억장치와 입 · 출력장치의 중간에 위치한다.
② 연산장치와 레지스터의 중간에 위치한다.
③ 주기억장치와 보조기억장치의 양쪽에 위치한다.
④ 주기억장치와 CPU의 중간에 위치한다.

16. 한번에 1비트씩만 변화되기 때문에 기계적인 동작을 제어하기에 적합한 코드는?

① 해밍 코드
② 그레이 코드
③ 3초과 코드
④ 가중 코드

17. 다음 그림에서 A값으로 1010, B값으로 0101이 입력되었다고 할 때 그 결과 값은?

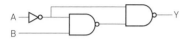

① 1000
② 0001
③ 1111
④ 0101

18. 일반적으로 컴퓨터의 CPU에서 하나의 명령어를 실행하기 위하여 이루어지는 동작 단계를 바르게 나열한 것은?

① Fetch Cycle → Instruction Decoding Cycle → Write-Back 작업 → 명령어 실행 단계
② Fetch Cycle → Instruction Decoding Cycle → 명령어 실행 단계 → Write-Back 작업
③ Fetch Cycle → 명령어 실행 단계 → Write-Back 작업 → Instruction Decoding Cycle
④ Instruction Decoding Cycle → Fetch Cycle → 명령어 실행 단계 → Write-Back 작업

19. CPU에서 처리된 데이터나 기억장치에 저장된 데이터들이 전달되는 양방향의 전송 통로는?

① 입/출력 모듈　　　　② ALU
③ 버스(BUS)　　　　④ SDRAM

> 전문가의 조언 CPU에서 처리된 데이터나 기억장치에 저장된 데이터들이 전달되는 양방향의 전송 통로는 버스(BUS)입니다. 자주 출제되는 내용은 아닙니다. 버스의 기능만 기억하고 넘어가세요.

20. 주소접근방식 중 약식주소 표현 방식에 해당하는 것은?

① 직접 주소
② 간접 주소
③ 자료 자신
④ 계산에 의한 주소

> 전문가의 조언 약식주소는 주소의 일부분을 생략한 것으로, 계산에 의한 주소는 대부분 약식주소입니다. 주소지정방식의 특징을 묻는 문제가 자주 출제된다고 했죠? 각 주소지정방식의 특징을 정확히 구분할 수 있도록 **핵심 024**를 참고하여 다시 한번 공부하세요.

21. 다음 SQL 문에서 ORDER BY 절의 의미를 옳게 설명한 것은?

> ORDER BY 가산점 DESC, 사원번호 ASC;

① 가산점은 오름차순으로, 사원번호는 내림차순으로 정렬
② 가산점은 내림차순으로, 사원번호는 오름차순으로 정렬
③ 가산점은 사원번호를 하나의 그룹으로 묶어 내림차순으로 정렬
④ 가산점은 사원번호를 하나의 그룹으로 묶어 오름차순으로 정렬

> 전문가의 조언 ORDER BY절의 정렬 방식 중 ASC는 오름차순, DESC는 내림차순을 의미합니다. 그러므로 지문에 제시된 절은 가산점은 내림차순, 사원번호는 오름차순으로 정렬한다는 의미입니다. ORDER BY절의 옵션인 'ASC'와 'DESC'의 사용법을 확실히 정리하고 넘어가세요.

22. SQL에서 검색 결과에 대한 레코드의 중복을 제거하기 위해 사용하는 명령은?

① DESC　　　　② DELETE
③ GRANT　　　　④ DISTINCT

> 전문가의 조언 SELECT문에서 'DISTINCT'를 입력하면 같은 레코드는 검색 시 한 번만 표시됩니다. 즉 중복이 제거됩니다. 단순히 'DISTINCT'의 의미를 묻는 문제가 종종 출제되니 이 문제를 통해 확실히 기억해 두세요.

23. 데이터베이스 관리 시스템(DBMS)의 필수 기능에 해당되지 않는 것은?

① 연산 기능　　　　② 제어 기능
③ 조작 기능　　　　④ 정의 기능

> 전문가의 조언 DBMS의 필수 기능에는 정의 기능, 조작 기능, 제어 기능이 있습니다. 자주 출제되는 문제입니다. 데이터베이스 관리 시스템(DBMS)의 필수 기능하면 '정ㆍ조ㆍ제'라는 것을 기억하고, **핵심 033**을 참고하여 각각의 기능에 대해서도 알아두세요.

24. 윈도우용 프레젠테이션에서 프레젠테이션의 흐름을 기획한 것을 무엇이라고 하는가?

① 개요　　　　② 개체
③ 슬라이드　　　　④ 시나리오

> 전문가의 조언 프레젠테이션의 흐름을 기획한 것을 시나리오라고 합니다. 프레젠테이션의 구성 요소를 묻는 문제가 자주 출제됩니다. **핵심 048**을 참고하여 각 구성 요소의 의미를 명확히 숙지하세요.

25. 스프레드시트의 주요 기능과 거리가 먼 것은?

① 탁상출판(DTP) 기능
② 문서 작성 기능
③ 차트 작성 기능
④ 자동 계산 기능

> 전문가의 조언 스프레드시트 프로그램을 이용하여 간단한 문서는 작성할 수 있지만 탁상출판(DTP)과 같은 전문적인 문서는 작성할 수 없습니다. 스프레드시트의 기능과 용도를 묻는 문제가 자주 출제되니 **핵심 044**를 참고하여 확실히 기억하고 넘어가세요.

정답 19. ③　20. ④　21. ②　22. ④　23. ①　24. ④　25. ①

26. 다음 중 프레젠테이션을 사용하기에 적합하지 않은 것은?

① 과제 발표
② 강의 자료
③ 상품 선전
④ 독후감 쓰기

> **전문가의 조언** 프레젠테이션은 각종 그림이나 도표, 그래프 등을 이용하여 많은 사람에게 효과적으로 의사를 전달할 때 사용되는 응용 프로그램으로, 강연회나 세미나, 연구 발표, 제품 설명 등에 사용됩니다. 독후감 쓰기는 워드프로세서 프로그램(한글, MS워드, 훈민정음 등)을 이용하는 것이 효율적입니다. 단순히 프레젠테이션의 용도를 묻는 문제가 자주 출제됩니다. 이 문제를 통해 프레젠테이션의 용도를 꼭 기억해 두세요.

27. 테이블을 제거할 때 사용하는 SQL 명령어는?

① DELETE
② DROP
③ VIEW
④ ALTER

> **전문가의 조언** 테이블을 제거할 때 사용하는 SQL 명령어는 DROP입니다. 'DROP'은 '테이블 삭제', 'DELETE'는 '레코드 삭제'라는 것을 혼동되지 않도록 확실히 기억해 두세요.

28. 다음의 데이터베이스 설계 항목들을 순서대로 옳게 나열한 것은?

> ㉮ 요구 조건 분석
> ㉯ 물리적 설계
> ㉰ 논리적 설계
> ㉱ 개념적 설계
> ㉲ 구현

① ㉮ → ㉯ → ㉰ → ㉱ → ㉲
② ㉮ → ㉯ → ㉱ → ㉰ → ㉲
③ ㉮ → ㉱ → ㉰ → ㉯ → ㉲
④ ㉮ → ㉱ → ㉰ → ㉯ → ㉲

> **전문가의 조언** 데이터베이스 설계 항목들을 순서대로 옳게 나열한 것은 ④번입니다. 문제와 보기가 동일하게 종종 출제되는 문제입니다. 이 문제에서는 데이터베이스 설계 순서만 기억하고 넘어가세요.

29. 3단계 스키마(SCHEMA)의 종류가 아닌 것은?

① 개념 스키마
② 외부 스키마
③ 관계 스키마
④ 내부 스키마

> **전문가의 조언** 스키마의 종류에는 개념 스키마, 외부 스키마, 내부 스키마가 있습니다. 스키마에서는 종류나 각각의 특징을 묻는 문제가 자주 출제되고 있습니다. 스키마의 종류를 암기하고, **핵심 034**를 참고하여 각각의 특징을 정리하고 넘어가세요.

30. SQL에서 데이터 정의어(DDL)에 해당하는 것은?

① UPDATE
② DELETE
③ SELECT
④ CREATE

> **전문가의 조언** CREATE는 데이터 정의어(DDL)이고 나머지는 모두 데이터 제어어(DML)입니다. 중요합니다. **핵심 039**를 참고하여 데이터 정의어(DDL), 데이터 조작어(DML), 데이터 제어어(DCL)에 해당하는 명령어를 구분할 수 있도록 정리하고 넘어가세요.

31. 도스(MS-DOS)에서 파일의 이름을 알파벳순으로 표시하는 명령어는?

① DIR/ON
② DIR/OS
③ DIR/OA
④ DIR/OD

> **전문가의 조언** 파일 이름을 알파벳순으로 표시한다는 것은 파일 이름을 기준으로 정렬하여 표시한다는 것으로, 정렬을 위한 옵션 'O'와 파일 이름순으로 정렬하기 위한 'N(Name)' 옵션을 이용하여 'DIR/ON'으로 명령어를 지정하면 됩니다. 자주 출제되는 내용입니다. **핵심 063**을 참고하여 DIR 명령의 기능과 함께 세부 옵션을 확실히 기억해 두세요.

32. 윈도우에서 제어판에 있는 디스플레이 항목의 기능이 아닌 것은?

① 해상도 지정
② 배경 화면 변경
③ 화면 보호 기능
④ 마우스 포인터의 모양 변경

> **전문가의 조언** 마우스 포인터의 모양은 제어판의 [마우스] 항목에서 변경할 수 있습니다. 제어판 구성 요소들에 대한 기능을 묻는 문제가 자주 출제되니 **핵심 075**를 참고하여 주요 항목의 기능을 정확히 숙지해 두세요.

33. 윈도우의 탐색기에서 파일이나 폴더를 바탕 화면에 단축 아이콘으로 만들 때 마우스와 함께 사용하는 단축키는?

① Alt + Shift
② Ctrl + Alt
③ Alt + Tab
④ Ctrl + Shift

34. Which of the following program is not Language Translator?

① Compiler
② Assembler
③ Interpreter
④ Loader

35. 윈도우의 탐색기에서 파일이나 폴더를 같은 드라이브로 이동 및 선택하는 방법으로 틀린 것은?

① 비연속적인 여러 개의 파일이나 폴더를 선택할 경우 Shift 단축키를 사용한다.
② 마우스의 오른쪽 단추를 누른 후 드래그 앤 드롭을 이용하여 이동한다.
③ 마우스의 왼쪽 단추로 드래그 앤 드롭을 이용하여 이동한다.
④ 이동할 파일이나 폴더의 전체 항목을 선택하는 단축키는 Ctrl+A이다.

36. UNIX에서 현재 작업중인 프로세스의 상태를 알아볼 때 사용하는 명령어는?

① ls
② chmod
③ kill
④ ps

37. 다음이 설명하고 있는 것은?

컴퓨터 시스템을 구성하고 있는 하드웨어 장치와 일반 컴퓨터 사용자 또는 컴퓨터에서 실행되는 응용 프로그램의 중간에 위치하여 사용자들이 보다 쉽고 간편하게 컴퓨터 시스템을 이용할 수 있도록 제어 관리하는 프로그램

① 컴파일러
② 운영체제
③ 스풀러
④ 매크로

38. 다음은 컴퓨터에서 프로그램 언어의 처리 과정을 나타내고 있다. ( ) 안에 들어갈 과정을 차례로 나열한 것은?

컴파일러 → ( ) → ( ) → 실행

① 링킹(Linking) → 로딩(Loading)
② 로딩(Loading) → 링킹(Linking)
③ 링킹(Linking) → 어셈블링(Assembling)
④ 어셈블링(Assembling) → 링킹(Linking)

39. 운영체제를 구성하는 프로그램 중 처리 프로그램에 해당하는 것은?

① 감독 프로그램(Supervisor Program)
② 작업 관리 프로그램(Job Management Program)
③ 언어 번역 프로그램(Language Translator Program)
④ 데이터 관리 프로그램(Data Management Program)

전문가의 조언 언어 번역 프로그램은 처리 프로그램이고, 나머지는 제어 프로그램에 해당합니다. 자주 출제되는 문제입니다. 제어 프로그램과 처리 프로그램에 해당하는 프로그램을 구별할 수 있도록 핵심 050을 참고하여 확실히 정리하세요.

40. UNIX에서 사용할 수 있는 편집기가 아닌 것은?

① ed
② vi
③ ex
④ et

전문가의 조언 UNIX 시스템이 제공하는 편집기에는 vi, ed, ex, emacs, pico, joe 등이 있습니다. UNIX 시스템의 편집기에 대한 문제가 가끔 출제됩니다. UNIX 시스템이 기본적으로 제공하는 문서 편집기에는 무엇이 있는지 기억해 두세요.

41. 도스(MS-DOS)에서 숨겨진 파일의 속성을 지정하는 명령은?

① ATTRIB +R
② ATTRIB +A
③ ATTRIB +S
④ ATTRIB +H

전문가의 조언 도스(MS-DOS)에서 숨겨진 파일의 속성을 지정하는 명령은 'ATTRIB +H'입니다. 자주 출제되는 문제입니다. 속성을 지정할 때는 +, 해제할 때는 -를 사용한다는 것을 중심으로 핵심 063을 참고하여 ATTRIB의 옵션을 확실히 숙지하세요.

42. 도스(MS-DOS)에서 "CONFIG.SYS" 파일에 "LASTDRIVE=D"의 설정이 의미하는 것은?

① 드라이브 용량을 의미한다.
② 드라이브 모양을 의미한다.
③ 드라이브 속도를 의미한다.
④ 드라이브 개수를 의미한다.

전문가의 조언 CONFIG.SYS 파일에서 사용되는 환경 설정 명령 중 LASTDRIVE는 드라이브의 최대 개수를 지정합니다. 'LASTDRIVE=D'와 같이 지정하면 D 드라이브 이상은 인식할 수 없으므로 드라이브의 최대 개수는 4(A, B, C, D)개가 됩니다. 가끔 출제되는 문제입니다. 핵심 059를 참고하여 LASTDRIVE, FILES, BREAK 등을 중심으로 CONFIG.SYS 파일에서 사용하는 주요 환경 설정 명령어들의 기능을 간단히 정리하세요.

43. 윈도우에서 텍스트 형식의 파일만 지원하며 간단한 문서를 작성하거나 편집할 수 있는 보조프로그램은?

① 메모장
② 그림판
③ 워드패드
④ 한글

전문가의 조언 윈도우에서 텍스트 형식의 파일만 지원하며 간단한 문서를 작성하거나 편집할 수 있는 보조프로그램은 메모장입니다. 자주 출제되는 내용은 아닙니다. 핵심 076을 참고하여 메모장의 특징을 가볍게 읽어보고 넘어가세요.

44. 스풀링(Spooling)에 대한 설명으로 틀린 것은?

① 프로세서와 입/출력장치와의 속도 차이를 해결하여 시스템의 효율을 높이는 방법이다.
② 스풀링의 방법은 출력장치로 직접 보내는 것이다.
③ 출력 시 출력할 데이터를 만날 때마다 디스크로 보내 저장시키는 것이다.
④ 프로그램 실행과 속도가 느린 입/출력을 이원화한다.

전문가의 조언 스풀링은 인쇄할 내용을 출력장치로 직접 보내는 것이 아니라 먼저 하드디스크에 저장한 후 CPU의 여유 시간에 틈틈이 인쇄하는 방법입니다. 스풀링의 개념은 중요합니다. 문제를 통해 꼭 숙지해 두세요.

45. 윈도우의 디스크 검사를 통해서 확인할 수 없는 결과는?

① 총 디스크 공간
② 사용할 수 있는 할당 단위 수
③ 숨겨진 파일의 수
④ 불량 섹터에 저장된 파일의 종류

디스크 검사 결과 창에서 확인 가능한 정보에는 전체 디스크 공간, 불량 섹터, 폴더 수, 숨겨진 파일 용량과 파일 수, 사용자 파일 수, 사용할 수 있는 공간, 각 할당/전체 할당 단위, 사용할 수 있는 할당 단위 수 등이 있습니다. 자주 출제되는 내용은 아닙니다. 디스크 검사 결과 창에서 확인할 수 없는 것을 가려낼 수 있을 정도로만 내용을 파악해 두세요.

46. 다음 문장의 "This system"이 의미하는 것은?

This system was developed in which users could interface directly with the computer through terminals. Programs in the system are given a limited amount of CPU time called a time-slice.

① Time Sharing System
② Multi Processing System
③ Batch System
④ Single User System

전문가의 조언 시분할 시스템(Time Sharing System)은 여러 사용자들이 터미널들을 통해 직접적으로 컴퓨터에 연결된 시스템으로, 이 시스템에서 프로그램들은 'Time-Slice'라고 불리는 제한된 시간을 제공받습니다. 가끔 출제되는 내용입니다. 이 문제에서는 시분할 시스템의 개념과 그에 대한 영문 표현을 익혀 두세요.

47. 윈도우에서 사용되는 용어에 대한 설명으로 옳지 않은 것은?

① 드래그(Drag) : 메뉴를 통하여 이용할 수 있는 기능을 2개 이상의 키를 눌러서 실행시킬 수 있게 한 키의 조합
② 폴더(Folder) : 도스의 디렉토리와 같은 개념
③ 단축 메뉴 : 마우스의 오른쪽 버튼을 눌렀을 경우 나타나는 메뉴
④ 클릭(Click) : 마우스의 버튼을 한 번 누르는 동작

전문가의 조언 드래그(Drag)는 마우스의 사용 방법 중 하나로서, 마우스의 버튼을 누른 상태에서 마우스를 끌고 다니는 것을 의미합니다. ①번의 내용은 바로 가기 키(단축키)에 대한 설명입니다.

48. UNIX 명령어 중 DOS의 DIR과 같은 역할을 하는 것은?

① ls　　　　② cd
③ pwd　　　④ cp

전문가의 조언 DOS의 DIR은 현재 작업중인 디렉터리의 모든 파일을 표시하는 명령으로 UNIX에서는 ls 명령이 동일한 기능을 수행합니다. cd는 작업 디렉터리 변경, pwd는 디렉터리 경로 표시, cp는 파일 복사에 사용합니다. 자주 출제되는 내용입니다. 핵심 082를 참고하여 디렉터리 관련 명령어들의 기능을 확실히 숙지하세요.

49. 새로운 서브 디렉터리를 만드는 DOS 명령어는?

① COPY　　② DEL
③ MD　　　④ DIR

전문가의 조언 새로운 서브 디렉터리를 만드는 DOS 명령어는 MD입니다. DOS 명령어들의 기능을 묻는 문제가 자주 출제되고 있습니다. 보기에 나온 명령어들도 시험에 자주 출제되니 핵심 061과 062를 참고하여 각각의 기능을 기억해 두세요.

50. UNIX에서 CPU, 메모리, 하드디스크 등의 하드웨어를 관리하여 스케줄링, 기억장치 관리, 파일 관리, 시스템 호출 인터페이스 등의 기능을 제공하는 것은?

① 커널(Kernel)　　② 쉘(Shell)
③ 유틸리티(Utility)　④ 코어(Core)

전문가의 조언 문제에 제시된 내용은 커널(Kernel)에 대한 설명입니다. UNIX 시스템 중 커널과 쉘의 기능을 묻는 문제가 자주 출제됩니다. 핵심 080을 참고하여 각각의 기능과 차이점을 확실히 파악해 두세요.

51. 일정 양의 자료를 모은 후에 처리하는 방법을 무엇이라 하는가?

① 원격 처리(Teleprocessing)
② 실시간 처리(Real Time Processing)
③ 일괄 처리(Batch Processing)
④ 온-라인 처리(On-Line Processing)

전문가의 조언 일정 양의 자료를 모은 후에 처리하는 방법을 일괄 처리(Batch Processing)라고 합니다. 종종 출제되는 내용입니다. 핵심 087을 참고하여 정보 통신 시스템의 처리 형태별 특징을 구분할 수 있도록 정리하고 넘어가세요.

정답 46. ①　47. ①　48. ①　49. ③　50. ①　51. ③

52. 다음 중 오류 검출 및 정정이 가능한 코드는?

① 그레이 코드　　　　② 해밍 코드
③ 아스키 코드　　　　④ BCD 코드

오류 검출 및 정정이 가능한 코드는 해밍 코드입니다. 해밍 코드의 개념을 묻는 문제가 종종 출제됩니다. 오류 정정이 가능한 코드하면 해밍 코드를 바로 떠올릴 수 있도록 기억해 두세요.

53. 단말기에서 메시지(Message) 출력 중 동시에 호스트 컴퓨터로부터 입력 신호를 받아들일 수 있는 방식은?

① 전이중 방식　　　　② 반이중 방식
③ 단향 방식　　　　　④ 우회 방식

출력과 입력 신호를 동시에 송·수신 할 수 있는 방식은 전이중 방식입니다. 종종 출제되는 내용인데, 내용이 어렵지 않으니 **핵심 090**을 참고하여 각각의 특징을 사용 예와 함께 기억해 두세요.

54. 데이터 통신에서 회선 접촉 불량에 의해서 주로 생기는 것은?

① 위상 왜곡(Phase Distortion)
② 충격성 잡음(Impulse Noise)
③ 열 잡음(Thermal Noise)
④ 비선형 왜곡(Nonlinear Distortion)

회선 접촉 불량에 의해서 주로 생기는 잡음은 충격성 잡음입니다. 이 문제와 같이 충격성 잡음의 발생 원인을 묻는 문제가 종종 출제됩니다. 충격성 잡음의 발생 원인을 확실히 파악하고, **핵심 095**를 참고하여 나머지 오류 발생 원인에 대해서도 간단히 알아두세요.

55. 다음 통신 회선 중 가장 큰 대역폭을 갖는 것은?

① 폼스킨 케이블　　　　② UTP 케이블
③ 광섬유 케이블　　　　④ 동축 케이블

보기 중 가장 큰 대역폭을 갖는 것은 광섬유 케이블입니다. 광섬유 케이블의 특징을 묻는 문제는 자주 출제되니 **핵심 088**을 참고하여 확실히 파악해 두세요.

56. OSI 7계층 참조 모델에서 코드 변환, 암호화, 해독 등을 주로 담당하는 계층은?

① 응용 계층
② 표현 계층
③ 세션 계층
④ 트랜스포트 계층

문제에 제시된 내용은 표현 계층의 특징입니다. OSI 7계층과 관련된 문제는 주로 계층의 순서와 계층별 특징을 묻는 문제가 출제됩니다. **핵심 104**를 참고하여 OSI 7계층을 순서대로 기억하되, 하위 계층과 상위 계층으로 구분해서 기억하고 각 계층별 특징은 대표적인 특징 위주로 정리하고 넘어가세요.

57. Multi-Drop 방식의 설명이 아닌 것은?

① 변복조기의 사용 대수를 줄일 수 있다.
② 주로 비교환 회선(전용 회선)을 이용한다.
③ 중앙의 컴퓨터와 여러 개의 터미널이 독립적인 회선을 이용하여 일대일로 연결된다.
④ 회선의 이용 효율을 높이기 위한 방식이다.

③번의 내용은 회선 구성 방식 중 포인트 투 포인트(Point to Point) 방식에 대한 설명입니다. 자주 출제되는 문제는 아닙니다. 나머지 보기로 제시된 멀티 드롭(Multi-Drop) 방식의 특징만 한 번 더 읽어보고 넘어가세요.

58. LAN의 망 구성 형태로 적합하지 않은 것은?

① 스타형　　　　② 링형
③ 버스형　　　　④ 그물형

LAN은 망의 구성 형태에 따라 성(스타)형, 버스형, 링형, 계층형(트리형)으로 구분됩니다. LAN의 망 구성 형태보다는 주로 LAN의 특징을 묻는 문제가 자주 출제됩니다. **핵심 108**을 참고하여 LAN은 제한된 지역 내에 설치된 통신망으로 경로 선택이 필요 없다는 것에 초점을 맞춰 특징을 정리하세요.

59. 정보통신기기에 이용되는 휴즈(Fuse)의 역할을 가장 적절하게 표현한 것은?

① 충격으로부터 기기를 보호해 준다.
② 전자파로부터 이용자를 보호해 준다.
③ 강전류로부터 기기를 보호해 준다.
④ 유도잡음을 제거해 준다.

> **전문가의 조언** 휴즈(Fuse)는 전기회로에 강전류가 흐르는 것을 방지하여 기기를 보호해주는 장치로, 전류가 강하면 휴즈가 녹아서 끊어지게 되어 있습니다. 자주 출제되는 문제는 아닙니다. 휴즈(Fuse)의 용도만 기억하고 넘어가세요.

60. 비디오 데이터의 압축 및 복원과 관련이 깊은 것은?

① 모뎀(MODEM)
② 코덱(CODEC)
③ 브리지(Bridge)
④ 멀티플렉스(Multiplexer)

> **전문가의 조언** 코덱(CODEC)은 압축(COmpress)을 하거나 압축을 해제(DECompress)하는 데 사용되는 모든 기술을 통칭하는 말입니다. 이 문제에서는 코덱의 개념만 기억하고 넘어가세요.

1. 현재 수행 중에 있는 명령어 코드(Code)를 저장하고 있는 임시 저장 장치는?

① 인덱스(Index Register)
② 명령 레지스터(Instruction Register)
③ 누산기(Accumulator)
④ 메모리 레지스터(Memory Register)

> **전문가의 조언** 현재 수행 중에 있는 명령어 코드(Code)를 저장하고 있는 것은 명령 레지스터(Instruction Register)입니다. 레지스터들의 기능을 묻는 문제가 자주 출제됩니다. **핵심 003**을 참고하여 주요 레지스터들의 기능을 명확히 파악해 두세요.

2. 다음 중 RISC(Reduced Instruction Set Computer)의 설명으로 옳은 것은?

① 메모리에 대한 액세스는 LOAD와 STORE만으로 한정되어 있다.
② 명령어마다 다른 수행 사이클을 가지므로 파이프라이닝이 효율적이다.
③ 마이크로 코드에 의해 해석 후 명령어를 수행한다.
④ 주소지정방식이 다양하게 존재한다.

> **전문가의 조언** RISC에 대한 설명으로 옳은 것은 ①번입니다.
> ② 모든 명령어가 하나의 사이클을 가지므로 파이프라이닝이 효율적입니다.
> ③ 마이크로 코드에 의해 해석 후 명령어를 수행하는 것은 CISC입니다.
> ④ RISC 방식은 CISC 방식에 비해 주소지정방식이 다양하지 않습니다.
> CISC와 RISC의 차이점을 묻는 문제가 종종 출제되고 있습니다. CISC와 RISC는 마이크로프로세서(MPU)의 종류라는 것을 염두에 두고 **핵심 002**를 참고하여 두 프로세서의 차이점을 파악해 두세요.

3. 클록 펄스에 의해서 기억된 내용을 한 자리씩 우측이나 좌측으로 이동시키는 레지스터는?

① 시프트 레지스터　　② 범용 레지스터
③ 베이스 레지스터　　④ 인덱스 레지스터

> **전문가의 조언** 시프트(Shift)는 '이동하다, 옮기다'라는 뜻으로 시프트 레지스터는 저장된 값을 왼쪽 또는 오른쪽으로 1Bit씩 자리를 이동시킬 때 사용하는 레지스터입니다. 레지스터와 관련된 문제가 또 나왔네요. **핵심 003**을 다시 한 번 공부하세요.

4. 명령어 형식(Instruction Format)에서 첫 번째 바이트에 기억되는 것은?

① Operand　　　　② Length
③ Question Mark　　④ OP Code

> **전문가의 조언** 명령어는 연산자(OP Code)부와 주소(Operand)부 순으로 구성되어 있으며, 첫 번째 바이트에 연산자(OP Code)가 기억됩니다. 이 문제에서는 명령어는 연산자(OP Code)부와 주소(Operand)부로 구성된다는 것만 기억해 두세요.

5. 다음에 실행할 명령어의 번지를 기억하는 레지스터는?

① Program Counter
② Memory Address Register
③ Instruction Register
④ Processor Register

> **전문가의 조언** 다음에 실행할 명령어의 번지를 기억하는 레지스터는 프로그램 카운터(Program Counter)입니다. 이번 문제도 레지스터에 대한 문제네요. 레지스터들의 기능을 확실히 숙지했다면 다음으로 넘어가세요.

6. 8 비트짜리 레지스터 A와 B에 각각 "11010101"과 "11110000"이 들어 있다. 레지스터 A의 내용이 "00100101"로 바뀌었다면 두 레지스터 A, B 사이에 수행된 논리연산은?

① Exclusive-OR 연산
② AND 연산
③ OR 연산
④ NOR 연산

> **전문가의 조언** 두 수가 같을 때는 0이 출력되고 다를 때는 1이 출력된 것으로 보아 XOR 연산임을 알 수 있습니다.
> ```
>      11010101
> XOR  11110000
>      00100101
> ```
> 이 문제에서는 입력값이 모두 같으면 0, 입력값이 하나라도 다르면 1을 출력하는 XOR 연산의 기능만 알아두세요.

정답 1. ②　2. ①　3. ①　4. ④　5. ①　6. ①

7. 2진수 (1010 1010 1010)₂을 10진수로 변환하면?

① $(2730)_{10}$
② $(2630)_{10}$
③ $(2740)_{10}$
④ $(2640)_{10}$

전문가의 조언 2진수를 10진수로 변환하려면 2진수의 각 자리를 분리하여 각각의 자릿값과 자리의 지수 승을 곱한 결과값을 모두 더하면 됩니다.
$101010101010 = 1 \times 2^{11} + 0 \times 2^{10} + 1 \times 2^{9} + 0 \times 2^{8} + 1 \times 2^{7} + 0 \times 2^{6} + 1 \times 2^{5} + 0 \times 2^{4} + 1 \times 2^{3} + 0 \times 2^{2} + 1 \times 2^{1} + 0 \times 2^{0}$
$= 2048 + 0 + 512 + 0 + 128 + 0 + 32 + 0 + 8 + 0 + 2 + 0$
$= 2730$
진법 변환은 매회 한 문제씩 빠지지 않고 출제되고 있습니다. 10진수, 2진수, 8진수, 16진수를 상호 변환할 수 있어야 합니다. 이 문제에서는 2진수를 10진수로 변환하는 방법을 확실히 파악하고 넘어가세요.

8. 다음 진리표에 대한 논리식으로 올바른 것은?

A	B	Y
0	0	1
0	1	0
1	0	0
1	1	0

① $Y = A \cdot B$
② $Y = \overline{A \cdot B}$
③ $Y = A + B$
④ $Y = \overline{A + B}$

전문가의 조언 입력되는 값이 모두 0일 때만 1이 출력되는 논리식은 $Y = \overline{A+B}$입니다. 각 논리식에 입력값을 대입하면 다음과 같습니다.

A(입력)	B(입력)	Y(출력)	$A \cdot B$(①)	$\overline{A \cdot B}$(②)	$A+B$(③)	$\overline{A+B}$(④)
0	0	1	0	1	0	1
0	1	0	0	1	1	0
1	0	0	0	1	1	0
1	1	0	1	0	1	0

진리표에 해당하는 논리식을 구하는 문제는 위와 같이 입력 값을 각 논리식에 대입해 보면 쉽게 정답을 찾을 수 있습니다. 알아두세요.

9. 0-주소 명령의 연산 시 사용하는 자료 구조로 적당한 것은?

① Stack
② Graph
③ Queue
④ Deque

전문가의 조언 0-주소 명령의 연산 시 사용하는 자료 구조는 스택(Stack)입니다. 명령어 형식에서 가장 많이 출제되는 부분이 0-주소 명령어입니다. 0-주소 명령어는 주소 부분이 없어 스택 구조를 사용한다는 것을 꼭 기억해 두세요. 그리고 핵심 023을 참고하여 나머지 명령어 형식에 대해서는 서로 구분할 수 있을 정도로만 각각의 특징을 알아두세요.

10. 8개의 bit로 표현 가능한 정보의 최대 가지수는?

① 255
② 256
③ 257
④ 258

전문가의 조언 8Bit는 2^{8}, 즉 256가지의 정보를 표현할 수 있습니다. 이 문제에서는 비트 수를 이용해 표현할 수 있는 정보의 개수를 알아두고 넘어가세요.

11. 연관 기억장치의 구성 요소에 해당하지 않는 것은?

① 검색 자료 레지스터
② 일치 지시기
③ 마스크 레지스터
④ 인덱스 레지스터

전문가의 조언 연관 기억장치는 주소를 참고하여 데이터를 읽어오는 방식이 아니라 저장된 내용의 일부를 이용하여 기억장치에 접근하여 데이터를 읽어오는 기억장치로, 검색 자료(데이터) 레지스터, 키(마스크) 레지스터, 매치 레지스터(일치 지시기)로 구성되어 있습니다. 이 문제에서는 연관 기억장치의 개념만 기억해 두세요.

12. 다음과 같은 계산에 의해 주소를 지정하는 방식은?

유효번지 = 프로그램 카운터(PC) + 주소 부분(Operand)

① 색인 주소지정
② 상대 주소지정
③ 베이스 주소지정
④ 절대 주소지정

전문가의 조언 문제의 지문은 상대 주소지정에 대한 내용입니다. 문제와 보기가 동일하게 출제된 적이 있는 문제입니다. 베이스 주소지정방식은 베이스 레지스터를 이용하고, 인덱스(색인) 주소지정방식은 인덱스 레지스터를 이용하지만 상대 주소지정방식은 상대 레지스터가 아니라 프로그램 카운터를 이용한다는 것을 기억해 두세요.

13. 다음 중 기억장치로부터 읽혀지거나 기록할 자료를 임시로 보관하는 Register는?

① PC(Program Counter)
② IR(Instruction Register)
③ MAR(Memory Address Register)
④ MBR(Memory Buffer Register)

전문가의 조언 기억장치로부터 읽혀지거나 기록할 자료를 임시로 보관하는 Register는 MBR(Memory Buffer Register)입니다. 이번 문제도 레지스터에 대한 문제네요. 아직도 확실히 숙지하지 못했다면 **핵심 003**을 다시 한 번 공부하세요.

14. PC 내에서 데이터를 이동하는데 사용하는 버스(Bus)의 종류로 옳지 않은 것은?

① 내부 버스
② 데이터 버스
③ 어드레스 버스
④ 제어 버스

전문가의 조언 내부 버스의 종류에는 제어 버스, 주소 버스, 데이터 버스가 있습니다. 자주 출제되는 내용은 아닙니다. 내부 버스의 종류에는 제어 버스, 주소 버스, 데이터 버스가 있다는 것과, 버스는 컴퓨터에서 데이터를 주고받는 통로라는 것만 기억해 두세요.

15. ALU의 구성 요소가 아닌 것은?

① 가산기
② 누산기
③ 상태 레지스터
④ 명령 레지스터

전문가의 조언 ALU는 산술논리연산장치를 말하는 것이고, 명령 레지스터(IR)는 제어장치의 구성 요소입니다. 자주 출제되는 내용입니다. **핵심 002**를 참고하여 제어장치와 연산장치의 구성 요소를 파악해 두세요.

16. 다음 논리회로에서 출력 f의 값은?

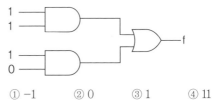

① −1
② 0
③ 1
④ 11

전문가의 조언 입력되는 값을 게이트 순서대로 대입하여 출력값을 구하면 됩니다.

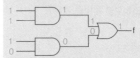

논리 회로의 출력값을 묻는 문제는 매회 출제됩니다. 기본적인 논리 게이트의 기능을 이해하고 있으면 어렵지 않게 풀 수 있으니 문제에 사용된 논리 게이트들의 기능을 확실히 기억해 두세요.

17. 명령어의 구성이 연산자부가 3bit, 주소부는 5bit로 되어있을 때, 이 명령어를 사용하는 컴퓨터는 최대 몇 가지의 동작이 가능한가?

① 256
② 16
③ 8
④ 32

전문가의 조언 컴퓨터의 최대 동작, 즉 사용 가능한 명령어의 개수를 묻는 문제입니다. 명령어의 개수는 연산자부의 비트수와 관련이 있습니다. 연산자부가 3비트이므로 $2^3 = 8$개의 명령어를 사용할 수 있습니다. 자주 출제되는 내용입니다. **핵심 020**을 참고하여 사용 가능한 명령어의 개수를 계산하는 방법, 명령어의 구성, 연산자부와 자료부의 기능을 모두 알아두세요.

18. 산술 및 논리 연산의 결과를 일시적으로 기억하는 것은?

① 가산기
② 누산기
③ 보수기
④ 감산기

전문가의 조언 산술 및 논리 연산의 결과를 일시적으로 기억하는 것은 누산기(Accumulator)입니다. 레지스터에 대한 문제는 자주 출제된다고 했죠? 이 문제를 틀렸다면 **핵심 002**를 다시 한 번 공부하세요.

19. 다음과 같이 2개의 자료가 입력되었을 때, ALU에서 OR 연산이 이뤄지면 출력값은?

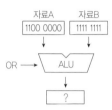

① 0000 0000
② 1111 1111
③ 1100 0000
④ 0011 1111

전문가의 조언 OR 연산은 입력 값이 하나라도 1이면 1을 출력합니다.

```
    자료A 1 1 0 0 0 0 0 0
OR  자료B 1 1 1 1 1 1 1 1
    ─────────────────────
          1 1 1 1 1 1 1 1
```

주요 연산의 특징을 묻는 문제가 종종 출제되니 **핵심 022**를 참고하여 확실히 정리하고 넘어가세요.

20. 주소 부분에 있는 값이 실제 데이터가 있는 실제 기억장치 내의 주소를 나타내며, 단순한 변수 등을 액세스 하는 데 사용되는 주소지정 방식은?

① 상대주소(Relative Address)
② 절대주소(Absolute Address)
③ 간접주소(Indirect Address)
④ 직접주소(Direct Address)

전문가의 조언 주소 부분에 있는 값이 실제 데이터가 있는 실제 기억장치 내의 주소를 나타내는 주소지정방식은 직접주소(Direct Address)입니다. 주소지정방식의 특징을 묻는 문제가 자주 출제된다고 했죠? 아직 확실히 숙지하지 않았으면 **핵심 024**를 다시 한 번 공부하세요.

21. DBMS의 필수 기능 중 다음 설명에 해당하는 것은?

데이터의 정확성과 보안성을 유지하기 위한 무결성, 보안 및 권한 검사, 병행 제어 등의 기능을 정의

① 정의 기능
② 제어 기능
③ 조작 기능
④ 관리 기능

전문가의 조언 DBMS의 필수 기능 중 지문에 제시된 내용은 제어 기능에 대한 설명입니다. 단순히 DBMS의 필수 기능 3가지를 묻는 문제도 자주 출제됩니다. 데이터베이스 관리 시스템(DBMS)의 필수 기능하면 '정·조·제'라는 것을 기억하고, **핵심 033**을 참고하여 각각의 기능을 파악해 두세요.

22. 프리젠테이션을 구성하는 내용을 하나의 화면 단위로 나타낸 것은?

① 셀
② 슬라이드
③ 시나리오
④ 매크로

전문가의 조언 프레젠테이션을 구성하는 내용을 하나의 화면 단위로 나타낸 것은 슬라이드입니다. 프레젠테이션의 개념이나 용도를 묻는 문제가 가끔 출제되고 있습니다. **핵심 048**을 참고하여 정리하고 넘어가세요.

23. SQL에서 데이터베이스에 대한 일련의 처리를 하나로 모은 작업 단위로 관리할 수 있는데, 이 작업 단위는?

① 페이지(Page)
② 디스패치(Dispatch)
③ 세그먼테이션(Segmentation)
④ 트랜잭션(Transaction)

전문가의 조언 문제에 제시된 내용은 트랜잭션의 의미입니다. 문제와 보기가 동일하게 몇 번 출제된 적이 있는 문제입니다. 이 문제에서는 트랜잭션의 의미만 기억하고 넘어가세요.

24. 3단계 스키마(SCHEMA)의 종류에 해당하지 않는 것은?

① 개념 스키마(Conceptual Schema)
② 외부 스키마(External Schema)
③ 관계 스키마(Relational Schema)
④ 내부 스키마(Internal Schema)

25. 데이터베이스 시스템의 모든 관리와 운영에 대한 책임을 지고 있는 사람을 의미하는 것은?

① DBA　　　　　　② ATTRIBUTE
③ SCHEMA　　　　④ ENTITY

26. 데이터 정의어(DDL)에 해당하는 SQL 명령은?

① UPDATE　　　　② CREATE
③ INSERT　　　　 ④ SELECT

27. 다음 SQL 명령문의 의미로 가장 적절한 것은?

> DROP TABLE 학과 CASCADE;

① 학과 테이블을 제거하시오.
② 학과 필드를 제거하시오.
③ 학과 테이블과 이 테이블을 참조하는 다른 테이블도 함께 제거하시오.
④ 학과 테이블이 다른 테이블에 의해 참조 중이면 제거하지 마시오.

28. 스프레드시트의 주요 기능과 거리가 먼 것은?

① 자동 계산 기능
② 문서 작성 기능
③ 데이터베이스의 기능
④ 프레젠테이션 기능

29. 고객 테이블의 모든 자료를 검색하는 SQL 문으로 옳은 것은?

① SELECT % FROM 고객;
② SELECT ? FROM 고객;
③ SELECT * FROM 고객;
④ SELECT # FROM 고객;

30. 스프레드시트에서 특정 열과 행이 교차하면서 만들어진 사각형 영역은?

① 레이블
② 매크로
③ 셀
④ 필터

31. 도스(MS-DOS)에서 현재 사용 중이거나 지정한 디스크에 저장된 파일과 디렉터리 목록을 화면에 출력하는 명령은?

① DIR
② PROMPT
③ VER
④ MD

전문가의 조언 도스(MS-DOS)에서 현재 사용 중이거나 지정한 디스크에 저장된 파일과 디렉터리 목록을 화면에 출력하는 명령은 DIR입니다. DOS 명령어의 기능을 묻는 문제가 자주 출제됩니다. **핵심 060**과 **062**를 참고하여 나머지 보기로 제시된 명령어의 기능도 정리하고 넘어가세요.

32. 사용자와 하드웨어 사이에서 중재자 역할을 수행하며, 하드웨어 자원을 관리하고 시스템 및 응용 프로그램의 실행에 도움을 제공하는 것은?

① 컴파일러
② 운영체제
③ 인터프리터
④ 어셈블러

전문가의 조언 문제에 제시된 내용은 운영체제에 대한 설명입니다. 컴파일러, 인터프리터, 어셈블러는 원시 프로그램을 기계어 형태의 목적 프로그램으로 번역하는 언어 번역 프로그램입니다. 운영체제에서는 운영체제의 정의와 목적을 묻는 문제가 자주 출제됩니다. **핵심 049**를 참고하여 확실히 숙지해 두세요.

33. 중앙처리장치와 같이 처리 속도가 빠른 장치와 프린터와 같이 처리 속도가 느린 장치들 간의 처리 속도 문제를 해결하기 위한 방법은?

① 링킹
② 스풀링
③ 매크로 작업
④ 컴파일링

전문가의 조언 문제에 제시된 내용은 스풀링(Spooling)에 대한 설명입니다. 문제와 보기가 동일하게 출제된 적이 있는 문제입니다. 스풀링과 함께 링킹과 컴파일링의 의미도 정리해 두세요.
• 링킹(Linking) : 언어 번역 프로그램이 생성한 목적 프로그램과 라이브러리, 또 다른 실행 프로그램(로드 모듈) 등을 연결하여 실행 가능한 로드 모듈을 만드는 시스템 소프트웨어를 링커(Linker)라고 하며, 링커에 의해 수행되는 작업을 링킹이라고 함
• 컴파일링(Compiling) : 고급 언어로 작성된 프로그램 전체를 목적 프로그램으로 번역하는 것을 컴파일러(Compiler)라고 하며, 컴파일러에 의해 수행되는 작업을 컴파일링이라고 함

34. 도스(MS-DOS)에서 디스크에 저장된 파일을 삭제하는 명령은?

① DEL
② TIME
③ DATE
④ COPY

전문가의 조언 도스(MS-DOS)에서 디스크에 저장된 파일을 삭제하는 명령은 DEL입니다. DOS 명령어의 기능을 묻는 문제가 자주 출제된다고 했죠? 문제가 나올 때마다 해당 명령어의 기능을 정리해 두는 건 잊지 마세요. **핵심 060**과 **063**을 참고하여 나머지 보기로 제시된 명령어의 기능을 정리하고 넘어가세요.

35. 다음 문장의 (   ) 안에 알맞은 내용은?

> (   ) selects from among the processes in memory that are ready to execute, and allocates the CPU to one of them.

① Cycle
② Spooler
③ Buffer
④ Scheduler

전문가의 조언 메모리에서 실행할 준비가 된 프로세스 중 하나를 선택하여 CPU를 할당해주는 것은 스케줄러(Scheduler)입니다. 동일한 형태로 가끔 출제되는 내용입니다. 스케줄러의 키워드 'CPU 할당(allocates the CPU)'을 기억해 두세요.

36. 시분할 처리 시스템을 바르게 설명한 것은?

① 처리할 내용을 일정 기간동안 모았다가 일괄 처리하는 방식
② 데이터가 발생하는 즉시 처리하는 방식
③ 한 시스템을 여러 명의 사용자가 공유하여 동시에 작업을 수행하는 방식
④ 지역적으로 분산된 컴퓨터들을 연결하여 사용하는 방식

전문가의 조언 시분할 시스템(Time Sharing System)은 한 시스템을 여러 명의 사용자가 공유하여 동시에 작업을 수행하는 방식입니다. ①번은 일괄 처리, ②번은 실시간 처리, ④번은 분산 처리에 관한 설명입니다. 운영체제의 운용 방식을 구분하는 문제가 종종 출제됩니다. **핵심 053**을 참고하여 운영체제의 운용 방식을 서로 구분할 수 있도록 정리하세요.

정답 **31.** ① **32.** ② **33.** ② **34.** ① **35.** ④ **36.** ③

37. 도스(MS-DOS) 명령어 중 외부 명령어에 해당하는 것은?

① TYPE   ② COPY
③ FORMAT   ④ DATE

> **전문가의 조언** FORMAT은 외부 명령어, 나머지는 내부 명령어에 해당합니다. 자주 출제되는 내용입니다. DOS 명령어를 내부 명령어와 외부 명령어로 구분할 수 있어야 합니다. **핵심 060**을 참고하여 정리해 두세요.

38. 운영체제의 서비스 프로그램(Service Program) 중 사용자의 편의를 도모하기 위한 프로그램으로 텍스트 에디터, 디버거 등을 포함하고 있는 것은?

① 라이브러리(Library) 프로그램
② 로더(Loader)
③ 유틸리티(Utility) 프로그램
④ 컴파일러(Compiler)

> **전문가의 조언** 문제에 제시된 내용은 유틸리티 프로그램(Utility Program)에 대한 설명입니다. 자주 출제되는 문제는 아니지만 다시 출제된다면 문제와 보기가 동일하게 출제될 확률이 높으니 유틸리티 프로그램의 의미를 확실히 기억해 두세요.

39. UNIX에서 현재 작업 디렉터리 경로를 화면에 출력하는 명령어는?

① pwd   ② cat
③ tar   ④ vi

> **전문가의 조언** UNIX에서 현재 작업 디렉터리 경로를 화면에 출력하는 명령어는 pwd입니다. UNIX 명령어의 기능을 묻는 문제는 자주 출제됩니다. 나머지 명령어의 기능도 꼭 기억해 두세요.
> • cat : 파일의 내용을 화면에 표시함
> • tar : 분할 압축
> • vi : 유닉스에서 제공하는 편집기

40. 윈도우의 휴지통에 대한 설명으로 옳은 것은?

① '휴지통 비우기'를 실행한 후에도 파일을 다시 복구할 수 있는 기능이 있다.
② USB 메모리에 있는 파일이나 네트워크상의 파일도 삭제되면 휴지통에 보관된다.
③ 도스(MS-DOS)에서 삭제 작업을 실행하였을 경우에도 휴지통에서 복구 가능하다.
④ 삭제된 파일이 휴지통에 보관되지 않고 완전히 삭제되도록 할 수도 있다.

> **전문가의 조언** 휴지통에 대한 설명으로 옳은 것은 ④번입니다. 다른 보기가 틀린 이유는 다음과 같습니다.
> ① '휴지통 비우기'를 실행한 후에도 파일을 다시 복구할 수 있는 기능은 없습니다.
> ② USB 메모리에 있는 파일이나 네트워크상의 파일은 삭제되면 휴지통에 보관되지 않습니다.
> ③ 도스(MS-DOS)에서 삭제 작업을 실행하였을 경우에는 휴지통에서 복구할 수 없습니다.
> 휴지통의 특징을 묻는 문제는 자주 출제됩니다. **핵심 074**를 참고하여 휴지통의 특징을 정리하세요.

41. 윈도우에서 새로운 하드웨어를 장착하고 시스템을 가동시키면 자동으로 하드웨어를 인식하고 실행하는 기능은?

① Interrupt 기능
② Auto & play 기능
③ Plug & play 기능
④ Auto & plug 기능

> **전문가의 조언** 윈도우에서 새로운 하드웨어를 장착하고 시스템을 가동시키면 자동으로 하드웨어를 인식하고 실행하는 기능은 플러그 앤 플레이(Plug & play)입니다. Windows의 특징을 묻는 문제가 자주 출제됩니다. **핵심 064**를 참고하여 선점형 멀티태스킹, 플러그 앤 플레이, OLE 등을 중심으로 주요 기능을 파악해 두세요.

42. 윈도우용의 다른 응용 프로그램에서 그림의 전체나 일부분을 잘라 엑셀에 삽입하려고 한다. 이때 임시 장소로 사용되는 장소를 무엇이라고 하는가?

① 클립보드(Clipboard)
② 스풀링(Spooling)
③ 캐시 메모리(Cache Memory)
④ 가상 메모리(Virtual Memory)

43. 다음 (   ) 안에 들어갈 알맞은 용어는?

The (   ) algorithm replaces the resident page that has spent the longest time in memory. Whenever a page is to be evicted, the oldest page is identified and removed from main memory.

① FIFO
② LRU
③ OPT
④ NRU

44. DOS 명령어 중 텍스트 파일의 내용을 출력하는 명령은?

① VER
② TYPE
③ CAT
④ LABEL

45. 다음 중 온라인 실시간 시스템의 조회 방식에 가장 적합한 업무는?

① 객관식 채점 업무
② 좌석 예약 업무
③ 봉급 계산 업무
④ 성적 처리 업무

46. 운영체제의 스케줄링 기법 중 선점(Preemptive) 스케줄링에 해당하는 것은?

① SRT
② SJF
③ FIFO
④ HRN

47. 다음이 설명하고 있는 UNIX 파일 시스템의 구조에 해당하는 것은?

UNIX 시스템에서 파일 및 디렉터리를 관리하기 위해 사용되는 자료 구조이며, 각 파일이나 디렉터리에 대한 모든 정보를 지정하고 있다.

① 부트 블록
② 슈퍼 블록
③ I-node
④ 데이터 블록

부트 블록	부팅 시 필요한 코드를 저장하고 있는 블록
슈퍼 블록	전체 파일 시스템에 대한 정보를 저장하고 있는 블록
I-node 블록 (Index-node)	• UNIX에서 파일 및 디렉터리를 관리하기 위해 사용되는 자료 구조 • 각 파일이나 디렉터리에 대한 모든 정보를 저장하고 있음 • 정보 : 파일 소유자의 사용자 번호(UID) 및 그룹 번호(GID), 파일 크기, 파일 타입(일반 · 디렉터리 · 특수 파일 등), 생성 시기, 최종 변경 시기, 최근 사용 시기, 파일의 보호 권한, 파일 링크 수, 데이터가 저장된 블록의 시작 주소
데이터 블록	디렉터리별로 디렉터리 엔트리와 실제 파일에 대한 데이터가 저장된 블록

48. DOS의 환경 설정 파일(CONFIG.SYS)에 대한 설명으로 옳지 않은 것은?

① 도스 운영에 필요한 환경을 설정하는 파일이다.
② 어느 디렉터리에 존재하든지 상관없이 제 역할을 수행한다.
③ 사용자가 만들며, 수정할 수 있다.
④ TYPE 명령으로 내용을 확인할 수 있다.

전문가의 조언 환경 설정 파일(Config.sys)은 반드시 루트 디렉터리에 있어야만 실행됩니다. 자주 출제되는 내용은 아닙니다. 문제에 제시된 내용을 통해 환경 설정 파일의 특징을 간단히 정리하고 넘어가세요.

49. 다음 유닉스(UNIX) 명령어 중 디렉터리 조작 명령만을 옳게 나열한 것은?

> mv, cd, mkdir, mount, dump, chmod

① cd, mkdir
② dump, chmod
③ mv, mkdir
④ chmod, mount

전문가의 조언 mv는 파일 이동 및 이름 변경, cd는 현재 작업중인 디렉터리에서 다른 디렉터리로 이동, mkdir은 디렉터리 생성, mount는 파일 시스템 마운팅 및 해제, dump는 주기억장치의 내용을 화면이나 프린터, 디스크 등에 출력, chmod는 파일의 사용 허가 모드를 지정하는 명령입니다. 그러므로 디렉터리 조작 명령은 cd와 mkdir이고 파일 조작 명령은 mv와 chmod이며, mount와 dump는 시스템 관련 명령어입니다. 각 명령의 기능을 정확히 알고 있어야 풀 수 있는 문제입니다. 문제에 제시된 명령어들의 기능을 확실히 정리하고 넘어가세요.

50. 윈도우에서 하나의 디렉터리 내의 모든 파일을 선택할 때 사용하는 단축키는?

① Shift + F5
② Ctrl + A
③ Shift + Alt
④ Ctrl + F11

전문가의 조언 윈도우에서 하나의 디렉터리 내의 모든 파일을 선택할 때 사용하는 바로 가기 키(단축키)는 Ctrl+A입니다. 바로 가기 키의 기능을 묻는 문제는 자주 출제됩니다. 핵심 067을 참고하여 정리해 두세요.

51. 다음 중 라디오 방송에 이용하는 통신매체는?

① 스크린 케이블
② 광파
③ 전자파
④ 동축 케이블

전문가의 조언 라디오 방송은 무선 주파수, 즉 전자파를 이용합니다. 이 문제에서는 라디오 방송이 전자파를 이용한 무선 통신 방식이라는 것만 기억하세요.

52. 전송하려는 부호어들의 최소 해밍 거리가 6일 때 수신 시 정정할 수 있는 최대 오류의 수는?

① 1
② 2
③ 3
④ 6

전문가의 조언 해밍 거리란 송신 비트와 수신 비트 중 서로 다른 비트의 수(오류 비트 수)를 말하는 것으로, 정정할 수 있는 최대 오류의 수는 다음의 공식을 이용해 계산할 수 있습니다.

$dmin \geq 2tc + 1$(dmin : 최소 해밍 거리, tc : 정정 가능 오류 수)
$6 \geq 2tc + 1$
$6 - 1 \geq 2tc$
$5 \geq 2tc$
$5/2 \geq tc$
∴ $2.5 \geq tc$ 이므로 오류의 수는 최대 2.5를 넘을 수 없습니다.
자주 출제되는 문제는 아닙니다. 해밍 거리에 따라 정정할 수 있는 비트 수를 구하는 공식만 정확히 기억하고 넘어가세요.

53. 다음 중 온라인(On-line) 처리 시스템의 기본적인 구성에 속하지 않는 것은?

① 단말장치
② 통신회선
③ 변복조기
④ 전자교환기

전문가의 조언 온라인 처리 시스템의 구성 요소는 단말장치, 전송회선 (통신회선, 신호 변환장치), 통신 제어장치입니다. 이 문제와 같이 단순히 정보 통신 시스템의 기본 요소를 묻는 문제보다는 정보 통신 시스템을 전송계와 처리계로 구분하는 문제가 더 자주 출제됩니다. 꼭 기억하고 넘어가세요.

- 정보 통신 시스템 = 전송계 + 처리계
  - 전송계 = 단말장치 + 전송회선(통신회선, 신호 변환장치) + 통신 제어장치
  - 처리계 = 컴퓨터

54. 연속적인 신호파형에서 최고 주파수가 W[Hz]일 때 나이키스트 표본화 주기는?

① W   ② 1/W
③ 2W   ④ 1/2W

전문가의 조언 표본화 간격은 '1/표본화 횟수'인데 표본화 횟수는 최고 주파수의 2배입니다. 그러므로 최고 주파수가 W일 때 표본화 횟수는 2W이고 표본화 간격은 1/2W입니다. 자주 출제되는 문제는 아닙니다. 펄스 코드 변조 방식과 관련해서는 변조 순서나 특징을 묻는 문제가 자주 출제됩니다. 최고 주파수에 따른 표본화 주기를 기억하고 **핵심 092**를 참고하여 펄스 코드 변조 방식의 변조 순서와 특징을 정리하세요.

55. EIA RS-232C의 25 PIN 중 송신 데이터는 몇 번 PIN에 해당되는가?

① 2번   ② 3번
③ 10번   ④ 22번

전문가의 조언 RS-232C의 25핀 중에서 송신 데이터는 2번 핀에 해당합니다. RS-232C의 각 핀의 기능을 모두 암기하지는 못하더라도 자주 출제되는 2번(송신), 3번(수신), 4번(송신요청), 5번(송신준비완료) 핀의 기능만큼은 꼭 기억하세요.

56. 비동기식 전송에서 옳지 않은 설명은?

① 스타트 비트와 스톱 비트가 있다.
② 문자 사이마다 휴지 기간이 있을 수 있다.
③ 동기용 문자가 쓰인다.
④ 동기는 문자 단위로 이루어진다.

전문가의 조언 동기용 문자는 동기식 전송에서 사용됩니다. 자주 출제되는 문제는 아닙니다. 나머지 보기로 제시된 비동기식 전송의 특징만 한 번 더 읽어보고 넘어가세요.

57. 데이터 통신 시스템의 구성 요소에 해당되지 않는 것은?

① 단말계   ② 데이터 전송계
③ 데이터 처리계   ④ 멀티시스템계

전문가의 조언 멀티시스템계는 데이터 통신 시스템의 기본 요소가 아닙니다. 이 문제와 같이 단순히 기본 요소를 묻는 문제보다는 기본 요소를 전송계와 처리계로 구분할 수 있는지를 묻는 문제가 출제된다고 했죠? 이 문제에서는 기본 요소를 전송계와 처리계, 그리고 별도로 단말장치를 단말계로 취급했네요. 정보 통신 시스템의 기본 요소는 단말장치, 전송회선, 통신 제어장치, 컴퓨터이고 이중 컴퓨터만 데이터 처리계에 속한다는 것도 기억해 두세요.

58. 데이터 통신의 교환 방식에 해당하지 않는 것은?

① 메시지 교환   ② 수동 교환
③ 패킷 교환   ④ 회선 교환

전문가의 조언 데이터 통신 교환 방식은 회선 교환 방식과 축적 교환 방식으로 나누어지며, 축적 교환 방식은 다시 메시지 교환 방식과 패킷 교환 방식으로 나누어집니다. 매 번 보기 하나만 다르게 하여 출제되고 있는 문제입니다. 데이터 통신 교환 방식의 종류만 정확히 기억하세요.

59. 100[MHz]의 반송파를 최대 주파수 편이가 60[KHz]이고, 신호파 주파수가 10[KHz]로 FM 변조할 때 변조 지수는?

① 4   ② 6
③ 8   ④ 10

전문가의 조언 주파수 변조 지수는 최대 주파수 편이를 변조 신호 주파수로 나눈 값이므로 '주파수 변조 지수 = 60 / 10 = 6'입니다. 자주 출제되는 문제는 아닙니다. 변조 지수를 구하는 방법만 알아두세요.

60. 다음 중 진폭과 위상을 변화시켜 정보를 전달하는 디지털 변조 방식은?

① QAM   ② FSK
③ PSK   ④ ASK

전문가의 조언 문제에 제시된 내용은 QAM(진폭 위상 변조, 직교 진폭 변조) 방식의 기능입니다. 디지털 변조 방식의 개별적인 기능을 묻는 문제가 종종 출제됩니다. **핵심 091**을 참고하여 간단히 정리하고 넘어가세요.

1. 불 대수의 정리 중 옳지 않은 것은?

① A + A = 1
② A · A = A
③ 1 + A = 1
④ A · 1 = A

> **전문가의 조언** A + A = A입니다. 불 대수의 기본 공식은 중요합니다. **핵심 005**를 참고하여 드모르강 법칙은 반드시 암기하고, 나머지는 원리를 정확하게 이해하고 넘어가세요.

2. 다음 중 제어장치에서 명령어의 실행 사이클에 해당하지 않는 것은?

① 인출 주기(Fetch Cycle)
② 직접 주기(Direct Cycle)
③ 간접 주기(Indirect Cycle)
④ 실행 주기(Execute Cycle)

> **전문가의 조언** 제어장치에서 명령어의 실행 단계는 '인출(Fetch) 단계 → 간접(Indirect) 단계 → 실행(Execute) 단계 → 인터럽트(Interrupt) 단계' 순입니다. 문제와 보기가 동일하게 출제된 적이 있는 문제입니다. 제어장치에서 명령어의 실행 단계를 순서대로 기억해 두세요.

3. CISC(Complex Instruction Set Computer)의 특징으로 틀린 것은?

① 많은 수의 명령어
② 다양한 주소지정방식
③ 가변 길이의 명령어 형식
④ 단일 사이클의 명령어 실행

> **전문가의 조언** 단일 사이클로 명령어를 실행하는 것은 RISC입니다. 마이크로프로세서와 관련해서는 대부분 CISC와 RISC의 특징을 구분하는 문제가 출제되고 있습니다. **핵심 002**를 참고하여 CISC와 RISC의 차이점을 구분할 수 있도록 정리해 두세요.

4. 다음 그림의 Gate는 어느 회로인가?

① Exclusive–AND
② Exclusive–NOR
③ Exclusive–OR
④ OR

> **전문가의 조언** 문제에 제시된 그림의 게이트는 Exclusive–OR입니다. 이 문제를 통해 XOR 게이트의 그림을 확실히 기억하고 **핵심 022**를 통해 XOR 게이트의 특징을 정리해 두세요.

5. 레지스터에 새로운 데이터를 전송하면 먼저 있던 내용은 어떻게 되는가?

① 기억된 내용에 아무런 변화가 없다.
② 먼저 내용은 지워지고 새로운 내용은 기억된다.
③ 먼저 내용은 다른 곳으로 전송되고 새로운 내용만 기억된다.
④ 누산기(Accumulator)에서는 덧셈이 이루어진다.

> **전문가의 조언** 레지스터에 새로운 데이터가 전송되면 기존에 있던 내용은 지워지고 새로운 내용만 기억됩니다. 문제와 보기가 동일하게 여러 번 출제되었습니다. 레지스터는 새로운 내용이 전송되면 기존에 있던 내용은 지워지고 새로운 내용만 남는다는 것을 꼭 기억하세요.

6. 2진수 10110을 1의 보수(1'complement)로 표현한 것은?

① 11110
② 01000
③ 00110
④ 01001

> **전문가의 조언** 1의 보수를 구할 때는 0은 1로, 1은 0으로 변환하면 됩니다.
>
> 2진수 : 10110
> 1의 보수 : 01001
>
> 1의 보수를 구하는 방법을 기억해 두세요.

정답 1. ① 2. ② 3. ④ 4. ③ 5. ② 6. ④

7. 다음 진리표에 해당하는 논리식은?

입력		출력
A	B	
0	0	0
0	1	0
1	0	1
1	1	0

① $\overline{A}$+B

② $\overline{A} \cdot B$

③ A+$\overline{B}$

④ A $\cdot \overline{B}$

전문가의 조언 각 논리식에 입력값을 대입하면 다음과 같습니다.

입력				출력	$\overline{A}$+B (①)	$\overline{A} \cdot B$ (②)	A+$\overline{B}$ (③)	A $\cdot \overline{B}$ (④)
A	$\overline{A}$	B	$\overline{B}$					
0	1	0	1	0	1	0	1	0
0	1	1	0	0	1	1	0	0
1	0	0	1	1	0	0	1	1
1	0	1	0	0	1	0	1	0

진리표에 해당하는 논리식을 구하는 문제는 위와 같이 입력 값을 각 논리식에 대입해 보면 정답을 쉽게 찾을 수 있습니다. 알아두세요.

8. 8Bit를 1Word로 이용하는 컴퓨터에서 Op Code를 3Bit 사용하면 인스트럭션을 몇 개 사용할 수 있는가?

① 4

② 6

③ 8

④ 16

전문가의 조언 명령어 중 연산자 코드(OP-Code)의 비트 수는 수행 가능한 명령어의 수와 관계가 있습니다. OP-Code가 nBit라면 최대 2^n개의 명령어를 사용할 수 있으므로, 연산자(OP-Code)부가 3비트일 경우 2^3 = 8개의 명령어를 사용할 수 있습니다. 자주 출제되는 내용입니다. **핵심 023**을 참고하여 사용 가능한 명령어의 개수를 계산하는 방법, 명령어의 구성, 연산자부와 자료부의 기능을 모두 알아두세요.

9. 번지(Address)로 지정된 저장위치(Storage Location)의 내용이 실제 번지가 되는 주소지정번지는?

① 간접 지정방식

② 완전 지정방식

③ 절대 지정방식

④ 상대 지정방식

전문가의 조언 번지로 지정된 저장위치의 내용이 실제 데이터라면 직접 주소지정방식이고, 실제 데이터가 저장된 번지라면 간접 주소지정방식입니다. 주소지정방식들의 차이점을 파악하고 있어야 풀 수 있는 문제가 자주 출제됩니다. 주소지정방식들의 특징은 각각의 명칭과 연관지어 생각해 보면 쉽게 이해됩니다. **핵심 024**를 참고하여 정리해 두세요.

10. 1개의 입력선으로 들어오는 정보를 2^n개의 출력선 중 1개를 선택하여 출력하는 회로는?

① 멀티플렉서

② 인코더

③ 디코더

④ 디멀티플렉서

전문가의 조언 1개의 입력선으로 들어오는 정보를 2^n개의 출력선 중 1개를 선택하여 출력하는 회로는 디멀티플렉서(Demultiplexer)입니다. 자주 출제되는 내용은 아닙니다. 문제로 제시된 디멀티플렉서의 기능만 기억하고 넘어가세요.

11. 논리적 연산의 종류에 해당하지 않는 것은?

① AND

② OR

③ Rotate

④ ADD

전문가의 조언 ADD는 두 값을 더하는 산술 연산입니다. **핵심 021**을 참고하여 산술 연산과 논리 연산을 구분해서 알아두세요.

12. 2진수로 부여된 주소 값이 직접 기억장치의 피연산자가 위치한 곳을 지정하는 주소지정방법은?

① 즉시 주소지정(Immediate Addressing)

② 직접 주소지정(Direct Addressing)

③ 간접 주소지정(Indirect Addressing)

④ 인덱스 주소지정(Index Addressing)

전문가의 조언 2진수로 부여된 주소 값이 직접 기억장치의 피연산자가 위치한 곳을 지정하는 주소지정방법은 직접 주소지정(Direct Addressing)입니다. 주소지정방식들의 특징을 묻는 문제가 자주 출제됩니다. 주소지정방식들의 개별적인 특징은 각각의 명칭과 연관지어 이해하면 쉽게 기억됩니다. **핵심 024**를 참고하여 숙지해 두세요.

정답 7. ④   8. ③   9. ①   10. ④   11. ④   12. ②

13. 제어장치가 앞의 명령 실행을 완료한 후 다음에 실행할 명령을 기억장치로부터 가져오는 동작을 완료할 때까지의 주기를 무엇이라고 하는가?

① Fetch Cycle ② Transfer Cycle
③ Search Time ④ Run Time

전문가의 조언 다음에 실행할 명령을 기억장치로부터 가져오는 동작을 완료할 때까지의 주기를 인출(Fetch) 단계라고 합니다. 이 문제의 경우 다시 출제되더라도 문제와 보기가 동일하게 출제될 가능성이 높습니다. 문제와 답만 기억하세요.

14. 중앙처리장치의 제어 부분에 의해서 해독되어 현재 실행중인 명령어를 기억하는 레지스터는?

① PC(Program Counter)
② IR(Instruction Register)
③ MAR(Memory Address Register)
④ MBR(Memory Buffer Register)

전문가의 조언 현재 실행중인 명령어를 기억하는 레지스터는 IR(Instruction Register)입니다. 레지스터들의 기능을 묻는 문제가 자주 출제됩니다. 핵심 003을 참고하여 주요 레지스터들의 기능을 명확히 파악해 두세요.

15. 그림과 같은 논리회로에서 출력 X에 알맞은 식은? (단, A, B, C는 입력임)

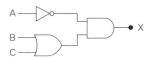

① $\overline{A} \cdot (B+C)$ ② $\overline{A} \cdot \overline{B+C}$
③ $\overline{A} \cdot B \cdot C$ ④ $\overline{A} + \overline{B+C}$

전문가의 조언 문제에 제시된 논리회로를 분리하여 각각을 논리식으로 표현한 후 1개의 논리식으로 합쳐나가면 다음과 같습니다.

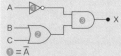

❶ = $\overline{A}$
❷ = B+C
❸ = ❶ · ❷ = $\overline{A} \cdot$ (B+C)
이 문제를 통해 논리회로를 논리식으로 표현하는 방법에 대해 알아두세요.

16. 다음 게이트에서 입력 A, B에 대한 설명으로 옳은 것은?

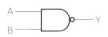

① $\overline{A}$ + B ② A + $\overline{B}$
③ $\overline{A}$ + $\overline{B}$ ④ A + B

전문가의 조언 문제에 제시된 논리회로를 논리식으로 표현하면 $\overline{A \cdot B}$이고, 이것에 드모르강 법칙을 적용하면 $\overline{A}+\overline{B}$가 됩니다. 이 문제는 불 대수의 기본 공식을 알면 쉽게 풀 수 있는 문제로 자주 출제되는 문제입니다. 핵심 005를 참고하여 드모르강 법칙은 반드시 암기하고, 나머지 법칙은 원리만 정확하게 이해하고 넘어가세요.

17. 기억된 내용을 읽을 수만 있고, 전원이 차단되어도 기억된 내용이 소멸되지 않는 것은?

① RAM ② ROM
③ DAM ④ DOM

전문가의 조언 기억된 내용을 읽을 수만 있고, 전원이 차단되어도 기억된 내용이 소멸되지 않는 것은 ROM입니다. 종종 출제되는 내용입니다. 핵심 028을 참고하여 롬(ROM)의 개념, 종류 및 종류별 특징에 대해서 알아두세요.

18. 다음에 표시된 진리표가 나타내는 회로는? (단, 입력은 A, B이고 출력은 S(Sum)와 C(Carry)이다.)

A	B	S	C
0	0	0	0
0	1	1	0
1	0	1	0
1	1	0	1

① AND 회로 ② 반가산기 회로
③ OR 회로 ④ 전가산기 회로

전문가의 조언 문제의 진리표가 나타내는 회로는 반가산기입니다. 반가산기와 관련된 내용은 모두 중요합니다. 핵심 009를 참고하여 확실히 정리해 두세요.

19. 연산 후 입력 자료가 변하지 않고 보존되는 특징의 장점을 갖는 명령어 형식은?

① 0-주소 명령어 형식
② 1-주소 명령어 형식
③ 2-주소 명령어 형식
④ 3-주소 명령어 형식

전문가의 조언 연산 후 입력 자료가 변하지 않고 보존되는 것은 3주소 명령어 형식입니다. **핵심 023**을 참고하여 명령어 형식을 서로 구분할 수 있을 정도로만 각각의 특징을 정리하세요.

20. 레지스터(Register) 내로 새로운 자료(Data)를 읽어들이면 어떤 변화가 발생하는가?

① 현존하는 내용에 아무런 영향도 없다.
② 레지스터의 먼저 내용이 지워진다.
③ 그 레지스터가 누산기일때만 새 자료가 읽어진다.
④ 그 레지스터가 누산기이거나 명령 레지스터일때만 자료를 읽어 들일 수 있다.

전문가의 조언 레지스터는 CPU 내부에서 처리할 명령어나 연산의 중간 결과값 등을 일시적으로 기억하는 임시 기억 장소로, 새로운 내용이 전송되면 기존에 있던 내용은 지워지고 새로운 내용만 남습니다. 이 문제에서는 레지스터의 용도와 자료 저장 특성만 기억하고 넘어가세요.

21. 데이터베이스 관리 시스템(DBMS; Databases Management System)의 필수 기능으로 가장 적절한 것은?

① 정의 기능, 예비 기능, 조작 기능
② 제어 기능, 회복 기능, 예비 기능
③ 보안 기능, 제어 기능, 예비 기능
④ 정의 기능, 조작 기능, 제어 기능

전문가의 조언 데이터베이스 관리 시스템의 필수 기능에는 정의 기능, 조작 기능, 제어 기능이 있습니다. 자주 출제되는 내용입니다. 데이터베이스 관리 시스템(DBMS)의 필수 기능하면 '**정·조·제**'라는 것을 기억하고, **핵심 033**을 참고하여 각각의 기능을 파악해 두세요.

22. 데이터베이스 관리자(DBA)의 역할과 거리가 먼 것은?

① 스키마 정의
② 무결성 제약조건의 인정
③ 데이터 액세스 권한의 인정
④ 프로그램의 논리 및 알고리즘의 설계

전문가의 조언 프로그램의 논리 및 알고리즘의 설계는 프로그래머의 역할입니다. 종종 출제되는 내용입니다. 나머지 보기를 통해 DBA의 역할을 정리해 두세요.

23. SQL에서 테이블의 price 열을 기준으로 오름차순 정렬하고자 할 경우 사용되는 명령은?

① SORT BY price ASC
② SORT BY price DESC
③ ORDER BY price ASC
④ ORDER BY price DESC

전문가의 조언 ORDER BY절의 정렬 방식 중 ASC는 오름차순, DESC는 내림차순을 의미합니다. ORDER BY절의 옵션인 'ASC'과 'DESC'의 사용법을 확실히 정리하고 넘어가세요.

24. 테이블에서 각 레코드를 식별할 수 있는 유일한 값을 갖는 필드를 무엇이라 하는가?

① 셀   ② 블록
③ 기본키   ④ 슬라이드

전문가의 조언 테이블에서 각 레코드를 식별할 수 있는 유일한 값을 갖는 필드를 기본키라고 합니다. 단순히 기본키의 개념을 묻는 문제가 종종 출제되니 꼭 기억하세요.

25. 윈도우용 스프레드시트에서 단일 항목으로 된 설문조사 결과를 표시하는데 가장 적합한 차트의 종류는?

① 원형   ② 분산형
③ 막대형   ④ 꺾은선형

전문가의 조언 단일 항목으로 된 설문조사 결과를 표시하는데 가장 적합한 차트는 원형입니다. 자주 출제되는 내용은 아닙니다. 나머지 차트들의 특징을 가볍게 읽어보고 넘어가세요.

- **분산형** : 여러 데이터 계열값의 관계를 보여주고, 두 숫자 그룹을 XY 좌표로 이루어진 한 계열로 그리며, 데이터의 불규칙한 간격이나 묶음을 보여줌
- **막대형** : 특정 기간 동안의 데이터 변화를 보여주거나 항목간의 값을 비교 가능
- **꺾은선형** : 동일한 간격으로 데이터의 추세를 보여줌

26. 관계형 데이터베이스에서 속성(Attribute)의 수를 의미하는 것은?

① 카디널리티(Cardinality)
② 도메인(Domain)
③ 차수(Degree)
④ 릴레이션(Relation)

> **전문가의 조언** 속성(Attribute)의 수를 차수(Degree)라고 합니다. 관계형 데이터베이스의 구성 요소는 중요합니다. 이 문제를 틀렸다면 **핵심 036**을 참고하여 관계형 데이터베이스의 구성 요소를 확실히 숙지하세요.

27. 데이터베이스 구조를 3단계의 스키마로 나눌 경우 포함되지 않는 것은?

① 외부 스키마
② 개념 스키마
③ 논리 스키마
④ 내부 스키마

> **전문가의 조언** 스키마는 외부 스키마, 개념 스키마, 내부 스키마로 구분됩니다. 중요합니다. 스키마의 종류는 암기하고, 각각의 특징은 **핵심 034**를 참고하여 서로 구분할 수 있을 정도로만 정리하세요.

28. 다음 SQL문을 실행한 결과 검색되지 않는 판매수량은?

```
SELECT 상품명, 판매수량
FROM 판매내역
WHERE 판매수량 >= 100 AND 판매수량 <= 200;
```

① 200
② 100
③ 150
④ 250

> **전문가의 조언** WHERE 문에 의해 판매수량이 100 이상이고, 200 이하인 데이터만을 검색하므로 검색되지 않은 판매수량은 250입니다. SQL 구문을 절별로 분리하여 살펴보면 다음과 같습니다.
> - **SELECT 상품명, 판매수량** : '상품명'과 '판매수량'을 표시합니다.
> - **FROM 판매내역** : '판매내역' 테이블의 자료를 검색합니다.

- **WHERE 판매수량 >= 100 AND 판매수량 <= 200** : '판매수량'이 100 이상, 200 이하인 레코드만 검색합니다.
  SELECT문은 시험에 자주 출제됩니다. **핵심 040**을 참고하여 SELECT의 구문에 대해 확실히 정리하고 넘어가세요.

29. SQL에서 기본 테이블 생성 시 사용하는 명령어는?

① CREATE
② SELECT
③ DROP
④ UPDATE

> **전문가의 조언** 기본 테이블 생성 시 사용하는 명령어는 CREATE입니다. 종종 출제되는 내용입니다. 테이블 생성 시 사용되는 명령어가 CREATE라는 것을 기억하고 넘어가세요.

30. 프레젠테이션 프로그램을 사용하는 용도 중 가장 거리가 먼 것은?

① 회사의 제품 선전용
② 통계자료 작성
③ 신제품 설명회
④ 강연회 준비

> **전문가의 조언** 통계자료 작성은 스프레드시트 프로그램을 이용하는 것이 효과적입니다. 프레젠테이션의 용도를 묻는 문제는 자주 출제되니 나머지 보기를 통해 알아두세요.

31. 시스템의 성능을 극대화하기 위한 운영체제의 목적으로 옳지 않은 것은?

① 응답 시간 지연
② 처리 능력 증대
③ 신뢰도 향상
④ 사용 가능도 증대

> **전문가의 조언** 응답 시간은 시스템에 작업을 의뢰한 시간부터 처리가 완료될 때까지 소요된 시간으로 응답 시간이 짧을수록, 즉 단축될수록 좋습니다. 운영체제에서는 운영체제의 정의와 목적을 묻는 문제가 자주 출제됩니다. **핵심 049**를 참고하여 확실히 숙지해 두세요.

32. 프로세스 스케줄링 방식 중 시분할(Time Sharing) 시스템에 가장 적절한 방식은?

① FIFO
② SJF
③ HRN
④ RR

프로세스 스케줄링 방식 중 시분할(Time Sharing) 시스템에 가장 적절한 방식은 라운드 로빈(RR; Round Robin)입니다. 종종 출제되는 문제입니다. 시분할 시스템에 가장 적절한 방식은 라운드 로빈이라는 것을 기억해 두세요.

33. 윈도우의 전반적인 설정을 수행하는 제어판의 구성 요소가 아닌 것은?

① 디스플레이
② 시스템
③ 멀티미디어
④ 시스템 도구

시스템 도구는 제어판의 구성 요소가 아닙니다. 제어판 구성 요소들의 개별적인 기능을 묻는 문제가 자주 출제됩니다. **핵심 075**를 참고하여 디스플레이, 프로그램 추가/제거, 멀티미디어를 중심으로 각각의 기능을 파악해 두세요.

34. 시스템 프로그램을 디스크로부터 주기억장치로 읽어내어 컴퓨터를 이용할 수 있는 상태로 만들어 주는 과정은?

① 데드 락(Deadlock)
② 스케줄링(Scheduling)
③ 부팅(Booting)
④ 업데이트(Update)

시스템 프로그램을 디스크로부터 주기억장치로 읽어 내어 컴퓨터를 이용할 수 있는 상태로 만들어 주는 과정은 부팅(Booting)입니다. 가끔 출제되는 내용입니다. 문제를 통해 부팅의 의미를 기억해 두세요.

35. 윈도우에서 다음 설명에 해당하는 것은?

- 확장자가 LNK인 파일이다.
- 해당 프로그램을 찾아서 실행하지 않고 바탕 화면에서 바로 실행할 수 있도록 도와준다.
- 삭제 시 해당 프로그램에는 영향이 없다.
- 그림 아래에 화살표가 표시된다.

① 아이콘
② 단축 아이콘
③ 폴더
④ 작업 표시줄

문제의 지문에 제시된 내용은 바로 가기 아이콘(단축 아이콘)에 대한 설명입니다. 바로 가기 아이콘의 특징을 묻는 문제가 종종 출제되니 문제의 지문을 통해 정리하고 넘어가세요.

36. 디렉터리 내의 파일을 열거하는데 사용되는 UNIX 명령어는?

① cd
② ls
③ tar
④ pwd

디렉터리 내의 파일을 열거하는데 사용되는 UNIX 명령어는 ls입니다. UNIX 명령어들의 기능을 묻는 문제가 자주 출제됩니다. **핵심 081~083**을 참고하여 나머지 보기의 명령어들과 UNIX의 파일 관련 명령어들의 기능을 기억해 두세요.

37. UNIX 시스템에서 명령어 해석기에 해당하는 것은?

① 쉘(Shell)
② 커널(Kernel)
③ 유틸리티(Utility)
④ 응용 프로그램(Application Program)

UNIX 시스템에서 명령어 해석기에 해당하는 것은 쉘(Shell)입니다. UNIX 시스템의 구성과 관련해서는 커널과 쉘의 기능을 구분하는 문제가 자주 출제됩니다. **핵심 080**을 참고하여 커널과 쉘을 중심으로 UNIX 시스템의 구성 요소와 각각의 기능을 파악해 두세요.

38. 도스(MS-DOS)에서 삭제한 파일을 복원하는 명령어는?

① DELETE
② UNDELETE
③ FDISK
④ DELTREE

파일을 삭제할 때는 DEL을, 복원할 때는 UNDELETE를 사용합니다. 단어에 'UN~'이 붙으면 반대 기능을 합니다. 이 문제에서는 파일을 삭제할 때와 복원할 때의 도스 명령어가 무엇인지만 기억하고 넘어가세요.

39. 컴퓨터 시스템 내부에서 실행중인 프로그램을 정의하는 용어는?

① 프로세스
② 버퍼
③ 인터럽트
④ 커널

컴퓨터 시스템 내부에서 실행중인 프로그램을 정의하는 용어는 프로세스(Process)입니다. 이 문제에서는 제시된 프로세스의 정의와 함께 나머지 용어의 의미 정도만 정리해 두세요.

정답 33. ④ 34. ③ 35. ② 36. ② 37. ① 38. ② 39. ①

- **버퍼** : 두 개의 장치가 데이터를 주고 받을 때 두 장치 간 속도 차이를 해결하기 위해 중간에 데이터를 임시로 저장해 두는 공간
- **인터럽트** : 프로그램을 실행하는 도중에 예기치 않은 상황이 발생할 경우, 현재 실행 중인 작업을 즉시 중단하고 발생된 상황을 우선 처리한 후 실행 중이던 작업으로 복귀하여 계속 처리하는 것
- **커널** : 하드웨어를 보호하고, 프로그램과 하드웨어 간의 인터페이스 역할을 담당하는 것으로 프로세스(CPU 스케줄링) 관리, 기억장치 관리, 파일 관리, 입·출력 관리, 프로세스간 통신, 데이터 전송 및 변환 등 여러 가지 기능을 수행함

40. 현재 사용 중인 DOS의 버전을 화면에 표시할 때 사용하는 명령은?

① CLS
② VER
③ DIR
④ DEL

> **전문가의 조언** 현재 사용 중인 DOS의 버전을 화면에 표시할 때 사용하는 명령은 VER입니다. DOS 명령어의 기능을 묻는 문제는 자주 출제됩니다. 나머지 명령어들의 기능도 알고 있어야 합니다. **핵심 060과 063**을 참고하여 정리하세요.

41. 도스(MS-DOS)에서 디스크의 상태를 점검하는 명령은?

① CHKDSK
② FORMAT
③ PROMPT
④ DELTREE

> **전문가의 조언** 도스(MS-DOS)에서 디스크의 상태를 점검하는 명령은 CHKDSK입니다. 중요합니다. **핵심 060~062**를 참고하여 보기로 제시된 나머지 명령어들의 기능도 정리하세요.

42. Which one does below sentence describe?

Method of quick data processing responding Immediately. Response time is very fast and it's used to query of cash and reservation. Method of multi user process in network.

① Off-line Processing System
② Batch-Processing System
③ Multi-Programming System
④ Real Time Processing System

> **전문가의 조언** 즉각적으로 데이터를 처리하여 응답하는 방법으로, 응답시간이 매우 빠르고, 현금 입·출금 및 예약 서비스에 이용되는 시스템은 실시간 처리 시스템(Real Time Processing System)입니다. 일괄 처리 시스템과 실시간 처리 시스템에 대한 개념이나 응용 분야를 묻는 문제가 자주 출제됩니다. 두 가지 시스템을 서로 구분할 수 있도록 **핵심 053**을 확실히 파악해 두세요.

43. 다음의 설명이 의미하는 것은?

A situation that two or more processes are unable to proceed because each is waiting for the device in use by other program.

① Database
② Compiler
③ Deadlock
④ Spooling

> **전문가의 조언** 2개 또는 그 이상의 프로세스들이 다른 프로그램이 사용하고 있는 장치를 기다림으로써 더 이상의 진행이 불가능한 상태를 교착상태(Deadlock)라고 합니다. 키워드는 '진행할 수 없는(Unable to Proceed) 상황(Situation)'입니다. 이 문제에서는 교착상태의 의미와 키워드를 기억해 두세요. 특히 교착상태의 키워드인 '진행할 수 없는 상황'에 대한 영문 표현을 잊지마세요.

44. 현재의 작업 디렉터리를 나타내기 위한 UNIX 명령은?

① cd
② pwd
③ kill
④ cp

> **전문가의 조언** 현재의 작업 디렉터리를 나타내기 위한 UNIX 명령은 pwd입니다. UNIX 명령어들의 기능을 묻는 문제가 자주 출제됩니다. **핵심 081~082**를 참고하여 주요 명령어의 기능을 꼭 숙지하고 넘어가세요.

45. 도스(MS-DOS)에서 파일을 읽기 전용 속성으로 지정하는 명령어는?

① ATTRIB +H
② ATTRIB +V
③ ATTRIB +R
④ ATTRIB +A

> **전문가의 조언** 도스(MS-DOS)에서 파일을 읽기 전용 속성으로 지정하는 명령어는 'ATTRIB +R'입니다. 속성을 지정할 때는 +, 해제할 때는 −를 사용한다는 것을 중심으로 **핵심 063**을 참고하여 ATTRIB의 옵션을 확실히 숙지하세요.

46. 윈도우에서 바탕 화면에 있는 아이콘들을 정렬하려고 할 때 기본적으로 제공하는 아이콘 정렬 방식이 아닌 것은?

① 크기순 정렬
② 계단식 정렬
③ 종류별 정렬
④ 자동 정렬

47. 윈도우에 대한 설명으로 옳지 않은 것은?

① 플러그 앤 플레이(Plug & Play) 방식이다.
② 32Bit 운영체제이다.
③ 파일명의 길이는 최대 8자리까지 가능하다.
④ 멀티태스킹(Multi-tasking)을 지원한다.

48. UNIX에 대한 설명으로 옳지 않은 것은?

① 사용자의 명령으로 시스템이 수행되고 그에 따른 결과를 나타내 주는 대화식 운영체제이다.
② 여러 프로그램을 동시에 여러 개를 실행시킬 수 있다.
③ 파일 시스템의 배열 형태가 선형적 구조로 되어 있다.
④ 표준 입출력을 통해 명령어와 명령어가 파이프라인으로 연결된다.

49. Which one does below sentence describe?

The quantity of work which a computer system can process within a given time.

① Throughput
② Operating System
③ Central Processing Unit
④ Turn-Around Time

50. 사용자의 편리를 위해 사용빈도가 높은 프로그램을 시스템 제공자가 미리 작성하여 사용자에게 제공해 주는 운영체제의 처리 프로그램에 해당하는 것은?

① 감시(Supervisor) 프로그램
② 작업 관리(Job Management) 프로그램
③ 데이터 관리(Data Management) 프로그램
④ 서비스(Service) 프로그램

51. 다음 중 데이터 전송계에 해당되지 않는 것은?

① 데이터베이스 장치
② 단말장치
③ 통신 회선
④ 통신 제어장치

52. 텔레비전과 전화의 연결에 의한 정보 서비스는?

① 텔레텍스트(Teletext)
② 텔레텍스(Teletex)
③ CATV
④ 비디오텍스(Videotex)

전문가의 조언 텔레비전과 전화의 연결에 의한 정보 서비스는 비디오텍스입니다. 비디오텍스의 기본 개념을 묻는 문제가 자주 출제됩니다. '비디오텍스(Videotex)' 하면 텔레비전과 전화의 연결에 의한 정보 서비스라는 것을 꼭 기억하고, 나머지 서비스들의 특징을 간단히 정리하세요.
- **텔레텍스트(Teletext)** : TV 전파의 빈틈을 이용하여 TV 방송과 함께 문자나 도형 정보를 제공하는 문자 다중 방송
- **텔레텍스(Teletex)** : 워드프로세서 전용기와 같이 문서 작성/편집 기능을 갖는 기기에 통신 기능을 부가하여 문서를 교환하는 시스템
- **CATV(Cable Television)** : 원래 난시청 해소를 목적으로 설치했던 공동 시청 안테나를 이용하여 수신한 TV 신호를 일정한 전송로를 통하여 사용자에게 제공함

53. 데이터 통신에서 사용되는 전송 속도의 기본 단위는?

① earlang
② db
③ km/s
④ bps

전문가의 조언 데이터 통신에서 사용되는 전송 속도의 기본 단위는 bps입니다. 전송 속도(bps)와 관련해서는 주로 전송 속도와 변조 속도를 상호 변환하는 문제가 출제됩니다. 데이터 통신에서 사용되는 전송 속도의 기본 단위가 bps라는 것을 기억하고, **핵심 089**를 참고하여 전송 속도와 변조 속도 계산 공식을 정리해 두세요.

54. EIA RS-232C DTE 접속장치의 핀은 모두 몇 개인가?

① 25
② 8
③ 16
④ 32

전문가의 조언 RS-232C의 핀 수는 25개입니다. RS-232C와 관련해서는 핀의 개수 보다는 각 핀의 기능을 묻는 문제가 주로 출제됩니다. 모두 암기하지는 못하더라도 자주 출제되는 2번(송신), 3번(수신), 4번(송신요청), 5번(송신준비완료) 핀의 기능만큼은 꼭 기억하세요.

55. IPv4의 'Broadcast'를 대체하여 사용되어지는 주소는?

① Unicast
② Multicast
③ Broadcast
④ Anycast

전문가의 조언 IPv6에서는 IPv4의 브로드캐스트(Broadcast)는 더 이상 지원되지 않으며, 대신 멀티캐스트(Multicast)를 사용해야 합니다. 이 문제에서는 IPv6에서는 IPv4의 브로드캐스트 대신 멀티캐스트를 사용한다는 것만 기억해 두세요.

56. 주파수 분할 다중화 방식에서 각 채널간 간섭을 막기 위하여 일종의 완충지역 역할을 하는 것은?

① 서브 채널(Sub-CH)
② 채널 밴드(CH Band)
③ 채널 세트(CH Set)
④ 가드 밴드(Guard Band)

전문가의 조언 문제에 제시된 내용은 보호 대역(Guard Band)의 역할입니다. 주파수 분할 다중화기의 특징과 보호 대역(Guard Band)의 역할을 묻는 문제가 주로 출제됩니다. 먼저 보호 대역의 역할을 확실하게 기억한 다음 **핵심 102**를 참고하여 주파수 분할 다중화기의 특징을 정리하세요.

57. 다음 중 광통신에서 발광기로 사용되는 다이오드는?

① 제너 다이오드
② 에사키 다이오드
③ 스위칭 다이오드
④ 레이져 다이오드

전문가의 조언 발광기로 사용되는 다이오드는 레이져 다이오드(LD)입니다. 광섬유 케이블과 관련된 내용은 모두 중요합니다. **핵심 088**을 참고하여 광통신의 구성 요소 3가지를 기억해 두세요.

58. 문자메시지(SMS)와 피싱(Phishing)의 합성어로, 문자 메시지를 이용하여 소액결제를 유도하거나, 스마트폰에 악성프로그램을 유포하여 개인정보 및 금융 거래정보를 편취하는 수법을 말하는 것은?

① 스미싱　　　　　② 파밍
③ 해킹　　　　　　④ 스푸핑

> **전문가의 조언** 문제에 제시된 내용은 스미싱(Smishing)에 대한 설명입니다. 보안 관련 용어들은 다시 출제될 수 있습니다. 나머지 보기로 제시된 용어들의 의미도 정리하고 넘어가세요.
> • **파밍(Phaming)** : 악성코드에 감염된 PC를 조작하여 정상적인 은행 사이트에 접속해도 허위 사이트로 유도하여 개인 금융 정보를 빼내는 행위
> • **해킹(Hacking)** : 컴퓨터 시스템에 불법적으로 접근, 침투하여 시스템과 데이터를 파괴하는 행위
> • **스푸핑(Spoofing)** : 눈속임(Spoof)에서 파생된 것으로, 검증된 사람이 네트워크를 통해 데이터를 보낸 것처럼 데이터를 변조(위조)하여 접속을 시도하는 침입 형태

59. 개방형 시스템(OSI) 계층 모델에서 네트워크 구조에 대한 계층 순서가 차례대로 옳게 된 것은?

① 물리 계층 → 데이터링크 계층 → 네트워크 계층 → 트랜스포트 계층 → 세션 계층 → 프레젠테이션 계층 → 응용 계층
② 물리 계층 → 네트워크 계층 → 데이터링크 계층 → 트랜스포트 계층 → 세션 계층 → 프레젠테이션 계층 → 응용 계층
③ 물리 계층 → 네트워크 계층 → 트랜스포트 계층 → 데이터링크 계층 → 세션 계층 → 프레젠테이션 계층 → 응용 계층
④ 물리 계층 → 네트워크 계층 → 데이터링크 계층 → 트랜스포트 계층 → 프레젠테이션 계층 → 세션 계층 → 응용 계층

> **전문가의 조언** OSI 계층 순서가 차례대로 옳게 나열된 것은 ①번입니다. OSI 7계층과 관련된 문제는 주로 계층의 순서를 묻는 문제가 출제됩니다. **핵심 104**를 참고하여 OSI 7계층을 순서대로 기억하되, 하위 계층과 상위 계층으로 구분해서 기억하고 각 계층별 특징은 대표적인 특징 위주로 정리하고 넘어가세요.

60. 동기식(Synchronous) 전송의 특징이 아닌 것은?

① 동기를 하기 위해서 SYN이란 캐릭터를 사용한다.
② 데이터를 저장하기 위한 메모리가 필요하다.
③ 고속도 전송에 주로 이용된다.
④ 전송 효율이 비동기식 전송보다 낮다.

> **전문가의 조언** 동기식 전송이 비동기식 전송에 비해 전송 효율이 높습니다. 자주 출제되는 문제는 아닙니다. 나머지 보기로 제시된 동기식 전송의 특징을 한 번 더 읽어보고 넘어가세요.

기출문제

1. 입·출력장치와 주기억장치 사이에 위치하여 데이터 처리 속도의 차이를 줄이는데 도움이 되는 장치는?

① 입·출력 채널
② 명령 해독기
③ 연산장치
④ 인덱스 레지스터

> **전문가의 조언** 채널은 입·출력장치와 주기억장치 사이에 위치하여 데이터 처리 속도의 차이를 줄이는데 도움이 되는 장치를 일반적으로 입·출력 채널이라고 합니다. 채널의 개념과 채널의 종류와 각각에 대한 특징을 묻는 문제가 자주 출제됩니다. **핵심 025**를 참고하여 정리하고 넘어가세요.

2. 명령어(Instruction) 형식에서 첫 번째 바이트의 기능이 아닌 것은?

① 자료의 주소지정 기능
② 제어 기능
③ 자료 전달 기능
④ 함수 연산 기능

> **전문가의 조언** 명령어의 첫 번째 바이트에는 연산자(OP Code)가 기억되므로 연산자의 기능이 아닌 것을 묻는 문제입니다. 연산자(OP Code)의 기능에는 제어 기능, 자료 전달 기능, 함수 연산 기능, 입·출력 기능이 있습니다. 연산자의 기능을 묻는 문제가 자주 출제되고 있습니다. **핵심 021**을 참고하여 연산자의 기능을 정리해 두세요.

3. 입력장치로만 나열된 것은?

① 키보드, OCR, OMR, 라인 프린터
② 키보드, OCR, OMR, 플로터
③ 키보드, 라인 프린터, OMR, 플로터
④ 키보드, OCR, OMR, MICR

> **전문가의 조언** 라인 프린터와 플로터는 출력장치입니다. 종종 출제되는 내용입니다. 입력장치와 출력장치를 구분할 수 있도록 간단히 정리하고 넘어가세요.
> • **입력장치** : 키보드, 마우스, 스캐너, 라이트 펜, OMR, OCR, MICR, 바코드 판독기
> • **출력장치** : 모니터, 프린터, 플로터

4. 동시에 여러 개의 입·출력장치를 제어할 수 있는 채널(Channel)은?

① Multiplexer
② Duplex
③ Register
④ Selector

> **전문가의 조언** 동시에 여러 개의 입·출력장치를 제어할 수 있는 채널(Channel)은 Multiplexer Channel(다중 채널)입니다. 채널과 관련된 문제는 자주 출제된다고 했죠? 이 문제를 틀렸다면 **핵심 025**를 다시 한 번 정리하세요.

5. 다음과 같은 설명에 해당되는 용어는?

> 컴퓨터가 정상적인 업무를 수행하는 도중에 발생하는 예기치 않은 일들에 대하여 컴퓨터의 작동이 중단 없이 계속적으로 업무를 수행할 수 있도록 하는 기능

① Spooling
② Buffering
③ Interrupt
④ Virtual Memory

> **전문가의 조언** 문제의 지문에 제시된 내용은 인터럽트(Interrupt)에 대한 설명입니다. 인터럽트의 개념이나 종류를 묻는 문제가 종종 출제됩니다. **핵심 027**을 참고하여 확실히 파악해 두세요.

6. 기억장치에서 읽어낸 명령을 받고 이것을 실행하기 위하여 일시 기억하는 레지스터는?

① 명령(Instruction)
② 누산기(Accumulator)
③ 저장(Storage)
④ 인덱스(Index)

> **전문가의 조언** 기억장치에서 읽어낸 명령을 받고 이것을 실행하기 위하여 일시 기억하는 레지스터는 명령(Instruction) 레지스터입니다. 레지스터들의 기능을 묻는 문제가 자주 출제됩니다. **핵심 003**을 참고하여 주요 레지스터들의 기능을 명확히 파악해 두세요.

7. 2진수 (110010101011)$_2$을 8진수와 16진수로 올바르게 변환한 것은?

① (5253)$_8$, (BAB)$_{16}$ ② (5253)$_8$, (CAB)$_{16}$
③ (6253)$_8$, (BAB)$_{16}$ ④ (6253)$_8$, (CAB)$_{16}$

8진수 변환
오른쪽에서 왼쪽 방향으로 2진수를 3자리씩 묶어서 8진수 1자리로 표현합니다.

110 010 101 011$_2$

6 2 5 3$_8$ ∴ 6253$_8$

16진수 변환
오른쪽에서 왼쪽 방향으로 2진수를 4자리씩 묶어서 16진수 1자리로 표현합니다.

1100 1010 1011$_2$

C(12) A(10) B(11)$_8$ ∴ CAB$_{16}$

진법 변환 문제는 거의 매회 출제됩니다. 이 문제에서는 2진수를 8진수와 16진수로 변환하는 방법을 확실히 기억하고 넘어가세요.

8. 이항(Binary) 연산에 해당하는 것은?

① COMPLEMENT ② AND
③ ROTATE ④ SHIFT

이항 연산자(Binary Operator)는 A+B처럼 피연산자가 2개 필요한 연산자로, 종류에는 사칙연산, AND, OR, XOR, XNOR 등이 있습니다. 이항 연산자의 종류를 묻는 문제가 자주 출제됩니다. **핵심 021**을 참고하여 단항 연산자와 구분할 수 있도록 파악해 두세요.

9. 다음 블록화 레코드에서 블록화 인수는?

IBG	논리 레코드	논리 레코드	논리 레코드	IBG	논리 레코드	논리 레코드	논리 레코드	IBG

① 1 ② 2
③ 3 ④ 4

블록화 인수는 하나의 블록을 구성하는, 즉 IBG와 IBG 사이의 논리 레코드의 개수를 말합니다. 종종 출제되는 내용입니다. IBG와 IBG 사이의 논리 레코드의 개수가 블록화 인수라는 것을 꼭 기억해 두세요.

10. 불(Boolean) 대수의 정리 중 틀린 것은?

① 1 + A = A
② 1 · A = A
③ 0 + A = A
④ 0 · A = 0

1 + A = 1입니다. 이 문제와 같이 불 대수의 기본 공식을 알아야 풀 수 있는 문제가 자주 출제됩니다. **핵심 005**를 참고하여 드모르강 법칙은 반드시 암기하고, 나머지 법칙은 원리만 정확하게 이해하고 넘어가세요.

11. 컴퓨터 시스템에서 명령어들을 실행하기 위하여 CPU에서 이루어지는 동작 단계의 하나로서, 기억장치로부터 명령어를 읽어 들이는 단계는?

① 재기록(Write Back) 단계
② 해독(Decoding) 단계
③ 인출(Fetch) 단계
④ 실행(Execute) 단계

기억장치로부터 명령어를 읽어 들이는 단계는 인출(Fetch) 단계입니다. 문제와 보기가 동일하게 종종 출제됩니다. 이 문제에서는 인출 단계의 개념만 확실히 기억하고 넘어가세요.

12. 다음 주소지정 방법 중 처리 속도가 가장 빠른 것은?

① 직접 주소지정(Direct Addressing)
② 간접 주소지정(Indirect Addressing)
③ 즉시 주소지정(Immediate Addressing)
④ 인덱스 주소지정(Index Addressing)

즉시적 주소지정방식(Immediate Address)은 명령어 자체에 오퍼랜드(실제 데이터)를 가지고 있는 방식으로, 별도의 기억장소를 액세스하지 않고 CPU에서 곧바로 자료를 이용할 수 있어서 실행 속도가 가장 빠릅니다. 주소지정방식들의 특징을 파악하고 있어야 풀 수 있는 문제가 자주 출제됩니다. 주소지정방식들의 특징은 각각의 명칭과 연관지어 생각해 보면 쉽게 이해됩니다. **핵심 024**를 참고하여 정리해 두세요.

13. 정보검색 엔진에서 AND, OR, NOT과 같은 연산자가 사용된다. 이 연산자를 무슨 연산자라 하는가?

① 불 연산자
② 드모르간 연산자
③ 우선 연산자
④ 키워드 연산자

전문가의 조언 문제에 제시된 내용은 불 연산자에 대한 설명입니다. 문제와 보기가 동일한 문제로 가끔 출제됩니다. 문제와 답만 기억하고 넘어가세요.

14. 다음 진리표와 같이 연산이 행해지는 게이트는?

입력		출력
X1	Y1	Y
0	0	0
1	0	0
0	1	0
1	1	1

① OR
② AND
③ NAND
④ XOR

전문가의 조언 입력값이 모두 1일 때만 1을 출력하는 것으로 보아 AND 게이트임을 알 수 있습니다. 이 문제에서는 입력값이 모두 1일때만 1을 출력하는 것은 AND 게이트라는 것만 알아두세요.

15. 그림과 같은 논리회로에서 출력 X에 알맞은 식은? (단, A, B, C는 입력임)

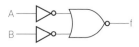

① f = A · B
② f = $\overline{A}$ + $\overline{B}$
③ f = A + B
④ f = $\overline{A + B}$

전문가의 조언 문제에 제시된 논리회로를 분리하여 각각을 논리식으로 표현한 후 1개의 논리식으로 합쳐가면 다음과 같습니다.

❶ = $\overline{A}$
❷ = $\overline{B}$

❸ = $\overline{❶ + ❷}$
= $\overline{\overline{A} + \overline{B}}$ ← A + B = $\overline{A} \cdot \overline{B}$
= $\overline{\overline{A} \cdot \overline{B}}$ ← $\overline{\overline{A}}$ = A
= A · B

이 문제를 통해 논리회로를 논리식으로 표현하는 방법에 대해 알아두세요.

16. 다음 회로(Circuit)에서 결과가 "1"(불이 켜진 상태)이 되기 위해서는 A와 B는 각각 어떠한 값을 갖는가?

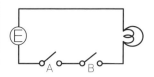

① A = 0, B = 1
② A = 0, B = 0
③ A = 1, B = 1
④ A = 1, B = 0

전문가의 조언 두 개의 스위치가 직렬로 연결되어 있으므로 두 개의 스위치가 모두 ON(1)이 되어야 불이 켜집니다. 두 개의 스위치가 직렬로 연결되어 있을 때는 두 개의 스위치가 모두 ON(1)이 되어야 불이 켜지고, 병렬로 연결되어 있을 때는 둘 중 하나의 스위치라도 ON(1)이 되면 불이 켜진다는 것을 기억해 두세요.

17. 주소접근방식 중 약식주소 표현 방식에 해당하는 것은?

① 직접 주소
② 간접 주소
③ 자료 자신
④ 계산에 의한 주소

전문가의 조언 약식주소는 주소의 일부분을 생략한 것으로, 계산에 의한 주소지정방식이 여기에 해당합니다. 주소지정방식과 관련해서는 접근방식에 따라 분류 했을 때의 각각의 주소지정방식에 대한 개별적인 특징을 묻는 문제가 자주 출제됩니다. 주소지정방식의 이름에 의미가 내포되어 있으므로 쉽게 기억할 수 있습니다. **핵심 024**를 참고하여 정리해 두세요.

18. 입·출력장치의 동작속도와 전자계산기 내부의 동작속도를 맞추는데 사용되는 레지스터는?

① 버퍼 레지스터
② 시프트 레지스터
③ 어드레스 레지스터
④ 상태 레지스터

전문가의 조언 두 장치 간 속도 차이를 극복하기 위해 사용하는 것은 일반적으로 버퍼이고, 레지스터 중 버퍼와 관련 있는 것은 메모리 버퍼 레지스터입니다. 메모리 버퍼 레지스터를 보통 버퍼 레지스터라고 합니다. 레지스터와 관련된 문제는 자주 출제된다고 했죠? **핵심 003**을 다시 한 번 공부하세요.

19. 다음은 명령어 인출 절차를 보인 것이다. 올바른 순서는?

> ㉠ 프로그램 카운터를 증가시킨다.
> ㉡ 명령어를 주기억장치로부터 인출한다.
> ㉢ 명령 코드를 명령 레지스터로 옮긴다.
> ㉣ 프로그램 카운터의 값을 번지 레지스터에 옮긴다.

① ㉠ → ㉡ → ㉢ → ㉣   ② ㉢ → ㉡ → ㉠ → ㉣
③ ㉣ → ㉡ → ㉠ → ㉢   ④ ㉠ → ㉢ → ㉣ → ㉡

전문가의 조언 명령어 인출 절차로 올바른 것은 ③번입니다. 문제와 보기가 동일하게 여러 번 출제되었으니 문제와 답만 기억하고 넘어가세요.

20. RS Flip-Flop 회로의 동작에서 R = 1, S = 1을 입력하였을 때 출력으로 옳은 것은?

① 1   ② 부정(Not Allowed)
③ 0   ④ 변화 없음(No Change)

전문가의 조언 RS Flip-Flop 회로에서 R = 1, S = 1을 입력하면 부정(Not Allowed)이 출력됩니다. 플립플롭과 관련해서는 종류별 특징을 묻는 문제가 자주 출제됩니다. **핵심 012**를 참고하여 플립플롭의 개념과 함께 주요 플립플롭의 특징을 파악해 두세요.

21. 프레젠테이션의 기능과 역할에 대한 설명으로 틀린 것은?

① 정보 전달 및 의사 결정 도구
② 컴퓨터를 이용하여 계산과 관련된 작업을 쉽게 처리 분석하여 활용할 수 있도록 개발된 응용 프로그램
③ 전달하고자 하는 정보를 빠르고, 쉽고, 효과적으로 전달 가능
④ 정확한 데이터와 설득력 있는 논리를 통하여 정보 전달

전문가의 조언 컴퓨터를 이용하여 계산과 관련된 작업을 쉽게 처리 분석하여 활용할 수 있도록 개발된 응용 프로그램은 스프레드시트 프로그램입니다. 중요합니다. 단순히 프레젠테이션의 개념과 구성 요소를 묻는 문제가 자주 출제됩니다. **핵심 048**을 참고하여 기억해 두세요.

22. 도메인에 대한 설명으로 가장 적합한 것은?

① 하나의 속성에 취할 수 있는 값의 범위
② 튜플을 구분할 수 있는 범위
③ 튜플들의 관계를 표현하는 범위
④ 릴레이션을 표현하는 기본 단위

전문가의 조언 도메인은 하나의 속성에 취할 수 있는 값의 범위입니다. 관계형 데이터베이스의 구성 요소에 대한 문제가 자주 출제되니 **핵심 036**을 참고하여 꼭 정리하고 넘어가세요.

23. SQL 명령을 사용 용도에 따라 구분할 경우, 다음 중 성격이 나머지 셋과 다른 것은?

① CREATE   ② ALTER
③ DROP   ④ INSERT

전문가의 조언 CREATE, ALTER, DROP은 데이터 정의어(DDL)이고, INSERT는 데이터 조작어(DML)어입니다. 자주 출제되는 문제입니다. **핵심 039**를 참고하여 데이터 정의어(DDL), 데이터 조작어(DML), 데이터 제어어(DCL)에 해당하는 명령어를 구분할 수 있도록 정리하고 넘어가세요.

24. 다음의 SQL 명령에서 DISTINCT의 의미를 가장 잘 설명한 것은?

> SELECT DISTINCT 학과명 FROM 학생 WHERE 총점 > 80;

① 학과명이 중복되지 않게 검색한다.
② 중복된 학과명만 검색한다.
③ 중복된 학과명은 모두 삭제한다.
④ 학과명만 제외하고 검색한다.

전문가의 조언 SELECT 문에 'DISTINCT'를 입력하면 검색의 결과가 중복되는 레코드는 검색 시 한 번만 표시합니다. SELECT 문은 시험에 자주 출제되는 구문입니다. **핵심 040**을 참고하여 기본 형식과 'DISTINCT', '*'의 의미를 정확히 이해하세요.

25. SQL의 SELECT문에서 정렬과 관계 없는 것은?

① LIKE   ② ORDER BY

③ DESC   ④ ASC

전문가의 조언 특정 필드를 기준으로 레코드를 정렬하여 검색할 때는 ORDER BY문을 사용하며, 정렬 방식으로는 오름차순을 의미하는 ASC와 내림차순을 의미하는 DESC가 있습니다. 정렬에 사용되는 ORDER BY문이나 정렬 옵션을 묻는 문제가 종종 출제됩니다. **핵심 041**을 참고하여 정렬의 기본 형식과 정렬 방식을 확실히 정리하고 넘어가세요.

26. 스프레드시트에서 반복되고 규칙적인 작업을 일괄 자동처리 하는 기능은?

① 차트 기능   ② 분석 기능

③ 매크로 기능   ④ 데이터베이스 기능

전문가의 조언 반복되고 규칙적인 작업을 일괄 자동처리 하는 기능은 매크로입니다. 엑셀의 주요 기능 중 매크로와 필터의 기능을 묻는 문제가 자주 출제됩니다. **핵심 047**을 참고하여 매크로와 필터를 중심으로 엑셀의 주요 기능을 정리하고 넘어가세요.

27. 스프레드시트의 기능과 거리가 먼 것은?

① 데이터 연산결과를 사용자가 다양한 서식으로 자유롭게 표현한다.

② 입력된 자료 또는 계산된 자료를 가지고 여러 유형의 그래프를 작성한다.

③ 동영상 처리 및 애니메이션 효과를 구현할 수 있다.

④ 특정 자료의 검색, 추출 및 정렬을 한다.

전문가의 조언 동영상 처리 및 애니메이션 효과의 구현은 프레젠테이션의 기능입니다. 대표적인 스프레드시트 프로그램의 한 종류가 엑셀입니다. 즉 엑셀의 기능이 곧 스프레드시트의 기능이라고 할 수 있습니다. 이 문제를 틀렸다면, **핵심 044**를 참고하여 다시 한번 정리하세요.

28. 데이터베이스 관리자(DBA)의 임무와 거리가 먼 것은?

① 시스템 문서화에 표준을 정하여 시행

② 복구절차와 무결성 유지를 위한 대책 수립

③ 일반 사용자의 고급 질의문을 저급 DML 명령어로 변환

④ 시스템의 감시 및 성능 분석

전문가의 조언 일반 사용자의 고급 질의문을 저급 DML로 변환하는 것은 질의어 처리기(Query Processor)의 기능입니다. DBA의 역할을 묻는 문제가 종종 출제되니 나머지 보기를 통해 정리하고 넘어가세요.

29. 데이터베이스에서 정보 부재를 명시적으로 표시하기 위해 사용하는 특수한 데이터 값은?

① 공백(BLANK)   ② 영(ZERO)

③ 널(NULL)   ④ 샵(#)

전문가의 조언 정보 부재를 명시적으로 표시하기 위해 사용하는 특수한 데이터 값은 널(NULL)입니다. 널(NULL)은 중요한 개념입니다. NULL은 컴퓨터에서 이론적으로 아무것도 없는 값이라는 용도로 사용됩니다. 널(NULL)의 의미를 확실히 기억해 두세요.

30. 다음 검색문의 의미로 옳은 것은?

> SELECT * FROM 학생;

① 학생 테이블에서 첫 번째 레코드의 모든 필드를 검색하라.

② 학생 테이블에서 마지막 레코드의 모든 필드를 검색하라.

③ 학생 테이블에서 전체 레코드의 모든 필드를 검색하라.

④ 학생 테이블에서 "*"값이 포함된 레코드의 모든 필드를 검색하라.

전문가의 조언 SQL문을 절별로 분리해보면 다음과 같습니다.
- **SELECT * :** 모든 필드를 검색합니다.
- **FROM 학생 :** 학생 테이블을 검색합니다.

문제와 보기가 동일하게 종종 출제되는 문제입니다. 이 문제를 틀렸다면 **핵심 040**을 참고하여 SELECT문의 기본 형식을 확실히 기억해 두세요.

31. 다음 ( ) 안에 공통으로 들어갈 알맞은 용어는?

> When the program and data are ready to be used, they are copied into the primary memory unit from an input device or storage device. Once the program and data have been loaded into the primary memory, the ( ) performs computation on the data. The ( ) is made up of a control unit and an arithmetical logical unit.

① Input/Output Device
② Primary Memory Unit
③ Address/Data Bus
④ Central Processing Unit

> **전문가의 조언** 해석 : 프로그램과 데이터가 사용할 준비가 되어 있을 때 입력장치나 보조기억장치로부터 주기억장치로 복사된다. 일단 프로그램과 데이터가 주기억장치로 로드되면, 중앙처리장치(CPU; Central Processing Unit)는 제어장치와 연산장치를 이용해 계산을 수행한다. 중앙처리장치(CPU)는 제어장치와 연산장치로 구성된다.
> 이 문제에서는 중앙처리장치(CPU)의 역할만 간단히 정리하고 넘어가세요.

32. 다음 보기는 유닉스(UNIX)의 어떤 작업과 가장 관계가 있는가?

> vi, ed, emacs

① 컴파일
② CD 재생
③ 통신
④ 편집

> **전문가의 조언** 문제의 지문에 제시된 것은 UNIX 시스템이 제공하는 편집기(Editor)입니다. 가끔씩 출제되는 문제입니다. UNIX 시스템에서 제공되는 텍스트 편집기에는 무엇이 있는지 정도만 간단히 파악하고 넘어가세요.

33. 윈도우의 단축키 중 활성화된 창을 닫고 프로그램을 종료하는 것은?

① Ctrl + C
② Ctrl + Esc
③ Alt + F4
④ Shift + Tab

> **전문가의 조언** 활성화된 창을 닫고 프로그램을 종료하는 바로 가기 키(단축키)는 Alt + F4 입니다. 바로 가기 키의 기능을 묻는 문제는 매회 1~2 문제씩 꼭 출제됩니다. **핵심 067**을 참고하여 꼭 정리해 두세요.

34. 도스(MS-DOS)에서 별도의 실행 파일이 존재하지 않고 "COMMAND.COM"이 메모리에 상주하고 있을 경우, 항상 사용할 수 있는 명령어를 의미하는 것은?

① 내부 명령어
② 외부 명령어
③ 배치 명령어
④ 실행 명령어

> **전문가의 조언** 문제에 제시된 내용은 내부 명령어에 대한 설명입니다. 종종 출제되는 내용입니다. **핵심 060**을 참고하여 내부 명령어와 외부 명령어를 구분할 수 있도록 정리하세요.

35. 윈도우의 탐색기에서 이웃하는 파일들을 선택할 때 사용하는 키와 이웃하지 않는 파일들을 선택할 때 사용하는 키의 나열이 순서적으로 옳은 것은?

① Ctrl, Alt
② Shift, Alt
③ Alt, Ctrl
④ Shift, Ctrl

> **전문가의 조언** 이웃하는 파일은 연속적인 파일을, 이웃하지 않는 파일은 비연속적인 파일을 의미합니다. 연속된 파일 선택 시에는 Shift, 비연속된 파일 선택 시에는 Ctrl을 사용합니다. 파일/폴더 선택과 관련된 문제는 자주 출제되고 있으며, 대부분이 연속적인 항목과 비연속적인 항목 선택 시 사용되는 Shift와 Ctrl의 기능만 정확히 구분하면 맞힐 수 있는 문제입니다.

36. 도스에서 DIR 명령은 현재 디렉터리와 파일 등에 관한 정보를 표시해 주는 명령이다. 이 명령의 옵션(Option)에 대한 설명으로 옳지 않은 것은?

① /P : 목록을 한 화면 단위로 표시함
② /A : 기록 속성이 설정된 목록을 표시함
③ /H : 지정한 정렬 방식으로 파일 목록을 표시함
④ /S : 하위 디렉터리의 정보까지 표시함

> **전문가의 조언** '/H'는 숨겨진 파일 목록을 표시하는 옵션입니다. 지정한 정렬 방식으로 파일 목록을 표시하는 옵션은 '/O'입니다. 자주 출제되는 내용입니다. **핵심 063**을 참고하여 DIR의 세부 옵션들을 정리하세요.

37. 윈도우에서 단축 아이콘에 대한 설명으로 옳지 않은 것은?

① 바탕 화면에서 단축 아이콘을 삭제하면 실제 연결되어 있는 프로그램도 삭제된다.
② 실제 실행 파일과 연결해 놓은 아이콘을 말한다.
③ 사용자 임의로 단축 아이콘을 생성하거나 삭제시킬 수 있다.
④ 일반 아이콘과 다른 것은 아이콘 밑에 화살표 표시가 있다.

정답 31. ④ 32. ④ 33. ③ 34. ① 35. ④ 36. ③ 37. ①

38. UNIX에서 파일의 사용 허가를 정의하는 명령은?

① chmod
② finger
③ ls
④ rm

39. 다음은 무엇을 설명하고 있는가?

> Jobs are submitted in sequential batches on input devices such as card readers, and job results are similarly received in batches from output devices such as printers.

① Interactive
② Real-time
③ Print processing
④ Batch Processing

40. 도스(MS-DOS)에서 디스크의 상태를 점검하는 명령은?

① CHKDSK
② FORMAT
③ PROMPT
④ DELTREE

41. UNIX에서 파일의 내용을 화면에 보여 주는 명령은?

① rm
② cat
③ mv
④ type

42. 윈도우에서 새로운 하드웨어를 장착하고 시스템을 가동시키면 자동으로 하드웨어를 인식하고 실행하는 기능은?

① Interrupt 기능
② Auto & play 기능
③ Plug & Play 기능
④ Auto & Plug 기능

43. 윈도우에서 도스를 실행시켰더니 전체 화면 형태로 도구들이 보이지 않아 불편하였다. 도스의 창 형태로 전환하려면 어떤 키를 눌러야 하는가?

① Ctrl + Spacebar
② Ctrl + Enter
③ Alt + Spacebar
④ Alt + Enter

44. UNIX 시스템은 "Shell"이라는 명령어 해석기를 사용하는데 다음 중 Shell의 종류로 옳지 않은 것은?

① C Shell
② Bourne Shell
③ System Shell
④ Korn Shell

45. 도스(MS-DOS)에서 감추어진 파일의 속성을 해제하는 명령은?

① ATTRIB /+A
② ATTRIB /−A
③ ATTRIB /−H
④ ATTRIB /+H

> **전문가의 조언** 도스(MS-DOS)에서 감추어진 파일의 속성을 해제하는 명령은 'ATTRIB /−H'입니다. 종종 출제되는 내용입니다. **핵심 063**을 참고하여 ATTRIB 명령의 옵션을 정리하세요.

46. Windows에서 클립보드(CLIPBOARD)의 역할은?

① 도스 영역을 확보해 준다.
② 그래픽 영역을 설정해 준다.
③ 프로그램 간에 전송되는 자료를 일시적으로 보관하여 준다.
④ 네트워크 환경을 자동으로 설정해 준다.

> **전문가의 조언** 클립보드는 프로그램 간에 전송되는 자료를 일시적으로 보관해 주는 저장 공간입니다. 종종 출제되는 내용입니다. **핵심 073**을 참고하여 클립보드의 기능, 그리고 관련 단축키의 기능에 대해 알아두세요.

47. 윈도우의 특징 설명으로 틀린 것은?

① 16비트 환경의 운영체제이다.
② GUI(Graphic User Interface)로 사용이 편리해졌다.
③ PNP(Plug & Play) 기능을 가지고 있다.
④ 멀티태스킹(Multitasking) 환경을 지원한다.

> **전문가의 조언** Windows는 이전 버전과의 호환을 위해 부분적으로 16비트 데이터 처리를 하나 대부분 32비트나 64비트 데이터 처리를 합니다. Windows의 특징에 대한 내용이 자주 출제됩니다. **핵심 064**를 참고하여 선점형 멀티태스킹, 플러그 앤 플레이, OLE 등을 중심으로 Windows의 특징을 파악해 두세요.

48. 교착상태의 발생 조건이 아닌 것은?

① 순환 대기
② 선점
③ 상호 배제
④ 점유와 대기

> **전문가의 조언** 교착상태(DeadLock)의 발생 조건에는 상호 배제, 점유와 대기, 비선점, 순환 대기가 있습니다. 종종 출제되는 문제입니다. 이 문제를 통해 교착상태의 발생 조건 4가지를 정확히 숙지해 두세요.

49. 도스(MS-DOS)에서 하드디스크의 파티션을 설정하고 논리적 드라이브 번호를 할당하는 명령은?

① FORMAT
② DEFRAG
③ DOSKEY
④ FDISK

> **전문가의 조언** 도스(MS-DOS)에서 하드디스크의 파티션을 설정하고 논리적 드라이브 번호를 할당하는 명령은 FDISK입니다. FORMAT은 디스크를 초기화 하는 명령이고, DEFRAG는 디스크의 단편화를 제거하는 명령어입니다. 명령어가 나올 때마다 각 명령어의 기능을 짚어보고 넘어가세요. DOSKEY는 DOS의 외부 명령어라는 것만 기억해 두세요.

50. 운영체제를 기능상 분류했을 경우 다음 내용에 해당하는 프로그램은?

> 작업의 연속 처리를 위한 스케줄 및 시스템 자원 할당 등을 담당

① 작업 관리 프로그램
② 서비스 프로그램
③ 감시 프로그램
④ 데이터 관리 프로그램

> **전문가의 조언** 작업의 연속 처리를 위한 스케줄 및 시스템 자원 할당 등을 담당하는 프로그램은 작업 관리 프로그램입니다. 자주 출제되는 내용입니다. 운영체제를 제어 프로그램과 처리 프로그램으로 나누고 각각에 해당하는 프로그램을 분류할 수 있어야 합니다. **핵심 050**을 참고하여 정리해 두세요.

51. 다음 중 가청 주파수의 범위는 대략 얼마인가?

① 16[Hz]~0.2[kHz]
② 300[Hz]~4[kHz]
③ 20[Hz]~20[kHz]
④ 300[Hz]~200[kHz]

> **전문가의 조언** 가청 주파수의 범위는 20[Hz] ~ 20,000[Hz]입니다. 자주 출제되는 내용은 아닙니다. 이 문제에서는 가청 주파수의 범위만 기억하고 넘어가세요.

52. 단말기가 12개인 경우 이를 모두 망형으로 네트워크를 형성하고자 할 때 최소로 필요한 회선 수는?

① 33   ② 44
③ 55   ④ 66

> **전문가의 조언** 망형 구성 시 필요한 회선 수는 노드의 수가 n개일 때 n(n-1)/2이므로 12(12-1)/2 = 66개입니다. 노드의 수만 달리하여 자주 출제됩니다. 망형 구성 시 필요한 통신 회선 수 계산 공식을 꼭 기억해 두세요.

53. IPv6 주소에 대한 설명으로 틀린 것은?

① 주소의 확장성, 융통성, 연동성이 뛰어나다.
② 8비트씩 나누어 10진수로 표현하며 각각을 콜론으로 구분한다.
③ Traffic Class, Flow Label을 이용하여 등급별, 서비스별로 패킷을 구분할 수 있어 품질 보장이 용이하다.
④ IPv4와 호환성이 뛰어나다.

> **전문가의 조언** 16비트씩 8부분, 총 128비트로 구성되어 있으며, 각 부분을 16진수로 표현하고, 콜론(:)으로 구분합니다. 최근들어 출제되고 있는 내용입니다. 다시 출제될 수 있는 내용이니 **핵심 111**을 참고하여 IPv6의 특징에 대해 정리하세요.

54. 다음 중 데이터 전송매체로 잡음과 보안에 가장 우수한 것은?

① 가입 전화선
② 광섬유 케이블
③ 동축 케이블
④ M/W 무선회선

> **전문가의 조언** 보기 중 잡음과 보안에 가장 우수한 전송매체는 광섬유 케이블입니다. 광섬유 케이블의 특징을 묻는 문제는 자주 출제되니 **핵심 088**을 참고하여 확실히 파악해 두세요.

55. 인터넷 상에서 메일을 보낼 수 있는 프로토콜에 해당하는 것은?

① HTTP   ② SNMP
③ SMTP   ④ FTP

> **전문가의 조언** 보기 중 메일을 보낼 수 있는 프로토콜은 SMTP입니다. 보기로 제시된 나머지 프로토콜들의 기능도 정리하세요.
> • HTTP(HyperText Transfer Protocol) : 하이퍼텍스트 문서를 전송하기 위해 사용되는 프로토콜
> • SNMP(Simple Network Management Protocol) : 간이 망 관리 프로토콜로 네트워크 관리 및 네트워크 장치와 동작을 감시하는 역할을 함
> • FTP(File Transfer Protocol) : 파일 전송 프로토콜

56. 공중파 TV 방송 신호는 일정한 대역폭에 맞추어 음성과 영상 신호들을 각 채널 반송파에 할당하여 전송한다. 이러한 방식에 해당되는 것은?

① 시분할 다중화
② 통계적 시분할 다중화
③ 코드 분할 다중화
④ 주파수 분할 다중화

> **전문가의 조언** 문제에 제시된 내용과 관계된 것은 주파수 분할 다중화입니다. 주파수 분할 다중화기는 특징과 보호 대역의 역할을 묻는 문제가 주로 출제됩니다. **핵심 102**를 참고하여 주파수 분할 다중화기의 특징을 정리하세요.

57. 회선 교환 방식에 대한 일반적인 설명으로 틀린 것은?

① 고정된 대역폭 전송 방식이다.
② 실시간 전송에 적합하다.
③ 접속에는 짧은 시간이 소요되며 전송 지연은 길다.
④ 속도나 코드 변환이 불가능하다.

> **전문가의 조언** 회선 교환 방식은 접속에는 긴 시간이 소요되나, 일단 접속되면 전송 지연이 거의 없어 실시간 전송이 가능합니다. 자주 출제되는 문제는 아닙니다. 문제에 제시된 회선 교환 방식의 특징 정도만 간단히 알아두세요.

58. 광섬유 케이블에서 정보 전송의 기본 현상은?

① 굴절   ② 전반사

③ 흡수   ④ 산란

전문가의 조언 광섬유 케이블은 빛의 전반사 원리를 이용하여 데이터를 전송합니다. 광섬유 케이블의 특징을 묻는 문제가 자주 출제된다고 했죠? 이 문제를 틀렸다면 **핵심 088**을 참고하여 광섬유 케이블의 특징을 다시 한 번 정리하고 넘어가세요.

59. 해밍 코드에서 정보 비트가 3개이면 해밍 부호화 할 때 요구되는 해밍 비트(패리티 비트)의 수는 몇 개인가?

① 2   ② 4

③ 5   ④ 3

전문가의 조언 해밍 코드에서 패리티 비트의 위치는 1, 2, 4, 8, … 2^n번째 위치하므로 정보 비트가 3개인 경우 다음과 같이 패리티 비트가 사용됩니다.

P1	P2	D	P3	D	D

(P : 패리티 비트, D : 정보 비트)
자주 출제되는 문제는 아닙니다. 해밍 코드에서 패리티 비트의 위치를 산정하는 방법만 기억해 두세요.

60. 다음 중 멀티미디어 요소로 볼 수 없는 것은?

① 그래픽   ② 비디오

③ 사운드   ④ DVD

전문가의 조언 멀티미디어는 다중 매체라는 의미로 텍스트, 그래픽, 사운드, 동영상, 애니메이션 등의 다양한 매체를 디지털 데이터로 통합하여 전달합니다. DVD는 멀티미디어 요소가 아니라 멀티미디어 등의 데이터를 저장하기 위한 저장 매체입니다. 자주 출제되는 문제는 아닙니다. 이 문제에서는 멀티미디어의 개념만 기억하고 넘어가세요.

최종점검 기출문제 CBT

실제 시험장이 궁금하다고요? 시험장과 동일한 CBT 환경에서 실제 시험보듯 기출문제를 풀어보세요. 자세한 해설은 덤입니다. 지금 당장 QR 코드를 스캔해 보세요.

www.membox.co.kr을 직접 입력해도 접속할 수 있습니다.

1. 컴퓨터 내에서 실행되는 명령어와 데이터가 이동되는 통로를 일컫는 것은?

① 라인
② 버스
③ 체인
④ 드라이버

> **전문가의 조언** 컴퓨터 내에서 실행되는 명령어와 데이터가 이동되는 통로를 버스(BUS)라고 합니다. 이 문제를 통해 버스의 기능을 정확히 기억해 두세요.

2. −14를 부호화된 2의 보수로 표현하면?

① 10001110
② 11100011
③ 11110010
④ 11111001

> **전문가의 조언** −14를 부호화된 2의 보수로 표현하면 11110010입니다.
> ❶ 양수 14를 2진수로 변환합니다.
> 1110
> ❷ 보기에 제시된 숫자 길이에 맞게 왼쪽에 0을 추가합니다.
> 00001110
> ❸ 1의 보수를 구합니다.
> 00001110
>
> 11110001
> ❹ 1의 보수에 1을 더해 2의 보수를 구합니다.
> 11110001 + 1 = 11110010
> 종종 출제되는 문제입니다. 꼭 이해하고 넘어가세요.

3. 중앙처리장치와 입·출력장치의 속도 차이를 해결하기 위하여 필요로 하는 것은?

① 버퍼
② 모뎀
③ 라우터
④ D/A변환기

> **전문가의 조언** 중앙처리장치와 입·출력장치의 속도 차이를 해결하기 위하여 필요로 하는 것은 버퍼입니다. 자주 출제되는 내용은 아니지만 전자계산기 과목을 공부할 때 꼭 알고 있어야 할 개념입니다. 버퍼의 개념을 기억해 두세요.

4. 주기억장치에서 기억장치의 지정은 무엇에 따라 행하여지는가?

① 레코드(Record)
② 블록(Block)
③ 어드레스(Address)
④ 필드(Field)

> **전문가의 조언** 주기억장치에서 기억장치는 주소(Address)로 지정됩니다. 문제와 보기가 동일하게 출제된 적이 있는 문제입니다. 주기억장치에서 기억장치는 주소(Address)로 지정한다는 것을 꼭 기억해 두세요.

5. 레지스터 중 Program Counter의 기능을 바르게 설명한 것은?

① 현재 실행중인 명령어의 내용을 기억한다.
② 주기억장치의 번지를 기억한다.
③ 다음에 수행할 명령어의 번지를 기억한다.
④ 연산의 결과를 일시적으로 보관한다.

> **전문가의 조언** 프로그램 카운터(Program Counter)는 다음에 수행할 명령어의 번지를 기억합니다. ①번은 명령 레지스터, ②번은 메모리 주소 레지스터(MAR), ④번은 누산기에 대한 설명입니다. 레지스터들의 기능을 묻는 문제가 자주 출제됩니다. **핵심 003**을 참고하여 주요 레지스터들의 기능을 명확히 파악해 두세요.

6. 특정 값을 여러 자리인 2진수로 변환하거나 특정장치로부터 보내오는 신호를 여러 개의 2진 신호로 바꾸어 변환시키는 장치는?

① 인코더(Encoder)
② 디코더(Decoder)
③ 멀티플렉서
④ 플립플롭

> **전문가의 조언** 특정 값을 여러 자리인 2진수로 변환하거나 특정장치로부터 보내오는 신호를 여러 개의 2진 신호로 바꾸어 변환시키는 장치는 인코더(Encoder)입니다. 동일하게 출제된 적이 있는 문제입니다. 인코더의 기능과 함께 **핵심 011**을 참고하여 나머지 보기로 제시된 장치들의 기능도 간단히 정리하고 넘어가세요.

7. 명령어(Instruction)의 구성을 가장 바르게 표현한 것은?

① 명령 코드부와 번지부로 구성
② 오류 검색 코드 형식
③ 자료의 표현과 주소지정 방식
④ 주 프로그램과 부 프로그램

전문가의 조언 컴퓨터에서 실행되는 명령어는 크게 연산자가 표시되는 연산자(명령 코드, Operation Code)부와 연산의 수행에 필요한 자료의 정보가 표시되는 자료부(번지부, Operand)로 구성됩니다. 자주 출제되는 내용입니다. **핵심 020**을 참고하여 명령어의 구성을 기억하고 연산자부와 자료부의 기능을 구분할 수 있도록 정리하세요.

8. 16진수 2C를 10진수로 변환한 것으로 옳은 것은?

① 41
② 42
③ 43
④ 44

전문가의 조언 16진수를 10진수로 변환하려면 16진수의 각 자리를 분리하여 각 자리의 숫자와 자리의 지수 승을 곱한 결과를 모두 더하면 됩니다.
$2C = 2 \times 16^1 + 12(C) \times 16^0$
$= 32 + 12$
$= 44$
진법 변환은 매회 한 문제씩 빠지지 않고 출제되고 있습니다. 10진수, 2진수, 8진수, 16진수를 상호 변환할 수 있도록 변환 방법을 확실히 숙지해야 합니다. 이 문제에서는 16진수를 10진수로 변환하는 방법을 확실히 파악하고 넘어가세요.

9. 명령어(Instruction) 설계 시 고려할 사항으로 옳지 않은 것은?

① 컴파일러 기술의 사용
② 메모리 접근 횟수 감소
③ 많은 범용 레지스터의 사용
④ 제한적이고 복잡한 명령어 세트

전문가의 조언 제한적이고 복잡한 명령어 세트는 명령어 설계 시 고려할 사항이 아닙니다. 자주 출제되는 내용은 아닙니다. 이 문제를 통해 명령어 설계 시 고려할 사항을 간단히 정리하고 넘어가세요.

10. 2진수로 부여된 주소 값이 직접 기억장치의 피연산자가 위치한 곳을 지정하는 주소지정 방법은?

① 즉시 주소지정(Immediate Addressing)
② 직접 주소지정(Direct Addressing)
③ 간접 주소지정(Indirect Addressing)
④ 인덱스 주소지정(Index Addressing)

전문가의 조언 2진수로 부여된 주소 값이 직접 기억장치의 피연산자가 위치한 곳을 지정하는 것은 직접 주소지정(Direct Addressing)입니다. 주소지정방식들의 특징을 묻는 문제가 자주 출제됩니다. 주소지정방식들의 개별적인 특징은 각각의 명칭과 연관지어 이해하면 쉽게 기억됩니다. **핵심 024**를 참고하여 정리해 두세요.

11. 캐시 메모리(Cache Memory)의 설명으로 옳은 것은?

① 대용량 기억장치용으로 주로 사용된다.
② 전원이 꺼져도 내용은 그대로 유지된다.
③ 컴퓨터의 주기억장치로 주로 이용된다.
④ CPU와 주기억장치 사이의 속도 차이를 해결하기 위한 고속 메모리로 이용된다.

전문가의 조언 캐시 메모리(Cache Memory)는 CPU와 주기억장치 사이의 속도 차이를 해결하기 위해 이용됩니다. 캐시 메모리와 가상 메모리의 개념을 묻는 문제가 가끔 출제됩니다. **핵심 029**를 참고하여 어떤 메모리를 말하는지 찾아낼 수 있도록 개념을 정확히 숙지해 두세요.

12. 다음과 같이 현재 번지부에 표현된 값이 실제 데이터가 기억된 번지가 아니고, 그 곳에 기억된 내용이 실제의 데이터 번지가 되도록 표시하는 주소지정 방식은?

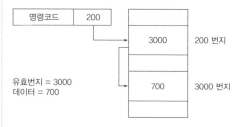

① 직접 주소(Direct Address)
② 간접 주소(Indirect Address)
③ 상대 주소(Relative Address)
④ 묵시 주소(Implied Address)

13. 다음을 논리식으로 바르게 표현한 것은?

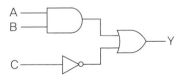

① $(A \cdot B) + \overline{C}$
② $(A + B) \cdot \overline{C}$
③ $A + B + C$
④ $\overline{AC} + \overline{C} + A$

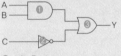
14. CPU를 경유하지 않고 고속의 입·출력장치와 기억장치가 직접 데이터를 주고받는 방식은?

① DMA(Direct Memory Access)
② 프로그램에 의한 입출력(Programmed I/O)
③ 인터럽트에 의한 입출력(Interrupt Driven I/O)
④ 채널 제어기에 의한 입출력

15. 불 대수의 정리로 옳지 않은 것은?

① $\overline{A} \cdot \overline{B} = \overline{A + B}$
② $\overline{A} \cdot A = 0$
③ $A + A \cdot B = A$
④ $A + A = 1$

16. 16진수 4CD를 8진수로 변환하면?

① $(2315)_8$
② $(2325)_8$
③ $(2335)_8$
④ $(2336)_8$

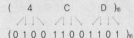
17. 인스트럭션 레지스터(Instruction Register), 부호기, 번지 해독기, 제어 계수기 등과 관계있는 장치는?

① 입력장치
② 제어장치
③ 연산장치
④ 기억장치

18. PC 내의 레지스터 중 연산 결과에 따라 자리올림이나 오버플로가 발생했는지의 여부와 외부로부터의 인터럽트 신호까지 나타내는 것은?

① 상태 레지스터
② 데이터 레지스터
③ 명령 레지스터
④ 인덱스 레지스터

전문가의 조언 연산 결과에 따라 자리올림이나 오버플로가 발생했는지의 여부와 외부로부터의 인터럽트 신호까지 나타내는 것은 상태 레지스터입니다. 레지스터들의 기능을 묻는 문제가 자주 출제된다고 했죠? **핵심 003**을 통해 주요 레지스터들의 기능을 다시 한번 정리하고 넘어가세요.

19. RISC(Reduced Instruction Set Computer)에 대한 설명으로 틀린 것은?

① 하드웨어나 마이크로 코드 방식으로 구현한다.
② 모든 명령어를 1사이클에 실행한다.
③ 단순한 파이프 라인 구조를 가진다.
④ 명령어와 데이터에 대한 통합 캐시를 이용한다.

전문가의 조언 RISC는 명령어와 데이터를 분리하는 분리 캐시를 이용합니다. 가끔 출제되는 내용입니다. **핵심 002**를 참고하여 CISC와 RISC의 특징을 구분하여 파악해 두세요.

20. 순차처리(Sequential Access)만 가능한 장치는?

① Magnetic Core
② Magnetic Durm
③ Magnetic Disk
④ Magnetic Tape

전문가의 조언 처음부터 차례대로만 처리하는 순차 처리 장치는 자기 테이프(Magnetic Tape)입니다. 이 문제에서는 자기 테이프는 순차 처리 장치라는 것만 기억하고 넘어가세요.

21. 스프레드시트에서 조건을 부여하여 이에 맞는 자료들만 추출하여 표시하는 것을 무엇이라고 하는가?

① 프레젠테이션   ② 필터
③ 매크로   ④ 정렬

전문가의 조언 문제에 제시된 내용은 필터의 기능입니다. 엑셀(스프레드시트)의 주요 기능에 대한 문제가 자주 출제되고 있으니 **핵심 047**을 참고하여 확실히 정리해 두세요.

22. 프레젠테이션에서 화면을 전환하는 단위는?

① 셀   ② 개체
③ 슬라이드   ④ 시나리오

전문가의 조언 프레젠테이션에서 화면을 전환하는 단위는 슬라이드입니다. 프레젠테이션의 구성 요소를 묻는 문제가 자주 출제됩니다. **핵심 048**을 참고하여 각각의 의미를 명확히 숙지하세요.

23. HDLC(High-level Data Link Control)의 제어부에 속한 프레임의 종류가 아닌 것은?

① I 프레임   ② S 프레임
③ U 프레임   ④ C 프레임

전문가의 조언 HDLC의 제어부에 속한 프레임에는 I 프레임, S 프레임, U 프레임이 있습니다. 자주 출제되는 내용은 아닙니다. HDLC의 프레임 구조에 대해 간단히 정리하고 넘어가세요.

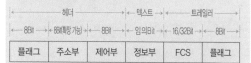

플래그	주소부	제어부	정보부	FCS	플래그

- **플래그(Flag)** : 프레임의 시작과 끝을 나타내는 고유한 비트 패턴 (01111110)으로 각 통화로의 혼선을 방지하기 위해 동기를 유지함
- **주소부(Address Field)** : 송·수신국을 식별하기 위해 사용. 불특정 다수에게 전송하는 방송용(Broadcast)은 '11111111', 시스템에 의해 임의로 수신국이 지정되는 시험용(No Station)은 '00000000'을 사용
- **제어부(Control Field)**
  – 프레임의 종류를 식별하기 위해 사용. 제어부의 첫 번째, 두 번째 비트를 사용하여 프레임 종류를 I 프레임, S 프레임, U 프레임으로 구별함
- **정보부(Information Field)** : 실제 정보 메시지가 들어 있는 부분으로, 송·수신 측 간의 협의에 따라 길이와 구성이 정해짐
- **FCS(프레임 검사 순서 필드)** : 프레임 내용에 대한 오류 검출을 위해 사용되는 부분으로, 일반적으로 CRC 코드가 사용됨

24. 스프레드시트에서 기본 입력 단위는?

① 셀   ② 툴 바
③ 탭   ④ 블록

25. DBMS의 필수 기능에 해당하지 않는 것은?

① 정의 기능
② 조작 기능
③ 독립 기능
④ 제어 기능

26. SQL의 데이터 조작문(DML)에 해당하지 않는 것은?

① UPDATE
② DROP
③ INSERT
④ SELECT

27. 다음 SQL 문의 의미로 적합한 것은?

> SELECT * FROM 사원;

① 사원 테이블을 삭제한다.
② 사원 테이블에서 전체 레코드의 모든 필드를 검색한다.
③ 사원 테이블에서 "*" 값이 포함된 모든 필드를 검색한다.
④ 사원 테이블의 모든 필드에서 "*" 값을 추가한다.

28. 윈도용 PC데이터베이스에서 그래픽 화면을 사용한 입출력 틀을 무엇이라 하는가?

① Form
② Query
③ Report
④ Table

29. 데이터베이스 3단계 스키마의 종류에 해당하지 않는 것은?

① 외부(External) 스키마
② 처리(Process) 스키마
③ 개념(Conceptual) 스키마
④ 내부(Internal) 스키마

30. SQL 구문 형식으로 옳지 않은 것은?

① SELECT ~ FROM ~ WHERE
② DELETE FROM ~ WHERE
③ INSERT INTO ~ WHERE
④ UPDATE ~ SET ~ WHERE

31. 윈도우에서 활성화된 창을 클립보드에 복사하는 단축키는? (단, PrtScr는 프린트 스크린 키이다.)

① Alt + PrtScr
② Shift + PrtScr
③ Ctrl + PrtScr
④ Space + PrtScr

32. 기억 장소의 크기가 너무 작아서 이용할 수 없는 부분으로 남아 있는 상태는?

① Compaction
② Fragmentation
③ Garbage Collection
④ Replacement

전문가의 조언 기억 장소의 크기가 너무 작아서 이용할 수 없는 부분으로 남아 있는 상태를 단편화(Fragmentation)라고 합니다. 자주 출제되는 내용은 아닙니다. 단편화의 의미와 함께 나머지 보기로 제시된 용어의 의미도 간단히 정리하고 넘어가세요.
• 압축(Compaction) 기법, 쓰레기 수집(Garbage Collection) : 주기억장치 내에 분산되어 있는 단편화된 빈 공간을 결합하여 하나의 큰 가용 공간을 만드는 작업
• 교체(Replacement) 전략 : 페이지 부재(Page Fault)가 발생했을 때 가상기억장치의 필요한 페이지를 주기억장치에 적재해야 하는데, 이때 주기억장치의 모든 페이지 프레임이 사용 중이면 어떤 페이지 프레임을 선택하여 교체할지 결정하는 기법

33. 윈도우에서 작업 표시줄(Task Bar)의 속성에 대한 설명으로 틀린 것은?

① 작업 표시줄 자동 숨기기를 설정하면 필요시만 화면에 나타난다.
② 현재 실행중인 프로그램은 작업 표시줄에 표시된다.
③ 작업 표시줄 여백에 마우스 포인터를 위치시키고 마우스의 왼쪽 버튼을 눌러 속성을 볼 수 있다.
④ 작업 표시줄 잠금은 작업 표시줄의 영역을 임의로 설정하지 못하게 한다.

전문가의 조언 작업 표시줄의 속성은 작업 표시줄 여백에서 마우스의 오른쪽 버튼을 눌러야 선택할 수 있습니다. 작업 표시줄에 대한 문제는 종종 출제됩니다. 보기로 제시된 내용 정도는 숙지하고 넘어가세요.

34. 시스템의 성능을 극대화하기 위한 운영체제의 목적으로 틀린 것은?

① 처리 능력 증대
② 사용 가능도 증대
③ 신뢰도 향상
④ 응답 시간 지연

전문가의 조언 운영체제의 목적에는 처리 능력 향상, 반환(응답) 시간 단축, 사용 가능도 향상, 신뢰도 향상이 있습니다. 종종 출제되는 내용입니다. 핵심 049를 참고하여 운영체제의 4가지 목적과 성능평가 기준 4가지를 꼭 정리하고 넘어가세요.

35. 윈도우에서 [휴지통]에 관한 설명으로 옳은 것은?

① [휴지통]의 크기에 대한 초기 설정은 하드디스크의 20%이다.
② [휴지통]에 있는 파일들은 디스크의 공간을 차지하지 않는다.
③ [휴지통]에 있는 파일은 자동으로 삭제된다.
④ Shift를 누른 상태로 해당 파일을 드래그하여 [휴지통]에 넣으면 파일이 [휴지통]에 보관되지 않고 바로 삭제된다.

전문가의 조언 Shift를 누른 상태로 해당 파일을 드래그하여 [휴지통]에 넣으면 파일이 [휴지통]에 보관되지 않고 바로 삭제됩니다.
① 휴지통의 크기에 대한 초기 설정은 하드디스크의 10%입니다.
② 휴지통에 있는 파일들도 디스크의 공간을 차지합니다.
③ 휴지통에 있는 파일들은 일반적으로 사용자가 직접 삭제해야만 휴지통에서 삭제됩니다. 단, 휴지통이 꽉 차서 휴지통 내 더 이상 보관할 공간이 없을 경우 가장 먼저 삭제된 파일이 삭제되면서 새로 삭제된 파일이 보관됩니다.
휴지통의 사용 방법을 묻는 문제가 자주 출제됩니다. 핵심 074를 참고하여 확실히 정리해 두세요.

36. UNIX 시스템에서 명령어 해석기에 해당하는 것은?

① 쉘(Shell)
② 커널(Kernel)
③ 유틸리티(Utility)
④ 응용 프로그램(Application Program)

전문가의 조언 UNIX 시스템에서 명령어 해석기에 해당하는 것은 쉘(Shell)입니다. 이 문제보다는 커널과 쉘의 기능을 구분해내는 문제가 더 자주 출제됩니다. UNIX 시스템에서 명령어 해석기는 쉘이라는 것을 기억하고, 핵심 080을 참고하여 커널과 쉘의 기능을 정확히 구분하여 파악해 두세요.

37. 윈도우에서 파일이나 폴더를 이동하거나 복사할 때 또는 창의 크기를 조절할 때 사용되는 마우스 조작은?

① 클릭(Click)
② 더블클릭(Double Click)
③ 드래그 앤 드롭(Drag & Drop)
④ 오른쪽 단추 클릭

전문가의 조언 파일이나 폴더를 이동하거나 복사할 때 또는 창의 크기를 조절할 때 사용되는 마우스 조작은 드래그 앤 드롭(Drag & Drop)입니다. 가끔 출제되는 내용이지만 어렵지 않습니다. **핵심 066**을 참고하여 나머지 동작 방법도 확실히 알아두세요.

38. 도스(MS-DOS)에서 시스템 부팅 시 반드시 필요한 파일이 아닌 것은?

① IO.SYS
② MS.DOS
③ COMMAND.COM
④ CONFIG.SYS

전문가의 조언 도스(MS-DOS)에서 시스템 부팅 시 반드시 필요한 시스템 파일은 IO.SYS, MSDOS.SYS, COMMAND.COM입니다. CONFIG. SYS는 사용자에게 필요한 시스템 환경을 설정하는 파일로 부팅 시 반드시 필요한 파일은 아닙니다. 도스 부팅 시 반드시 필요한 파일을 묻는 문제가 자주 출제됩니다. 3가지 파일을 꼭 기억해 두세요.

39. 도스(MS-DOS)에서 "ATTRIB" 명령 사용 시, 읽기 전용 속성을 해제할 때 사용하는 옵션은?

① -H   ② -S
③ -A   ④ -R

전문가의 조언 ATTRIB +R은 읽기 전용 속성을 지정하는 것이고, ATTRIB -R은 읽기 전용 속성을 해제하는 것입니다. ATTRIB 명령은 옵션을 모두 알아야 풀 수 있는 문제가 출제됩니다. **핵심 063**을 참고하여 속성을 지정할 때는 +, 해제할 때는 -를 사용한다는 것을 염두에 두고 옵션을 확실히 숙지하세요.

40. 다음 중 윈도우에 대한 특징으로 가장 거리가 먼 것은?

① 파일 이름은 최대 255자까지 지원하나 공백은 포함할 수 없다.
② 멀티태스킹(Multi-Tasking) 환경을 지원한다.
③ 마우스 버튼을 눌러 원하는 작업을 실행할 수 있다.
④ GUI(Graphic User Interface) 방식의 운영체제이다.

전문가의 조언 윈도우는 파일을 이름을 255자까지 지원하고, 파일 이름에 공백을 포함할 수 있습니다. 윈도우의 특징을 묻는 문제는 자주 출제됩니다. **핵심 064**를 참고하여 선점형 멀티태스킹, 플러그 앤 플레이, OLE 등을 중심으로 Windows의 특징을 파악해 두세요.

41. UNIX 시스템에서 현재 작업 중인 프로세스의 상태를 알기 위해 사용하는 명령어는?

① cat   ② ps
③ ls   ④ cp

전문가의 조언 UNIX 시스템에서 현재 작업 중인 프로세스의 상태를 알기 위해 사용하는 명령어는 ps입니다. UNIX에서는 명령어들의 기능을 묻는 문제가 자주 출제됩니다. **핵심 082**와 **083**을 참고하여 나머지 보기로 제시된 명령어의 기능도 파악해 두세요.

42. 스풀링(Spooling)에 대한 설명으로 틀린 것은?

① 프로세서와 입출력 장치와의 속도 차이를 해결하여 시스템의 효율을 높이는 방법이다.
② 여러 개의 작업에 대해서 CPU 작업과 입출력 작업으로 분할한다.
③ 출력 시 출력할 데이터를 만날 때마다 주기억장치로 보내 저장시키는 장치이다.
④ 프로그램 실행과 속도가 느린 입출력을 이원화한다.

전문가의 조언 스풀링은 출력할 데이터를 만날 때마다 주기억장치로 보내 저장시키는 것이 아니라, 인쇄할 내용을 먼저 하드디스크에 저장하고 백그라운드 작업으로 CPU의 여유 시간에 틈틈이 인쇄하는 방법입니다. 스풀링의 개념은 중요합니다. 문제를 통해 꼭 숙지해 두세요.

43. 윈도우의 바로 가기 아이콘에 대한 특징으로 옳은 것은?

① 바로 가기 아이콘은 자주 사용하는 문서나 프로그램을 빠르게 실행시키기 위한 아이콘으로, 실제 실행 파일과 연결되지는 않는다.
② 바로 가기 아이콘은 단축 아이콘이라고도 하며, 폴더나 파일 등의 개체에 작성할 수 있으나, 디스크 드라이브, 다른 컴퓨터, 프린터 등은 작성이 불가능하다.
③ 바로 가기 아이콘의 확장자는 LNK이며, 컴퓨터에 여러 개 존재해도 상관없다.
④ 바로 가기 아이콘을 삭제하면 원본 파일도 삭제되므로 항상 주의해야 한다.

전문가의 조언 바로 가기 아이콘의 확장자는 LNK이며, 컴퓨터에 여러 개 존재해도 상관없습니다.
① 바로 가기 아이콘은 실제 실행 파일과 연결된 아이콘으로, 자주 사용하는 문서나 프로그램을 빠르게 실행시키기 위한 것입니다.
② 바로 가기 아이콘은 디스크 드라이브, 다른 컴퓨터, 프린터 등의 개체에서 대해서도 작성할 수 있습니다.
④ 바로 가기 아이콘을 삭제하더라도 원본 파일은 삭제되지 않습니다.
바로 가기(단축) 아이콘의 전반적인 특징을 묻는 문제가 자주 출제됩니다. **핵심 069**를 참고하여 확실히 파악하고 넘어가세요.

44. 다음 ( ) 안의 내용으로 가장 적절한 것은?

A(n) ( ) is a program that acts an intermediary between a user of computer and the computer hardware.

① GUI
② Compiler
③ File System
④ Operating System

전문가의 조언 컴퓨터 하드웨어와 컴퓨터 사용자 사이에서 중계자 역할을 하는 프로그램은 운영체제(Operating System)입니다. 종종 출제되는 내용입니다. 키워드 '컴퓨터 하드웨어와 컴퓨터 사용자 사이의 중계자 역할(intermediary between a user of a computer and computer hardware)'을 기억하면 쉽게 풀 수 있습니다.

45. 도스(MS-DOS)에서 사용자가 잘못해서 파일을 삭제하였을 때, 이를 복원하는 명령어는?

① Delete
② Undelete
③ Back up
④ Anti

전문가의 조언 파일을 삭제할 때는 Delete를, 복원할 때는 Undelete를 사용합니다. 이 문제에서는 Delete와 Undelete 명령어의 기능만 기억하고 넘어가세요.

46. 도스(MS-DOS)에서 하드디스크(HDD)의 영역을 논리적으로 설정하고 사용 가능하도록 분할하는 명령어는?

① FDISK
② CHKDSK
③ FORMAT
④ SCANDISK

전문가의 조언 도스(MS-DOS)에서 하드디스크(HDD)의 영역을 논리적으로 설정하고 사용 가능하도록 분할하는 명령어는 FDISK입니다. 가끔 출제되는 내용입니다. '하드디스크 분할'하면 'FDISK'라는 것을 기억해 두세요. 그리고 나머지 보기로 제시된 명령들의 기능도 중요하니 **핵심 061**을 참고하여 꼭 알아두세요.

47. UNIX의 특징을 설명한 것으로 틀린 것은?

① 대부분 고급 언어인 C언어로 구성되어 타 기종에 이식성이 높다.
② 동시에 여러 작업(Task)을 수행할 수 있는 시스템이다.
③ 파일 구조가 선형 구조의 형태로 되어 있어 파일을 효과적으로 운영할 수 있다.
④ 다수의 사용자(User)가 동시에 사용할 수 있는 시스템이다.

전문가의 조언 여기서 파일 구조란 파일 시스템을 의미합니다. UNIX의 파일 시스템은 선형 구조가 아니라 트리 구조입니다. UNIX의 전반적인 특징을 묻는 문제가 종종 출제됩니다. **핵심 079**를 참고하여 확실하게 정리하고 넘어가세요.

48. 시스템 프로그램을 디스크로부터 주기억장치로 읽어 내어 컴퓨터를 이용할 수 있는 상태로 만들어 주는 과정은?

① 부팅(Booting)
② 스케줄링(Scheduling)
③ 업데이트(Update)
④ 데드락(Deadlock)

> **전문가의 조언** 시스템 프로그램을 디스크로부터 주기억장치로 읽어 내어 컴퓨터를 이용할 수 있는 상태로 만들어 주는 과정은 부팅(Booting) 입니다. 가끔 출제되는 내용입니다. 부팅의 의미를 꼭 기억해 두세요.

49. 다음이 설명하고 있는 것은?

> The term often used for starting a computer, especially one that loads its operating software from the disk.

① Bootstrap
② Store
③ Replacing
④ Spooling

> **전문가의 조언** 컴퓨터를 시작하는 것에 관한 용어로, 특히 디스크로부터 운영체제를 로드하는 것을 Bootstrap이라고 합니다. Booting과 같은 의미로 생각하면 됩니다. 48번 문제를 풀었으니 부팅의 개념에 대해서는 정리가 되었죠? 키워드 '디스크로부터 운영체제를 로드(loads its operating software from the disk)'를 기억해 두세요.

50. UNIX에서 파일의 내용을 화면에 보여주는 명령은?

① rm
② cat
③ mv
④ type

> **전문가의 조언** UNIX에서 파일의 내용을 화면에 보여주는 명령은 cat입니다. type는 파일의 내용을 화면에 보여주는 도스(MS-DOS) 명령어입니다. UNIX에서는 명령어들의 기능을 묻는 문제가 자주 출제된다고 했죠? 문제가 나올때 마다 보기로 제시된 명령어의 기능을 꼭 파악해 둬야 합니다. **핵심 083**을 참고하여 나머지 보기로 제시된 명령어의 기능을 정리하세요.

51. 다음 중 2차 정수가 아닌 것은?

① 감쇠 정수
② 위상 정수
③ 특성 임피던스
④ 누설 컨덕턴스조

> **전문가의 조언** 누설 컨덕턴스는 전송 선로의 1차 정수입니다. 가끔씩 출제되는 문제입니다. **핵심 088**을 참고하여 1차 정수와 2차 정수를 구분하여 알아두세요.

52. 이동통신의 전파 특성 중 이동체가 송신 측으로 빠르게 다가오거나 멀어짐에 따라 수신 신호의 주파수 천이가 발생하는 현상은?

① 지연확산
② 심볼간 간섭현상
③ 경로손실
④ 도플러 효과

> **전문가의 조언** 문제에 제시된 내용은 도플러 효과의 개념입니다. 자주 출제되는 내용은 아닙니다. 이 문제에서는 도플러 효과가 무엇인지만 기억하고 넘어가세요.

53. 정보 통신에서 1초에 전송되는 비트(Bit)의 수를 나타내는 전송 속도의 단위는?

① bps
② Baud
③ Cycle
④ Hz

> **전문가의 조언** 1초에 전송되는 비트의 수를 bps(Bit Per Second)라고 합니다. 가끔 출제되는 내용입니다. bps(Bit Per Second)의 의미와 함께 정보 통신에서 사용되는 통신 속도 단위들의 쓰임새를 정리하고 넘어가세요.
> • **변조 속도** : 1초 동안 몇 개의 신호 변화가 있었는가를 나타내는 것(단위 : Baud)
> • **전송 속도** : 단위 시간에 전송되는 데이터의 양(문자, 블록, 단어 수 등)
> • **베어러 속도** : 데이터 신호에 동기 문자, 상태 신호 등을 합한 속도

54. 비동기 변·복조기에서 주로 널리 이용되는 변조 방법은?

① 위상 편이 변조(PSK)
② 주파수 편이 변조(FSK)
③ 펄스 코드변조(PCM)
④ 델타 변조(DM)

> **전문가의 조언** 동기식 변·복조기에서는 위상 편이 변조(PSK)를, 비동기식 변·복조기에서는 주파수 편이 변조(FSK)를 이용합니다. 디지털 변조 방식과 관련된 문제가 한 회에 두 문제나 출제되었네요. 이 문제를 틀렸다면 **핵심 091**을 참고하여 디지털 변조 방식의 개별적인 특징을 다시 한 번 정리하고 넘어가세요.

55. 통신 속도가 50[Baud]일 때 최단 부호 펄스의 시간은?

① 0.1[sec]   ② 0.02[sec]
③ 0.05[sec]   ④ 0.001[sec]

> **전문가의 조언** 50[Baud]는 1초에 50번의 신호 변화가 있음을 나타내므로 한 개 신호(펄스)의 길이는 1/50 = 0.02[sec]가 됩니다. Baud와 시간의 관계 보다는 변조 속도(Baud)와 신호 속도(bps)를 상호 변환하는 문제가 더 자주 출제됩니다. 공식이 어렵지 않으니 꼭 기억해 두세요.
> **신호 속도와 변조 속도 계산 공식**
> • 데이터 신호 속도(Bps) = 변조 속도(Baud) × 변조 시 상태 변화 비트 수
> • 데이터 변조 속도(Baud) = 데이터 신호 속도(Bps) / 변조 시 상태 변화 비트 수

56. 하나의 정보를 여러 개의 반송파로 분할하고, 분할된 반송파 사이의 주파수 간격을 최소화하기 위해 직교 다중화해서 전송하는 통신 방식으로, 와이브로 및 디지털 멀티미디어 방송 등에 사용되는 기술은?

① TDM   ② OFDM
③ DSSS   ④ FHSS

> **전문가의 조언** 문제에 제시된 내용 OFDM(Orthogonal Frequency Division Multiplexing, 직교 주파수 분할 다중화)의 개념입니다. 자주 출제되는 문제는 아닙니다. 이 문제에서는 OFDM의 개념만 기억하고 넘어가세요.

57. TDM과 관련된 설명으로 옳은 것은?

① 주로 아날로그 병렬 전송에 이용된다.
② 각 채널별 대역 필터가 필요하다.
③ 주파수 대역을 나누어 여러 채널로 사용한다.
④ 각 채널당 고정된 프레임을 구성하여 전송한다.

> **전문가의 조언** TDM은 각 채널당 고정된 프레임을 구성하여 전송합니다.
> • ① : TDM은 주로 디지털 전송에서 이용됩니다.
> • ②, ③ : 주파수 분할 다중화(FDM) 방식에 대한 설명입니다.
> 시분할 다중화 방식(TDM)보다는 주파수 분할 다중화 방식의 특징을 묻는 문제가 더 자주 출제됩니다. **핵심 102**를 참고하여 두 방식의 특징을 서로 구분할 수 있도록 정리하고 넘어가세요.

58. 정보 통신 시스템을 구성하는 기본 요소가 아닌 것은?

① 통신 제어장치
② 전송회선
③ 호스트 컴퓨터
④ 멀티시스템계

> **전문가의 조언** 멀티시스템계는 정보 통신 시스템의 기본 요소가 아닙니다. 이 문제와 같이 단순히 정보 통신 시스템의 기본 요소를 묻는 문제보다는 정보 통신 시스템을 전송계와 처리계로 구분하는 문제가 더 자주 출제됩니다. 꼭 기억하고 넘어가세요.
> • 정보 통신 시스템 = 전송계 + 처리계
>   – 전송계 = 단말장치 + 전송회선 + 통신 제어장치
>   – 처리계 = 컴퓨터

59. 아날로그 신호를 디지털 신호로 전송하기 위해 필수적인 처리 과정이 아닌 것은?

① 표본화   ② 정보화
③ 양자화   ④ 부호화

> **전문가의 조언** 아날로그 신호를 디지털 신호로 전송하는 과정에서 사용되는 변조 방식은 PCM 변조 방식입니다. PCM 변조 순서는 '표본화 → 양자화 → 부호화 → 복호화 → 여과화'순입니다. 펄스 코드 변조(PCM) 방식의 변조 순서와 특징을 묻는 문제가 자주 출제됩니다. **핵심 092**를 참고하여 변조 순서를 정확히 암기하고 특징을 정리하세요.

60. 위성통신의 다원접속 방법이 아닌 것은?

① 주파수 분할 다원접속
② 코드 분할 다원접속
③ 시분할 다원접속
④ 신호 분할 다원접속

전문가의 조언 신호 분할 다중 접속은 다중(원) 접속 방식이 아닙니다. 다중(원) 접속 방식과 관련된 문제가 자주 출제됩니다. **핵심 110**을 참고하여 종류를 기억하고 각각의 특징을 정리하세요.

1. 연산 작업을 할 때, 연산의 중간 결과나 데이터 저장시 레지스터를 사용하는 주된 이유는?

① 인터럽트 요청을 방지하기 위하여
② 연산의 속도 향상을 위하여
③ 기억 장소를 절약하기 위하여
④ 연산의 정확성을 위하여

> **전문가의 조언** 중간 결과를 레지스터에 저장해 두면 중간 결과를 이용한 다음 연산을 바로 수행할 수 있어 연산 속도가 빨라집니다. 문제와 보기가 동일하게 여러 번 출제되었습니다. 이 문제에서는 레지스터의 역할만 정확히 기억하고 넘어가세요.

2. 보기의 도형과 관련 있는 것은?

① OR 게이트
② 버퍼(Buffer)
③ NAND 게이트
④ 인버터(Inverter)

> **전문가의 조언** 보기의 게이트는 입력된 값을 그대로 출력하는 버퍼(▷)에 동그라미(▷○)가 붙은 것으로 입력된 값을 반대로 변환하여 출력하는 인버터(Inverter, NOT)입니다. 이 문제에서는 출력값을 반대로 변환하여 출력하는 인버터의 기능과 게이트 모양만 확실히 알아두세요.

3. 반가산기(Half-Adder)에서 두 개의 입력 비트가 모두 1일 때 합(Sum)은?

① 0   ② 1
③ 10   ④ 11

> **전문가의 조언** 반가산기에서 합(Sum)의 논리식은 A⊕B이므로, 두 개의 입력 비트가 모두 1일 때 합(Sum)은 0입니다. 반가산기와 관련된 내용은 모두 중요합니다. **핵심 009**를 참고하여 확실히 정리해 두세요.

4. 명령어 형식(Instruction Format)에서 첫 번째 바이트에 기억되는 것은?

① Operand
② Length
③ Question Mark
④ Op Code

> **전문가의 조언** 명령어는 연산자(OP Code)부와 주소(Operand)부 순으로 구성되어 있으며, 첫 번째 바이트에 연산자(OP Code)가 기억됩니다. 이 문제에서는 명령어는 연산자(OP Code)부와 주소(Operand)부로 구성된다는 것만 기억해 두세요.

5. 드모르강(De Morgan)의 정리에 의해 $\overline{AB}$를 바르게 변환시킨 것은?

① A + B
② A · B
③ $\overline{A}$ + $\overline{B}$
④ $\overline{A}$ · B

> **전문가의 조언** 드모르강(De Morgan)의 정리에 의해 $\overline{AB}$를 변환하면 $\overline{A}$+$\overline{B}$입니다. 불 대수의 기본 공식은 중요합니다. **핵심 005**를 참고하여 드모르강 법칙은 반드시 암기하고, 나머지는 원리를 정확하게 이해하고 넘어가세요.

6. 제어논리장치(CLU)와 산술논리연산장치(ALU)의 실행순서를 제어하기 위해 사용되는 레지스터는?

① 누산기(Accumulator)
② 프로그램 상태 워드(Program Status World)
③ 명령 레지스터(Instruction Register)
④ 플래그 레지스터(Flag Register)

> **전문가의 조언** 제어논리장치(CLU)와 산술논리연산장치(ALU)의 실행 순서를 제어하기 위해 사용되는 레지스터는 플래그 레지스터(Flag Register)입니다. 레지스터들의 기능을 묻는 문제가 자주 출제됩니다. **핵심 003**을 참고하여 주요 레지스터들의 기능을 명확히 파악해 두세요.

---

7. 8개의 bit로 표현 가능한 정보의 최대 가지수는?

① 255   ② 256
③ 257   ④ 258

> **전문가의 조언** 8Bit는 2^8, 즉 256가지의 정보를 표현할 수 있습니다. 이 문제에서는 비트 수를 이용해 표현할 수 있는 정보의 개수를 알아두고 넘어가세요.

8. 4매로 이루어진 디스크팩에서 1면에 200개의 트랙을 사용할 수 있다고 할 때, 이 디스크팩의 사용 가능한 실린더는 모두 몇 개인가?

① 100   ② 200   ③ 400   ④ 800

> **전문가의 조언** 실린더는 여러 장의 디스크 판에서 같은 위치에 있는 트랙의 모임으로 실린더의 수는 1면의 트랙 수와 동일합니다. 이 문제에서는 실린더의 수와 1면의 트랙 수는 동일하다는 것만 기억하고 넘어가세요.

9. 명령어의 구성이 연산자부가 3bit, 주소부는 5bit로 되어 있을 때, 이 명령어를 사용하는 컴퓨터는 최대 몇 가지의 동작이 가능한가?

① 256   ② 16   ③ 8   ④ 32

> **전문가의 조언** 컴퓨터의 최대 동작, 즉 사용 가능한 명령어의 개수를 묻는 문제입니다. 명령어의 개수는 연산자부의 비트수와 관련이 있습니다. 연산자부가 3비트이므로 $2^3 = 8$개의 명령어를 사용할 수 있습니다. 자주 출제되는 내용입니다. **핵심 020**을 참고하여 사용 가능한 명령어의 개수를 계산하는 방법, 명령어의 구성, 연산자부와 자료부의 기능을 모두 알아두세요.

10. 16진수 FD를 10진수로 변환한 것으로 옳은 것은?

① 250   ② 251
③ 252   ④ 253

> **전문가의 조언** 16진수를 10진수로 변환하려면 16진수의 각 자리를 분리하여 각 자리의 숫자와 자리의 지수 승을 곱한 결과를 모두 더하면 됩니다.
> $FD = 15(F) \times 16^1 + 13(D) \times 16^0$
> $= 240 + 13$
> $= 253$

> 진법 변환은 자주 출제되고 있습니다. 10진수, 2진수, 8진수, 16진수를 상호 변환할 수 있도록 변환 방법을 확실히 숙지해야 합니다. 이 문제에서는 16진수를 10진수로 변환하는 방법을 확실히 파악하고 넘어가세요.

11. 다음 보기의 연산은?

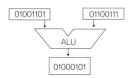

① AND 연산
② OR 연산
③ MOVE 연산
④ Complement 연산

> **전문가의 조언** 두 수의 값이 모두 1일 때만 결과값이 1이 표시된 것으로 보아 AND 연산임을 알 수 있습니다.
>   01001101
> AND 01100111
>   01000101
> 이 문제에서는 입력값이 모두 1일때만 1을 출력하는 AND 연산의 개념만 알아두세요.

12. 다음 진리표에 해당하는 GATE는?

A(입력)	B(입력)	C(입력)
0	0	0
1	0	0
0	1	0
1	1	1

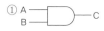

> **전문가의 조언** 문제의 진리표는 입력 값이 모두 1일 때만 1이 출력되는 AND 게이트(⊐D—)입니다. 입력 값이 하나라도 1이면 1이 출력되는 OR 게이트(⊃D—), 그리고 OR 게이트에 NOT이 붙으면 NOR 게이트(⊃D~)라는 것도 같이 알아두세요.

13. A · (A · B + C)를 간략화 하면?

① A   ② B
③ C   ④ A · (B + C)

> **전문가의 조언** 문제의 논리식을 간략화하면 다음과 같습니다.
> $A \cdot (A \cdot B + C)$
> $= A \cdot A \cdot B + A \cdot C \leftarrow A \cdot A = A$
> $= A \cdot B + A \cdot C$
> $= A \cdot (B + C)$
> 이 문제는 불 대수의 기본 공식을 알면 쉽게 풀 수 있는 문제로 자주 출제되는 문제입니다. 불 대수의 기본 공식은 반드시 알아두어야 합니다. **핵심 005**를 다시 한 번 공부하세요.

14. 연산의 중심이 되는 레지스터(Register)는?

① General Register   ② Address Register
③ Accumulator   ④ Flip−Flop

> **전문가의 조언** 연산의 중심이 되는 레지스터는 누산기(Accumulator)입니다. 자주 출제되는 내용입니다. 누산기(Accumulator)는 연산 결과를 일시적으로 저장하며, 연산의 중심이 되는 레지스터라는 것을 꼭 기억해 두세요.

15. 다음 논리식에서 ㉠에 알맞은 것은?

A	B	㉠
0	0	0
0	1	1
1	0	0
1	1	0

① $\overline{A} + B$ ② $\overline{A} \cdot B$
③ $A + \overline{B}$ ④ $A \cdot \overline{B}$

> **전문가의 조언** 각 논리식에 입력값을 대입하면 다음과 같습니다.
>
> | A | $\overline{A}$ | B | $\overline{B}$ | ㉠ | $\overline{A}+B$ | $\overline{A} \cdot B$ | $A+\overline{B}$ | $A \cdot \overline{B}$ |
> |---|---|---|---|---|---|---|---|---|
> | 0 | 1 | 0 | 1 | 0 | 1 | 0 | 1 | 0 |
> | 0 | 1 | 1 | 0 | 1 | 1 | 1 | 0 | 0 |
> | 1 | 0 | 0 | 1 | 0 | 0 | 0 | 1 | 1 |
> | 1 | 0 | 1 | 0 | 0 | 1 | 0 | 1 | 0 |
>
> 진리표에 해당하는 논리식을 구하는 문제는 각 보기의 논리식에 직접 값을 대입하여 찾으면 된다는 것을 알아두세요.

16. 정보처리 속도 단위 중 초당 100만 개의 연산을 수행한다는 의미의 단위는?

① MIPS   ② KIPS
③ MFLOPS   ④ LIPS

> **전문가의 조언** MIPS는 초당 100만 개의 연산 수행을 의미합니다. **핵심 002**를 참고하여 연산 속도를 표시할 때 사용하는 단위를 간단히 정리하세요.

17. DMA(Direct Memory Access)의 주요 구성 요소가 아닌 것은?

① 주소 카운터
② 제어/상태 레지스터
③ 주소 레지스터
④ 데이터 카운터

> **전문가의 조언** DMA(직접 메모리 접근)의 주요 구성 요소에는 인터페이스 회로, 주소 레지스터, 워드 카운트 레지스터(=데이터 카운터), 제어 레지스터, 데이터 레지스터가 있습니다. DMA에 관해 묻는 문제가 자주 출제됩니다. **핵심 026**을 참고하여 DMA의 기능과 특징도 정리하고 넘어가세요.

18. 명령의 오퍼랜드 부분에 실제 데이터가 기록되어 있어 메모리를 참조하지 않고 데이터를 처리하는 방식으로, 수행 시간이 빠르지만 오퍼랜드 길이가 한정되어 실제 데이터의 길이에 제약을 받는 주소지정방식은?

① Direct Addressing
② Indirect Addressing
③ Relative Addressing
④ Immediate Addressing

> **전문가의 조언** 문제에 제시된 내용은 즉시 주소지정방식(Immediate Addressing)에 대한 설명입니다. 주소지정방식들의 특징을 묻는 문제는 자주 출제된다고 했죠? 이 문제를 틀렸다면 **핵심 024**를 다시 한 번 읽어보고 넘어가세요.

19. $(11111)_2 + (01011)_2$의 결과로 옳은 것은?

① $(101010)_2$ ② $(110101)_2$
③ $(101001)_2$ ④ $(010101)_2$

20. 기억장치에 액세스(Access)할 필요 없이 스택(Stack)을 이용하여 연산을 행하는 명령어 형식은?

① 0-주소 명령어   ② 1-주소 명령어
③ 2-주소 명령어   ④ 3-주소 명령어

21. 사원(사원번호, 이름) 테이블에서 "사원번호"가 "200"인 튜플을 삭제하는 SQL문은?

① REMOVE TABLE 사원 WHERE 사원번호 = 200;
② KILL 사원번호, 이름 FROM 사원 WHERE 사원번호 = 200;
③ DELETE FROM 사원 WHERE 사원번호 = 200;
④ DROP TABLE 사원 WHERE 사원번호 = 200;

22. Windows용 프레젠테이션에서 화면 전체를 전환하는 단위를 의미하는 것은?

① 개요   ② 개체
③ 스크린 팁   ④ 쪽(슬라이드)

23. 아래 보기에서 설명하는 내용과 가장 가까운 데이터베이스는?

> ㉠ 개체를 중심으로 이들 사이의 관련성을 표현하는 모델로서 널리 활용되고 있다.
> ㉡ 데이터베이스를 구성하는 정보 단위는 개체가 된다.
> ㉢ 개체들 사이에 존재하는 관련성을 효과적으로 표현함으로써 데이터베이스를 구성하는 정보 간의 의미를 용이하게 파악할 수 있다.
> ㉣ 일반 사용자로 하여금 데이터베이스가 릴레이션, 즉 테이블의 집합으로 되어 있다고 생각하게 한다.

① 네트워크형 데이터베이스
② 계층형 데이터베이스
③ 관계형 데이터베이스
④ 객체 지향 데이터베이스

24. 수치 계산과 관련된 업무에서 계산의 어려움과 비효율성을 개선하여 전표의 작성, 처리, 관리를 쉽게 할 수 있도록 한 것은?

① 스프레드시트   ② 데이터베이스
③ 프리젠테이션   ④ 워드프로세서

25. 테이블을 제거할 때 사용하는 SQL 명령어는?

① DELETE ② DROP
③ VIEW ④ ALTER

전문가의 조언 테이블을 제거할 때 사용하는 SQL 명령어는 DROP입니다. 종종 출제되는 문제입니다. 'DROP'은 '테이블 삭제', 'DELETE'는 '레코드 삭제'라고 21번 문제에서 공부했죠. 'DROP'과 'DELETE'를 혼동하지 않도록 명확하게 기억하세요.

26. 하나 이상의 기본 테이블로부터 유도되어 만들어지는 가상 테이블은?

① 뷰(VIEW) ② 유리창(WINDOW)
③ 스키마(SCHEMA) ④ 도메인(DOMAIN)

전문가의 조언 하나 이상의 기본 테이블로부터 유도되어 만들어지는 가상 테이블은 뷰(View)입니다. 문제와 보기가 동일하게 출제되고 있는 문제입니다. 이 문제에서는 뷰(View)의 개념만 기억하고 넘어가세요.

27. 학생 테이블에 데이터를 입력한 후 주소 필드가 누락되어 이를 추가하려고 할 경우 적합한 SQL 명령은?

① MORE TABLE ~
② ALTER TABLE ~
③ ADD TABLE ~
④ MODIFY TABLE ~

전문가의 조언 테이블에 주소 필드가 누락되어 이를 추가하려고 할 경우 적합한 SQL 명령은 ALTER TABLE ~ 입니다. 문제와 보기가 동일하게 출제되었습니다. 레코드를 추가할 때는 INSERT, 필드 자체를 추가할 때는 ALTER 명령문을 사용한다는 것을 기억해 두세요.

28. 엑셀에서 연속되지 않는 여러 개의 셀들을 선택할 때 사용하는 키는?

① Ctrl ② Shift
③ Insert ④ Alt

전문가의 조언 엑셀에서 연속되지 않는 여러 개의 셀을 선택할 때는 Ctrl을 사용합니다. 연속되지 않는 여러 개의 셀들을 선택할 때는 Ctrl을, 연속된 여러 셀들을 선택할 때는 Shift를 사용한다는 것을 기억해 두세요.

29. 아래의 작업표에서 전체 판매량에 대한 지역별 판매량의 비율을 나타내는 차트(그래프)로서 가장 적당한 것은?

	A	B	C
1	지역	판매량	금액
2	대전	300	10,000
3	대구	400	15,000
4	부산	500	12,000
5	서울	300	11,000

① 원형 차트 ② 꺾은선 차트
③ 막대형 차트 ④ 방사형 차트

전문가의 조언 전체 항목의 합에 대한 각 항목의 비율을 나타내는데 가장 적합한 차트는 원형입니다. 자주 출제되는 내용은 아닙니다. 나머지 차트들의 특징을 가볍게 읽어보고 넘어가세요.
• **꺾은선형** : 동일한 간격으로 데이터의 추세를 보여줌
• **막대형** : 특정 기간 동안의 데이터 변화를 보여주거나 항목 간의 값을 비교 가능
• **방사형** : 많은 데이터 계열의 집합적인 값을 나타냄

30. 데이터베이스를 사용하는 경우의 장점이 아닌 것은?

① 데이터 중복의 최대화
② 데이터의 무결성 유지
③ 데이터의 공용 사용
④ 데이터의 일관성 유지

전문가의 조언 데이베이스의 장점 중 하나는 데이터 중복의 최소화입니다. **핵심 032**를 참고하여 데이터베이스의 장·단점을 구분할 수 있도록 정리하고 넘어가세요.

31. UNIX에 대한 설명으로 옳지 않은 것은?

① 대화식 운영체제이다.
② 네트워크 기능이 풍부하다.
③ 프로세서 간의 호환성이 높다.
④ 대부분 BASIC 언어로 작성되었다.

전문가의 조언 UNIX는 대부분 C 언어로 작성되어 있습니다. UNIX의 전반적인 특징을 묻는 문제가 종종 출제됩니다. **핵심 079**를 참고하여 정리해 두세요.

정답 25. ② 26. ① 27. ② 28. ① 29. ① 30. ① 31. ④

32. 운영체제의 성능 평가 요인으로 가장 거리가 먼 것은?

① Throughput
② Availability
③ Turnaround Time
④ Security

전문가의 조언 운영체제의 성능 평가 요인에는 처리 능력(Throughput), 반환 시간(Turn Around Time), 사용 가능도(Availability), 신뢰도 (Reliability) 등이 있습니다. 운영체제에서는 운영체제의 정의와 목적을 묻는 문제가 자주 출제됩니다. **핵심 049**를 참고하여 확실히 숙지해 두세요.

33. 도스(MS-DOS)에서 외부 명령어에 대한 설명으로 옳은 것은?

① 독립된 파일의 형태로 DIR 명령으로 확인이 가능하다.
② COMMAND.COM이 주기억장치에 올려져야 사용할 수 있다.
③ 주기억장치에 상주하므로 언제든지 실행이 가능하다.
④ 경로(Path)와 관계없이 어떤 디렉터리에서도 실행이 가능하다.

전문가의 조언 외부 명령어는 독립된 파일의 형태로 DIR 명령으로 확인이 가능합니다. ②~④번의 내용은 내부 명령어에 대한 설명입니다. 종종 출제되는 내용입니다. **핵심 060**을 참고하여 내부 명령어와 외부 명령어를 구분할 수 있도록 정리하세요.

34. 운영체제를 제어 프로그램(Control Program)과 처리 프로그램(Process Program)으로 분류했을 때 제어 프로그램에 해당하지 않는 것은?

① 감시 프로그램(Super Visor Program)
② 데이터 관리 프로그램(Data Management Program)
③ 문제 프로그램(Problem Program)
④ 작업 제어 프로그램(Job Control Program)

전문가의 조언 제어 프로그램에는 감시 프로그램, 작업 제어 프로그램, 데이터 관리 프로그램이 있습니다. 앞 글자만 따서 '깜짝데이트'로 기억하면 쉽게 기억할 수 있습니다. 운영체제를 구성하는 프로그램에 대한 문제가 자주 출제됩니다. **핵심 050**을 참고하여 운영체제를 제어 프로그램과 처리 프로그램으로 구분할 수 있도록 정리하세요.

35. UNIX에서 시스템 내에 동작중인 프로세스 관련 정보를 표시하는 명령어는?

① ps
② cd
③ rm
④ cat

전문가의 조언 UNIX에서 시스템 내에 동작중인 프로세스 관련 정보를 표시하는 명령어는 ps입니다. UNIX 명령어에서는 특정 기능을 수행하기 위한 명령어를 묻는 문제가 자주 출제됩니다. **핵심 081~083**을 참고하여 각 명령어들의 기능을 확실히 숙지하세요.

36. UNIX에서 커널의 기능이 아닌 것은?

① 입 · 출력 관리
② 기억장치 관리
③ 명령어 해석 및 실행
④ 프로세스 관리

전문가의 조언 명령어 해석 및 실행은 쉘(Shell)의 기능입니다. 커널과 쉘의 기능을 묻는 문제가 자주 출제됩니다. **핵심 080**을 참고하여 UNIX 시스템의 구성 요소와 각각의 기능을 정확히 파악해 두세요.

37. 윈도우에서 파일명 지정 방법으로 옳지 않은 것은?

① 255자의 파일명 허용
② 파일명 내에 공백 포함 불가능
③ 영문 대/소문자 표현 가능
④ '*' 문자는 사용 불가능

전문가의 조언 윈도우에서는 파일명에 공백을 포함할 수 있습니다. Windows의 특징을 묻는 문제가 자주 출제됩니다. **핵심 064**를 참고하여 선점형 멀티태스킹, 플러그 앤 플레이, OLE를 중심으로 주요 기능을 파악해 두세요.

38. 도스(MS-DOS)에서 특정 파일의 감추기 속성, 읽기 속성을 지정할 수 있는 명령은?

① MORE
② FDISK
③ ATTRIB
④ DEFRAG

전문가의 조언 도스(MS-DOS)에서 특정 파일의 감추기 속성, 읽기 속성을 지정할 수 있는 명령은 ATTRIB입니다. 자주 출제되는 내용입니다. ATTRIB 명령의 기능과 함께 **핵심 060**과 **061**을 참고하여 나머지 명령어들의 기능도 알아두세요.

39. 윈도우에서 보조프로그램의 구성에 해당되는 것은?

① 디스플레이　　　　② 계산기
③ 매체 재생기　　　　④ 키보드

전문가의 조언 윈도우에서 보조프로그램의 구성에 해당되는 것은 계산기입니다. 다시 출제되더라도 동일하게 출제될 가능성이 높으니 문제와 답만 기억하고 넘어가세요.

40. 도스(MS-DOS)에서 아래 내용이 설명하는 것은?

> This file configures the user's computer for various kinds of hardware device that might be installed system.

① FDISK.EXE
② FORMAT.COM
③ SYS.COM
④ CONFIG.SYS

전문가의 조언 다양한 종류의 하드웨어 장치가 시스템에 설정되도록 구성하고 있는 파일은 CONFIG.SYS 파일입니다. 이 문제에서는 시스템 환경을 구성할 때 사용하는 파일이 CONFIG.SYS라는 것을 꼭 기억해 두세요.

41. 도스(MS-DOS)의 필터(Filter) 명령어 중 하나 또는 여러 개의 파일에서 특정한 문자열을 검색하는 명령어는?

① FIND　　　　② MORE
③ SORT　　　　④ SEARCH

전문가의 조언 하나 또는 여러 개의 파일에서 특정한 문자열을 검색하는 필터 명령어는 FIND입니다. 종종 출제되는 내용입니다. 핵심 060을 참고하여 필터 명령어의 종류와 각각의 기능을 파악해 두세요.

42. 로더(Loader)가 수행하는 기능으로 옳지 않은 것은?

① 재배치가 가능한 주소들을 할당된 기억장치에 맞게 변환한다.
② 로드 모듈을 주기억장치로 읽어 들인다.
③ 프로그램의 수행 순서를 결정한다.
④ 프로그램을 적재할 주기억장치 내의 공간을 할당한다.

전문가의 조언 프로그램의 수행 순서는 프로그램 속에 들어 있는 명령 코드에 따라 결정됩니다. 로더의 기능과 각 기능들의 개별적인 의미를 묻는 문제가 자주 출제됩니다. 핵심 052를 참고하여 꼭 정리하고 넘어가세요.

43. 도스(MS-DOS) 명령어에 관한 설명 중 옳지 않은 것은?

① CLS : 화면을 깨끗이 지운다.
② MD : 새로운 디렉토리를 만든다.
③ FC : 모든 열려 있는 파일을 닫는다.
④ CD : 현재의 디렉토리를 변경한다.

전문가의 조언 FC는 두 개의 파일을 비교하는 명령어로서 파일을 복사한 후 정확히 복사되었는지 확인할 때 사용하는 명령어입니다. 도스 명령어는 자주 출제되니 명령어가 나올때마다 확실히 정리해 두세요.

44. 윈도우에서 연속되지 않은 여러 개의 파일이나 폴더를 선택하고자 한다. 가장 적합한 방법은?

① Ctrl을 누르고, 선택하고자 하는 파일을 마우스로 클릭한다.
② Shift를 누르고, 선택하고자 하는 파일을 마우스로 클릭한다.
③ Alt를 누르고, 선택하고자 하는 파일을 마우스로 클릭한다.
④ F2를 누르고, 선택하고자 하는 파일을 마우스로 클릭한다.

전문가의 조언 연속되지 않은 여러 개의 파일이나 폴더를 선택하려면 Ctrl을 누르고, 선택하고자 하는 파일을 마우스로 클릭하면 됩니다. 자주 출제되는 내용입니다. 연속적인 파일을 선택할 때는 Shift, 비연속적인 파일을 선택할 때는 Ctrl을 사용한다는 것을 꼭 기억해 두세요.

45. What is the name of the program that can fix minor errors on your hard drive?

① SCANDISK　　　　② FDISK
③ FORMAT　　　　④ MEM

전문가의 조언 하드디스크에 존재하는 미미한 오류를 수정할 수 있는 프로그램은 SCANDISK입니다. 가끔 출제되는 문제입니다. 핵심 061을 참고하여 SCANDISK와 함께 나머지 명령어들의 기능도 알아두세요.

46. 다중 프로그래밍 상에서 두 개의 프로세스가 실행중에 있게 되면, 각 프로세스는 자신이 필요한 자원을 가지고 실행되다가 서로 자신이 점유하고 있는 자원을 포기하지 않은 상태에서 다른 프로세스의 자원을 요구하는 경우가 발생한다. 이 경우 두 프로세스는 모두 더 이상 실행을 할 수 없게 된다. 이러한 현상을 무엇이라 하는가?

① 교착상태(DeadLock)
② 세마포어(Semaphore)
③ 가상 시스템(Virtual System)
④ 임계 영역(Critical Section)

47. 도스(MS-DOS)의 부팅(Booting)에 관한 설명이 옳지 않은 것은?

① Warm Booting이란 Ctrl + Alt + Delete 를 누르는 것이다.
② Cold Booting이란 전원을 이용하는 것이다.
③ 부팅 절차는 IO.SYS – MSDOS.SYS – CONFIG.SYS – COMMAND.COM – AUTOEXEC.BAT 이다.
④ 도스 프로그램을 컴퓨터의 보조기억장치에 적재하여 컴퓨터의 역할을 수행하게 하는 것이다.

48. 윈도우에서 실행중인 윈도우(창)를 다른 위치로 이동시키려면 어느 곳을 끌기(Drag)해야 하는가?

① 제목 표시줄(Title Bar)
② 메뉴 표시줄(Menu Bar)
③ 상태 표시줄(Status Line)
④ 도구 상자 표시줄(Tool Bar)

49. 프로세스 스케줄링 방법 중 가장 먼저 CPU를 요청한 프로세스에게 가장 먼저 CPU를 할당하여 실행할 수 있게 하는 방법은?

① FIFO   ② LRU   ③ LFU   ④ FILO

50. 일괄 처리(Batch Processing) 방법에 속하지 않는 것은?

① 자료가 발생할 때마다 보조기억장치에 기억해 두었다가 필요 시에 처리하는 방식
② 자료가 일정량 수신되면 처리하는 방식
③ 자료가 발생하는 즉시 필요한 처리를 하는 방식
④ 자료를 일정 기간 단위로 처리하는 방식

51. 다음 중 LAN의 특징이 아닌 것은?

① 광대역 전송매체의 사용으로 고속 통신이 가능하다.
② 광역 공중망의 통신에 적합하다.
③ 정보처리기기의 재배치 및 확장성이 우수하다.
④ 다양한 디지털 미디어 정보의 전송이 가능하다.

52. 다음 중 PCM 전송에서 송신측 과정은?

① 음성 → 양자화 → 표본화 → 부호화
② 음성 → 복호화 → 변조화 → 부호화
③ 음성 → 2진화 → 압축화 → 부호화
④ 음성 → 표본화 → 양자화 → 부호화

> **전문가의 조언** PCM 전송에서 송신측 과정은 '표본화 → 양자화 → 부호화'입니다. 펄스 코드 변조(PCM) 방식의 변조 순서나 특징을 묻는 문제가 자주 출제됩니다. **핵심 092**를 참고하여 변조 순서를 정확히 암기하고 특징을 정리하세요.

53. 정보 통신 교환망에 해당하지 않는 것은?

① 회선 교환망
② 메시지 교환망
③ 패킷 교환망
④ 방송 통신 교환망

> **전문가의 조언** 방송 통신 교환망은 정보 통신 교환망이 아닙니다. 정보 통신 교환망은 회선 교환망, 축적 교환망으로 구분되며 축적 교환망은 다시 메시지 교환망과 패킷 교환망으로 구분됩니다. 이 문제에서는 정보 통신 교환망의 종류만 확실히 기억하고 넘어가세요.

54. 다음 중 동영상 압축을 위한 것은?

① JPEG   ② MPEG
③ MIDI   ④ CD-R

> **전문가의 조언** 보기 중 동영상 압축을 위한 것은 MPEG입니다. MPEG를 묻는 문제는 종종 출제되고 있습니다. **핵심 115**를 참고하여 나머지 보기로 제시된 규격의 의미도 알아두세요.

55. 다음 중 전송선로의 전기적인 1차 정수가 아닌 것은?

① 도체 저항(R)   ② 도체 길이(ℓ)
③ 인덕턴스(L)   ④ 정전 용량(C)

> **전문가의 조언** 전송 선로의 1차 정수에는 저항(R), 정전 용량(C), 인덕턴스(L), 누설 콘덕턴스(G)가 있습니다. 1차 정수와 2차 정수를 구분하여 알아두세요.
> **2차 정수**
> 감쇠 정수, 위상 정수, 전파 정수, 특성 임피던스

56. FTP는 OSI 7계층 중 어느 계층에 속하는가?

① 데이터링크 계층
② 네트워크 계층
③ 세션 계층
④ 응용 계층

> **전문가의 조언** FTP(파일 전송 프로토콜)는 응용 계층에서 제공하는 서비스입니다. OSI 7계층과 관련된 문제는 주로 계층의 순서를 묻는 문제가 출제됩니다. **핵심 104**를 참고하여 OSI 7계층을 순서대로 기억하되, 하위 계층과 상위 계층으로 구분해서 기억하고 각 계층별 특징은 대표적인 특징 위주로 정리하고 넘어가세요.

57. 다음 중 DTE와 접속 규격의 25핀 커넥터에서 데이터의 송수신에 관계되는 핀 단자 번호는?

① 8번과 12번
② 2번과 3번
③ 5번과 7번
④ 1번과 25번

> **전문가의 조언** 25핀 커넥터에서 데이터의 송신은 2번, 수신은 3번 핀과 관계됩니다. RS-232C 커넥터 각 핀의 기능을 묻는 문제가 종종 출제됩니다. 핀 전체는 모르더라도 자주 출제되는 2번(송신), 3번(수신), 4번(송신요청), 5번(송신준비완료) 핀의 기능과 핀의 이름은 꼭 숙지하고 넘어가세요.

58. WWW 서비스를 이용하여 원하는 정보를 얻고자 할 때 WWW 서버에 접속하여 HTML 문서를 받을 수 있는 클라이언트용 도구를 가지고 있어야 한다. 이를 무엇이라고 하는가?

① Domain
② http
③ Browser
④ IPv6

> **전문가의 조언** 문제에 제시된 내용은 Browser의 개념입니다. 자주 출제되는 내용은 아닙니다. 이 문제에서는 Browser의 개념만 기억하고 넘어가세요.

59. 위상 변조를 하는 동기식 변·복조기의 변조 속도가 1200보오(Baud)이고, 디비트(Dibit)를 사용한다면 통신 속도[Bps]는?

① 1200
② 2400
③ 4800
④ 9600

전문가의 조언 데이터 신호 속도(Bps)는 '변조 속도(Baud) × 변조 시 상태 변화 비트 수'입니다. 한 신호에 디비트(2비트)를 전송하므로 상태 변화 비트 수는 2이고, 여기에 변조 속도를 곱하면 신호 속도(Bps)는 1,200 × 2이므로 2,400Bps입니다. 신호 속도(Bps)를 계산하는 문제는 공식만 알면 쉽게 맞힐 수 있습니다. 꼭 알아두세요.

신호 속도와 변조 속도 계산 공식
- 데이터 신호 속도(Bps) = 변조 속도(Baud) × 변조 시 상태 변화 비트 수
- 데이터 변조 속도(Baud) = 데이터 신호 속도(Bps) / 변조 시 상태 변화 비트 수

60. 개방형 시스템(OSI) 계층 모델에서 네트워크 구조에 대한 계층 순서가 차례대로 옳게 나열된 것은?

① 물리 계층 – 데이터링크 계층 – 네트워크 계층 – 트랜스포트 계층 – 세션 계층 – 프레젠테이션 계층 – 응용 계층
② 물리 계층 – 네트워크 계층 – 데이터링크 계층 – 트랜스포트 계층 – 세션 계층 – 프레젠테이션 계층 – 응용 계층
③ 물리 계층 – 네트워크 계층 – 트랜스포트 계층 – 데이터링크 계층 – 세션 계층 – 프레젠테이션 계층 – 응용 계층
④ 물리 계층 – 네트워크 계층 – 데이터링크 계층 – 트랜스포트 계층 – 프레젠테이션 계층 – 세션 계층 – 응용 계층

전문가의 조언 OSI 계층 순서가 차례대로 옳게 나열된 것은 ①번입니다. OSI 7계층과 관련된 문제는 주로 계층의 순서를 묻는 문제가 출제됩니다. **핵심 104**를 참고하여 OSI 7계층을 순서대로 기억하되, 하위 계층과 상위 계층으로 구분해서 기억하세요.

1. 다음과 같은 계산에 의해 주소를 지정하는 방식은?

> 유효번지 = 프로그램 카운터(PC) + 주소 부분(Operand)

① 색인 주소지정
② 상대 주소지정
③ 베이스 주소지정
④ 절대 주소지정

> **전문가의 조언** 문제의 지문에 제시된 내용은 상대 주소지정에 대한 설명입니다. **핵심 024**를 참고하여 계산에 의한 주소지정방식에는 어떤 것들이 있는지 알아두고, 각 주소지정방식의 특징을 간단히 정리하세요.

2. 다음 불대수(Boolean algebra)의 기본법칙을 바르게 표현한 것은?

> A + (B + C) = (A + B) + C

① 교환 법칙   ② 분배 법칙
③ 흡수 법칙   ④ 결합 법칙

> **전문가의 조언** 문제의 지문은 결합 법칙에 대한 내용입니다. 불 대수 법칙의 이름 보다는 기본 공식을 묻는 문제가 자주 출제됩니다. **핵심 005**를 참고하여 드모르강 법칙은 반드시 암기하고, 나머지는 원리를 정확하게 이해하고 넘어가세요.

3. 중앙처리장치(CPU)에 해당하는 부분을 하나의 대규모 직접회로의 칩에 내장시켜 기능을 수행하게 하는 것은?

① 마이크로프로세서
② 컴파일러
③ 소프트웨어
④ 레지스터

> **전문가의 조언** 중앙처리장치(CPU)에 해당하는 부분을 하나의 대규모 직접회로의 칩에 내장시켜 기능을 수행하게 하는 것은 마이크로프로세서입니다. 자주 출제되는 내용은 아닙니다. 이 문제에서는 마이크로프로세서의 개념만 기억하고 넘어가세요.

4. 그레이 코드에 대한 설명으로 옳지 않은 것은?

① 코드의 위치별로 가중치가 부여되는 가중치 코드(Weighted Code)이다.
② 이진수를 그레이 코드로 변환 시, 이진수 최대 자릿수는 그대로 쓰고, 그 비트를 다음 이진수 비트에 합하여 올림수를 제거한 합을 그레이 코드의 다음 수로 정해 나간다.
③ 아날로그와 디지털 간의 변환기 등에 주로 사용된다.
④ 입·출력장치 코드로 유용하게 사용된다.

> **전문가의 조언** 그레이 코드는 각 자리가 고유한 값을 갖지 않는 비가중치 코드입니다. 가중치 코드는 2진수 각 자리가 고유한 값을 갖는 코드로 8421 코드, 2421 코드 등이 해당됩니다. 그레이 코드에서는 2진수를 그레이 코드로 변환하는 문제가 자주 출제됩니다. **핵심 018**을 참고하여 반드시 숙지해 두세요.

5. 주소지정방식 중 처리 속도가 가장 빠르며, 명령의 피연산자부에 피연산자의 주소가 있는 것이 아니라 피연산자의 값 그 자체를 포함하고 있는 주소지정방식은?

① 레지스터 주소지정(Register Addressing)
② 직접 주소지정(Direct Addressing)
③ 즉시 주소지정(Immediate Addressing)
④ 간접 주소지정(Indirect Addressing)

> **전문가의 조언** 주소지정방식 중 처리 속도가 가장 빠른 것은 즉시 주소지정(Immediate Addressing)입니다. 주소지정방식의 특징을 묻는 문제가 자주 출제됩니다. 주소지정방식의 이름에 의미가 내포되어 있으므로 쉽게 기억할 수 있습니다. **핵심 024**를 참고하여 정리해 두세요.

6. 다음 그림의 논리회로에서 입력 A, B, C에 대한 출력 Y의 값은?

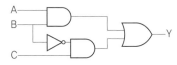

① Y = AB + $\overline{B}$C   ② Y = A + B + C
③ Y = AB + BC   ④ Y = $\overline{A}$B + $\overline{B}$C

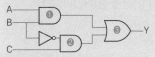

문제에 제시된 논리회로를 분리하여 각각을 논리식으로 표현한 후 1개의 논리식으로 합쳐나가면 다음과 같습니다.

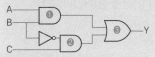

❶ = A · B
❷ = B̄ · C
❸ = ❶ + ❷ = AB + B̄C
논리회로를 논리식으로 표현하는 방법을 알아두세요.

7. 다음과 같은 회로에서 입력 A = 1, B = 1일 경우에 합 S 와 자리올림 C의 값은?

① S = 0, C = 0   ② S = 0, C = 1
③ S = 1, C = 0   ④ S = 1, C = 1

두 비트를 더해서 합(S)과 자리올림수(C)를 구하는 회로는 반가산기이고, 반가산기에서 합(S)은 A⊕B, 자리올림수(C)는 A · B 로 계산됩니다.
• 합(S) : A⊕B = 1 · 1 = 0
• 자리올림수(C) : A · B = 1 · 1 = 1
반가산기와 관련된 내용은 모두 중요합니다. **핵심 009**를 참고하여 확실히 정리해 두세요.

8. CPU에서 명령이 실행되는 순서를 제어하거나 특정 프로그램에 관련된 컴퓨터 시스템의 상태를 나타내고 유지하기 위한 제어 워드로서, 실행중인 CPU의 상황을 나타내는 것은?

① PSW   ② MBR
③ MAR   ④ PC

문제에 제시된 내용은 PSW(Program Status Word)에 대한 설명입니다. 동일한 문제가 여러 번 출제되었습니다. PSW의 의미를 확실히 기억하세요.

9. 0-주소 명령은 연산 시 어떤 자료 구조를 이용하는가?

① STACK   ② TREE
③ QUEUE   ④ DEQUE

0-주소 명령은 연산 시 스택(STACK)을 이용합니다. 명령어 형식에서 가장 많이 출제되는 부분이 0-주소 명령어입니다. 0-주소 명령어는 주소 부분이 없어 스택 구조를 사용한다는 것을 반드시 기억하고, 나머지 명령어 형식은 **핵심 023**을 참고하여 서로 구분할 수 있을 정도로만 특징을 정리하세요.

10. 주기억장치에서 자료 표현의 최소 단위는?

① 레코드(Record)   ② 바이트(Byte)
③ 셀(Cell)   ④ 블록(Block)

자료 표현의 최소 단위는 비트(Bit)이지만 이 문제의 핵심은 주기억장치에서 표현되는 자료의 단위가 무엇인지를 묻는 것입니다. 주기억장치에서는 자료의 형태가 주소이니 결국 주소 지정 단위를 찾으면 바이트(Byte)입니다. 문제와 보기가 동일하게 여러 번 출제된 문제입니다. 주기억장치에서 표현되는 자료의 단위는 바이트(Byte)라는 것을 기억해 두세요.

11. 8진수 234를 16진수로 바르게 표현한 것은?

① $(9C)_{16}$ ② $(AD)_{16}$
③ $(11B)_{16}$ ④ $(BC)_{16}$

8진수를 16진수로 변환하려면 먼저 8진수를 2진수로 변환한 다음 2진수를 16진수로 변환하면 됩니다.
❶ 8진수 1자리를 2진수 3자리로 확장하여 2진수로 변환합니다.
(2   3   4)₈
(010 011 100)₂
❷ 오른쪽에서 왼쪽 방향으로 2진수를 4자리씩 묶어서 16진수 1자리로 표현합니다.
(0 1001 1100)₂
(0   9   12(C))₁₆
이 문제를 통해 8진수, 2진수, 16진수를 상호 변환하는 방법을 꼭 알아두세요.

12. 중앙처리장치의 제어 부분에 의해서 해독되어 현재 실행중인 명령어를 기억하는 레지스터는?

① PC(Program Counter)
② IR(Instruction Register)
③ MAR(Memory Address Register)
④ MBR(Memory Buffer Register)

전문가의 조언 현재 실행중인 명령어를 기억하는 레지스터는 IR (Instruction Register)입니다. 레지스터들의 기능을 묻는 문제는 자주 출제된다고 했죠? 이 문제를 틀렸다면 **핵심 003**을 다시 공부하세요.

13. 2진수 $101011_{(2)}$ − $11001_{(2)}$를 계산하면?

① $10010_{(2)}$
② $10001_{(2)}$
③ $10101_{(2)}$
④ $10011_{(2)}$

전문가의 조언
$101011_{(2)} \cdots (43)_{10}$
$- \ 11001_{(2)} \cdots (25)_{10}$
$10010_{(2)} \cdots (18)_{10}$
10진수 숫자를 더하거나 빼는 것과 방법은 동일한데, 단지 2진수라는 것만 다른 것입니다. 2진수의 뺄셈 방법을 알아두고 넘어가세요.

14. 프로그램이 컴퓨터의 기종에 관계없이 수행될 수 있는 성질을 의미하는 것은?

① 가용성
② 신뢰성
③ 호환성
④ 안정성

전문가의 조언 호환성은 프로그램이 컴퓨터의 기종에 관계없이 수행될 수 있는 성질을 의미합니다. **핵심 001**을 참고하여 컴퓨터의 특징을 정리해 두세요.

15. Flip−Flop의 종류에 해당되지 않는 것은?

① R Flip − Flop
② T Flip−Flop
③ RS Flip − Flop
④ JK Flip − Flop

전문가의 조언 R Flip−Flop이란 것은 없습니다. 플립플롭(Flip−Flop)의 종류에는 RS 플립플롭, D 플립플롭, JK 플립플롭, T 플립플롭 등이 있습니다. 플립플롭들의 개별적인 특징을 묻는 문제는 자주 출제되니 **핵심 012**를 참고하여 숙지해 두세요.

16. $A \cdot (A \cdot B + C)$를 간략화 하면?

① A
② B
③ C
④ $A \cdot (B+C)$

전문가의 조언 문제의 논리식을 간략화하면 다음과 같습니다.
$A \cdot (A \cdot B + C) = A \cdot A \cdot B + A \cdot C \leftarrow A \cdot A = A$
$= A \cdot B + A \cdot C$
$= A \cdot (B + C)$

17. 다음에 표시된 진리표가 나타내는 회로는?(단, 입력은 A, B이고 출력은 S(Sum)와 C(Carry)이다.)

A	B	S	C
0	0	0	0
0	1	1	0
1	0	1	0
1	1	0	1

① AND 회로
② 반가산기 회로
③ OR 회로
④ 전가산기 회로

전문가의 조언 문제에 제시된 진리표가 나타내는 회로는 반가산기 회로입니다. 반가산기는 중요하다고 했죠? 이 문제를 틀렸다면 **핵심 009**를 다시 한번 공부하고 넘어가세요.

18. 특정 비트 또는 특정 문자를 삭제하기 위해 사용하는 연산은?

① OR
② AND
③ MOVE
④ Complement

전문가의 조언 특정 비트 또는 특정 문자를 삭제하기 위해 사용하는 연산은 AND 연산입니다. AND는 삭제, OR은 삽입, XOR은 비교 또는 반전, NOT은 보수에 사용된다는 것을 꼭 기억하세요.

19. 기억장치의 맨 처음 장소부터 1Byte마다 연속된 16진수의 번호를 부여하는 번지는?

① Symbolic Address
② Absolute Address
③ Relative Address
④ Mnemonic Address

정답 **12.** ② **13.** ① **14.** ③ **15.** ① **16.** ④ **17.** ② **18.** ② **19.** ②

20. 컴퓨터 시스템의 중앙처리장치를 구성하는 하나의 회로로서, 산술 및 논리 연산을 수행하는 장치는?

① Arithmetic Logic Unit
② Memory Unit
③ I/O Unit
④ Associative Memory Unit

21. 다음 중 강연회나 세미나, 연구발표, 교육안 등을 상대방에게 보다 효과적으로 의사전달을 하고자 할 때 사용하는 것은?

① DBMS   ② 스프레드시트
③ 프레젠테이션   ④ 워드프로세서

22. 데이터베이스 시스템의 전체적인 관리 및 운영을 책임지는 사람을 의미하는 것은?

① DEGREE   ② SCHEMA
③ DBA   ④ DBM

23. 다음 SQL문의 의미로 적합한 것은?

> SELECT * FROM 사원;

① 사원 테이블을 삭제한다.
② 사원 테이블에서 전체 레코드의 모든 필드를 검색한다.
③ 사원 테이블에서 "*"값이 포함된 모든 필드를 검색한다.
④ 사원 테이블의 모든 필드에서 "*"값을 추가한다.

24. 프레젠테이션의 용도로 거리가 먼 것은?

① 기업체의 설명회 또는 신제품 발표회
② 기업체 내의 부서별 세미나 자료 작성
③ 기업체 내의 통계 자료 계산
④ 학습용 교육 자료 작성

25. 관계형 데이터베이스에서 속성(Attribute)의 수를 의미하는 것은?

① 카디널리티(Cardinality)
② 도메인(Domain)
③ 차수(Degree)
④ 릴레이션(Relation)

26. 다음 SQL문의 실행 결과를 가장 올바르게 설명한 것은?

> DROP Table 인사 Cascade;

① 인사 테이블을 삭제함
② 인사 테이블과 인사 테이블을 참조하는 모든 테이블을 삭제함
③ 인사 테이블이 참조 중이면 삭제하지 않음
④ 인사 테이블을 삭제할 지의 여부를 사용자에게 다시 질의함

전문가의 조언 DROP은 테이블, 뷰, 인덱스 등을 삭제하는 명령문입니다. "DROP TABLE 인사;"는 인사 테이블을 삭제하는 명령문입니다. 옵션으로 CASCADE가 지정되었으므로 삭제할 요소를 참조하는 다른 모든 개체를 함께 삭제합니다. 자주 출제되는 내용입니다. **핵심 039**를 참고하여 DROP문의 옵션인 CASCADE와 RESTRICT의 기능을 구분하여 알아두세요.

27. 데이터베이스 관리 시스템의 필수 기능 중 사용자와 데이터베이스 사이의 인터페이스를 위한 수단을 제공하는 기능에 해당하는 것은?

① 정의 기능
② 조작 기능
③ 제어 기능
④ 통제 기능

전문가의 조언 문제에 제시된 내용은 조작 기능에 해당합니다. DBMS의 필수 기능 3가지에 대한 문제가 자주 출제됩니다. **핵심 033**을 참고하여 DBMS의 필수 기능 3가지를 기억하고 각각의 역할도 꼭 정리해 두세요.

28. 프레젠테이션에서 사용하는 하나의 화면을 의미하는 것은?

① 셀
② 슬라이드
③ 워크시트
④ 프로젝트

전문가의 조언 프레젠테이션에서 사용하는 하나의 화면을 슬라이드라고 합니다. 프레젠테이션의 구성 요소를 묻는 문제가 자주 출제됩니다. **핵심 048**을 참고하여 각 구성 요소의 의미를 명확히 숙지하세요.

29. 스프레드시트에서 반복되고 규칙적인 작업을 일괄 자동처리하는 기능을 무엇이라고 하는가?

① 필터 기능
② 차트 기능
③ 매크로 기능
④ 셀 기능

전문가의 조언 반복되고 규칙적인 작업을 일괄 자동처리 하는 기능은 매크로입니다. 엑셀의 주요 기능 중 매크로와 필터의 기능을 묻는 문제가 자주 출제됩니다. **핵심 047**을 참고하여 매크로와 필터를 중심으로 엑셀의 주요 기능을 정리하고 넘어가세요.

30. SQL의 DML에 해당하지 않는 것은?

① INSERT
② SELECT
③ UPDATE
④ CREATE

전문가의 조언 CREATE는 DDL(데이터 정의어)에 해당합니다. 중요합니다. **핵심 039**를 참고하여 데이터 정의어(DDL), 데이터 조작어(DML), 데이터 제어어(DCL)에 해당하는 명령을 구분할 수 있도록 정리하고 넘어가세요.

31. Which one does below sentence describe?

> It is situation of infinite waiting of unusable resources, Because one program is going to use the device in use by other program at multiprogramming.

① DeadLock
② Overlay
③ Paging
④ Buffering

전문가의 조언 교착상태(Dead Lock)는 다중 프로그래밍 방식에서 다른 프로그램에 의해 사용중인 장치를 사용하려고 무한정 기다리기 때문에 발생하는 현상입니다. 교착상태의 개념을 묻는 문제가 종종 출제됩니다. **핵심 056**을 참고하여 교착상태의 개념과 교착상태가 발생될 수 있는 필요 충분 조건을 정리해 두세요.

정답 26. ② 27. ② 28. ② 29. ③ 30. ④ 31. ①

32. 윈도우 환경에서 여러 개의 프로그램을 동시에 작업하는 것을 무엇이라 하는가?

① 멀티 유저
② 멀티 태스킹
③ 멀티 스케줄링
④ 멀티 컨트롤

> **전문가의 조언** 윈도우 환경에서 여러 개의 프로그램을 동시에 작업하는 것을 멀티 태스킹(Multi-Tasking)이라고 합니다. 종종 출제되는 내용입니다. 문제를 통해 여러 개의(Multi, 멀티) 프로그램을 동시에 작업(Tasking, 태스킹)하는 것이 무엇인지 정확히 알아두고 넘어가세요.

33. 윈도우에서 PLUG & PLAY란?

① 컴퓨터에 전원을 켜자마자 바로 시작되는 것
② 운영체제가 주변기기를 자동 인식하는 것
③ 전원을 끈 상태에서도 컴퓨터가 작동되는 것
④ 전원을 그냥 꺼도 운영체제가 모든 응용프로그램의 마무리 작업을 수행하는 것

> **전문가의 조언** 플러그 앤 플레이(Plug & Play)는 운영체제가 주변기기를 자동 인식하는 것을 의미합니다. 플러그 앤 플레이의 기능을 묻는 문제는 자주 출제됩니다. 문제를 통해 플러그 앤 플레이의 기능을 정확히 숙지해 두세요.

34. 윈도우의 탐색기에서 비연속적인 여러 개의 파일을 선택하는 방법은?

① Ctrl 을 누른 상태에서 선택하려는 파일들을 왼쪽 마우스 버튼을 클릭하여 선택한다.
② Shift 를 누른 상태에서 선택하려는 파일들을 왼쪽 마우스 버튼을 클릭하여 선택한다.
③ Alt 를 누른 상태에서 선택하려는 파일들을 오른쪽 마우스 버튼을 클릭하여 선택한다.
④ Shift 를 누른 상태에서 선택하려는 파일들을 오른쪽 마우스 버튼을 클릭하여 선택한다.

> **전문가의 조언** 비연속적인 여러 개의 파일을 선택할 때는 마우스와 함께 Ctrl 을 사용합니다. 자주 출제되는 내용입니다. 연속적인 파일을 선택할 때는 Shift , 비연속적인 파일을 선택할 때는 Ctrl 을 사용한다는 것을 꼭 기억해 두세요.

35. 윈도우의 탐색기에서 마우스의 오른쪽 단추를 누르는 것과 같은 기능이 나타나게 하는 단축키는?

① Shift + F10
② F9
③ Ctrl + F10
④ Alt + F10

> **전문가의 조언** 탐색기에서 마우스의 오른쪽 단추를 누르는 것과 같은 기능이 나타나게 하는 바로 가기 키(단축키)는 Shift + F10 입니다. 종종 출제되는 문제입니다. 마우스 오른쪽 단추를 누르면 바로 가기 메뉴가 표시됩니다. 바로 가기 메뉴를 표시하는 단축키는 Shift + F10 이라는 것 잊지 말고 기억하세요.

36. 현재 실행되고 있는 프로그램 단추와 프로그램을 빠르게 실행하기 위해 등록한 고정 프로그램 단추 등이 표시되는 곳으로서, 기본적으로 바탕 화면의 맨 아래쪽에 위치한 것은?

① 바탕 화면
② 내 컴퓨터
③ 시작 버튼
④ 작업 표시줄

> **전문가의 조언** 문제에 제시된 내용은 작업 표시줄에 대한 설명입니다. 현재 실행중인 프로그램이 표시되어 있는 곳이 어디인지를 생각해보면 어렵지 않은 문제죠. 작업 표시줄과 함께 나머지 보기들의 기능도 정리해 두세요.
> • **바탕 화면** : Windows의 기본적인 작업 공간으로, Windows 설치 시 기본적으로 표시되는 아이콘과 작업 표시줄로 구성되어 있음
> • **내 컴퓨터** : 컴퓨터에 설치된 디스크 드라이브, 프린터, 제어판, 폴더, 파일 등을 표시하며 파일과 폴더 및 컴퓨터에 설치된 하드웨어를 관리함
> • **[시작] 단추** : 작업 표시줄의 가장 왼쪽에 위치하는 것으로, 클릭하면 Windows에 설치된 프로그램들이 메뉴 형태로 표시됨

37. 캐시 메모리에 대한 설명으로 잘못된 것은?

① 중앙처리장치(CPU)와 주기억장치 사이에 위치하여 컴퓨터의 처리 속도를 향상시키는 역할을 한다.
② 캐시 메모리로는 접근 속도가 빠른 정적 램(SRAM)을 사용한다.
③ 적중률은 캐시 기억장치가 있는 컴퓨터의 성능을 나타내는 척도로 이용된다.
④ 고속이며, 가격이 저가이다.

> **전문가의 조언** 캐시 메모리는 가격이 고가입니다. 캐시 메모리의 특징보다는 개념을 묻는 문제가 종종 출제됩니다. 캐시 메모리의 개념을 기억하고 나머지 보기로 제시된 특징도 한 번 더 읽어보고 넘어가세요.

38. 윈도우에서 특정 파일을 찾고자 할 때 설정할 수 있는 유형이 아닌 것은?

① 파일의 형식을 알고 있는 경우
② 변경된 날짜를 알고 있는 경우
③ 파일의 작성자를 알고 있는 경우
④ 파일에 포함된 문자열을 알고 있는 경우

> **전문가의 조언** 찾기(검색) 기능에서 파일의 작성자를 통해 찾는 기능은 제공되지 않습니다. 자주 출제되는 문제는 아닙니다. 보기로 제시된 찾기 유형 정도만 기억해 두세요.

39. 윈도우에서 [디스크 조각 모음]의 결과가 아닌 것은?

① 디스크의 공간이 확장되어 더 많은 자료가 저장된다.
② 분산 저장되어 있는 파일을 연속된 공간으로 이동시킨다.
③ 디스크 공간의 최적화가 이루어진다.
④ 디스크의 접근 속도를 빠르게 해준다.

> **전문가의 조언** 디스크 조각 모음은 단편화(Fragmentation)로 인해 여기저기 분산되어 저장된 파일들을 연속된 공간으로 최적화시켜 디스크의 접근 속도를 향상시키는 데 주 목적을 가지고 있습니다. 시스템 도구 중에서는 디스크 조각 모음과 관련된 문제가 가장 많이 출제되고 있습니다. **핵심 078**을 참고하여 디스크 조각 모음의 기능과 특징을 파악해 두세요.

40. 도스(MS-DOS)에서 지정한 파일의 이름을 바꾸어 주는 명령은?

① REN
② MD
③ XCOPY
④ CHKDSK

> **전문가의 조언** 도스(MS-DOS)에서 지정한 파일의 이름을 바꾸어 주는 명령은 REN입니다. 도스 명령어들의 기능을 묻는 문제가 자주 출제됩니다. **핵심 061**과 **062**를 참고하여 나머지 보기로 제시된 명령어들의 기능도 정확하게 알아두세요.

41. 도스(MS-DOS)의 내부 명령어에 대한 설명으로 옳은 것은?

① 디스크에 별도의 독립 파일로 존재한다.
② 프롬프트 상태에서 언제든지 사용 가능하다.
③ COMMAND.COM 파일이 없어도 사용할 수 있다.
④ 보조기억장치에 저장되어 있으므로 Load하여 사용한다.

> **전문가의 조언** 내부 명령어는 프롬프트 상태에서 언제든지 사용 가능합니다. ①, ④번은 외부 명령어에 대한 설명입니다. 그리고 내부 명령이든 외부 명령이든 명령 해석기인 COMMAND.COM이 있어야 실행할 수 있습니다. 내부 명령어와 외부 명령어를 구분하는 문제가 종종 출제됩니다. **핵심 060**을 참고하여 특징을 정리하세요.

42. 윈도우에서 여러 개의 응용 프로그램을 순서대로 전환할 때 사용하는 단축키는?

① Alt + Tab
② Alt + Shift
③ Alt + F1
④ Alt + Enter

> **전문가의 조언** 윈도우에서 여러 개의 응용 프로그램을 순서대로 전환할 때 사용하는 바로 가기 키(단축키는) Alt + Tab 입니다. 바로 가기 키(단축키)의 기능을 묻는 문제는 자주 출제됩니다. **핵심 067**을 참고하여 꼭 정리해 두세요.

43. 유닉스(UNIX) 운영체제의 기초가 되는 언어는?

① C
② COBOL
③ PASCAL
④ BASIC

> **전문가의 조언** 유닉스(UNIX) 운영체제의 기초가 되는 언어는 C 언어입니다. UNIX는 UNIX 운영체제의 기초가 되는 언어뿐만 아니라 전반적인 특징을 묻는 문제도 종종 출제되니 **핵심 079**를 참고하여 확실하게 정리해 두세요.

44. UNIX에서 현재 시스템에 등록되어 있는 사용자의 정보를 조회하기 위한 명령어는?

① cp
② finger
③ ping
④ ls

45. 윈도우에서 시스템 도구 및 유지 관리에 포함되지 않는 것은?

① 디스크 검사   ② 디스크 조각 모음
③ 디스크 정리   ④ 디스크 포맷

46. 다음은 무엇에 대한 설명인가?

> A hardware signal that suspends execution of a program and calls a special handler program. It breaks the normal flow of the program execution. After the handler program executed, the suspended program is resumed.

① interrupt   ② polling
③ method invocation   ④ virus

47. 기억장치에 저장된 여러 개의 프로세스가 수행 상태, 대기 상태, 준비 상태와 같은 변환 과정을 반복할 때, 각 프로세스에게 중앙처리장치의 사용 시간을 할당하는 것을 무엇이라 하는가?

① Partition   ② Scheduling
③ Fragmentation   ④ Optimize

48. 윈도우에서 데이터를 복사하거나 오려둘 때, 그 데이터를 임시로 기억하고 있는 장소는?

① 편집기   ② 클립보드
③ 문서   ④ 아이콘

49. 도스(MS-DOS)의 DIR 명령 중 한 줄에 5개씩 파일 이름이나 디렉터리를 출력해 주는 것은? (단, 현재 디렉터리는 C:\임)

① C:\⟩DIR/P   ② C:\⟩DIR/W
③ C:\⟩DIR/S   ④ C:\⟩DIR/AD

50. 운영체제에 대한 설명으로 가장 적합한 것은?

① 운영체제는 언어 번역기의 일종이다.
② 운영체제는 사용자가 직접 개발한 응용 프로그램이다.
③ 하나의 컴퓨터에는 반드시 하나의 운영체제만 설치해야 한다.
④ 운영체제는 소프트웨어의 일종이다.

51. 통신 선로를 공동으로 이용하기 위한 장비는?

① 변복조기   ② 단말기
③ 음향결합기   ④ 집중화기

52. 다음 중 DTE/DCE의 접속 규격에 관한 것이 아닌 것은?

① 기계적 특성
② 전기적 특성
③ 통신적 특성
④ 절차적 특성

> **전문가의 조언** DTE/DCE 접속 규격의 특성에는 기계적, 전기적, 기능적, 절차적 특성이 있습니다. 자주 출제되는 문제는 아닙니다. 이 문제에서는 DTE/DCE 접속 규격의 특성 4가지만 기억해 두세요.

53. 다음 중 데이터 통신에서 데이터 전송 시 발생되는 오류의 검출과 재전송 등을 주로 수행하는 것은?

① 다중화 장치
② 통신 제어장치
③ 회선 종단장치
④ 전화 교환장치

> **전문가의 조언** 문제에 제시된 내용은 통신 제어장치의 역할입니다. 통신 제어장치의 기능이나 역할을 묻는 문제가 가끔 출제됩니다. 이 문제에서는 통신 제어장치의 역할만 정확히 기억해 두세요.

54. 시분할 멀티플렉싱에 대한 설명에 해당하는 것은?

① 각 채널당 고정된 프레임을 구성하여 전송한다.
② 가드밴드를 이용한다.
③ 각 채널별 대역 필터가 필요하다.
④ 주파수 대역을 나누어 여러 채널로 사용한다.

> **전문가의 조언** ②, ③, ④번은 주파수 분할 다중화 방식의 특징입니다. 시분할 다중화 방식과 주파수 분할 다중화 방식의 특징을 구분하는 문제가 종종 출제됩니다. **핵심 102**를 참고하여 특징을 서로 구분할 수 있도록 정리하고 넘어가세요.

55. 정보 통신 시스템의 잡음 중에서 내부 잡음에 해당하는 것은?

① 열 잡음
② 충격 잡음
③ 누화 잡음
④ 우주 잡음

> **전문가의 조언** 열 잡음은 전송 매체 내부 온도에 따라 전자의 운동량이 변화함으로써 생기는 잡음으로 백색 잡음이라고도 합니다. 종종 출제되는 내용입니다. 열 잡음과 함께 **핵심 095**를 참고하여 충격성 잡음과 누화 잡음의 의미와 원인도 정리하세요.

56. 다음 중 LAN의 표준에 대한 관계가 잘못 짝지어진 것은?

① IEEE 802.2 : 논리적 링크 제어
② IEEE 802.3 : CSMA/CD
③ IEEE 802.5 : 토큰링
④ IEEE 802.10 : 무선 LAN

> **전문가의 조언** 무선 LAN 표준은 IEEE 802.11입니다. 정보처리 기사나 산업기사에서 출제되던 문제입니다. 나머지 보기로 제시된 LAN의 표준도 가볍게 읽어보고 넘어가세요.

57. 다음 중 LAN의 구성 요소와 거리가 먼 것은?

① 브릿지
② 전송 매체
③ 라우터
④ 모뎀

> **전문가의 조언** LAN은 UTP 케이블을 이용해 컴퓨터나 단말장치를 연결한 네트워크 형태입니다. 이러한 UTP 케이블을 컴퓨터나 단말장치에 연결할 때는 모뎀이 아닌 LAN 카드를 사용합니다. 자주 출제되는 문제는 아닙니다. 보기로 제시된 LAN의 구성 요소만 간단히 파악해 두세요.

58. 다음 중 정보 통신 시스템에서 최종적으로 데이터를 보내거나 받는 기능을 수행하는 것은?

① 데이터 단말장치
② 데이터 회선 종단장치
③ 데이터 전송장치
④ 데이터 교환장치

> **전문가의 조언** 최종적으로 데이터를 보내거나 받는 기능을 수행하는 것은 단말장치입니다. 자주 출제되는 문제는 아닙니다. 이 문제에서는 데이터 단말장치의 기능만 기억하고 넘어가세요.

정답 52. ③ 53. ② 54. ① 55. ① 56. ④ 57. ④ 58. ①

59. 초고속 인터넷 망을 이용하여 제공되는 양방향 텔레비전 서비스로 시청자가 자신이 편리한 시간에 보고 싶은 프로그램을 볼 수 있는 뉴미디어는?

① IPTV   ② DMB
③ 블루투스   ④ 유비쿼터스

문제에 제시된 내용은 IPTV의 개념입니다. IPTV하면 '인터넷을 통한 TV 서비스'라는 것을 기억하고 보기에 제시된 나머지 용어들의 의미를 정리하세요.
- DMB : 디지털 멀티미디어 방송을 의미하는 것으로 음성, 영상 등 다양한 멀티미디어 신호를 디지털 방식으로 변조하여 고정 또는 휴대용 수신기에 제공하는 방송 서비스
- 블루투스(Bluetooth) : 근거리에서 데이터 통신을 무선으로 가능하게 해주는 표준 기술
- 유비쿼터스(Ubiquitous) : 컴퓨터가 특정한 장소에 설치되어 있어야 하는 것이 아니라, 우리 생활에서 사용되는 모든 사물에 컴퓨터 기능을 내장하고, 이들을 무선 네트워크로 연결하여 인간이 필요로 하는 정보를 제공받을 수 있는 환경을 의미함

60. 위상 변조를 하는 동기식 변·복조기의 변조 속도가 1200보오(Baud)이고, 디비트(Dibit)를 사용한다면 통신 속도[Bps]는?

① 1200   ② 2400
③ 4800   ④ 9600

데이터 신호 속도(Bps)는 '변조 속도(Baud) × 변조 시 상태 변화 비트 수'입니다. 한 신호에 디비트(2비트)를 전송하므로 상태 변화 비트 수는 2이고, 여기에 변조 속도를 곱하면 신호 속도(Bps)는 1,200 × 2이므로 2,400Bps입니다. 신호 속도(Bps)를 계산하는 문제는 공식만 알면 쉽게 맞힐 수 있습니다. 꼭 알아두세요.

신호 속도와 변조 속도 계산 공식
- 데이터 신호 속도(Bps) = 변조 속도(Baud) × 변조 시 상태 변화 비트 수
- 데이터 변조 속도(Baud) = 데이터 신호 속도(Bps) / 변조 시 상태 변화 비트 수

12회 기출문제 & 전문가의 조언

1. 다음이 설명하고 있는 데이터 입출력 방식은?

> • 데이터의 입·출력 전송이 CPU를 통하지 않고, 입·출력 장치와 기억 장치 간에 직접 데이터를 주고받는다.
> • CPU와 주변 장치간의 속도차를 줄일 수 있다.

① DCA   ② DMA
③ Multiplexer   ④ Channel

전문가의 조언 문제에 제시된 내용은 DMA(Direct Memory Access)에 대한 설명입니다. 문제를 통해 DMA의 특징을 간단하게 정리하고 넘어가세요.

2. 연산 후 입력 자료가 변하지 않고 보존되는 특징의 장점을 갖는 명령어 형식은?

① 0-주소 명령어 형식
② 1-주소 명령어 형식
③ 2-주소 명령어 형식
④ 3-주소 명령어 형식

전문가의 조언 연산 후 입력 자료가 변하지 않고 보존되는 것은 3주소 명령어 형식입니다. 명령어 형식 중 출제 비중이 가장 높은 것은 0 주소 명령어 형식입니다. 0 주소 명령어 형식은 주소 부분이 없어 스택 구조를 사용한다는 것을 반드시 기억하고, **핵심 023**을 참고하여 나머지 명령어 형식의 특징을 서로 구분할 수 있도록 정리하세요.

3. 1개의 입력선으로 들어오는 정보를 2^n개의 출력선 중 1개를 선택하여 출력하는 회로는?

① 멀티플렉서   ② 인코더
③ 디코더   ④ 디멀티플렉서

전문가의 조언 1개의 입력선으로 들어오는 정보를 2^n개의 출력선 중 1개를 선택하여 출력하는 회로는 디멀티플렉서(Demultiplexer)입니다. 자주 출제되는 내용은 아닙니다. 문제로 제시된 디멀티플렉서의 기능만 기억하고 넘어가세요.

4. 번지(Address)로 지정된 저장위치(Storage Location)의 내용이 실제 번지가 되는 주소지정번지는?

① 간접지정방식   ② 완전지정방식
③ 절대지정방식   ④ 상대지정방식

전문가의 조언 번지로 지정된 저장위치의 내용이 실제 데이터라면 직접 주소지정방식이고, 실제 데이터가 저장된 번지라면 간접 주소지정방식입니다. 주소지정방식들의 차이점을 파악하고 있어야 풀 수 있는 문제가 자주 출제됩니다. 주소지정방식들의 특징은 각각의 명칭과 연관지어 생각해 보면 쉽게 이해됩니다. **핵심 024**를 참고하여 정리해 두세요.

5. JK 플립플롭(Flip Flop)에서 보수가 출력되기 위한 J, K의 입력상태는?

① J=1, K=0   ② J=0, K=1
③ J=1, K=1   ④ J=0, K=0

전문가의 조언 JK 플립플롭(Flip Flop)에서 J=1, K=1이 입력되면 보수가 출력됩니다. JK 플립플롭은 주로 특성표의 상태 값에 관한 문제가 출제됩니다. **핵심 012**를 참고하여 JK 플립플롭의 특징을 기억해 주세요.

6. 2진수 10001010를 2의 보수로 옳게 표현한 것은?

① 01110101   ② 01110110
③ 10001011   ④ 10000110

전문가의 조언 2의 보수는 1의 보수를 구한 후 그 값에 1을 더하면 됩니다. 그리고 1의 보수는 2진수의 0은 1로, 1은 0으로 변환하면 됩니다.

```
  10001010
  01110101 ← 1의 보수
+        1
  01110110 ← 2의 보수
```

종종 출제되는 내용입니다. 꼭 숙지해 두세요.

7. 하나의 명령어를 중앙처리장치에서 처리하는데 포함된 일련의 동작들을 총칭하여 명령어 주기(Instruction Cycle)라 하는데 명령어 주기에 속하지 않는 것은?

① Branch Cycle   ② Fetch Cycle
③ Indirect Cycle   ④ Interrupt Cycle

정답 1. ②   2. ④   3. ④   4. ①   5. ③   6. ②   7. ①

8. 주기억장치, 제어장치, 연산장치 사이에서 정보가 이동되는 경로이다. 빈 부분에 알맞은 장치는?

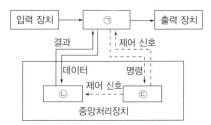

① ㉠ 제어장치   ㉡ 주기억장치   ㉢ 연산장치
② ㉠ 주기억장치   ㉡ 연산장치   ㉢ 제어장치
③ ㉠ 주기억장치   ㉡ 제어장치   ㉢ 연산장치
④ ㉠ 제어장치   ㉡ 연산장치   ㉢ 주기억장치

9. 연산을 자료의 성격에 따라 나눌 때 논리적 연산에 해당하지 않는 것은?
① ROTATE
② AND
③ MULTIPLY
④ COMPLEMENT

10. 진리표가 다음 표와 같이 되는 논리 회로는?

입력 A	입력 B	출력 F
0	0	1
0	1	1
1	0	1
1	1	0

① AND 게이트   ② OR 게이트
③ NOR 게이트   ④ NAND 게이트

11. 불(Boole)대수 $A + \overline{A} \cdot B + \overline{A} \cdot \overline{B}$의 결과값은? (단, A=0, B=1이다.)
① 0   ② 1
③ 2   ④ 3

12. 채널은 어떤 장치에서 명령을 받는가?
① 기억장치   ② 출력장치
③ 입력장치   ④ 제어장치

13. 여러 개의 입력정보(2^n) 중에서 하나를 선택하여 한 곳으로 출력시키는 조합 논리 회로는?

① 반가산기
② 멀티플렉서
③ 디멀티플렉서
④ 인코더

> **전문가의 조언** 여러 개의 입력정보(2^n) 중에서 하나를 선택하여 한 곳으로 출력시키는 조합 논리 회로는 멀티플렉서(Multiplexer)입니다. 자주 출제되는 내용은 아닙니다. 문제로 제시된 멀티플렉서의 기능만 기억하고 넘어가세요.

14. 연산자의 기능과 거리가 먼 것은?

① 주소 지정 기능
② 제어 기능
③ 함수 연산 기능
④ 입 · 출력 기능

> **전문가의 조언** 연산자(OP Code)의 기능에는 제어 기능, 자료 전달 기능, 함수 연산 기능, 입 · 출력 기능이 있습니다. 자주 출제되는 문제입니다. 연산자의 기능 4가지를 꼭 기억해 두세요.

15. 다음과 같은 논리회로에서 A = 1, B = 1, C = 0 일 때, X로 출력되는 값은?

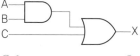

① 0
② 1
③ 10
④ 11

> **전문가의 조언** 이런 문제는 논리회로를 분리하여 각각을 논리식으로 표현한 후 1개의 논리식으로 합치면 됩니다.
>
>
>
> ❶ = A · B = 1 · 1 = 1
> ❷ = ❶ + C = 1 + 0 = 1
> 이 문제를 통해 논리회로를 논리식으로 표현하는 방법에 대해 알아두세요.

16. 프로그램들이 기억장치 내의 임의의 장소에 적재될 수 있도록 조정하는 작업을 재배치(Relocation)라 하는데, 이 기능을 수행하는 재배치 로더(Loader)의 역할이 아닌 것은?

① 기억장소 할당
② 목적 프로그램의 기호적 호출 연결
③ 원시 프로그램을 읽어서 명령어를 해석
④ 기계어 명령들을 기억장치에 적재

> **전문가의 조언** ③번은 언어 번역 프로그램의 역할입니다. 로더의 기능과 함께 각 기능의 의미를 묻는 문제가 자주 출제됩니다. **핵심 052**를 참고하여 꼭 정리하고 넘어가세요.

17. 연산장치에서 연산 결과에 대한 부호를 저장하는 것은?

① 가산기
② 기억 레지스터
③ 상태 레지스터
④ 보수기

> **전문가의 조언** 연산결과에 대한 부호를 저장하는 것은 상태 레지스터입니다. 레지스터들의 기능을 묻는 문제가 자주 출제됩니다. **핵심 003**을 통해 주요 레지스터들의 기능을 명확히 파악해 두세요.

18. EBCDIC 코드의 존(Zone) 코드는 몇 비트로 구성되어 있는가?

① 3
② 4
③ 5
④ 6

> **전문가의 조언** EBCDIC 코드는 1개의 문자를 4개의 Zone 비트와 4개의 Digit 비트로 표현합니다. 자주 출제되는 문제입니다. **핵심 017**을 참고하여 EBCDIC 코드의 특징을 정리하세요.

19. 입력장치로만 나열된 것은?

① 키보드, OCR, OMR, 라인 프린터
② 키보드, OCR, OMR, 플로터
③ 키보드, 라인 프린터, OMR, 플로터
④ 키보드, OCR, OMR, MICR

> **전문가의 조언** 라인 프린터와 플로터는 출력장치입니다. 종종 출제되는 내용입니다. 입력장치와 출력장치를 구분할 수 있도록 간단히 정리하고 넘어가세요.
> • **입력장치** : 키보드, 마우스, 스캐너, 라이트 펜, OMR, OCR, MICR, 바코드 판독기
> • **출력장치** : 모니터, 프린터, 플로터

20. SQL에서 테이블 구조를 정의, 변경, 제거하는 명령을 순서대로 옳게 나열한 것은?

① CREATE, MODIFY, DELETE
② MAKE, MODIFY, DELETE
③ MAKE, ALTER, DROP
④ CREATE, ALTER, DROP

> **전문가의 조언** 테이블 구조의 정의는 CREATE, 변경은 ALTER, 제거는 DROP문을 사용합니다. 문제와 보기가 동일하게 출제된 적이 있는 문제입니다. CREATE, ALTER, DROP의 의미만 기억하고 넘어가세요.

21. 하나 이상의 기본 테이블로부터 유도되어 만들어지는 가상 테이블은?

① 뷰(VIEW)
② 유리창(WINDOW)
③ 스키마(SCHEMA)
④ 도메인(DOMAIN)

> **전문가의 조언** 하나 이상의 기본 테이블로부터 유도되어 만들어지는 가상 테이블은 뷰(VIEW)입니다. 문제와 보기가 동일하게 출제되고 있는 문제입니다. 이 문제에서는 뷰(VIEW)의 개념만 기억하고 넘어가세요.

22. 다음 그림에서 [E2] 셀에 성명별 점수의 합계를 구하는 수식으로 알맞은 것은?

▲	A	B	C	D	E
1	성명	홍길동	김철수	이영희	합계
2	점수	85	92	91	
3					

① SUM(B2:D2)
② AVERAGE(B2:D2)
③ COUNT(B2:D2)
④ MAX(B2:D2)

> **전문가의 조언** ① SUM(B2:D2) : SUM(인수1, 인수2, …)은 인수의 합계를 구하는 함수이므로, 결과는 268입니다.
> ② AVERAGE(B2:D2) : AVERAGE(인수1, 인수2, …)는 인수의 평균을 구하는 함수이므로, 결과는 89.3입니다.
> ③ COUNT(B2:D2) : COUNT(인수1, 인수2, …)는 인수 중 숫자가 들어 있는 셀의 개수를 구하는 함수이므로, 결과는 3입니다.
> ④ MAX(B2:D2) : MAX(인수1, 인수2, …)는 인수 중 가장 큰 값을 구하는 함수이므로, 결과는 92입니다.
> 자주 출제되는 내용은 아닙니다. 각 함수의 사용법만 정확히 기억해 두세요.

23. 도메인에 대한 설명으로 가장 적합한 것은?

① 릴레이션을 표현하는 기본 단위
② 튜플들의 관계를 표현하는 범위
③ 튜플들의 구분할 수 있는 범위
④ 표현되는 속성 값의 범위

> **전문가의 조언** 도메인이란 표현되는 속성 값의 범위를 말합니다. 관계형 데이터베이스의 구성 요소에 대한 문제가 자주 출제되니 **핵심 036**을 참고하여 꼭 정리하고 넘어가세요.

24. 사용자와 데이터베이스 사이에 위치하여 데이터베이스를 관리하고, 사용자의 요구에 따라 정보를 생성해 주는 소프트웨어는?

① 컴파일러
② 운영체제
③ DBMS
④ 디버거

> **전문가의 조언** 데이터베이스 관리 시스템(DBMS)의 개념보다는 필수 기능을 묻는 문제가 자주 출제됩니다. 데이터베이스 관리 시스템(DBMS)의 필수 기능하면 '정·조·제'라는 것을 기억하고, **핵심 033**을 참고하여 각각의 기능을 정리하세요.

25. 8비트 컴퓨터에서 10진수 −13을 부호화 절대치 방식으로 표현한 것은?

① 10001101
② 10001110
③ 11111110
④ 01111101

> **전문가의 조언** 10진수 −13을 부호화 절대치 방식으로 표현하면 10001101입니다.
> ❶ 13을 2진수로 표현합니다. : 1101
> ❷ 8비트 컴퓨터라고 했으니 왼쪽에 0을 추가하여 비트 수를 채웁니다. : 00001101
> ❸ 왼쪽 첫 번째 비트가 부호 비트인데, 이 부호 비트가 0이면 양수, 1이면 음수이므로 1로 변경합니다. : 10001101
> 종종 출제되는 문제입니다. 부호화 절대치 방식으로 수치 자료 표현 방법을 기억해 두세요.

26. 윈도우용 스프레드시트에서 단일 항목으로 된 설문조사 결과를 표시하는데 가장 적합한 차트의 종류는?

① 원형
② 분산형
③ 막대형
④ 꺾은선형

전문가의 조언 단일 항목으로 된 설문조사 결과를 표시하는데 가장 적합한 차트는 원형입니다. 자주 출제되는 내용은 아닙니다. 나머지 차트들의 특징을 가볍게 읽어보고 넘어가세요.
- **분산형** : 여러 데이터 계열값의 관계를 보여주고, 두 숫자 그룹을 XY 좌표로 이루어진 한 계열로 그리며, 데이터의 불규칙한 간격이나 묶음을 보여줌
- **막대형** : 특정 기간 동안의 데이터 변화를 보여주거나 항목간의 값을 비교 가능
- **꺾은선형** : 동일한 간격으로 데이터의 추세를 보여줌

27. 데이터베이스 관리 시스템(DBMS; Databases Management System)의 주요 기능에 속하지 않는 것은?

① 관리 기능
② 정의 기능
③ 조작 기능
④ 제어 기능

전문가의 조언 데이터베이스 관리 시스템의 주요 기능은 정의 기능, 조작 기능, 제어 기능입니다. 자주 출제되는 문제입니다. 데이터베이스 관리 시스템(DBMS)의 필수 기능하면, '정·조·제'라는 것을 기억하고, **핵심 033**을 참고하여 각각의 역할을 정리하세요.

28. 프레젠테이션 프로그램을 사용하는 용도 중 가장 거리가 먼 것은?

① 회사의 제품 선전용
② 신제품 설명회
③ 통계자료 작성
④ 강연회 준비

전문가의 조언 통계자료 작성은 스프레드시트 프로그램을 이용하는 것이 효과적입니다. 프레젠테이션의 용도를 묻는 문제가 자주 출제되니 나머지 보기를 통해 알아두세요.

29. SQL 명령어 중 데이터 정의문(DDL)에 해당 하는 것은?

① UPDATE
② CREATE
③ SELECT
④ DELETE

전문가의 조언 보기 중 CREATE만 데이터 정의어이고 나머지는 모두 데이터 조작어입니다. 이 문제도 중요합니다. 데이터 정의어(DDL), 데이터 조작어(DML), 데이터 제어어(DCL)에 해당하는 명령을 구분할 수 있도록 **핵심 039**를 참고하여 정리하고 넘어가세요.

30. DBMS에 대한 설명으로 틀린 것은?

① 데이터 보안성 보장
② 데이터 공유
③ 데이터 중복성 최대화
④ 데이터 무결성 유지

전문가의 조언 DBMS의 장점 중 하나는 데이터 중복성의 최소화입니다. 가끔 출제되는 내용입니다. 나머지 보기를 통해 DBMS의 장점을 정리하세요.

31. 스풀링과 버퍼링에 대한 설명으로 틀린 것은?

① 스풀링은 저속의 입·출력장치와 고속의 CPU 간의 속도 차이를 해소하기 위한 방법이다.
② 버퍼링은 주기억장치의 일부를 버퍼로 사용한다.
③ 버퍼링은 송신자와 수신자의 속도 차이를 해결하기 위하여 사용한다.
④ 버퍼링은 서로 다른 여러 작업에 대한 입·출력과 계산을 동시에 수행한다.

전문가의 조언 ④번의 내용은 스풀링에 대한 설명입니다. 버퍼링은 데이터의 송·수신을 원활하게 하기 위해 데이터를 일시적으로 저장하는 것으로 한 번에 하나의 작업만 가능합니다. 자주 출제되는 내용은 아닙니다. 보기에 제시된 내용을 통해 스풀링과 버퍼링의 차이점만 기억하고 넘어가세요.

32. 도스(MS-DOS)에서 'config.sys' 파일과 'autoexec.bat' 파일의 수행을 사용자가 선택하여 실행하려고 하는 경우 사용하는 기능키(Function Key)는?

① F4
② F5
③ F7
④ F8

전문가의 조언 도스(MS-DOS)에서 'config.sys' 파일과 'autoexec.bat' 파일의 수행을 사용자가 선택하여 실행하려고 하는 경우 사용하는 기능키는 F8 입니다. 자주 출제되는 내용은 아닙니다. 부팅 중 'Config.sys'와 'Autoexec.bat' 파일의 실행 여부를 선택하려면 F8 을 눌러야 한다는 것만 기억해 두세요.

33. 다음 UNIX 명령어에 대한 기능으로 옳은 것은?

> vi, ed, emacs

① 컴파일
② 로더
③ 통신 지원
④ 문서 편집

> 전문가의 조언 vi, ed, emacs, pico, joe 등은 UNIX 시스템에서 제공하는 텍스트 편집기입니다. 가끔 출제되는 문제입니다. UNIX 시스템에서 제공되는 텍스트 편집기의 종류만 파악하고 넘어가세요.

34. CPU 스케줄링 방법 중 우선 순위에 의한 방법의 단점은 무한 정지(Indefinite Blocking)와 기아(Starvation) 현상이다. 이 단점을 해결하는 방안으로 가장 적합한 것은?

① 순환 할당
② 다단계 큐 방식
③ 에이징(Aging) 방식
④ 최소작업 우선

> 전문가의 조언 문제에 제시된 내용은 에이징(Aging) 방식에 대한 설명입니다. 자주 출제되는 문제는 아닙니다. 우선 순위 기법의 단점인 무한 정지와 기아 현상을 해결하는 방법은 에이징 기법이라는 것과 에이징 기법, 무한 정지(무한 연기), 기아 현상의 의미를 정리해 두세요.
> **에이징(Aging) 기법**
> • 시스템에서 특정 프로세스의 우선 순위가 낮아 무한정 기다리게 되는 경우, 한번 양보하거나 기다린 시간에 비례하여 일정 시간이 지나면 우선 순위를 한 단계씩 높여 가까운 시간 안에 자원을 할당받도록 하는 기법이다.
> • SJF나 우선 순위 기법에서 발생할 수 있는 무한 연기 상태, 기아 상태를 예방할 수 있다.
> **무한 연기/기아 상태**
> 우선 순위가 낮아 CPU 할당이 무한히 연기되는 상태를 무한 연기라 하고, 무한 연기 상태로 인해 결국 프로세스를 완료하지 못하는 상태를 기아 상태라고 한다.

35. 다음 문장의 (   )에 들어갈 알맞은 용어는?

> A(n) (   ) is a situation where a group of processes are permanently blocked as a result of each process having acquired a subset of the resources needed for its completion and waiting for release of the remaining resources held by others in the same group—thus making it impossible for any of the processes to proceed.

① Processing
② Deadlock
③ Operating System
④ Working Set

> 전문가의 조언 두 개 또는 그 이상의 프로세스들이 다른 프로그램이 사용하고 있는 장치를 기다림으로 진행이 불가능한 상태를 교착상태(Deadlock)라고 합니다. 키워드는 '어떤 작업도 진행이 불가능한(impossible for any of the processes to proceed.)'입니다. 종종 출제되는 문제입니다. 이 문제에서는 교착상태의 개념만 기억하고 넘어가세요.

36. 비선점(Non-Preemptive) 프로세스 스케줄링 방식에 해당하는 것은?

① SJF, SRT
② SJF, FIFO
③ Round-Robin, SRT
④ Round-Robin, SJF

> 전문가의 조언 비선점 스케줄링 방식에는 FIFO, SJF, HRN, 우선순위가 있고, 선점 스케줄링 방식에는 SRT, 라운드 로빈(Round-Robin), 다단계 큐, 다단계 피드백 큐 등이 있습니다. 스케줄링 기법의 종류와 의미를 묻는 문제가 종종 출제됩니다. **핵심 055**를 참고하여 FIFO와 라운드 로빈 스케줄링을 중심으로 비선점과 선점을 구분하여 각 기법들의 의미를 정리하세요.

37. 윈도우의 [보조프로그램] 메뉴에 기본적으로 설치되어 있지 않은 것은?

① 메모장
② 프린터
③ 계산기
④ 시스템 도구

> 전문가의 조언 프린터는 '제어판'의 한 항목으로, '보조프로그램' 메뉴에 기본적으로 설치되어 있지 않습니다. 다시 출제되더라도 동일하게 출제될 가능성이 높으니 문제와 답만 기억하고 넘어가세요.

38. 다중 프로그래밍 환경에서 CPU가 주기억장치 내부 프로그램을 실행하는데 걸리는 시간보다 페이지 부재에 따른 페이지 대체에 많은 시간을 보내게 됨으로써 전체 컴퓨터 시스템의 성능이 급격히 저하되는 현상은?

① Workload
② Locality
③ Thrashing
④ Collision

> **전문가의 조언** 문제에 제시된 내용은 스래싱(Thrashing)에 대한 설명입니다. 간혹 출제되는 문제지만 다시 출제된다면 문제와 보기가 동일하게 출제될 가능성이 높습니다. 스래싱(Thrashing)은 '프로그램의 실행에 걸리는 시간보다 페이지 교체에 보내는 시간이 더 많아지는 현상'이라는 것을 중심으로 특징을 정리해 두세요.
>
> **스래싱(Thrashing)**
> • 스래싱은 프로세스의 처리 시간보다 페이지 교체 시간이 더 많아지는 현상이다.
> • 다중 프로그래밍 시스템이나 가상기억장치를 사용하는 시스템에서 하나의 프로세스 수행 과정 중 자주 페이지 부재가 발생함으로 인해 나타나는 현상으로, 전체 시스템의 성능이 저하된다.
> • 다중 프로그래밍의 정도가 높아짐에 따라 CPU의 이용율은 어느 특정 시점까지는 높아지지만, 다중 프로그래밍의 정도가 더욱 커지면 스래싱이 나타나고, CPU의 이용율은 급격히 감소하게 된다.
> • CPU 이용율을 높이고 스래싱 현상을 방지하려면, 다중 프로그래밍의 정도를 적정 수준으로 유지하고 페이지 부재 빈도(Page Fault Frequency)를 조절하여 사용한다.

39. 도스(MS-DOS)의 시스템 파일 중 감춤(Hidden) 속성의 파일로만 짝지어진 것은?

① COMMAND.COM, IO.SYS
② COMMAND.COM, MSDOS.SYS
③ MSDOS.SYS, SYS.COM
④ MSDOS.SYS, IO.SYS

> **전문가의 조언** 도스의 시스템 파일 중 숨김(감춤) 속성을 가진 파일에는 MSDOS.SYS와 IO.SYS가 있습니다. 숨김 속성은 시스템 파일 같이 중요한 파일을 보호하기 위해 기본적인 도스 명령어로는 보이지 않도록 하는 속성입니다. 자주 출제되는 내용은 아닙니다. 도스의 시스템 파일 중 숨김(감춤) 속성을 갖는 파일 2가지만 기억하고 넘어가세요.

40. 윈도우에서 '바로 가기 아이콘'에 대한 설명으로 틀린 것은?

① 바로 가기 아이콘을 삭제하면 원본 파일도 삭제된다.
② 원본 파일과 연결되어 있고 LNK 확장자를 가진다.
③ 실행 파일뿐만 아니라 문서 파일에 대한 바로 가기 아이콘을 만들 수 있다.
④ 바로 가기 아이콘은 원본 파일의 위치를 기억하고 있다.

> **전문가의 조언** 바로 가기 아이콘은 실제 파일에 대한 실정 정보를 가지고 있는 것으로, 바로 가기 아이콘을 삭제하더라도 원본 파일이 삭제되지는 않습니다. 바로 가기 아이콘의 전반적인 특징을 묻는 문제가 자주 출제됩니다. **핵심 069**를 참고하여 확실히 파악하고 넘어가세요.

41. 윈도우에서 도스 창을 열어 작업한 후 다시 윈도로 복귀하고자 할 때 도스 창을 종료하는 방법은?

① Esc 를 누른다.
② Alt + F4 를 누른다.
③ Ctrl + Enter 를 누른다.
④ "EXIT" 명령어를 입력하고 Enter 를 누른다.

> **전문가의 조언** 도스 창을 열어 작업한 후 다시 윈도로 복귀하고자 할 때 도스 창을 종료하려면 'EXIT' 명령어를 입력하고 Enter 를 누르면 됩니다. 자주 출제되는 내용은 아닙니다. EXIT 명령의 기능만 기억하고 넘어가세요.

42. 페이지 대체 알고리즘에서 계수기를 두어 가장 오랫동안 참조되지 않은 페이지를 교체할 페이지로 선택하는 것은?

① FIFO ② LRU
③ LFU ④ OPT

> **전문가의 조언** 페이지 대체 알고리즘에서 계수기를 두어 가장 오랫동안 참조되지 않은 페이지를 교체할 페이지로 선택하는 것은 LRU(Least Recently Used)입니다. 자주 출제되는 문제입니다. **핵심 057**을 참고하여 LRU를 중심으로 각 교체 전략의 교체 원리를 파악해 두세요.

43. 윈도우의 작업 표시줄에 관한 내용으로 옳은 것은?

① 작업 표시줄에는 시작 단추, 빠른 실행 도구 모음, 실행중인 프로그램 목록, 표시기 등으로 구성된다.
② 작업 표시줄의 오른쪽에는 현재 시간과 각종 하드웨어 사용을 알 수 없다.
③ 작업 표시줄 속성은 마우스 왼쪽 단추를 작업 표시줄의 빈 곳에서 클릭 하여야만 알 수 있다.
④ 작업 표시줄은 모니터의 상하좌우 및 가운데 어느 곳이나 놓일 수 있다.

전문가의 조언 작업 표시줄에는 시작 단추, 빠른 실행 도구 모음, 실행중인 프로그램 목록, 표시기 등으로 구성됩니다.
② 작업 표시줄 오른쪽의 표시기에는 현재 시간, 볼륨 조절, 프린터 등이 표시됩니다.
③ 작업 표시줄 속성은 작업 표시줄의 빈 곳에서 마우스 오른쪽 단추를 클릭해야 알 수 있습니다.
④ 작업 표시줄은 화면(모니터)의 상하좌우에는 놓을 수 있지만 가운데에는 놓을 수 없습니다.
작업 표시줄은 개념을 묻는 문제가 종종 출제되었는데, 이번에는 작업 표시줄에 대한 구체적인 문제가 출제되었어요. 보기로 제시된 내용 정도는 꼭 숙지해 두세요.

44. 도스 명령어 중 내부 명령어에 해당하는 것은?

① FDISK
② SYS
③ FORMAT
④ VOL

전문가의 조언 VOL은 내부 명령어, 나머지는 외부 명령어에 해당합니다. 자주 출제되는 내용입니다. 핵심 060을 참고하여 내부 명령어와 외부 명령어의 차이점, 그리고 각각에 해당하는 명령어의 종류를 파악해 두세요.

45. 컴퓨터 하드웨어와 사용자를 연결시켜 사용자로 하여금 컴퓨터 시스템을 이용, 응용 프로그램을 수행할 수 있도록 도와주는 필수적인 프로그램은?

① 컴파일러
② 응용 프로그램
③ 문서편집 프로그램
④ 운영체제

전문가의 조언 문제에 제시된 내용은 운영체제(Operating System)에 대한 설명입니다. 운영체제의 개념을 묻는 문제는 자주 출제됩니다. 문제를 통해 운영체제의 개념을 확실히 숙지하세요.

46. 도스(MS-DOS)에서 특정한 디렉터리 내의 모든 파일 및 하부 디렉터리까지 복사해주는 명령어는?

① COPY
② XCOPY
③ FDISK
④ SORT

전문가의 조언 도스(MS-DOS)에서 특정한 디렉터리 내의 모든 파일 및 하부 디렉터리까지 복사해주는 명령어는 XCOPY입니다. 도스 명령어의 기능을 묻는 문제는 자주 출제됩니다. 핵심 060, 061, 063을 참고하여 나머지 명령어의 기능도 알아두세요.

47. UNIX에서 사용하는 쉘(Shell)이 아닌 것은?

① C Shell
② Bourne Shell
③ DOS Shell
④ Korn Shell

전문가의 조언 UNIX에서 사용하는 쉘(Shell)에는 Bourne Shell, C Shell, Korn Shell 등이 있습니다. UNIX에서 사용하는 쉘의 종류와 특징을 묻는 문제가 가끔 출제됩니다. 핵심 080을 참고하여 각각의 특징을 간단하게 정리해 두세요.

48. 다음 (   ) 안에 알맞은 용어는?

(   ) are used in environments where a large number of events, mostly external to the computer system, must be accepted and processed in a short time or within certain deadlines.

① Time-Sharing Systems
② Real-Time Operating Systems
③ Distributed Operating Systems
④ Batch Operating Systems

전문가의 조언 실시간 운영 체계(Real-Time Operating Systems)는 대부분 컴퓨터 시스템 외부에서 발생하는 많은 수의 이벤트를 수용하여 짧은 시간이나 정해진 시간 내에 처리해야 할 때 사용됩니다. 가끔 출제되는 내용입니다. 실시간 처리 시스템의 키워드는 '짧은 시간이나 정해진 시간 안에 처리되어야 함(must be accepted and processed in a short time or within certain deadlines)'입니다. 실시간 처리 시스템뿐만 아니라 나머지 보기로 제시된 운용 방식들의 운용 원리도 핵심 053을 참고하여 파악해 두세요.

49. UNIX에 대한 설명으로 옳지 않은 것은?

① 사용자의 명령으로 시스템이 수행되고 그에 따른 결과를 나타내 주는 대화식 운영체제이다.
② 표준 입출력을 통해 명령어와 명령어가 파이프라인으로 연결된다.
③ stand alone 시스템에 주로 사용된다.
④ 파일 구조가 Tree 구조의 형태로 되어 있어 파일을 효과적으로 운영할 수 있다.

전문가의 조언 UNIX는 다중 사용자(Multi-User) 시스템에 주로 사용됩니다. UNIX의 전반적인 특징을 묻는 문제가 종종 출제되니 **핵심 079**를 참고하여 정리해 두세요.

50. 운영체제를 제어 프로그램(Control Program)과 처리 프로그램(Processing Program)으로 분류했을 때, 제어 프로그램에 해당하지 않는 것은?

① 감시 프로그램(Supervisor Program)
② 데이터 관리 프로그램(Data Management Program)
③ 문제 프로그램(Problem Program)
④ 작업 제어 프로그램(Job Control Program)

전문가의 조언 운영체제의 제어 프로그램에는 감시 프로그램, 작업 제어 프로그램, 데이터 관리 프로그램이 있고, 처리 프로그램에는 언어 번역 프로그램, 서비스 프로그램, 문제 프로그램이 있습니다. 자주 출제되는 내용입니다. 운영체제를 제어 프로그램과 처리 프로그램으로 나누고 각각에 해당하는 프로그램을 분류할 수 있어야 합니다. **핵심 050**을 참고하여 정리해 두세요.

51. 원거리에서 일괄 처리를 수행하는 터미널(Terminal)은?

① 인텔리전트 터미널(Intelligent Terminal)
② 리모트 배치 터미널(Remote Batch Terminal)
③ 키 엔트리 터미널(Key Entry Terminal)
④ 논-인텔리전트 터미널(Non-Intelligent Terminal)

전문가의 조언 원거리(Remote)에서 일괄(Batch) 처리를 수행하는 터미널(Terminal)은 리모트 배치 터미널입니다. 자주 출제되는 문제는 아닙니다. 리모트 배치 터미널의 개념만 간단히 알아두세요.

52. 다음 중 통신 제어장치의 역할과 거리가 먼 것은?

① 통신회선과 중앙처리장치의 결합
② 중앙처리장치와 데이터의 송·수신 제어
③ 데이터의 교환 및 축적 제어
④ 회선 접속 및 전송 에러 제어

전문가의 조언 데이터의 교환은 교환 장치의 역할이고 데이터의 축적은 저장장치의 역할입니다. 통신 제어장치의 역할을 묻는 문제가 가끔씩 출제됩니다. 나머지 보기로 제시된 통신 제어장치의 역할을 한 번 더 읽어보고 넘어가세요.

53. 데이터 통신에서 사용되는 변조 속도의 단위는?

① Baud ② db
③ km/s ④ bps

전문가의 조언 데이터 통신에서 사용되는 변조 속도의 기본 단위는 Baud입니다. 통신 속도와 관련해서는 주로 전송 속도와 변조 속도를 상호 변환하는 문제가 출제됩니다. 데이터 통신에서 사용되는 전송 속도의 기본 단위가 bps라는 것과 더불어 전송 속도와 변조 속도 계산 공식을 정리해 두세요.
• 데이터 전송 속도(Bps) = 변조 속도(Baud) × 변조 시 상태 변화 비트 수
• 데이터 변조 속도(Baud) = 데이터 전송 속도(Bps) / 변조 시 상태 변화 비트 수

54. 분산된 터미널 또는 여러 컴퓨터들이 중앙의 호스트 컴퓨터와 집중 연결되어 있는 정보통신망의 구성 형태는?

① 루프형 ② 스타형
③ 그물형 ④ 나무형

전문가의 조언 문제에 제시된 내용은 스타형(성형)의 특징입니다. 가끔씩 출제되는 내용입니다. **핵심 105**를 참고하여 통신망의 특징을 간단히 정리하고 넘어가세요.

55. 광통신 케이블의 전송 방식에 이용되는 빛의 특성은?

① 회절 ② 산란
③ 흡수 ④ 전반사

전문가의 조언 광섬유 케이블은 빛의 전반사 원리를 이용하여 데이터를 전송합니다. 광섬유 케이블의 특징을 묻는 문제는 자주 출제되니 **핵심 088**을 참고하여 확실히 파악해 두세요.

56. 방송망으로 적합하지 않은 것은?

① 메시지 교환망
② 근거리 통신망
③ 패킷 교환망
④ 인공 위성망

방송망은 실시간으로 대화형 데이터 전송이 가능해야 하는데, 메시지 교환망은 전송 지연 시간이 매우 길며, 응답 시간이 느려 대화형 데이터 전송에 부적절합니다. 문제와 보기가 동일하게 종종 출제되는 문제입니다. 메시지 교환망은 방송망으로 적합하지 않다는 것을 기억해 두세요.

57. 다음 중 전송 선로의 무왜곡 조건은? (단, R : 저항, C : 정전 용량, G : 누설컨덕턴스, L : 인덕턴스)

① RC = LG
② RL = CG
③ RG = LC
④ RC = CG

전송 선로의 무왜곡 조건은 RC = LG입니다. 자주 출제되는 내용은 아닙니다. 전송 선로의 무왜곡 조건만 기억하고 넘어가세요.

58. 변 · 복조기의 역할과 거리가 먼 것은?

① 통신 신호의 변환기라고 볼 수 있다.
② 디지털 신호를 아날로그 신호로 변환한다.
③ 공중 전화 통신망에 적합한 통신 신호로 변환한다.
④ 컴퓨터 신호를 광 케이블에 적합한 광 신호로 변환한다.

컴퓨터 신호를 광 케이블에 적합한 광 신호로 변환하는 것을 전광 변환이라고 하는데, 이는 발광기(Laser Diode)에 의해 수행됩니다. 가끔 출제되는 문제입니다. 보기로 제시된 내용을 통해 변 · 복조기의 역할을 간단히 정리하고 넘어가세요.

59. 전화용 동축 케이블과 비교하여 광 케이블의 특성이 아닌 것은?

① 전송 용량이 커서 많은 신호를 전송 할 수 있다.
② 케이블 간의 누화가 없다.
③ 주파수에 따른 신호 감쇠 및 전송 지연의 변화가 크다.
④ 통신의 보안성이 우수하다.

광 케이블은 다른 전송매체에 비해 신호 감쇠나 전송 지연 정도가 낮습니다. 한 회에 광섬유 케이블과 관련된 문제가 2문제나 출제되었네요. 이 문제를 틀렸다면 **핵심 088**을 참고하여 광섬유 케이블의 특징을 다시 한 번 정리하고 넘어가세요.

60. 프로토콜의 기본적인 요소가 아닌 것은?

① 구문
② 의미
③ 타이밍
④ 처리

프로토콜의 기본 요소는 구문(Syntax), 의미(Semantics), 시간(Timing)입니다. 종종 출제되는 문제입니다. 프로토콜의 기본 요소 3가지를 확실히 기억해 두세요.

1. 현재 수행 중에 있는 명령어 코드(Code)를 저장하고 있는 임시 저장장치는?

① 인덱스(Index Register)
② 명령 레지스터(Instruction Register)
③ 누산기(Accumulator)
④ 메모리 레지스터(Memory Register)

> **전문가의 조언** 현재 수행중에 있는 명령어 코드를 저장하고 있는 임시 저장장치는 명령 레지스터(Instruction Register)입니다. 레지스터들의 기능을 묻는 문제가 자주 출제됩니다. **핵심 003**을 참고하여 주요 레지스터들의 기능을 명확히 파악해 두세요.

2. 명령어(Instruction) 형식에서 첫 번째 바이트의 기능이 아닌 것은?

① 자료의 주소지정 기능   ② 제어 기능
③ 자료 전달 기능   ④ 함수 연산 기능

> **전문가의 조언** 명령어의 첫 번째 바이트에는 연산자(OP Code)가 기억되므로 연산자의 기능이 아닌 것을 묻는 문제입니다. 연산자(OP Code)의 기능에는 제어 기능, 자료 전달 기능, 함수 연산 기능, 입·출력 기능 등이 있습니다. 연산자의 기능을 묻는 문제가 자주 출제되니 **핵심 021**을 참고하여 확실히 정리해 두세요.

3. 다음 보기의 논리 회로도에 맞는 불 대수식은?

① Y = AB   ② Y = A + B
③ Y = A · (A + B)   ④ Y = (A + B) · B

> **전문가의 조언**
>
> A
> B ──①── ──②── Y
> ① : A + B
> ② : ① + B
> = (A + B) + B ← (A + B) + C = A + (B + C)
> = A + (B + B) ← B + B = B
> = A + B
> 이 문제를 통해 논리 회로를 논리식으로 표현하는 방법을 알아두세요.

4. 스택 연산에서 데이터를 삽입하거나 삭제하는 동작을 나타내는 것은?

① ADD, SUB   ② LOAD, STORE
③ PUSH, POP   ④ MOV, MUL

> **전문가의 조언** 스택에 자료를 삽입하는 명령은 PUSH이고, 스택에서 자료를 삭제하는 명령은 POP입니다. 종종 출제되는 내용입니다. **핵심 023**을 참고하여 스택의 개념과 PUSH, POP의 의미를 파악하고 넘어가세요.

5. 원격지에 설치된 입·출력장치는?

① 변·복조장치   ② 스캐너
③ 단말장치   ④ X-Y 플로터

> **전문가의 조언** 단말장치는 통신 시스템과 사용자의 접점에 위치하여 컴퓨터에 의해 처리될 데이터를 입력하거나 처리된 결과를 출력하는 기능을 수행합니다. 쉽게 말해 집에서 사용하는 컴퓨터를 인터넷 단말기라고 생각하면 됩니다. 보기로 제시된 장치들의 기능을 간단히 정리해 두세요.
> • 변·복조장치(모뎀) : 컴퓨터나 단말장치로부터 전송되는 디지털 데이터를 아날로그 회선에 적합한 아날로그 신호로 변환하는 변조 과정과 그 반대의 복조 과정을 수행하는 장치
> • 스캐너 : 그림이나 사진 등의 영상(Image) 정보에 빛을 쏘인 후 반사되는 빛의 차이를 감지(Scan)하여 디지털 그래픽 정보로 변환해 주는 장치
> • 플로터 : 용지의 크기에 제한 없이 고해상도 출력이 가능한 인쇄장치

6. 16진수 FF를 10진수로 나타내면?

① 254   ② 255
③ 256   ④ 257

> **전문가의 조언** 16진수를 10진수로 변환하려면 16진수의 각 자리를 분리하여 각각의 자리값과 자리의 지수 승을 곱한 결과값을 모두 더하면 됩니다.
> $FF = 15(F) \times 16^1 + 15(F) \times 16^0$
> $= 240 + 15$
> $= 255$
> 진법 변환은 자주 출제되고 있습니다. 이 문제에서는 16진수를 10진수로 변환하는 방법을 반드시 숙지하고 넘어가세요.

정답 1. ② 2. ① 3. ② 4. ③ 5. ③ 6. ②

7. Y = (A + B) · $(\overline{AB})$와 같은 논리식은?

① Y = $\overline{A}B$ + $A\overline{B}$
② Y = $\overline{A}B$ · $A\overline{B}$
③ Y = $\overline{A}B$ + $(\overline{AB})$
④ Y = $\overline{A}B$ · $(\overline{AB})$

논리식을 간략화하면 다음과 같습니다.

$Y = (A + B) \cdot (\overline{AB})$ ← $\overline{A \cdot B} = \overline{A} + \overline{B}$
$= (A + B) \cdot (\overline{A} + \overline{B})$
$= A\overline{A} + A\overline{B} + B\overline{A} + B\overline{B}$ ← $A \cdot \overline{A} = 0$
$= 0 + A\overline{B} + B\overline{A} + 0$
$= A\overline{B} + \overline{A}B$

이 문제는 불 대수의 기본 공식을 알면 쉽게 풀 수 있는 문제입니다. 불 대수와 관련된 문제는 자주 출제됩니다. **핵심 005**를 참고하여 드모르강 법칙은 반드시 암기하고, 나머지는 원리를 정확하게 이해하고 넘어가세요.

8. 다음 블록화 레코드에서 블록화 인수는?

IBG	논리 레코드	논리 레코드	논리 레코드	IBG	논리 레코드	논리 레코드	논리 레코드	IBG

① 1
② 2
③ 3
④ 4

블록화 인수는 하나의 블록을 구성하는, 즉 IBG와 IBG 사이의 논리 레코드의 개수를 말합니다. 종종 출제되는 내용입니다. IBG와 IBG 사이의 논리 레코드의 개수가 블록화 인수라는 것을 꼭 기억해 두세요.

9. 누를 때마다 ON, OFF가 교차되는 스위치를 만들고자 할 때 사용되는 플립플롭은?

① RS 플립플롭
② D 플립플롭
③ JK 플립플롭
④ T 플립플롭

ON일 때 스위치를 누르면 OFF가 되고, OFF일 때 스위치를 누르면 ON이 된다는 것은 현재 값의 반대값, 즉 보수를 출력하는 T 플립플롭에 대한 설명입니다. 플립플롭들의 개별적인 특징을 묻는 문제가 자주 출제됩니다. **핵심 012**를 참고하여 플립플롭의 개념과 함께 주요 플립플롭의 특징을 파악해 두세요.

10. 불(Boolean) 대수의 정리 중 틀린 것은?

① 1 + A = A
② 1 · A = A
③ 0 + A = A
④ 0 · A = 0

1 + A = 1입니다. 불 대수와 관련된 문제는 자주 출제된다고 했죠? 이 문제를 틀렸다면 **핵심 005**를 다시 한 번 공부하세요.

11. 논리적 주소에서 물리적 주소 또는 다른 논리적 주소로 번역하는 것은?

① 매핑
② 적재
③ 재배치
④ 주소 바인딩

논리적 주소에서 물리적 주소 또는 다른 논리적 주소로 번역하는 것은 주소 바인딩입니다. 자주 출제되는 내용은 아닙니다. 주소 바인딩의 개념만 기억해 두세요.

12. 다음과 같은 논리식으로 구성되는 회로는? (단, S는 합(Sum), C는 자리올림(Carry)을 나타낸다.)

$$S = \overline{A} \cdot B + A \cdot \overline{B}$$
$$C = A \cdot B$$

① 반가산기(Half Adder)
② 전가산기(Full Adder)
③ 전감산기(Full Subtracter)
④ 부호기(Encoder)

문제의 지문에 제시된 논리식으로 구성된 회로는 반가산기입니다. 반가산기와 관련된 내용은 모두 중요합니다. **핵심 009**를 참고하여 확실히 정리해 두세요.

13. 중앙처리장치에서 명령이 실행될 차례를 제어하거나 특정 프로그램과 관련된 컴퓨터 시스템의 상태를 나타내고 유지해 두기 위한 제어 워드로서, 실행중인 CPU의 상태를 포함하고 있는 것은?

① PSW
② SP
③ MAR
④ MBR

14. 컴퓨터에 의하여 다음에 수행될 명령어의 주소가 저장되어 있는 기억 장소는?

① 프로그램 카운터(Program Counter)
② 메모리 레지스터(Memory Register)
③ 명령어 레지스터(Instruction Register)
④ 인덱스 레지스터(Index Register)

15. 다음 회로(Circuit)에서 결과가 "1"(불이 켜진 상태)이 되기 위해서는 A와 B는 각각 어떠한 값을 갖는가?

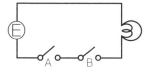

① A = 0, B = 1   ② A = 0, B = 0
③ A = 1, B = 1   ④ A = 1, B = 0

16. 누산기(Accumulator)에 대한 설명으로 옳은 것은?

① 산술 연산 또는 논리 연산의 결과를 일시적으로 기억하는 장치이다.
② 연산 명령의 순서를 기억하는 장치이다.
③ 연산 부호를 해독하는 해독장치이다.
④ 연산 명령이 주어지면 연산 준비를 하는 장치이다.

17. 순차적인 주소지정 등에 유리하며, 주소지정에 2개의 레지스터가 사용되는 방식은?

① 직접 Addressing   ② 간접 Addressing
③ 상대 Addressing   ④ 색인 Addressing

18. 마이크로프로세서의 구성에 해당하지 않는 것은?

① 제어장치   ② 연산장치
③ 레지스터   ④ 출력장치

19. 다음 중 가장 작은 수는?

① 2진수 101011000   ② 8진수 531
③ 10진수 345   ④ 16진수 159

20. 스풀링과 버퍼링에 대한 설명으로 틀린 것은?

① 스풀링은 저속의 입·출력장치와 고속의 CPU 간의 속도 차이를 해소하기 위한 방법이다.
② 버퍼링은 주기억장치의 일부를 버퍼로 사용한다.
③ 버퍼링은 송신자와 수신자의 속도 차이를 해결하기 위하여 사용한다.
④ 버퍼링은 서로 다른 여러 작업에 대한 입·출력과 계산을 동시에 수행한다.

> **전문가의 조언** ④번의 내용은 스풀링에 대한 설명입니다. 버퍼링은 데이터의 송·수신을 원활하게 하기 위해 데이터를 일시적으로 저장하는 것으로 한 번에 하나의 작업만 가능합니다. 보기에 제시된 내용을 통해 스풀링과 버퍼링의 차이점만 기억하고 넘어가세요.

21. 윈도용 프레젠테이션에서 하나의 화면을 구성하는 개개의 요소들을 무엇이라 하는가?

① 시나리오
② 개요
③ 스크린팁
④ 개체(Object)

> **전문가의 조언** 하나의 화면을 구성하는 개개의 요소들을 개체라고 합니다. 프레젠테이션의 구성 요소에 대한 문제가 자주 출제됩니다. **핵심 048**을 참고하여 각각의 의미를 명확히 숙지하세요.

22. 데이터베이스 시스템의 구성 요소로 가장 적절한 것은?

① 외부 스키마, 핵심 스키마, 내부 스키마
② 외부 스키마, 개념 스키마, 내부 스키마
③ 개념 스키마, 핵심 스키마, 구체적 스키마
④ 개념 스키마, 구체적 스키마, 응용 스키마

> **전문가의 조언** 스키마는 외부 스키마, 개념 스키마, 내부 스키마로 나뉩니다. 자주 출제되는 내용입니다. 스키마의 종류는 암기하고, **핵심 034**를 참고하여 각각의 특징은 서로 구분할 수 있을 정도로만 정리하세요.

23. 데이터베이스 제어어(DCL) 중 사용자에게 조작에 대한 권한을 부여하는 명령어는?

① OPTION
② REVOKE
③ GRANT
④ VALUES

> **전문가의 조언** 사용자에게 조작에 대한 권한을 부여하는 명령어는 GRANT입니다. 단순히 데이터 정의어(DDL), 데이터 조작어(DML), 데이터 제어어(DCL)에 해당하는 명령을 구분하는 문제가 자주 출제되고 있습니다. **핵심 039**를 참고하여 확실히 기억하고 넘어가세요.

24. 데이터베이스에서 정보 부재를 명시적으로 표시하기 위해 사용하는 특수한 데이터 값은?

① 널(Null)
② 공백(Blank)
③ 샵(#)
④ 영(Zero)

> **전문가의 조언** 정보 부재를 명시적으로 표시하기 위해 사용하는 특수한 데이터 값은 널(Null)입니다. 문제와 보기가 동일하게 출제된 적이 있습니다. NULL은 컴퓨터에서 이론적으로 아무것도 없는 값이라는 용도로 사용됩니다. 널(NULL)의 의미를 확실히 기억해 두세요.

25. 스프레드시트 프로그램을 사용하여 처리할 업무와 거리가 먼 것은?

① 직원들의 급여를 계산한다.
② 주문서와 견적서를 만들어 출력한다.
③ 동영상을 포함한 광고를 제작하여 발표한다.
④ 차트와 그래프를 만들어 재무 분석에 이용한다.

> **전문가의 조언** 동영상을 포함한 광고의 제작은 프레젠테이션 프로그램으로 처리하는 것이 효율적입니다. 스프레드시트 프로그램의 용도를 묻는 문제가 자주 출제됩니다. 문제에 제시된 스프레드시트 프로그램의 용도를 확실히 기억해 두세요.

26. SQL에서 검색 결과에 대한 레코드의 중복을 제거하기 위해 사용하는 명령은?

① DESC
② DELETE
③ GRANT
④ DISTINCT

전문가의 조언 SELECT문에서 'DISTINCT'를 입력하면 같은 레코드는 검색 시 한 번만 표시됩니다. 즉 중복이 제거됩니다. 단순히 'DISTINCT'의 의미를 묻는 문제가 종종 출제되니 이 문제를 통해 확실히 기억해 두세요.

27. 하나의 테이블에 한 행의 데이터를 등록하는 방법으로 옳은 것은?

① INSERT INTO 고객 (계좌번호, 이름, 금액) VALUES('111', '홍길동', 5000) ;
② UPDATE 고객 SET 금액 = 10000 WHERE 이름 = 홍길동 ;
③ SELECT * FROM 고객 ;
④ CREATE TABLE 고객 (계좌번호 NUMBER (3,0), 이름 VARCHAR2 (8), 금액 NUMBER (5,0)) ;

전문가의 조언 INSERT는 레코드를 삽입(등록) 할 때 사용하는 명령어입니다. 핵심 039를 참고하여 종종 출제되는 4가지 데이터 조작어(DML)의 기능을 정리해 두세요.

28. DBA의 역할로 거리가 먼 것은?

① DBMS의 성능 향상을 위한 데이터의 저장구조 및 접근방법의 결정
② 데이터베이스의 생성과 삭제
③ 데이터 보안에 대한 조치
④ 최종 사용자를 위한 응용 프로그램의 개발

전문가의 조언 최종 사용자를 위한 응용 프로그램의 설계 및 개발은 응용 프로그래머의 역할입니다. DBA의 역할을 묻는 문제가 종종 출제되니 나머지 보기를 통해 정리하고 넘어가세요.

29. 테이블 구조 변경 시 사용하는 SQL 명령은?

① CREATE TABLE
② ALTER TABLE
③ DROP TABLE
④ MODIFY TABLE

전문가의 조언 테이블 구조 변경 시 사용하는 SQL 명령은 ALTER TABLE입니다. 데이터 정의어는 시험에 자주 출제됩니다. 핵심 039를 참고하여 정리하고 넘어가세요.

30. 다음 SQL 명령문의 의미로 가장 적절한 것은?

> DROP TABLE 학과 CASCADE;

① 학과 테이블을 제거하시오.
② 학과 필드를 제거하시오.
③ 학과 테이블과 이 테이블을 참조하는 다른 테이블도 함께 제거하시오.
④ 학과 테이블이 다른 테이블에 의해 참조 중이면 제거하지 마시오.

전문가의 조언 DROP은 테이블, 뷰, 인덱스 등을 삭제하는 명령문입니다. "DROP TABLE 학과;"는 학과 테이블을 삭제하는 명령문인데, 옵션으로 CASCADE가 지정되었으므로 삭제할 요소를 참조하는 다른 모든 개체를 함께 삭제합니다. 자주 출제되는 내용입니다. 핵심 039를 참고하여 DROP문의 옵션인 CASCADE와 RESTRICT의 기능을 구분하여 알아두세요.

31. 디스크에 저장된 목적 프로그램을 읽어서 주기억장치에 올린 다음 수행시키는 역활을 담당하는 프로그램은?

① 인터프리터
② 컴파일러
③ 에디터
④ 로더

전문가의 조언 디스크에 저장된 목적 프로그램을 읽어서 주기억장치에 올린 다음 수행시키는 역활을 담당하는 프로그램은 로더(Loader)입니다. 로더의 기능과 함께 각각의 역할을 구분하는 문제가 자주 출제됩니다. 핵심 052를 참고하여 꼭 정리하세요..

32. UNIX에서 사용되는 로그아웃 명령어로서 옳지 않은 것은?

① end
② Ctrl + D
③ logout
④ exit

33. 윈도우의 특징으로 옳지 않은 것은?

① 쉽게 인터넷에 접근할 수 있는 기능을 제공한다.
② PnP(Plug and Play) 기능을 제공한다.
③ 인터넷 익스플로러가 내장되어 있다.
④ 여러 개의 작업을 동시에 처리할 수 없다.

34. 교착상태의 필수 조건이 아닌 것은?

① 선점(Preemption)이어야 한다.
② 적어도 하나의 자원을 보유하고 현재 다른 프로세스에 완성된 자원을 얻기 위해 기다리는 프로세스가 있어야 한다.
③ 환형 대기(Circular Wait)이어야 한다.
④ 적어도 하나 이상의 자원이 공유되어야 한다.

35. 시스템의 날짜를 변경하거나 확인할 수 있는 DOS 명령어는?

① TIME
② DATE
③ CLS
④ COPY

36. UNIX에서 태스크 스케줄링(Task-Scheduling) 및 기억장치 관리(Memory Management) 등의 일을 수행하는 부분은?

① Kernel
② Shell
③ Utility Program
④ Application Program

37. UNIX 시스템이 제공하는 편집기만으로 묶어진 것은?

① cat, get
② cp, shell
③ pe2, edit
④ ed, vi

38. 도스(MS-DOS)에서 시스템 부팅 시 'SUNGJUK.EXE' 파일을 실행하려면 어느 파일에 포함해야 하는가?

① IO.SYS
② AUTOEXEC.BAT
③ COMMAND.COM
④ CONFIG.SYS

컴퓨터 부팅 시 자동으로 실행되는 AUTOEXEC.BAT 파일을 이용하여 다른 파일들이 부팅 시 실행되도록 구성할 수 있습니다. 부팅에 대한 내용은 종종 출제됩니다. 나머지 보기로 제시된 파일의 의미를 정리하세요.
- IO.SYS : MSDOS.SYS의 요구에 의해 실제로 입·출력을 수행(숨김 파일)
- COMMAND.COM : 명령어 해석기로, 부팅 시 내부 명령어를 주기억 장치에 적재시키고, 사용자가 입력한 명령어를 처리함
- CONFIG.SYS : 부팅 시 필요한 시스템 환경을 설정해 주는 파일

39. 다음은 윈도우의 단축 아이콘에 관한 설명이다. 잘못된 것은?

① 단축 아이콘은 프로그램이나 문서에 쉽게 접근하도록 하기 위해서 만든 일종의 포인트이다.
② 단축 아이콘은 바탕 화면이나 다른 여러 폴더 안에도 저장할 수 있다.
③ 같은 단축 아이콘을 여러 곳에 복사하여 사용할 수 있다.
④ 단축 아이콘은 실행 파일에 대해서만 만들 수 있다.

전문가의 조언 바로 가기 아이콘(단축 아이콘)은 디스크 드라이브, 파일, 폴더, 프린터 등 모든 항목에 대해 만들 수 있으며, 여러 개를 만들어도 관계 없습니다. 바로 가기 아이콘의 특징을 묻는 문제가 종종 출제되니 나머지 보기를 통해 정리하고 넘어가세요.

40. 프로세스가 생성되어 실행될 때 필요한 시스템의 여러 자원을 해당 프로세스에게 할당하는 작업을 의미하는 것은?

① 운영체제(Operating System)
② 스케줄링(Scheduling)
③ 교착상태(DeadLock)
④ 할당(Allocation)

전문가의 조언 메모리에서 실행할 준비가 된 프로세스 중 하나를 선택하여 CPU를 할당해주는 작업을 스케줄링(Scheduling)이라고 합니다. 처음 출제된 문제입니다. 이 문제에서는 스케줄링의 개념만 확실하게 기억하고 넘어가세요.

41. 도스(MS–DOS)에서 외부 명령어가 아닌 것은?

① FORMAT
② COPY
③ CHKDSK
④ LABEL

전문가의 조언 COPY는 내부 명령어입니다. 내부 명령어와 외부 명령어를 구분하는 기준과 각각에 해당하는 명령어들의 종류를 묻는 문제가 자주 출제됩니다. 핵심 060을 참고하여 확실히 구분할 수 있도록 파악해 두세요.

42. 윈도우의 [보조프로그램] → [그림판]에서 '열기'로 불러올 수 있는 파일의 확장명에 해당하는 것은?

① XLS
② BMP
③ DOC
④ HWP

전문가의 조언 '그림판'에서 '열기'로 불러올 수 있는 파일의 확장명은 BMP, GIF, JPG, PCX 등입니다. 간혹 출제되는 문제입니다. 이 문제에서는 그림판에서 불러올 수 있는 파일 확장자가 무엇인지만 기억하고 넘어가세요.

43. 운영체제의 목적과 가장 거리가 먼 것은?

① 성능 향상
② 응답 시간 단축
③ 단위 작업량의 소형화
④ 신뢰성 향상

전문가의 조언 운영체제의 목적에는 처리 능력 향상, 사용 가능도 향상, 신뢰도 향상, 반환(응답) 시간 단축 등이 있습니다. 운영체제에서는 운영체제의 정의와 목적을 묻는 문제가 자주 출제됩니다. 핵심 049를 참고하여 확실히 숙지해 두세요.

44. 컴퓨터에 하드디스크를 새로 장착하고 부팅 가능한 하드디스크로 만들기 위한 도스 명령어는?

① FORMAT C: /Q
② FORMAT C: /B
③ FORMAT C: /S
④ FORMAT C: /T

컴퓨터에 하드디스크를 새로 장착하고 부팅 가능한 하드디스크로 만들기 위한 도스 명령어는 'FORMAT C: /S'입니다. 가끔 출제되는 명령어입니다. 디스크를 새로 장착한 후 부팅 가능한 디스크로 만들기 위해서는 FORMAT 명령어를 사용해야 한다는 것을 기억하고, FORMAT 명령어의 옵션도 구분할 수 있도록 **핵심 061**을 참고하여 정리해 두세요.

45. 도스(MS-DOS)에서 사용자가 잘못해서 파일을 삭제하였을 때, 이를 복원하는 명령어는?

① Delete
② Undelete
③ Back up
④ Anti

파일을 삭제할 때는 Delete를, 복원할 때는 Undelete를 사용합니다. 도스 명령어의 기능을 묻는 문제는 자주 출제됩니다. 이 문제에서는 Delete와 Undelete 명령어의 기능만 기억하고 넘어가세요.

46. 컴퓨터 시스템의 성능을 최적화하기 위하여 사용되는 운영체제의 기능과 거리가 먼 것은?

① 초기 설정 기능
② 인터페이스 기능
③ 이식성 기능
④ 시스템 비보호 기능

운영체제의 기능에는 자원(시스템)을 보호하는 보호 기능이 포함되어 있습니다. 종종 출제되는 내용입니다. 나머지 보기를 통해 운영체제의 시스템 성능 최적화를 위한 기능을 파악하고 넘어가세요.

47. 윈도우의 휴지통에 대한 설명으로 옳지 않은 것은?

① 삭제한 파일을 임시 저장하며, 휴지통 내에 파일을 다시 복구할 수 있다.
② 휴지통의 크기를 변경할 수 없다.
③ 파일 삭제 시 휴지통에 보관하지 않고, 즉시 삭제할지의 여부를 지정할 수 있다.
④ 파일 삭제 시 삭제 확인 메시지를 보이지 않게 지정할 수 있다.

휴지통의 크기는 변경할 수 있습니다. 휴지통의 사용 방법을 묻는 문제가 자주 출제됩니다. **핵심 074**를 참고하여 확실히 정리해 두세요.

48. Which of the following is correct answer about Batch Processing System?

① Data processing system which requires immediate process when the data generated like seat reservation for airplane or train.
② The method that process data collected until it become some quantity or for some period or time at one time.
③ The system which has many processors is to program dividing into more than two jobs concurrently under control processors.
④ A terminal like device equipped with button, dials that enables the operator to communicate with computer.

일괄 처리 시스템은 일정량 또는 일정 기간 동안 데이터를 모아서 한꺼번에 처리하는 방식(process data collected until it become some quantity or for some period of time at one time.)입니다. 운영체제 운용 방식의 종류별 특징을 묻는 문제가 종종 출제되니 **핵심 053**을 참고하여 정리해 두세요.

49. 윈도우에서 디스켓을 포맷할 때 포맷 형식으로 선택할 수 없는 것은?

① 전체
② 빠른 포맷
③ 삭제된 파일 복구
④ 시스템 파일만 복사

> **전문가의 조언** 윈도우에서 제공하는 디스켓 포맷의 형식에는 '빠른 포맷', '전체', '시스템 파일만 복사'가 있습니다. 윈도우에서 제공하는 디스크 포맷의 기능, 그리고 디스크 포맷의 형식과 옵션에 대해 알아두세요.
>
> **디스크 포맷**
> • 디스크를 초기화하여 사용 가능한 상태로 만들어 주는 작업이다.
> • 디스크를 사용하기 위해서는 먼저 초기화 작업을 해야 한다.
> • 사용하던 디스크를 포맷할 경우 기존 데이터는 모두 삭제된다.
> • 포맷은 다음과 같은 형식과 옵션을 제공한다.

형식	빠른 포맷	디스크의 불량 섹터는 검출하지 않고, 디스크의 모든 파일을 삭제함
	전체	• 처음 사용하는 디스켓을 포맷하는 것처럼 디스크에 트랙과 섹터를 새로 만듦 • 불량 섹터를 검출함
	시스템 파일만 복사	디스크를 포맷하지 않고, 시스템 파일만 복사하여 부팅 가능한 형태로 만듦
옵션	레이블 만들지 않음	포맷한 디스크에 레이블을 붙이지 않음
	포맷을 마친 후 디스크 정보 표시	포맷 후 사용할 수 있는 디스크 공간, 시스템 파일이나 불량 섹터가 차지하는 크기 등의 정보 표시
	시스템 파일 복사	디스크를 포맷한 후 시스템 파일을 복사함

50. UNIX에서 파일의 내용을 화면에 보여주는 명령은?

① rm   ② cat
③ mv   ④ type

> **전문가의 조언** UNIX에서 파일의 내용을 화면에 보여주는 명령은 cat입니다. UNIX 명령어에서는 특정 기능을 수행하기 위한 명령어를 묻는 문제가 자주 출제됩니다. **핵심 081~083**을 참고하여 각 명령어들의 기능을 확실히 숙지하세요.

51. 데이터 링크 계층에서 감시 시퀀스의 전송 제어 문자 중 'ACK'의 설명으로 옳은 것은?

① 응답을 요구하는 부호이다.
② 부정적인 의미를 나타낸다.
③ 수신측에서 문자 동기를 취하기 위해서 사용한다.
④ 오류 검출 결과 정확한 정보를 수신하였음을 나타낸다.

> **전문가의 조언** 전송 제어 문자 중 'ACK'는 오류 검출 결과 정확한 정보를 수신하였음을 나타냅니다. 전송 제어 문자로 사용되는 영문의 의미를 파악할 수 있으면 그 기능을 쉽게 유추할 수 있습니다. **핵심 094**를 참고하여 전송 제어 문자들의 기능을 구분할 수 있을 정도로만 정리하세요.

52. 단말장치(Terminal) 자체에서 자체 파일(File)을 가질 수 있는 터미널은?

① 배치 터미널(Batch terminal)
② 멀티 터미널(Mutil terminal)
③ 인텔리전트 터미널(Intelligent terminal)
④ 인터렉티브 터미널(Interactive terminal)

> **전문가의 조언** 단말장치(Terminal) 자체에서 자체 파일(File)을 가질 수 있는 터미널은 인텔리전트 터미널입니다. 자주 출제되는 문제는 아닙니다. 이 문제에서는 인텔리전트 터미널의 의미만 기억하고 넘어가세요.

53. 다음 중 RS-232C와 가장 관련이 있는 것은?

① MPEG 압축
② HDLC 프로토콜
③ INTERNET 주소
④ 물리 계층

> **전문가의 조언** RS-232C는 EIA에서 규정한 DTE/DCE 접속 규격으로 DTE/DCE 접속 규격은 OSI 참조 모델의 물리 계층과 관계됩니다. RS-232C와 관련해서는 핀의 개수가 25개라는 것과 2번(송신), 3번(수신), 4번(송신요청), 5번(송신준비완료) 핀의 기능에 대한 문제가 자주 출제되니 기억해 두세요.

---

54. HDLC(High-level Data Link Control) 프레임(Frame)을 구성하는 순서로 바르게 열거한 것은?

① 플래그, 주소부, 정보부, 제어부, 검색부, 플래그
② 플래그, 주소부, 제어부, 정보부, 검색부, 플래그
③ 플래그, 검색부, 주소부, 정보부, 제어부, 플래그
④ 플래그, 제어부, 주소부, 정보부, 검색부, 플래그

> **전문가의 조언** HDLC 프레임의 순서가 올바르게 나열된 것은 ②번입니다. 다시 출제되더라도 동일하게 출제될 확률이 높으므로 HDLC 프레임의 구성 요소만 순서대로 기억해 두세요.

55. 다음 설명 중 틀린 것은?

① 동기식 데이터 전송은 주로 고속도에서 사용된다.
② 2선식 회선에서도 전이중 방식의 데이터 전송이 가능하다.
③ 공중 전화 교환망을 이용한 데이터 통신은 주로 회선 교환 방식이 이용된다.
④ 음향 결합기란 변복조장치와 연결하여 자동 응답 기능을 제공하는 데이터 통신용 기기이다.

> **전문가의 조언** 음향 결합기는 변복조장치가 아니라 전화기의 송·수화기를 접속하여 데이터 전송을 수행하는 통신용 기기입니다. 나머지 보기로 제시된 내용들만 한 번 더 읽어보고 넘어가세요.

56. 다음 중 통신 신호 세기의 레벨을 나타내는 단위로 적합한 것은?

① 헤르츠[Hz]
② 데시벨[dB]
③ 비피에스[bps]
④ 보오[Baud]

> **전문가의 조언** 통신 신호 세기의 레벨을 나타내는 단위는 데시벨(dB)입니다. 자주 출제되는 내용은 아닙니다. 이 문제에서는 통신 신호 세기의 레벨을 나타내는 단위가 데시벨(dB)이라는 것만 기억해 두세요.

57. 정보 통신 신호의 전송이 양쪽에서 가능하나 동시 전송은 불가능하고 한 쪽 방향으로만 전송이 교대로 이루어지는 통신 방식은?

① 반송 주파수 통신 방식
② 반이중 통신 방식
③ 단방향 통신 방식
④ 전이중 통신 방식

> **전문가의 조언** 문제에 제시된 내용은 반이중 통신 방식의 개념입니다. 통신 방식에 대한 문제는 종종 출제되니 **핵심 090**을 참고하여 각 방식을 구분할 수 있도록 정리하세요.

58. 전자, 정전 결합 등 전기적 결합에 의하여 서로 다른 회선에 영향을 주는 현상은?

① 감쇠
② 누화
③ 위상 왜곡
④ 비선형 왜곡

> **전문가의 조언** 문제에 제시된 내용은 누화의 개념입니다. 문제와 보기가 동일하게 출제된 적이 있는 문제입니다. 나머지 보기로 제시된 오류 발생 원인들도 간단히 알아두세요.
> • **감쇠** : 전송 신호 세력이 전송 매체를 통과하는 과정에서 거리에 따라 약해지는 현상
> • **위상 왜곡** : 전송 네트워크에서 전송 신호의 위상이 일그러지는 현상
> • **비선형 왜곡** : 불연속적으로 발생하는 왜곡 현상

59. 패킷 교환 방식에 대한 설명으로 옳지 않은 것은?

① 메시지를 일정 단위의 크기로 분할하여 전송한다.
② 속도가 서로 다른 단말기 간의 데이터 교환이 가능하다.
③ 교환기나 통신 회선에 장애가 발생한 경우 우회 경로를 선택할 수 있다.
④ 패킷 교환 방식은 디지털 전송로보다 아날로그 전송로에 유리하다.

> **전문가의 조언** 패킷 교환 방식은 음성(아날로그) 전송보다 데이터 교환망을 통한 데이터(디지털) 전송에 더 적합합니다. 패킷 교환 방식의 특징을 묻는 문제가 종종 출제되니 **핵심 107**을 참고하여 정리하고 넘어가세요.

60. 정보통신 시스템의 구성 요소 중 데이터 처리계에 해당하는 것은?

① 단말장치
② 데이터 전송회선
③ 통신 제어장치
④ 중앙 컴퓨터

전문가의 조언 컴퓨터만 데이터 처리계이고 나머지는 모두 데이터 전송계입니다. 자주 출제되는 내용입니다. 컴퓨터는 데이터 처리계라는 것을 꼭 기억하세요.

1. 현재 실행중인 명령어를 기억하고 있는 제어장치 내의 레지스터는?

① 누산기(Accumulator)
② 인덱스 레지스터(Index Register)
③ 메모리 레지스터(Memory Register)
④ 명령 레지스터(Instruction Register)

> **전문가의 조언** 현재 실행중인 명령어를 기억하는 레지스터는 명령 레지스터(Instruction Register)입니다. 레지스터들의 개별적인 기능을 묻는 문제가 자주 출제됩니다. **핵심 003**을 참고하여 각각의 기능을 명확히 숙지하세요.

2. 동시에 여러 개의 입 · 출력장치가 작동되도록 설계된 것은?

① Simplex Channel
② Multiplexer Channel
③ Selector Channel
④ Register Channel

> **전문가의 조언** 동시에 여러 개의 입 · 출력장치를 제어할 수 있는 채널(Channel)은 Multiplexer Channel(다중 채널)입니다. 자주 출제되는 내용입니다. **핵심 025**를 참고하여 채널의 기능, 특징, 종류를 모두 기억해 두세요.

3. 컴퓨터 시스템에서 명령어들을 실행하기 위하여 CPU에서 이루어지는 동작 단계의 하나로서, 기억장치로부터 명령어를 읽어 들이는 단계는?

① 재기록(Write Back) 단계
② 해독(Decoding) 단계
③ 인출(Fetch) 단계
④ 실행(Execute) 단계

> **전문가의 조언** 기억장치로부터 명령어를 읽어 들이는 단계는 인출(Fetch) 단계입니다. 문제와 보기가 동일하게 종종 출제됩니다. 이 문제에서는 인출 단계의 개념만 확실히 기억하고 넘어가세요.

4. 2진수 1011을 그레이 코드로 변환하면?

① 0010
② 0111
③ 0101
④ 1110

> **전문가의 조언** 2진수를 그레이 코드로 변환하는 방법은 'ㄱ'자를 생각하면 쉽습니다.
> ❶ 첫 번째 그레이 비트는 2진수 비트를 그대로 내려씁니다.
> ❷ 두 번째 그레이 비트부터는 변경할 2진수의 해당 번째 비트와 그 왼쪽의 비트를 XOR 연산하여 씁니다.
>
>
>
> **핵심 018**을 참고하여 그레이 코드를 2진수로 변환하는 방법도 알아두세요.

5. JK 플립플롭에서 J = 0, K = 0이 입력되면 동작 상태는 어떻게 되는가?

① 변화 없음
② Clear 상태
③ Set 상태
④ 반전

> **전문가의 조언** JK 플립플롭에서 J = 0, K = 0이 입력되면 동작 상태는 변화가 없습니다. JK 플립플롭 하면 무(상태 변화 없음), 공(항상 0), 일(항상 1), 보(보수)를 먼저 떠올릴 수 있도록 **핵심 012**를 참고하여 JK 플립플롭의 특징을 확실히 정리하세요.

6. 로더(Loader)의 기능이 아닌 것은?

① 할당(Allocation)
② 링킹(Linking)
③ 재배치(Relocation)
④ 스케줄링(Scheduling)

> **전문가의 조언** 로더의 기능에는 할당(Allocation), 연결(Linking), 재배치(Relocation), 적재(Loding)가 있습니다. 로더의 기능과 함께 각각의 역할을 구분하는 문제가 자주 출제됩니다. **핵심 052**를 참고하여 꼭 정리하고 넘어가세요.

7. 다음 중 불(Boolean) 대수의 정리로 옳지 않은 것은?

① $A + \overline{A} = 1$ ② $A + 0 = 0$
③ $A \cdot \overline{A} = 0$ ④ $A + A = A$

> 전문가의 조언 $A + 0 = A$입니다. 불 대수의 기본 공식은 매회 1~2문제씩은 꼭 출제됩니다. **핵심 005**를 참고하여 드모르강의 법칙은 반드시 암기하고, 나머지 법칙은 원리를 정확하게 이해하고 넘어가세요.

8. 명령어(Instruction)의 구성에서 처음의 바이트(Byte)에 기억되는 것은?

① Operand ② Length
③ Comma ④ Op Code

> 전문가의 조언 명령어(Instruction)의 구성에서 처음의 바이트(Byte)에 기억되는 것은 Op Code입니다. 자주 출제되는 내용입니다. 명령어는 연산자부와 자료부 순으로 구성된다는 것을 기억하고, **핵심 020**을 참고하여 각각의 기능도 파악해 두세요.

9. 16진수 2C를 10진수로 변환한 것으로 옳은 것은?

① 41 ② 42
③ 43 ④ 44

> 전문가의 조언 16진수를 10진수로 변환하려면 16진수의 각 자리를 분리하여 각각의 자리값과 자리의 지수승을 곱한 결과값을 모두 더하면 됩니다.
> $2C = 2 \times 16^1 + 12(C) \times 16^0$
> $= 32 + 12$
> $= 44$
> 진법 변환은 매회 한 문제씩 빠지지 않고 출제되고 있습니다. 10진수, 2진수, 8진수, 16진수를 상호 변환할 수 있도록 변환 방법을 확실히 숙지해야 합니다. 이 문제에서는 16진수를 10진수로 변환하는 방법을 확실히 파악하고 넘어가세요.

10. 주소 10에 20이란 값이 저장되어 있고, 주소 20에는 40이라는 값이 저장되어 있다고 할 때 간접 주소 지정에 의해 10번지를 접근하면 실제 처리되는 값은?

① 10 ② 20
③ 30 ④ 40

> 전문가의 조언 간접 주소지정방식에 의해 10번지를 접근하면 실제 처리되는 값은 40입니다. 간접 주소지정방식에서 실제 데이터를 찾으려면 지정한 주소로 이동한 후 실제 데이터가 저장된 주소로 한 번 더 이동해야 합니다. 그러므로 마지막에 이동한 주소에 있는 데이터가 실제 데이터가 됩니다.

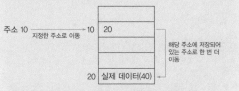

> 이 문제에서는 간접 주소지정방식의 개념만 이해해 두세요.

11. 진리표가 다음 표와 같이 되는 논리회로는?

A(입력)	B(입력)	C(출력)
0	0	0
0	1	0
1	0	0
1	1	1

> 전문가의 조언 문제의 진리표는 입력 값이 모두 1일 때만 1이 출력되는 AND 게이트(▭)입니다. 입력 값이 하나라도 1이면 1이 출력되는 OR 게이트(▷), 그리고 OR 게이트에 NOT이 붙으면 NOR 게이트(▷○)라는 것도 같이 알아두세요.

12. 하나의 레지스터에 기억된 자료를 모두 다른 레지스터로 옮길 때 사용하는 논리연산은?

① Rotate ② Shift
③ Move ④ Complement

> 전문가의 조언 Move는 하나의 레지스터에 기억된 자료를 모두 다른 레지스터로 옮길 때 사용하는 논리연산이고, Shift는 레지스터에 기억된 자료를 왼쪽 또는 오른쪽으로 1Bit씩 자리를 이동시키는 연산입니다. Move와 Shift의 기능이 혼동되지 않도록 잘 기억해 두세요.

13. 1면에 100개의 트랙을 사용할 수 있는 양면 자기디스크에서 1트랙은 4개의 섹터로 되어 있으며 섹터 당 320 Word를 기억시킬 수 있다고 할 경우, 이 디스크는 몇 Word를 기억시킬 수 있는가?

① 372000 ② 256000
③ 254000 ④ 124000

14. Digital 형의 양을 바르게 표현한 것은?

① 온도의 변화
② 식물의 성장
③ 연필의 개수
④ 시간의 흐름

15. $A \cdot (A \cdot B + C)$를 간단히 한 결과로 옳은 것은?

① $A \cdot (B + C)$ ② A
③ B   ④ C

16. 다음 주소지정 방법 중 처리 속도가 가장 빠른 것은?

① Direct Address
② Indirect Address
③ Calculated Address
④ Immediate Address

17. 전가산기(Full Adder)는 어떤 회로로 구성되는가?

① 반가산기 1개와 OR 게이트로 구성된다.
② 반가산기 1개와 AND 게이트로 구성된다.
③ 반가산기 2개와 OR 게이트로 구성된다.
④ 반가산기 2개와 AND 게이트로 구성된다.

18. 다음은 명령어 인출 절차를 보인 것이다. 올바른 순서는?

> ㉠ 프로그램 카운터를 증가시킨다.
> ㉡ 명령어를 주기억장치로부터 인출한다.
> ㉢ 명령 코드를 명령 레지스터로 옮긴다.
> ㉣ 프로그램 카운터의 값을 번지 레지스터에 옮긴다.

① ㉠ → ㉡ → ㉢ → ㉣
② ㉢ → ㉡ → ㉠ → ㉣
③ ㉣ → ㉡ → ㉠ → ㉢
④ ㉠ → ㉢ → ㉣ → ㉡

19. 레지스터, 가산기, 보수기 등으로 구성되는 장치는?

① 제어장치
② 입 · 출력장치
③ 기억장치
④ 연산장치

전문가의 조언 레지스터, 가산기, 보수기 등으로 구성된 장치는 연산장치입니다. 자주 출제되는 내용입니다. **핵심 002**를 참고하여 제어장치와 연산장치의 구성 요소를 구분하여 파악해 두세요.

20. 그림과 같은 논리회로의 출력 C는 얼마인가? (단, A = 1, B = 1이다.)

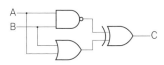

① 0
② 1
③ 10
④ 11

전문가의 조언 입력되는 값을 게이트 순서대로 대입한 후 계산하여 출력값을 구하면 됩니다.

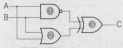

❶ = $\overline{A \cdot B}$ = $\overline{1 \cdot 1}$ = $\overline{1}$ = 0
❷ = A + B = 1 + 1 = 1
❸ = ❶ ⊕ ❷ = 0 ⊕ 1 = 1

논리회로의 출력 값을 묻는 문제는 매회 출제됩니다. 기본적인 논리 게이트를 이해하면 어렵지 않게 풀 수 있습니다. 이 문제에서는 Not AND(⟩)는 $\overline{A \cdot B}$, OR(⟩)은 A+B, XOR(⟩)은 A⊕B를 의미한다는 것을 기억해 두세요.

21. 판매 테이블에서 품명이 '카메라'인 항목을 삭제하는 SQL문은?

① DELETE FROM 판매 WHERE 품명 = '카메라';
② DELETE FROM 품명 = '카메라' WHERE 판매;
③ DELETE SET 판매 WHERE 품명 = '카메라';
④ DELETE SET 품명 = '카메라' WHERE 판매;

전문가의 조언 질의문을 절별로 해석하면 다음과 같습니다.
• **DELETE** : 레코드를 삭제합니다(삭제는 레코드 단위로 수행하므로 속성(필드)을 기술하지 않음).
• **FROM 판매** : 〈판매〉 테이블의 자료를 대상으로 합니다.
• **WHERE 품명 = '카메라';** : 품명이 카메라인 레코드만 삭제합니다.
자주 출제되는 문제입니다. **핵심 093**을 참고하여 DELETE문의 사용 형식을 확실히 기억해 두세요.

22. 데이터베이스 디자인 단계의 순서가 옳은 것은?

ⓐ 데이터베이스의 목적을 정의
ⓑ 데이터베이스에서 필요한 테이블을 정의
ⓒ 테이블에서 필요한 필드를 정의
ⓓ 테이블 간의 관계를 정의

① ㉠ → ㉣ → ㉡ → ㉢
② ㉠ → ㉢ → ㉡ → ㉣
③ ㉠ → ㉡ → ㉣ → ㉢
④ ㉠ → ㉡ → ㉢ → ㉣

전문가의 조언 데이터베이스 디자인 단계의 순서가 옳은 것은 ④번입니다. 동일한 문제가 가끔 출제됩니다. 문제의 지문을 통해 데이터베이스 디자인 단계의 순서를 정확히 알아두세요.

23. 윈도용 PC 데이터베이스에서 그래픽 화면을 사용한 입·출력 틀을 무엇이라 하는가?

① Table
② Query
③ Report
④ Form

전문가의 조언 그래픽 화면을 사용한 입·출력 틀은 폼(Form)입니다. 데이터베이스(액세스)에서 사용하는 개체들의 기능을 묻는 문제가 종종 출제됩니다. **핵심 038**을 참고하여 정리하고 넘어가세요.

24. 3단계 스키마의 종류에 해당하지 않는 것은?

① 개념 스키마(Conceptual Schema)
② 관계 스키마(Relational Schema)
③ 내부 스키마(Internal Schema)
④ 외부 스키마(External Schema)

전문가의 조언 스키마는 사용자의 관점에 따라 외부 스키마, 개념 스키마, 내부 스키마로 나뉩니다. 스키마의 종류나 각각의 특징을 묻는 문제가 자주 출제됩니다. **핵심 034**를 참고하여 스키마의 종류를 암기하고, 각각의 특징을 정리하고 넘어가세요.

25. 단순하게 반복되는 작업을 특정키나 이름에 기록하여 자동실행 할 수 있는 스프레드시트의 기능은?

① 정렬
② 필터
③ 부분합
④ 매크로

정답 **20.** ②　**21.** ①　**22.** ④　**23.** ④　**24.** ②　**25.** ④

26. SQL의 DDL에 해당하지 않는 것은?

① CREATE   ② UPDATE
③ ALTER   ④ DROP

27. 데이터베이스 개체(Entity)의 속성 중 하나의 속성이 가질 수 있는 모든 값의 집합을 무엇이라고 하는가?

① 객체(Object)
② 속성(Attribute)
③ 도메인(Domain)
④ 카디널리티(Cardinality)

28. 강연회나 세미나 연구발표, 교육안 제작 등 상대방에게 보다 효과적으로 의사를 전달하고자 할 때 사용하는 것은?

① 워드프로세서   ② 프레젠테이션
③ 데이터베이스   ④ 운영체제

29. 데이터베이스 설계 단계의 순서로 옳은 것은?

> 가. 개념적 데이터베이스 설계
> 나. 논리적 데이터베이스 설계
> 다. 물리적 데이터베이스 설계

① 나 → 가 → 다   ② 다 → 가 → 나
③ 가 → 다 → 나   ④ 가 → 나 → 다

30. 급여 테이블에 데이터를 입력한 후 시간외수당 필드가 누락되어 이를 추가하고자 할 경우에 사용하는 SQL 명령으로 옳은 것은?

① ALTER TABLE   ② AOD TABLE
③ MODIFY TABLE   ④ MAKE TABLE

31. UNIX에서 현재 작업중인 디렉터리의 모든 파일을 보여주는 명령은?

① cd   ② mv
③ ls   ④ tar

32. UNIX에서 "who" 명령은 현재 로그인 중인 각 사용자에 관한 정보를 보여준다. 다음 중 "who" 명령으로 알 수 없는 내용은?

① 단말명
② 로그인명
③ 로그인 일시
④ 사용 소프트웨어

33. 윈도우의 특징으로 옳지 않은 것은?

① 플러그 앤 플레이(Plug and Play) 기능을 지원한다.
② 멀티태스킹(Multi-Tasking)이 가능하여 여러 작업을 동시에 실행할 수 있다.
③ 프로그램이나 폴더 등을 아이콘화하여 사용자가 편리하게 접근할 수 있다.
④ 네트워크에 필요한 기능이 추가되어 모뎀이 없어도 통신이 가능하다.

34. 운영체제를 제어 프로그램(Control Program)과 처리 프로그램(Process Program)으로 분류했을 때 제어 프로그램에 해당하는 것은?

① 처리 프로그램
② 서비스 프로그램
③ 작업 제어 프로그램
④ 언어 처리 프로그램

35. 윈도우에서 파일을 삭제하는 방법으로 옳지 않은 것은?

① 휴지통을 이용하여 삭제
② Del(Delete)를 이용하여 삭제
③ Esc를 이용하여 삭제
④ 마우스의 오른쪽 버튼을 이용하여 삭제

36. 하드디스크의 분할을 설정하고 논리적 드라이브 번호를 할당하는 DOS의 외부 명령어는?

① FDISK
② CHKDSK
③ RECOVER
④ DISKCOMP

37. 도스(MS-DOS)에서 특정 파일의 감추기 속성, 읽기 속성을 지정할 수 있는 명령은?

① MORE ② FDISK
③ ATTRIB ④ DEFRAG

38. DOS에서 ABC로 시작하는 모든 파일을 복사 또는 삭제할 경우 파일명 지정 시 올바르게 된 것은?

① ABC*.* ② ABC?.?
③ ABC-.- ④ ABC+.+

39. UNIX에서 현재 작업중인 프로세스의 상태를 알아볼 때 사용하는 명령어는?

① ls ② ps
③ kill ④ chmod

40. Which of the following key strokes is able to copy it to the clipboard in WINDOWS?

① Alt + C
② Ctrl + V
③ Ctrl + A
④ Ctrl + C

41. 도스(MS–DOS)에서 아스키 코드로 작성된 파일의 내용을 화면에 출력시키는 명령은?

① PATH 명령
② TYPE 명령
③ RD 명령
④ CD 명령

42. 도스(MS–DOS)에서 사용할 수 있는 드라이브의 최대 수를 지정하는 명령어는?

① LASTDRIVE
② BLOCKS
③ FILES
④ PRIMARYDISK

43. 페이지 대체 알고리즘에서 계수기를 두어 가장 오랫동안 참조되지 않은 페이지를 교체할 페이지로 선택하는 방법은?

① FIFO
② LRU
③ LFU
④ OPT

44. 다음의 설명이 의미하는 것은?

A situation that two or more processes are unable to proceed because each is waiting for the device in use by other program.

① Database
② Compiler
③ Deadlock
④ Spooling

45. 다음 중 운영체제를 설명한 것이 아닌 것은?

① 컴퓨터 시스템 장치를 효율적으로 관리
② 컴퓨터를 사용자가 편리하게 이용 가능
③ 사용자가 개발한 응용 소프트웨어
④ 사용자와 하드웨어 간의 중간 대화 통로

46. 윈도우에서 화면 보호기의 설정은 어디에서 하는가?

① 시스템
② 멀티미디어
③ 디스플레이
④ 내게 필요한 옵션

47. 윈도우에 대한 설명으로 옳지 않은 것은?

① 플러그 앤 플레이(Plug & Play) 방식이다.
② 32Bit 운영체제이다.
③ 파일명의 길이는 최대 8자리까지 가능하다.
④ 멀티태스킹(Multi-Tasking)을 지원한다.

48. UNIX 시스템의 구성을 크게 세 부분으로 나눌 때 해당하지 않는 것은?

① Block
② Kernel
③ Shell
④ Utility

49. 도스(MS-DOS)에서 화면의 내용을 깨끗이 지워주는 역할을 하는 명령은?

① CD
② PATH
③ CLS
④ DATE

50. UNIX에서 네트워크상의 문제를 진단할 수 있는 명령어는?

① ping
② cd
③ pwd
④ who

51. 고속 광 전송 장치에서 빛의 파장을 여러 개 사용하여 다중화 하는 방식은?

① WDM
② FDM
③ TDM
④ CDM

52. 가입자의 집안까지 광케이블로 연결함으로써 광대역 통합망 구축을 위한 가입자망 기술로 평가받고 있는 것은?

① FTTH
② FTTO
③ FTTC
④ FTTB

53. IP 주소를 MAC 주소로 변환하는 프로토콜은?

① IGMP
② ARP
③ FTP
④ RS-232C

54. ISO(국제표준기구)의 OSI 7계층에서 Network Layer는 어느 계층에 해당 되는가?

① 제 1계층　　　　② 제 2계층
③ 제 3계층　　　　④ 제 4계층

전문가의 조언 OSI 7계층에서 Network Layer는 3계층에 해당합니다. OSI 7계층과 관련된 문제는 주로 계층의 순서를 묻는 문제가 출제됩니다. **핵심 104**를 참고하여 OSI 7계층을 순서대로 기억하되, 하위 계층과 상위 계층으로 구분해서 기억하세요.

55. 다음 중 변조 방식을 분류한 것에 속하지 않는 것은?

① 진폭 편이 변조　　② 주파수 편이 변조
③ 위상 편이 변조　　④ 멀티포인트 변조

전문가의 조언 멀티포인트 변조 방식이라는 것은 없습니다. 그리고 ①, ②, ③번은 변조 방식 중 디지털 변조 방식에 속합니다. 디지털 변조 방식의 개별적인 기능을 묻는 문제가 종종 출제되니 **핵심 091**을 참고하여 각각의 기능을 서로 구분할 수 있도록 정리하고 넘어가세요.

56. 다음 중 이동 통신망의 다원 접속 방식이 아닌 것은?

① TDMA　　　　② FDMA
③ CSMA　　　　④ CDMA

전문가의 조언 CSMA는 LAN에서 사용되는 매체 접근 제어 방식입니다. 이동 통신망의 다중(원) 접속 방식의 종류 및 각각의 기능을 구분하는 문제가 종종 출제됩니다. **핵심 110**을 참고하여 출제 비중이 높은 CDMA를 중심으로 각각의 기능을 정리해 두세요.

57. 데이터 통신에서 서로 다른 방향에서 동시에 송·수신을 할 수 있는 것은?

① 이중 시스템(Dual System)
② 반이중 시스템(Half Duplex System)
③ 전이중 시스템(Full Duplex System)
④ 단향 시스템(Simplex System)

전문가의 조언 서로 다른 방향에서 동시에 송·수신을 할 수 있는 것은 전이중 시스템입니다. 통신 방식에 대한 문제는 종종 출제됩니다. **핵심 090**을 참고하여 각각의 특징을 사용 예와 함께 기억해 두세요.

58. 다음 설명이 나타내는 가장 적합한 용어는?

통신설비와 컴퓨터 및 그 조직의 이용기술을 활용하여 정보를 처리, 보관하거나 전송하는 조직망

① 초고속교환망　　　② 정보통신망
③ 전자계산회선망　　④ 정보처리망

전문가의 조언 문제의 지문에 제시된 내용은 정보통신망의 의미입니다. 자주 출제되는 내용은 아닙니다. 지문에 제시된 정보통신망의 의미만 기억하고 넘어가세요.

59. 오류를 검출한 후 재전송하는 방식으로 옳지 않은 것은?

① 정지—대기(Stop and Wait) ARQ
② 연속적(Continuous) ARQ
③ 적응적(Adaptive) ARQ
④ 이산적(Discrete) ARQ

전문가의 조언 이산적(Discrete) ARQ는 ARQ 방식의 종류가 아닙니다. ARQ의 종류를 묻는 문제가 종종 출제됩니다. ARQ의 종류는 확실히 암기해야 되지만 각각의 특징은 가볍게 이해하고 있으면 됩니다. **핵심 096**을 참고하여 정리하고 넘어가세요.

60. 광섬유 케이블의 일반적인 특징으로 옳지 않은 것은?

① 빛을 사용함으로써 전기적인 간섭이 없다.
② 높은 전송 속도와 대역폭을 갖는다.
③ 동축 케이블보다 전송 신호의 손실이 적다.
④ 설치 시에 접속과 연결이 매우 용이하다.

전문가의 조언 광 케이블 간의 접속과 연결을 위해서는 별도의 기술과 장비가 필요하므로 작업이 어렵습니다. 광섬유 케이블의 특징을 묻는 문제는 자주 출제됩니다. **핵심 088**을 참고하여 확실히 파악해 두세요.

정답 **54.** ③　**55.** ④　**56.** ③　**57.** ③　**58.** ②　**59.** ④　**60.** ④

1. 입출력 조작의 시간과 중앙처리장치의 처리 시간과의 불균형을 보완하는 것은?

① 채널장치
② 제어장치
③ 터미널장치
④ 콘솔장치

> **전문가의 조언** 입출력 조작의 시간과 중앙처리장치의 처리 시간과의 불균형을 보완하는 것은 채널(Chanel)입니다. 채널의 특징이나 종류를 묻는 문제가 자주 출제됩니다. **핵심 025**를 참고하여 꼭 정리하고 넘어가세요.

2. 기억장치 고유의 번지로서 0, 1, 2, 3과 같이 16진수로 약속하여 순서대로 정해놓은 번지, 즉 기억장치 중의 기억 장소를 직접 숫자로 지정하는 주소로서 기계어 정보가 기억되어 있는 것은?

① 메모리주소
② 베이스주소
③ 상대주소
④ 절대주소

> **전문가의 조언** 기억장치 중의 기억 장소를 직접 숫자로 지정하는 주소로서 기계어 정보가 기억되어 있는 것은 절대주소입니다. 문제와 보기가 동일하게 자주 출제되는 문제입니다. **핵심 024**를 참고하여 절대주소와 상대주소를 구분할 수 있도록 각각의 의미를 정리하세요.

3. 1비트(bit) 기억장치로 가장 적합한 것은?

① 레지스터
② 베이스주소
③ 계전기
④ 플립플롭

> **전문가의 조언** 1비트 기억장치는 플립플롭(Flip-Flop)입니다. 플립플롭들의 개별적인 특징을 묻는 문제가 자주 출제됩니다. **핵심 012**를 참고하여 플립플롭의 개념과 함께 주요 플립플롭의 특징을 파악해 두세요.

4. 토글 또는 보수 플립플롭으로서, JK 플립플롭의 J와 K를 묶어서 입력이 구성되며, 입력이 0일 경우에는 상태가 불변이고, 입력이 1일 경우에는 보수가 출력되는 것은?

① D 플립플롭
② RS 플립플롭
③ P 플립플롭
④ T 플립플롭

> **전문가의 조언** 입력이 0일 경우에는 상태가 불변이고, 입력이 1일 경우에는 보수가 출력되는 것은 T 플립플롭입니다. 플립플롭들의 개별적인 특징을 묻는 문제는 자주 출제된다고 했죠? 이 문제를 틀렸다면 **핵심 012**를 다시 공부하세요.

5. 이항(Binary) 연산에 해당하는 것은?

① Rotate
② Shift
③ Complement
④ OR

> **전문가의 조언** 이항 연산자(Binary Operator)는 A+B처럼 피연산자가 2개 필요한 연산자로, 종류에는 사칙연산자, AND, OR, XOR, XNOR 등이 있습니다. 이항 연산자의 종류를 묻는 문제가 자주 출제됩니다. **핵심 021**을 참고하여 단항 연산자와 구분할 수 있도록 파악해 두세요.

6. n 비트의 2진 코드 입력에 의해 최대 2^n개의 출력이 나오는 회로로 2진 코드를 다른 부호로 바꾸고자할 때 사용하는 회로는?

① 디코더(Decoder)
② 카운터(Counter)
③ 레지스터(Register)
④ RS플립플롭(RS Flip-Flop)

> **전문가의 조언** n 비트의 2진 코드 입력에 의해 최대 2^n개의 출력이 나오는 회로로 2진 코드를 다른 부호로 바꾸고자할 때 사용하는 회로는 디코더(Decoder)입니다. 종종 출제되는 내용입니다. **핵심 011**을 참고하여 인코더의 기능도 정리해 두세요.

정답 1. ① 2. ④ 3. ④ 4. ④ 5. ④ 6. ①

7. $Y = A + \overline{A} \cdot B$를 간소화하면?

① A
② B
③ A + B
④ A · B

8. 레지스터 중 PC(Program Counter)를 바르게 설명한 것은?

① 현재 실행 중인 명령어의 내용을 기억한다.
② 다음에 수행할 명령어의 번지를 기억한다.
③ 기억장소의 내용을 기억한다.
④ 연산의 결과를 일시적으로 보관한다.

9. 기억장치로부터 전송된 메모리 워드나 기억될 메모리를 일시적으로 저장하는 레지스터는?

① PSW
② Queue
③ MBR
④ T DMA

10. 에러를 검출하고 검출된 에러를 교정하기 위하여 사용되는 코드는?

① BCD 코드
② Hamming 코드
③ 8421 코드
④ ASCII 코드

11. 제어장치의 기능에 대한 설명으로 틀린 것은?

① 산술 및 논리 연산을 실행하는 장치이다.
② 입출력장치를 제어한다.
③ 주기억장치에 기억된 명령을 꺼내어 해독한다.
④ 프로그램 카운터와 명령 레지스터를 이용하여 명령어 처리순서를 제어한다.

12. 다음 중 컴퓨터 시스템에서 처리할 경우 연산 속도가 가장 빠른 것은?

① S = A / B
② S = A + B
③ S = A − B
④ S = A * B

13. 그림과 같은 논리회로에서 출력 X에 알맞은 식은? (단, A, B, C는 입력임)

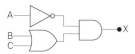

① $\overline{A} \cdot (B + C)$ ② $\overline{A} \cdot \overline{(B + C)}$
③ $\overline{A} \cdot B \cdot C$ ④ $\overline{A} + \overline{(B + C)}$

전문가의 조언 문제에 제시된 논리회로를 분리하여 각각을 논리식으로 표현한 후 1개의 논리식으로 합쳐나가면 다음과 같습니다.

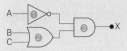

❶ = $\overline{A}$
❷ = B + C
❸ = ❶ · ❷ = $\overline{A} \cdot (B + C)$
이 문제를 통해 논리회로를 논리식으로 표현하는 방법에 대해 알아두세요.

14. 제어장치가 앞의 명령 실행을 완료한 후, 다음에 실행할 명령을 기억장치로부터 가져오는 동작을 완료할 때까지의 주기를 무엇이라고 하는가?

① Fetch Cycle   ② Transfer Cycle
③ Search Time   ④ Run Time

전문가의 조언 제어장치가 앞의 명령 실행을 완료한 후, 다음에 실행할 명령을 기억장치로부터 가져오는 동작을 완료할 때까지의 주기를 Fetch Cycle이라고 합니다. 문제와 보기가 동일하게 가끔 출제되니 문제와 답만 기억하고 넘어가세요.

15. 명령어(Instruction)가 제공하는 정보가 아닌 것은?

① 작업소요시간   ② 명령어 형식
③ 연산자   ④ 데이터의 주소

전문가의 조언 작업소요시간은 명령어(Instruction)에서 제공하는 정보가 아닙니다. 자주 출제되는 내용입니다. 핵심 020를 참고하여 명령어의 구성, 연산자부와 자료부의 기능 모두를 알아두세요.

16. $(1011)_2 - (1101)_2$의 값을 10진수로 나타내면?

① −1   ② −2
③ −3   ④ −4

전문가의 조언 2진수 값을 10진수로 변환한 후 뺄셈을 수행하면 됩니다. 2진수를 10진수로 변환하려면 2진수의 각 자리를 분리하여 각각의 자리값과 자리의 지수 승을 곱한 결과값을 모두 더하면 됩니다.
· $1011_2 = 1 \times 2^3 + 0 \times 2^2 + 1 \times 2^1 + 1 \times 2^0 = 8 + 0 + 2 + 1 = 11$
· $1101_2 = 1 \times 2^3 + 1 \times 2^2 + 0 \times 2^1 + 1 \times 2^0 = 8 + 4 + 0 + 1 = 13$
∴ $11 - 13 = -2$
진법 변환 문제는 거의 매회 출제됩니다. 이 문제에서는 2진수를 10진수로 변환하는 방법을 확실히 기억하고 넘어가세요.

17. 다음과 같은 논리회로는?

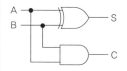

① 전가산기   ② 반가산기
③ 카운터   ④ 패리티 발생기

전문가의 조언 문제에 제시된 논리회로는 반가산기입니다. 자주 출제되는 논리회로입니다. 핵심 009를 참고하여 반가산기의 논리회로, 논리식, 진리표 등을 모두 확실히 알아두세요.

18. 오퍼랜드(Operand) 자체가 연산대상이 되는 주소지정방식은?

① 즉시 주소지정(Immediate Addressing)
② 직접 주소지정(Direct Addressing)
③ 간접 주소지정(Indirect Addressing)
④ 묵시적 주소지정(Implied Addressing)

전문가의 조언 즉시 주소지정방식은 명령어 자체에 오퍼랜드(실제 데이터)를 가지고 있으므로, 오퍼랜드 자체가 연산대상이 됩니다. 주소지정방식들의 특징을 파악하고 있어야 풀 수 있는 문제가 자주 출제됩니다. 주소지정방식들의 특징은 각각의 명칭과 연관지어 생각해 보면 쉽게 이해됩니다. 핵심 024를 참고하여 정리해 두세요.

19. 소프트웨어에 의하여 우선순위를 판별하는 방법은?

① 인터럽트 벡터 ② 데이지 체인
③ 폴링 ④ 핸드 쉐이킹

동시에 하나 이상의 인터럽트가 발생하였을 때 먼저 서비스할 장치를 결정하는 인터럽트 우선순위 판별 방법에는 소프트웨어적인 방법으로 폴링, 하드웨어적인 방법으로 데이지 체인과 병렬 우선처리 방식이 있습니다. 간혹 출제되는 내용입니다. 주컴퓨터가 단말기에게 전송할 데이터가 있는지를 물어보는 것도 폴링이라고 합니다. 기억해 두세요.

20. 중앙처리장치의 한 종류인 CISC(Complex Instruction Set Computer)에 대한 설명으로 틀린 것은?

① 복잡하고 기능이 많은 명령어로 구성된다.
② 다양한 크기의 명령어를 사용한다.
③ 많은 수의 레지스터를 사용한다.
④ 마이크로 코드 설계가 어렵다.

CISC는 RISC에 비해 적은 수의 레지스터를 사용합니다. 종종 출제되는 내용입니다. **핵심 002**를 참고하여 CISC와 RISC의 특징을 구분하여 정리해 두세요.

21. 스프레드시트에서 행과 열이 만나서 이루는 사각형으로 데이터가 입력되는 기본 단위는?

① 피치(pitch) ② 셀(cell)
③ 도트(dot) ④ 포인트(point)

스프레드시트에서 행과 열이 만나서 이루는 사각형으로 데이터가 입력되는 기본 단위를 셀이라고 합니다. 자주 출제되는 문제입니다. **핵심 045**를 참고하여 엑셀의 구성 요소의 종류와 각각의 의미를 기억해 두세요.

22. SQL의 데이터 정의어에 해당되지 않는 것은?

① SELECT ② CREATE
③ ALTER ④ DROP

SELECT는 데이터 조작어에 해당합니다. 중요합니다. 데이터 정의어(DDL), 데이터 조작어(DML), 데이터 제어어(DCL)에 해당하는 명령을 구분할 수 있도록 **핵심 039**를 참고하여 정리하고 넘어가세요.

23. SQL 구문 형식으로 옳지 않은 것은?

① SELECT ~ FROM ~ WHERE
② DELETE ~ FROM ~ WHERE
③ INSERT ~ INTO ~ WHERE
④ UPDATE ~ SET ~ WHERE

INSERT는 VALUES를 사용하여 INSERT INTO ~ VALUES ~와 같이 작성해야 합니다. SQL 명령문들의 기본 형식을 묻는 문제가 자주 출제되고 있습니다. 이 문제를 통해 네 가지 SQL문의 기본 형식을 확실히 기억해 두세요.

24. 데이터베이스 관리자(DBA)의 역할과 거리가 먼 것은?

① 스키마 정의
② 무결성 제약조건의 인정
③ 데이터 액세스 권한의 인정
④ 프로그램의 논리 및 알고리즘의 설계

프로그램 논리 및 알고리즘의 설계는 프로그래머의 역할입니다. 자주 출제되는 내용입니다. 나머지 보기를 통해 DBA의 역할을 정리해 두세요.

25. 학생 테이블에 데이터를 입력한 후, 주소 필드가 누락되어 이를 추가하려고 할 경우 적합한 SQL 명령은?

① MORE TABLE ~
② ALTER TABLE ~
③ ADD TABLE ~
④ MODIFY TABLE ~

테이블 작성 시 누락한 속성을 추가하는 것과 같이 테이블에 대한 정의를 변경할 때 ALTER를 사용합니다. 문제와 보기가 동일하게 출제된 적이 있습니다. 레코드를 추가할 때는 INSERT, 필드 자체를 추가할 때는 ALTER 명령문을 사용한다는 것을 기억해 두세요.

26. SQL에서 DROP 문의 옵션(Optation) 중 "RESTRICT"의 역할에 대한 설명으로 가장 적합한 것은?

① 제거할 요소들을 기록 후 제거한다.
② 제거할 요소가 참조 중일 경우에만 제거한다.
③ 제거할 요소들에 대한 예비조치(back up) 작업을 한다.
④ 제거할 요소가 참조 중이면 제거하지 않는다.

> 전문가의 조언 DROP은 테이블을 삭제하는 명령인데, 옵션으로 RESTRICT를 지정하면 삭제할 테이블을 다른 개체가 참조하고 있으면 삭제를 취소합니다. 자주 출제되는 내용입니다. **핵심 039**를 참고하여 DROP문의 옵션인 CASCADE와 RESTRICT의 기능을 구분하여 알아두세요.

27. 프레젠테이션에서 화면을 구성하는 그림이나 도형들은?

① 슬라이드
② 개체
③ 시나리오
④ 개요

> 전문가의 조언 프레젠테이션에서 화면을 구성하는 그림이나 도형들은 개체입니다. 프레젠테이션의 구성 요소에 대한 문제가 자주 출제됩니다. **핵심 048**을 참고하여 각각의 의미를 명확히 숙지하세요.

28. DBMS의 필수 기능으로 옳은 것은?

① 조작 기능, 제어 기능, 연산 기능
② 정의 기능, 제어 기능, 연산 기능
③ 정의 기능, 조작 기능, 연산 기능
④ 정의 기능, 조작 기능, 제어 기능

> 전문가의 조언 DBMS의 필수 기능은 정의 기능, 조작 기능, 제어 기능입니다. 자주 출제되는 문제입니다. 데이터베이스 관리 시스템(DBMS)의 필수 기능하면, '**정·조·제**'라는 것을 기억하고, **핵심 033**을 참고하여 각각의 기능을 정리하세요.

29. 스프레드시트에서 사용자가 설정하는 특정 조건을 만족하는 자료만 검색, 추출하는 기능은?

① 정렬(Sort)
② 필터(Filter)
③ 매크로(Macro)
④ 차트(Chart)

> 전문가의 조언 문제에 제시된 내용은 필터(Filter)의 기능입니다. 엑셀의 주요 기능에 대한 문제가 자주 출제되고 있으니 **핵심 047**을 참고하여 확실히 정리해 두세요.

30. 3단계 데이터베이스 구조에서 각 단계의 스키마에 해당하지 않는 것은?

① 내부 스키마
② 외부 스키마
③ 개념 스키마
④ 물리 스키마

> 전문가의 조언 스키마는 사용자의 관점에 따라 외부 스키마, 개념 스키마, 내부 스키마로 나눕니다. 스키마에서는 종류나 각각의 특징을 묻는 문제가 자주 출제됩니다. **핵심 034**를 참고하여 스키마의 종류를 암기하고, 각각의 특징을 정리해 두세요.

31. 도스(MS-DOS)에서 단편화되어 있는 파일의 저장 상태를 최적화하여 디스크의 작동 효율을 높이는 명령은?

① DISKCOMP
② CHKDSK
③ DEFRAG
④ DISKCOPY

> 전문가의 조언 도스(MS-DOS)에서 단편화되어 있는 파일의 저장 상태를 최적화하여 디스크의 작동 효율을 높이는 명령은 DEFRAG입니다. 자주 출제되는 문제입니다. **핵심 061**을 참고하여 나머지 명령의 기능을 구분할 수 있을 정도로 정리해 두세요.

32. 교착상태(DeadLock)에 관한 설명으로 옳지 않은 것은?

① 교착상태는 둘 이상의 프로세스들이 서로 다른 프로세스가 차지하고 있는 자원을 요구하여 무한정 기다리게 함으로써 결국 해당 프로세스의 진행이 중단되는 현상이다.

② 교착상태는 어떤 자원을 한 프로세스가 사용 중 일 때 다른 프로세스가 그 작업이 끝날 때까지 기다리는데서 발생한다.

③ 교착상태는 한 프로세스에게 할당된 자원을 스스로 내놓기 전에는 다른 자원을 강제로 빼앗을 수 없을 때 발생한다.

④ 교착상태는 프로세스들이 자신의 자원을 내놓고 상대방의 자원을 요구하는 것이 순환을 이룰 때 발생한다.

전문가의 조언 교착상태는 자신에게 할당된 자원을 점유하면서 상대방의 자원을 요구하는 것이 순환을 이룰 때 발생하는 것이며, 이 조건을 환형 대기(순환 대기) 조건이라고 합니다. 교착상태 발생의 필요 충분 조건 중 ①번은 점유와 대기, ②번은 상호 배제, ③번은 비선점 조건에 해당됩니다. 교착상태에서는 대부분 의미를 묻는 문제가 출제되며, 이 문제처럼 교착상태 발생의 조건을 이해해야만 풀 수 있는 어려운 문제는 자주 출제되지 않습니다. **핵심 056**을 참고하여 교착상태의 의미와 함께 교착상태 발생의 필요 충분 조건에 대해 정리해 두세요.

33. UNIX의 가장 핵심 요소로서, 메모리, CPU, 프린터 등의 시스템 자원 활용도를 높이기 위해 스케줄링과 자료 관리를 하는 것은?

① 채널
② 유틸리티
③ 커널
④ 쉘

전문가의 조언 UNIX의 가장 핵심 요소로서, 메모리, CPU, 프린터 등의 시스템 자원 활용도를 높이기 위해 스케줄링과 자료 관리를 하는 것은 커널(Kernel)입니다. UNIX 시스템의 구성 중 커널과 쉘의 기능을 묻는 문제가 자주 출제됩니다. **핵심 080**을 참고하여 각각의 기능을 정확히 구분하여 파악해 두세요.

34. 윈도우에서 바탕 화면에 있는 비실행 파일을 마우스 끌기를 이용하여 "내 문서" 폴더로 가져갔을 때의 설명으로 옳은 것은?

① 바탕 화면의 파일이 삭제되어 휴지통으로 이동한다.

② '내 문서' 폴더에서 복사 오류가 발생한다.

③ 바탕 화면의 끌기 대상 파일이 '내 문서' 폴더로 이동한다.

④ 바탕 화면의 끌기 대상 파일이 복사되어 '내 문서' 폴더 내에도 동일한 문서가 만들어진다.

전문가의 조언 같은 드라이브에서 비실행 파일이나 폴더를 마우스로 끌면 이동이 수행되고, 다른 드라이브에서 비실행 파일이나 폴더를 마우스 끌면 복사되는데, 바탕 화면과 '내문서' 폴더는 같은 C드라이브에 있으므로 이동이 수행됩니다. 자주 출제되는 내용은 아닙니다. **핵심 073**을 참고하여 파일/폴더의 복사 및 이동 방법에 대해 정리하고 넘어가세요.

35. DOS(MS-DOS) 명령어 중 COMMAND.COM 파일이 관리하는 것은?

① CHKDSK
② DELTREE
③ COPY
④ FORMAT

전문가의 조언 COMMAND.COM 파일이 관리하는 것은 내부 명령어로, 이 문제는 내부 명령어의 종류를 묻는 문제입니다. 보기 중 내부 명령어는 COPY입니다. 내부 명령어와 외부 명령어를 구분하는 기준과 각각에 해당하는 명령어들의 종류를 묻는 문제가 자주 출제됩니다. **핵심 060**을 참고하여 확실히 파악해 두세요.

36. 윈도우 부팅 시 F8 키를 입력하면 나타나는 멀티 부팅 메뉴가 아닌 것은?

① 안전 모드(명령 프롬프트 사용)

② 부팅 로깅 사용

③ Safe Mode Confirmation

④ 표준 모드로 Windows 시작

전문가의 조언 Safe Mode Confirmation은 멀티 부팅 메뉴가 아닙니다. 자주 출제되는 내용은 아닙니다. 윈도우의 멀티 부팅 메뉴가 아닌 것을 찾아낼 수 있을 정도로만 **핵심 065**를 참고하여 부팅 메뉴의 종류를 기억해 두세요. 그리고 각각의 특징은 가볍게 한번 읽어보세요.

37. UNIX의 특징으로 옳지 않은 것은?

① 대화식 운영체제이다.
② 하나의 컴퓨터를 여러 사람이 사용할 수 있다.
③ 이식성과 확장성이 뛰어난 폐쇄형 시스템이다.
④ 파일 시스템이 Tree 형태의 계층적 구조로 되어 있다.

전문가의 조언 UNIX는 소스가 공개된 개방형 시스템입니다. UNIX의 전반적인 특징을 묻는 문제가 종종 출제됩니다. **핵심 079**를 참고하여 정리하고 넘어가세요.

38. 도스(MS-DOS)에서 EXE 형태의 파일을 COM 파일로 변환시켜 주는 명령어는?

① EXE2BIN
② EMM386
③ RAMDRIVE
④ HIMEM

전문가의 조언 도스(MS-DOS)에서 EXE 형태의 파일을 COM 파일로 변환시켜 주는 명령어는 EXE2BIN입니다. 자주 출제되는 문제는 아닙니다. **핵심 059**를 참고하여 EXE2BIN과 함께 나머지 명령어의 기능을 정리해 두세요.

39. UNIX에서 인터넷을 통해 post@misty.acme.com에게 E-메일을 보내는 명령으로 옳은 것은?

① mail post@misty.acme.com
② talk post@misty.acme.com
③ mail ~/post@misty.acme.com
④ talk ~/post@misty.acme.com

전문가의 조언 UNIX에서 메일을 보내려면 'mail 메일 주소(post@misty.acme.com)' 형식으로 명령을 지정해주면 됩니다. 이 문제 역시 자주 출제되는 문제는 아닙니다. 다시 출제되더라도 동일한 형태로 출제될 가능성이 높으니 UNIX에서 메일을 보낼 때 사용하는 명령어 형식을 기억해 두세요.

40. 프로세스의 상태 변화 중 우선 순위가 가장 높은 프로세스가 준비 상태에서 실행 상태로 전환되는 것은?

① 웨이크 업
② 타이머 종료
③ 디스패치
④ 블록

전문가의 조언 프로세스의 상태 변화 중 우선 순위가 가장 높은 프로세스가 준비 상태에서 실행 상태로 전환되는 것을 디스패치(Dispatch)라고 합니다. 가끔 출제되는 내용입니다. 이 문제에서는 디스패치의 개념만 정확히 숙지해 두세요.

41. 윈도우에서 단축 아이콘에 대한 설명으로 옳지 않은 것은?

① 단축 아이콘을 삭제해도 해당 프로그램에는 아무 상관이 없다.
② 단축 아이콘의 확장자는 *.DLL이다.
③ 단축 아이콘을 바탕 화면에 만들어두면 해당 프로그램을 일일이 찾지 않고 바탕 화면에서 직접 실행시킬 수 있어 편리하다.
④ 단축 아이콘 이름은 원래 파일명과 달라도 관계가 없다.

전문가의 조언 바로 가기(단축) 아이콘의 확장자는 *.LNK입니다. 바로 가기 아이콘의 전반적인 특징을 묻는 문제가 자주 출제됩니다. **핵심 069**를 참고하여 확실히 파악하고 넘어가세요.

42. Which one is not related to Processing Program?

① Language Translate Program
② Service Program
③ Job Management Program
④ Problem Program

전문가의 조언 처리 프로그램(Processing Program)과 관련이 없는 것은 작업 관리 프로그램(Job Management Program)입니다. 처리 프로그램에는 언어 번역 프로그램(Language Translate Program), 서비스 프로그램(Service Program), 문제 프로그램(Problem Program)이 있고, 제어 프로그램에는 감시 프로그램(Supervisor Program), 작업 제어 프로그램(Job Control Program), 자료 관리 프로그램(Data Management Program)이 있습니다. 자주 출제되는 내용입니다. 제어 프로그램과 처리 프로그램에 해당하는 프로그램을 구분할 수 있도록 **핵심 050**을 참고하여 확실히 정리하세요.

43. 윈도우의 휴지통에 대한 설명으로 틀린 것은?

① 삭제한 파일을 임시 저장하며, 휴지통 내에 파일을 다시 복구할 수 있다.
② 휴지통의 크기를 변경할 수 없다.
③ 파일 삭제 시 휴지통에 보관하지 않고, 즉시 삭제할지의 여부를 지정할 수 있다.
④ 파일 삭제 시 삭제 확인 메시지를 보이지 않게 지정할 수 있다.

> **전문가의 조언** 휴지통의 크기는 기본적으로 드라이브 용량의 10%로 설정되어 있지만 최대 100%까지 임의로 변경할 수 있습니다. 휴지통의 사용 방법을 묻는 문제가 자주 출제됩니다. **핵심 074**를 참고하여 확실히 정리해 두세요.

44. 윈도우에서 하드웨어 장치를 장착하면 자동 인식하는 것을 무엇이라고 하는가?

① 멀티태스킹(Multi-Tasking)
② 오토 커넥트(Auto-Connect)
③ 드래그 앤 드롭(Drag And Drop)
④ 플러그 앤 플레이(Plug & Play)

> **전문가의 조언** 윈도우에서 하드웨어 장치를 장착하면 자동 인식하는 것을 플러그 앤 플레이(Plug & Play)라고 합니다. Windows의 특징을 묻는 문제가 자주 출제됩니다. **핵심 064**를 참고하여 선점형 멀티태스킹, 플러그 앤 플레이, OLE를 중심으로 주요 기능을 파악해 두세요.

45. 컴퓨터를 재부팅할 때의 방법으로 틀린 것은?

① [RESET]을 누른다.
② [시작] 메뉴를 이용하여 재부팅한다.
③ [Esc]를 누른다.
④ [Alt]+[F4]를 이용하여 재부팅한다.

> **전문가의 조언** [Esc]는 일반적으로 현재 작업을 취소할 때 사용합니다. 자주 출제되는 내용은 아닙니다. 나머지 보기를 통해 재부팅 방법을 숙지하고, **핵심 065**를 참고하여 부팅의 종류를 정리해 두세요.

46. 도스(MS-DOS)에서 현재의 백업 디스크에 있는 파일들을 지우지 않고 새로운 백업 파일들을 추가하는 명령은?

① BACKUP *.* A: /A
② BACKUP *.* A: /S
③ BACKUP *.* A: /M
④ BACKUP *.* A: /D

> **전문가의 조언** 현재의 백업 디스크에 있는 파일들을 지우지 않고 새로운 백업 파일들을 추가하는 명령은 'BACKUP *.* A: /A'입니다. 가끔씩 출제되는 내용입니다. BACKUP 명령의 옵션을 정리해 두세요.
>
> **BACKUP 명령 옵션**
>
> | | |
> |---|---|
> | /M | 마지막 백업 후 변경된 사항만 백업함 |
> | /S | 하위 디렉터리를 포함하여 백업함 |
> | /D | 지정한 날짜 이후에 수정된 사항만 백업함 |

47. UNIX 명령어 "rm"의 설명으로 옳은 것은?

① 파일 삭제
② 디렉터리 생성
③ 디렉터리 이동
④ 파일 이동

> **전문가의 조언** rm은 파일을 삭제하는 UNIX 명령어입니다. 파일 명령의 기능을 묻는 문제는 자주 출제됩니다. 나머지 기능에 대한 명령어도 알아두세요.
>
> • 디렉터리 생성 : mkdir
> • 디렉터리 이동 : cd
> • 파일 이동 : mv

48. 윈도우의 탐색기에서 연속적인 여러 개의 파일을 한꺼번에 선택할 때 마우스와 함께 사용하는 키는?

① [Alt]   ② [Shift]
③ [Ctrl]   ④ [Tab]

> **전문가의 조언** 윈도우의 탐색기에서 연속적인 여러 개의 파일을 한꺼번에 선택할 때 마우스와 함께 사용하는 바로 가기 키는 [Shift]입니다. 자주 출제되는 내용입니다. 연속적인 파일을 선택할 때는 [Shift]를, 비연속적인 파일을 선택할 때는 [Ctrl]을 사용한다는 것을 꼭 기억해 두세요.

49. 가상기억장치 관리 기법인 페이지 대체 알고리즘에 대한 설명으로 틀린 것은?

① FIFO : 가장 처음에 기록된 페이지를 교체
② LRU : 최근 쓰이지 않은 페이지를 교체
③ LFU : 사용 횟수가 가장 적은 페이지를 교체
④ MRU : 사용 빈도가 가장 많은 페이지를 교체

> **전문가의 조언** LRU(Least Recently Used)는 계수기를 두어 가장 오랫동안 참조되지 않은 페이지를 교체하는 기법입니다. 최근에 사용되지 않은 페이지를 교체하는 기법은 NUR(Not Used Recently)입니다. 대부분 LRU의 개념을 묻는 문제가 출제됩니다. **핵심 057**을 참고하여 LRU와 FIFO를 중심으로 각각의 특징을 정리하세요.

50. 운영체제(OS)에 대한 설명으로 틀린 것은?

① OS는 컴퓨터와 사용자 간의 중간자 역할을 한다.
② OS는 H/W 및 주변장치를 관리하는 역할을 한다.
③ 하나의 컴퓨터 내의 모든 소프트웨어는 각각 자신의 OS를 따로 가지고 있어야 한다.
④ 일반적으로 OS는 사용자가 컴퓨터를 제어하기 쉽게 할 수 있는 인터페이스를 제공한다.

> **전문가의 조언** 모든 소프트웨어가 각각의 운영체제(OS)를 따로 가지고 있을 필요는 없습니다. 일반적으로 하나의 컴퓨터에는 하나의 OS를 설치하여 사용합니다. 운영체제에서는 운영체제의 정의와 목적을 묻는 문제가 자주 출제됩니다. **핵심 049**를 참고하여 확실히 숙지해 두세요.

51. 이동전화 시스템에서 CDMA 방식의 의미는?

① 채널 분할 다중화 방식
② 코드 분할 다원 접속 방식
③ 캐리어 변복조 방식
④ 공간 분할 다중 접속 방식

> **전문가의 조언** CDMA는 코드분할 다중접속방식을 의미합니다. 이동 통신망의 다중 접속 방식을 묻는 문제가 자주 출제됩니다. **핵심 110**을 참고하여 확실히 정리하고 넘어가세요.

52. 송·수신 간에 통신회선이 고정적이고, 언제나 통신이 가능하며 많은 양의 데이터 전송에 효율적인 회선은?

① 중계회선
② 구내회선
③ 전용회선
④ 교환회선

> **전문가의 조언** 문제에 제시된 내용은 전용회선의 개념입니다. 자주 출제되는 문제는 아닙니다. 이 문제에서는 전용회선의 개념만 기억하고 넘어가세요.

53. 다음 중 디지털 신호의 장거리 전송을 위해 전송 신호를 새로 재생시키거나 전압을 높여 주는 물리적 계층의 기능만을 수행하는 것은?

① 게이트웨이
② 라우터
③ 리피터
④ 브리지

> **전문가의 조언** 문제에 제시된 내용은 리피터의 기능입니다. 네트워크 장비의 기능이나 종류를 묻는 문제가 가끔씩 출제되고 있습니다. **핵심 106**을 참고하여 네트워크 장비들의 기능을 한 번 읽어보고 넘어가세요.

54. 중앙 내부의 구리 심선과 원통형의 외부도체로 구성되어 있고 그 사이에는 절연물로 채워져 있으며 주로 CATV용 구내전송선로에 이용되는 케이블은?

① 국내 케이블
② 동축 케이블
③ 폼스킨 케이블
④ 광 케이블

> **전문가의 조언** 문제에 제시된 내용은 동축 케이블의 구조 및 용도입니다. 동축 케이블보다는 광섬유 케이블이 많이 사용되므로 광섬유 케이블에 관한 문제가 자주 출제되고 있습니다. **핵심 088**을 참고하여 동축 케이블의 특징은 간단히 읽어보고 광섬유 케이블의 특징은 확실히 정리하고 넘어가세요.

55. 데이터 전달의 기본 단계를 순서대로 옳게 나열한 것은?

① 회선 연결 → 링크 확립 → 메시지 전달 → 링크 단절 → 회선 단절
② 링크 확립 → 회선 연결 → 메시지 전달 → 회선 단절 → 링크 단절
③ 회선 연결 → 링크 단절 → 메시지 전달 → 링크 확립 → 회선 단절
④ 링크 확립 → 회선 단절 → 메시지 전달 → 회선 연결 → 링크 단절

> **전문가의 조언** 데이터 전달의 기본 단계를 순서대로 옳게 나열한 것은 ①번입니다. 항상 동일한 형태로 출제되는 문제입니다. 데이터 전달의 기본 단계 5단계만 정확히 암기하세요.

56. 다음 중 광섬유 케이블의 손실에 해당하지 않는 것은?

① 접속 손실   ② 산란 손실
③ 흡수 손실   ④ 유전체 손실

> **전문가의 조언** 광섬유 케이블은 절연성이 좋은 유리를 원료로 하기 때문에 전자 유도의 영향을 받지 않습니다. 그러므로 유전체 손실과는 관계가 없습니다. 광섬유 케이블의 특징을 묻는 문제가 자주 출제된다고 했죠? 이 문제를 틀렸다면, **핵심 088**을 참고하여 다시 한 번 정리하고 넘어가세요.

57. 송신측에서 정보의 정확한 전송을 위해서 전송할 데이터의 앞 부분과 뒷 부분에 헤더(Header)와 트레일러(Trailer)를 첨가하는 과정은?

① 정보의 캡슐화   ② 연결 제어
③ 정보의 분할   ④ 정보의 분석

> **전문가의 조언** 문제에 제시된 내용은 캡슐화의 개념입니다. 자주 출제되는 내용은 아닙니다. 이 문제를 통해 캡슐화의 개념만 기억하고 넘어가세요.

58. TCP/IP 계층 구조 중 전송 계층에 해당하는 프로토콜은 무엇인가?

① FTP   ② UDP
③ ARP   ④ SMTP

> **전문가의 조언** TCP/IP 계층 구조 중 전송 계층에 해당하는 프로토콜은 UDP입니다. 가끔 출제되는 문제입니다. TCP/IP 상에서 운용되는 프로토콜에 대해 정리하세요.
>
> **TCP/IP의 구조**
> TCP/IP는 응용 계층, 전송 계층, 인터넷 계층, 링크 계층으로 이루어져 있다.

OSI	TCP/IP	기능
응용 계층, 표현 계층, 세션 계층	응용 계층	• 응용 프로그램 간의 데이터 송 · 수신 제공 • TELNET, FTP, SMTP, SNMP 등
전송 계층	전송 계층	• 호스트들 간의 신뢰성 있는 통신 제공 • TCP, UDP
네트워크 계층	인터넷 계층	• 데이터 전송을 위한 주소 지정, 경로 설정을 제공 • IP, ICMP, IGMP, ARP, RARP
데이터 링크 계층, 물리 계층	링크 계층	• 실제 데이터(프레임)를 송 · 수신하는 역할 • Ethernet, IEEE 802, HDLC, X.25, RS-232C 등

59. 정지-대기(Stop and Wait) ARQ 방식을 가장 적합하게 설명한 것은?

① 오류 발생 때만 NAK로 검출한다.
② 송신 완료 후 오류 블록만 재송신 요구한다.
③ 비동기에서 오류를 수정한다.
④ 매 블록마다 ACK와 NAK로 응답한다.

> **전문가의 조언** 정지 대기 ARQ는 송신 측에서 한 개의 블록을 전송한 후 수식 측으로부터 ACK(긍정)이나 NAK(부정) 응답을 기다리는 방식입니다. ARQ와 관련된 문제는 종류를 묻는 문제가 주로 출제됩니다. **핵심 096**을 참고하여 종류를 확실히 기억하고 각각의 특징은 간단히 정리해 두세요.

60. 전력이 10[W]인 경우 [dBm]의 값은?

① 10[dBm]   ② 20[dBm]
③ 30[dBm]   ④ 40[dBm]

> **전문가의 조언** 1W는 1000mW이므로 10W는 10000mW입니다.
> • 1mW = 0dBm
> • 10mW = 10dBm
> • 100mW = 20dBm
> • 1000mW = 1W = 30dBm = 0dB(W)
> • 10000mW = 10W = 40dBm = 10dB(W)
> 10[mW]에 해당하는 dBm을 묻는 문제가 출제된 적이 있습니다. 이 문제에서는 mW와 dBm 간의 관계만 기억하고 넘어가세요.

합·격·수·기

합격수기 코너는 시나공으로 공부하신 독자분들이 시험에 합격하신 후에 직접
시나공 홈페이지(sinagong.gilbut.co.kr)의 〈합격전략/수기〉에 올려주신 자료를 토대로 구성됩니다.

변영현 • bluesky034

'왠지 모르게 문제가 술술 풀리는' 공부 방법

방학을 맞이하여 집에서 노느니 자격증이라도 취득해야겠다 싶어 정보처리기능사 공부를 시작하게 되었습니다. 우선 인터넷으로 시나공 정보처리기능사 필기와 실기 책을 몽땅 구입했습니다. 필기 책과 필기 문제집, 실기 책과 실기 문제집으로 구성되어 있더군요.

필기 책에는 섹션 4~5개마다 30문항 정도의 예상문제은행이 있는데, 매일 예상문제은행까지만 공부를 했습니다. 딱히 연습장에 써가면서 외운 것도 아니고 그냥 내용을 쭉 읽어보는 식으로 공부했습니다. 어려운 것들은 다시 한 번 읽어보고 이해만 하고 넘어갔어요. 뒷부분의 예상문제은행 문제도 편하게 풀어보고 틀리면 오답체크를 했습니다. 이런 방법으로 책을 보니 시험일을 3일 남겨두고 책을 끝낼 수 있었습니다. 그 3일을 남겨두고 나서부터 걱정이었습니다. 지금까지 외우지 않고 읽는 형식으로 공부를 해왔기 때문에 그때는 기억했지만, 지금은 기억이 잘 나지 않을 것 같아서 말입니다. 그래서 처음부터 책을 한 번 더 보고 싶었는데 시간은 고작 3일밖에 남지 않았더군요. 하는 수 없이 문제집을 보면서 외우기로 결정을 내렸습니다. 마침 문제집에는 문제의 바로 밑에 문제에 관련된 해설과 이론들이 정리되어 있었습니다. 풀지 못할 것이라 생각했는데 왠지 모르게 잘 풀리더라고요. 물론 많이 틀렸지만 합격할 정도로는 맞았습니다. 6회 정도의 기출문제가 있어서 하루에 2회 정도만 풀었습니다. 처음 1회 기출문제를 풀 때에는 40분, 그 후엔 30분 이런 식으로 시간이 단축 되었습니다. 중복되는 문제가 많아서인지 점점 쉽게 풀었죠. 이렇게 공부를 하고 시험을 봤는데 제가 풀었던 기출문제 6회 분량에서 5~7문제를 제외하면 대부분 공부했던 문제들이더군요. 때문에 쉽게 합격할 수 있었습니다.

나는 시험에 나오는 것만 공부한다!
이제 시나공으로 한 번에 정복하세요!

기초 이론부터 완벽하게 공부해서 안전하게 합격하고 싶어요!	핵심이론만 체계적으로 정리한 후 문제풀이를 통해 정리하고 싶어요!	이론은 공부했지만 어떻게 적용되는지 문제풀이를 통해 감각을 익히고 싶어요!	이론은 완벽해요! 기출문제로 마무리하고 싶어요!
기본서 (필기/실기)	**SUMMARY** (필기)	**총정리** (필기/실기)	**기출문제집** (필기/실기)

━ 특 징 ━	━ 특 징 ━	━ 특 징 ━	━ 특 징 ━
자세하고 친절한 이론으로 기초를 쌓은 후 바로 문제풀이를 통해 정리한다.	시험에 꼭 나오는 핵심이론으로 개념을 체계적으로 정리한 후 기출문제로 마무리한다.	간단하게 이론을 정리한 후 충분한 문제풀이를 통해 실전 감각을 향상시킨다.	최신 기출문제를 반복 학습하며 최종 마무리한다.
━ 구 성 ━	━ 구 성 ━	━ 구 성 ━	━ 구 성 ━
본권 기출문제(5회) 토막강의	핵심요약 기출문제(15회) 토막강의	핵심요약 기출문제(10회) 모의고사(10회) 토막강의	핵심요약(PDF) 기출문제(15회) 토막강의
실기 온라인 채점 프로그램 • 워드프로세서 • 컴퓨터활용능력 • ITQ		실기 • 온라인 채점 프로그램 • 기출문제(10회) • 모의고사(5회)	실기 기출문제(10회)
━ 출 간 종 목 ━	━ 출 간 종 목 ━	━ 출 간 종 목 ━	━ 출 간 종 목 ━
컴퓨터활용능력1급 필기/실기 컴퓨터활용능력2급 필기/실기 워드프로세서 필기/실기 정보처리기사 필기/실기 정보처리산업기사 필기/실기 정보처리기능사 필기/실기 사무자동화산업기사 실기 ITQ 엑셀/한글/파워포인트 GTQ 1급/2급	컴퓨터활용능력1급 필기 컴퓨터활용능력2급 필기 워드프로세서 필기 정보처리기능사 필기 사무자동화산업기사 필기	컴퓨터활용능력1급 필기/실기 컴퓨터활용능력2급 필기/실기 워드프로세서 필기 사무자동화산업기사 필기	컴퓨터활용능력1급 필기/실기 컴퓨터활용능력2급 필기/실기 워드프로세서 필기 정보처리기사 필기 사무자동화산업기사 필기

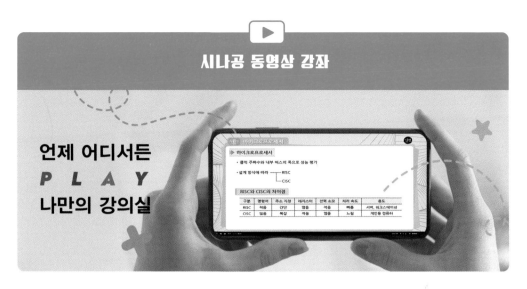

시나공 동영상 강좌

언제 어디서든
P L A Y
나만의 강의실

▶ **동영상 강좌 특징**

선택 수강	기기 무제한	장소 불문	평균 10분
섹션별 강의 구성으로 듣고 싶은 강의만 빠르게 골라서 이용	PC와 모바일 기기의 기종, 개수에 제약 없이 편하게 수강	교재가 없어도 인터넷만 연결된다면 그곳이 내 강의실!	멀티태스킹이 가능한 세대를 위해 강의 시간은 평균 10분

▶ **강좌 종류**

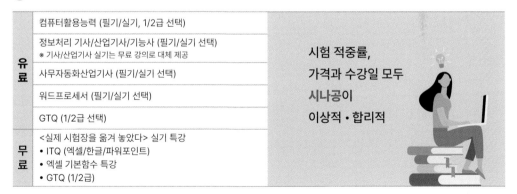

유료	컴퓨터활용능력 (필기/실기, 1/2급 선택)
	정보처리 기사/산업기사/기능사 (필기/실기 선택) ※ 기사/산업기사 실기는 무료 강의로 대체 제공
	사무자동화산업기사 (필기/실기 선택)
	워드프로세서 (필기/실기 선택)
	GTQ (1/2급 선택)
무료	<실제 시험장을 옮겨 놓았다> 실기 특강 • ITQ (엑셀/한글/파워포인트) • 엑셀 기본함수 특강 • GTQ (1/2급)

시험 적중률,
가격과 수강일 모두
시나공이
이상적 • 합리적

▶ **이용 방법**

1. 시나공 홈페이지**(sinagong.gilbut.co.kr)**에 접속하여 로그인
2. 상단 메뉴 중 **[동영상 강좌]** 클릭
3. 원하는 강좌를 선택하고 **[수강 신청하기]** 클릭
4. 우측 상단의 **[마이길벗]** → **[나의 동영상 강좌]**로 이동

★ **동영상 강좌 이용 문의** : 독자지원 (02-332-0931) 또는 이메일 (content@gilbut.co.kr)

이 책은 IT 자격증 전문가와 수험생이 함께 만든 책입니다.

시나공 서머리 시리즈는 독자의 지지와 격려 속에 성장합니다!

시험 날짜는 다가오는데 공부할 시간이 없다면?

시나공 SUMMARY 시리즈는 공부할 시간이 부족한 학생, 최대한 빨리 공부해서 빨리 합격하고 싶은 수험생을 위해 핵심요약과 기출문제 위주로 구성한 초단기 합격 전략집입니다.

핵심요약 & 기출문제

합격에 꼭 필요한 핵심 개념 115개를 관련된 모든 기출문제와 함께 수록했습니다.
자세한 해설은 기본이죠!

기출문제 & 전문가의 조언 15회

기출문제라고 다 같은 기출문제가 아닙니다. 개념과 함께 더 공부해야 할 문제,
문제와 지문을 외워야 할 문제, 답만 기억하고 넘어갈 문제들을 전문가가 꼼꼼하게 알려줍니다.

sinagong.gilbut.co.kr

9791140701704

13000

가격 17,000원
ISBN 979-11-407-0170-4

TO.시나공
온라인
독자엽서

스마트한
시나공 수험생
지원센터